普通高等教育新型规划教材
工商管理专业

财务管理

FINANCIAL MANAGEMENT

主　编◎胡其昌
副主编◎陶　晨

首都经济贸易大学出版社
Capital University of Economics and Business Press
·北京·

图书在版编目（CIP）数据

财务管理 / 胡其昌主编. -- 北京 : 首都经济贸易大学出版社, 2024. 12. -- ISBN 978-7-5638-3830-1

Ⅰ. F275

中国国家版本馆 CIP 数据核字第 2024X5Y383 号

财务管理
主　编　胡其昌
副主编　陶　晨

责任编辑　王玉荣
封面设计　砚祥志远·激光照排 TEL: 010-65976003
出版发行　首都经济贸易大学出版社
地　　址　北京市朝阳区红庙（邮编 100026）
电　　话　(010) 65976483　65065761　65071505（传真）
网　　址　http://www.sjmcb.cueb.edu.cn
经　　销　全国新华书店
照　　排　北京砚祥志远激光照排技术有限公司
印　　刷　唐山玺诚印务有限公司
成品尺寸　170 毫米×240 毫米　1/16
字　　数　404 千字
印　　张　22.5
版　　次　2024 年 12 月第 1 版
印　　次　2024 年 12 月第 1 次印刷
书　　号　ISBN 978-7-5638-3830-1
定　　价　48.00 元

前 言

教育部在《关于全面提高高等职业教育教学质量的若干意见》中明确提出，高等职业教育的培养目标是培养拥护党的基本路线，适应生产、建设、管理、服务第一线需要的，德、智、体、美等全面发展的数以百万计的高技能人才。因此，高等职业教育人才培养目标的基本特征，决定了其教育模式应重点突出学生职业技能的培养，以就业为导向。

作为职业本科经管类专业的核心基础课程，财务管理学是一门实用性很强的学科，它是基于企业生产经营过程中的财务活动和财务关系而产生的，是利用价值形式对企业生产经营过程中的资金运动进行管理的一门交叉性应用学科。通过该课程的学习，学生能够掌握财务管理的基本方法与技能。

基于以上要求，本书从企业财务管理实务出发，遵循“必需、够用、能力为本”的设计理念，按照理论与实践相结合的原则进行课程内容的选取。本书重点体现了以下几个特点：

1. 突出职业本科人才培养目标的特点和要求。本书分为基本理论和财务实践。每章在明确学习目标的基础上，先导入实际案例，然后具体阐述章节内容。每章结束后，通过思考与练习题巩固知识。

2. 内容精练、繁简适中，注重系统性、实用性。本书主要内容包括财务管理概述、财务管理价值观念、筹资管理、资本结构决策、投资管理、证券投资、营运资本管理、短期筹资管理、利润分配管理、财务分析。

3. 突显党的二十大精神，融入思政元素。本书融入了党的二十大报告的相关内容，突出了资本向善、强调企业社会责任、坚守诚信原则等思政元素内容。

4. 配备立体化的教学资源。为适应职业本科教育的特点，促进学生学习，本书配备了多项教学资源，如思维导图、即测即评、习题、教学课件等。

5. 教学案例丰富。财务管理学是一门主要以分析问题和解决问题为目的的学科，因此本书在每一章开篇专门添加引导案例，以提高学生的实际思考分析能力。

6. 反映最新的企业财务管理相关政策、法规。本书中的法规知识更新到 2024 年 12 月。

本书由胡其昌担任主编，陶晨担任副主编。具体分工为：第一、四、五、六章由胡其昌编写；第二、十章由刘贵莲编写；第七、八、九章由陶晨编写；第三章由张娜娜编写；胡其昌负责全书的总撰和最终定稿。

本书在编写过程中参阅了相关书籍，得到了学校学院各级领导、会计师事务所、企业财务一线领导和专家的大力支持，在此一并表示感谢！

由于时间紧迫，加上编者经验有限，本书疏漏和不足之处在所难免，恳请广大读者批评指正，以便进一步完善。

目录

1

总论——抛砖引玉

学习目标

思维导图

1. 理解财务管理的概念，掌握财务活动的主要类型。

2. 掌握主要财务管理目标观点，了解财务管理目标与利益冲突。

3. 了解企业的含义及功能，熟悉企业的几种组织形式。

4. 了解财务管理环境，熟悉金融环境，掌握利息率的构成。

引导案例

当前利益与长远价值的权衡

广东惠州雷士光电科技有限公司（以下简称“雷士光电”）是一家专业照明电器与电气装置产品制造商，在国内商业照明领域一直保持行业领先地位。该公司创建于1998年，由3位创始人股东，即总经理吴长江、董事长杜刚和董事胡永红共同出资100万元发起设立，3人各持1/3的股权。公司成立的第1年就实现了3 000万元的销售额，第2年实现了6 000万元的销售额，其后销售业绩以每年80%的速度递增；7年时间内销售额增长了30倍，利润也成倍增长。

3位创始人股东原本是同学、密友，最初因志同道合而共同创业。在公司发展初期，盈利能力尚低，3人均以企业的长远发展为目标，关注的是企业持续增长能力，他们认识到，只有实现公司长期价值才能实现个人股份的长期收益与价值。但随着企业快速发展，高额利润使创始人股东取得股份收益回报成为可能，于是在将当期盈利是继续加大投入还是更多地用于股份分配的问题上，3 人开始出现了分歧。总经理吴长江坚持认为应将企业取得的利润用于扩大再生产，以提高企业的持续发展能力，实现长远利益的最大化。而胡永红和杜刚却认为应按持股比例分红，使股东实现当前利益。两种观点的分歧随着时间的推移和公司利润增加而激化为难以调和的矛盾，并产生激烈的争执，最终导致吴长江被迫离职，并不得不出让其持有的 1/3 的股份。

然而 3 天后，事情发生了戏剧性变化。在听说吴长江总经理离职并转让股权的消息后，分布在各地的与雷士光电有业务关系的 200 多位供应商、分销商自发聚集在雷士光电总部，强烈要求吴长江复职，并声称如果吴长江不能复职就与该公司断绝业务联系，形势由此完全逆转。股权收购、总经理变更的风波最终以吴长江重新执掌公司管理权力、另两位创始人股东则出让其持有的合计 2/3 的股份并退出公司而告终。

经历了上述股权变更风波后，雷士光电在吴长江的领导下，不断加大投入，实现了企业规模化发展，企业竞争力与价值不断提升。雷士光电的产品已覆盖了商业照明、家居照明、户外照明、智能照明、雷士电工和光源电器等 6 个大类 60 余个系列数千个品种，为客户提供了全方位的照明和电器装置项目的产品配套、客户服务和技术支持，在 20 多个国家和地区设有经营机构。产品专卖店多达 860 家，客户服务机构也已遍布全国。

思考：

1. 导致 3 位创始人股东之间意见分歧的根源是什么？

2. 如何协调大股东与供应商和客户等利益相关者之间的利益关系？

3. 如何确定公司财务目标？公司不同发展阶段的财务目标是否应有所不同？

4. 企业利益相关者有哪些？重要利益相关者能否对企业的控制权产生影响？

1.1 财务管理概述——行之有道

1.1.1 财务管理概念

财务是指财产资金方面的事务。企业财务就是企业再生产过程中的资金运动，即有关资金筹集、使用和分配方面的活动，这种活动又称为财务活动。

财务管理本质上就是对资金运动（筹集、使用、分配）进行的管理工作，是企业组织财务活动、处理财务关系的一项经济管理工作。财务管理往往是在不确定条件下，对资金进行的一种跨时空最优配置。要了解什么是财务管理，必须先分析企业的财务活动和财务关系。

1.1.2 企业财务活动

企业财务活动是指以现金收支为主的企业资金收支活动（即资金运动，也称资金流）的总称。企业常见的资金运动形式见图 1-1。

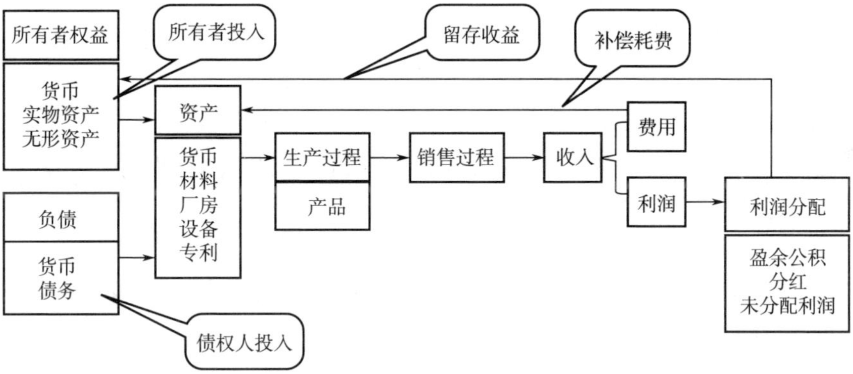

图 1-1 企业常见的资金运动形式

在理解企业财务活动时，需注意以下两个问题：

第一，资金等同于钱（货币）吗？资金是社会再生产过程中物资的货币表现，资金以钱（货币）、原料、商品、厂房、机器设备等各种形式存在，钱只是资金的一种表现形式。

第二，企业财务活动与企业经济活动之间有什么关系？企业经济活动中可能会涉及信息流、资金流和物流，其中资金流反映的是企业的财务活动。企业财务活动是企业经济活动的货币表现形式，而企业经济活动有的不一定涉及资金运动。

企业财务活动包括企业筹资引起的财务活动（简称“筹资活动”）、企业投资引起的财务活动（简称“投资活动”）、企业经营引起的财务活动（简称“经营活动”）、企业分配引起的财务活动（简称“分配活动”）四个方面。

1.1.2.1 筹资活动

无论是企业刚创立的时候，还是企业成长经营过程之中，资金都是企业生产经营活动的必要条件。在企业发展过程中，筹资及筹资管理贯穿始终。

筹资活动首先需要解决的是以什么方式、在什么时间筹集多少资金。在筹资过程中，企业通过发行股票、发行债券、银行贷款、吸收直接投资等方式来筹集资金，表现为资金流入企业；而企业偿还借款本金、支付利息，股东撤资等，则表现为资金流出企业。

企业在进行筹资活动时，还需要考虑以下问题：①企业需要多少资金？是通过发行股票（属于权益资金）还是发行债券或向银行借款（属于债务资金）来筹集？②权益资金与债务资金的比重多少为好？③所筹资金是长期的还是短期的？面对这些问题，财务人员既要保证所筹资金能满足企业经营与投资需求，降低筹资成本，又要控制筹资的风险，以免一旦外部环境发生变化，企业因无法偿还债务而陷入破产。

1.1.2.2　投资活动

企业筹集资金的目的是用于生产经营或投资活动中，以便不断获取盈利，分散风险，增加企业价值。投资是企业生存、发展及进一步获取利润的前提条件。

投资有狭义和广义之分。狭义的投资是指对外投资，广义的投资包括对内投资和对外投资。对内投资是指企业将资金用于购置自身生产经营所需的固定资产、无形资产等；对外投资是指企业将资金用于购买其他企业发行的证券（包括股票、债券、基金等），收购其他企业，与其他企业联营等。企业无论是购买固定资产、无形资产还是购买各种证券，都会造成资金流出企业。当企业变卖固定资产、无形资产或出售、收回对外投资时，会造成资金流入企业。

企业在进行投资活动时，由于企业资金是有限的，因此应尽可能将资金投放在收益大的项目上。当然，投资项目几乎都是有风险的，因此，财务人员需要综合考虑投资项目的风险因素，从而在平衡风险与收益后做出方案抉择。

1.1.2.3　经营活动

企业筹集资金后，往往将资金用于开展各种日常经营活动，以获得利润。企业在经营过程中，会发生一系列的资金收支。企业经营活动是指与企业销售商品、提供劳务等业务直接相关的活动。对制造企业而言，经营活动包括供应、生产和销售 3 个过程。其中，供应活动是指从供应商处采购各种原材料、低值易耗品等生产资源，造成资金的流出；生产活动是指将设备、原材料、劳动力等资源组合起来，制造产品，在生产过程中需要支付工资和制造费用，引起资金的流出；销售活动是指向客户提供产品和服务，取得收入，引起资金的流入。对商品流通企业而言，经营活动包括商品采购和商品销售两个过程。

经营活动主要涉及短期资产与短期负债的管理，如现金、应收账款、存货、商业信用等。经营活动需要考虑的主要问题是如何加速资金的周转，提高资金的利用效率。

1.1.2.4 分配活动

分配活动有狭义和广义之分。狭义的分配活动是指对企业净利润的分配，主要包括弥补以前年度亏损（税前利润5年仍未弥补完的亏损）、提取盈余公积、向股东分配股利等活动；广义的分配活动是指对企业各种收入进行分割和分配的行为，包括向员工支付工资、支付银行借款利息、支付企业债券利息、上缴政府税费、对净利润的分配。本书所指的利润分配是指狭义的分配活动。

在分配活动中，财务人员需要确定是否进行股利分配，采用什么形式的股利支付方式，股利支付率的高低，什么样的股利分配政策符合公司等问题。财务人员需要根据公司自身情况确定合理的利润分配政策。

筹资活动、投资活动、经营活动与分配活动之间相互联系、互相依存。筹资是基础，筹资能力与筹资数量的多少制约着公司的生存、发展与企业的投资规模。投资反过来又决定了筹资的规模和时间，只有将筹集的资金有效使用，才能实现筹资的目的，并不断地增值与发展。投资与筹资成果的获得都依赖于资金的日常营运。资金如何得到合理有效的分配又影响着筹资、投资、经营等各个方面。

1.1.3 企业财务关系

企业组织资源运动的过程，也就是企业资金的筹集、投入使用、分配的过程，在这过程中会发生资金增减变动，同时也会和其他组织发生各种各样的经济利益关系。这种在企业组织财务活动过程中与有关各方所发生的经济利益关系称为财务关系，包括企业内部的各单位、职能部门、企业与员工之间发生的经济利益关系，企业与外部的投资者、债权人、债务人、政府等各方发生的经济利益关系。具体包括以下几种。

1.1.3.1 企业与所有者之间的财务关系

企业与所有者之间的财务关系主要是指企业的所有者向企业投入资金，企业向其所有者支付投资收益所形成的经济关系。企业的所有者按照投资合同、协议、章程的约定履行出资义务，形成企业的资本金。企业利用资本金进行经营，实现利润后，按出资比例或合同、章程的规定，向所有者分配利润。企业与所有者之间的财务关系是企业最根本的财务关系，体现了所有权性质的受资与投资关系，反映了经营权和所有权的关系。

1.1.3.2　企业与被投资者之间的财务关系

企业与被投资者之间的财务关系主要是指企业将其闲置资金以购买股票或直接投资的形式向其他企业投资所形成的经济关系。随着经济的发展，这种关系越来越广泛。企业向其他单位投资，应按约定履行出资义务，并参与被投资单位的利润分配。企业与被投资者之间的财务关系体现了所有权性质的投资与受资关系。

1.1.3.3　企业与债权人之间的财务关系

企业与债权人之间的财务关系主要是指企业向债权人借入资金，并按规定按时归还借款本金和支付借款利息所形成的经济关系。企业的债权人主要有：①贷款金融机构，如银行；②债券持有者，如债券购买者；③商业信用提供者，如供应商；④其他出借资金给企业的单位或个人。企业利用债权人的资金后，要按约定的利息率及时向债权人支付利息，债务到期时，要合理调度资金，按时向债权人归还本金。处理好企业与债权人之间的财务关系，有利于缓解企业财务状况紧张的局势，更好地维护债权人与债务人双方的权利和义务，最终保证企业生产经营活动的顺利进行。企业与债权人之间的财务关系体现了债务与债权关系。

1.1.3.4　企业与债务人之间的财务关系

企业与债务人之间的财务关系主要是指企业在资金充裕的情况下将其资金以购买债券、提供借款等形式出借给其他单位，或在购销业务中对方单位没有及时结清款项时所形成的经济关系。企业将资金出借以后，有权要求债务人按照约定的条件返还本金并给付利息。企业与债务人之间的财务关系体现的是债权与债务关系。

1.1.3.5　企业与税务机关之间的财务关系

企业与税务机关之间的财务关系主要是指企业要按税法的规定依法纳税而与国家税务机关所形成的经济关系。任何企业都要按照国家税法的规定缴纳各种税款，以保证国家财政收入的实现，满足社会各方面的需要。及时、足额地纳税是企业对国家的贡献，也是对社会应尽的义务。因此，企业与税务机关之间的财务关系反映的是依法纳税和依法征税的权利和义务关系。

1.1.3.6　企业内部各单位之间的财务关系

企业内部各单位之间的财务关系主要是指在企业生产经营过程活动中，

相关企业内部各单位之间提供商品或劳务所形成的经济关系。在实行内部经济责任制和经济核算制的条件下，企业的供、产、销各个部门以及各生产单位之间相互提供商品或劳务都要进行计价结算，以明确相互间的经济责任。这种在企业内部各单位之间形成的资金结算关系，体现着企业内部各单位之间的经济利益关系。

1.1.3.7 企业与职工之间的财务关系

企业与职工之间的财务关系主要是指企业根据按劳分配的原则在向职工支付劳动报酬过程中所体现的经济关系。职工是企业的劳动者，他们以自身的劳动参与企业的经营活动。企业有义务按照劳动者提供的劳动数量和质量，向职工支付工资、津贴和奖金等，从而调动职工积极性。企业与职工之间的财务关系，体现了企业与员工之间在劳动成果上的分配关系。

1.1.4 财务管理内容

财务管理是企业组织财务活动、处理财务关系的一种管理活动，包括筹资管理、投资管理、营运管理和分配管理。

1.1.4.1 筹资管理

筹资管理指企业筹集资金所采取的各种策略，它决定了企业使用的筹资工具的组合与类型（即资产负债表右方所涉及的内容）。筹资管理主要解决如下问题：公司通过什么方式去筹资？不同筹资方式的成本是多少？公司如何确定一个最优资本结构？公司的资本结构是否稳定？哪些因素影响公司风险？财务风险如何控制？等等。筹资管理就好比公司要制作蛋糕，要考虑需要多少资金以及资金如何取得。

1.1.4.2 投资管理

投资管理是企业财务中最重要的内容之一，它决定了企业持有资产的组合与类型（也就是资产负债表左方的内容）。一家公司的财务经理经常要解决如下问题：公司资产的规模应该多大为好？不同类型的资产是如何构成的？公司的资金应该如何投放，投放比例如何？资产管理效率与质量如何？等等。投资管理要考虑采用什么投资手段把企业这块蛋糕做大、做强。

1.1.4.3 营运管理

营运管理的重点是短期营业需求和公司日常筹资需求，主要涉及以下问题：公司短期融资采取风险型政策还是稳健型政策？公司的现金是否充裕，有无过剩？公司应收账款信用政策是否合理，风险如何？公司存货水平选择、采购批量与库存额度是否符合管理要求？营运管理就像在制作蛋糕时考虑如何提高制作蛋糕的效率。

1.1.4.4 分配管理

分配管理是在与公司相关的各利益主体之间进行利润的合理分配。公司财务经理常常要考虑如下问题：公司利润的实现质量如何？何时进行利润分配？能否进行利润分配？利润分配比例是否恰当？以何种方式分配利润？公司股东对利润分配结果是否满意？等等。分配管理要考虑对公司所实现的蛋糕如何进行合理分割，最终使利益相关者满意。

1.1.5 企业财务管理的特点

企业生产经营活动的复杂性，决定了企业管理内容的多样性，如生产管理、技术管理、人力资源管理、营销管理、财务管理等。这些工作是互相联系、紧密配合的，同时又有科学的分工，具有各自的特点。财务管理的主要特点如下。

1.1.5.1 综合性强

企业管理在实行分工、分权的过程中形成了一系列专业管理，有的侧重于劳动对象的管理，有的侧重于劳动工具的管理，有的侧重于劳动力的管理，有的侧重于物流、信息的管理。企业的物质条件、经营过程和经营结果大都会反映在企业的资金流中，财务管理通过对企业资金流的合理规划和控制，达到提高企业效益、增加企业财富的目的。因此，财务管理既是企业管理的一个独立方面，又是一项综合性非常强的管理工作。

1.1.5.2 覆盖范围广

在企业中，一切涉及资金的收支活动都与财务管理有关。企业内部各部门都会发生资金收支，因此，财务管理的触角常常伸向企业的各个角落，每一个部门都会通过资金的使用与财务部门发生联系。每一个部门在资金使用等方面都要接受财务部门的指导，受到财务制度的约束，以此来保证企业经济效益的提高。

1.1.5.3 灵敏度高

在企业管理中，决策是否得当，经营是否合理，技术是否先进，产销是否顺畅，都可以迅速地体现在财务指标中。例如，如果企业产品适销对路、质量可靠，则可实现产销两旺，盈利能力增强；如果产品滞销，则马上体现为存货增加、销售减少。财务部门应通过自己的工作，向企业领导及时通报有关财务指标的变化情况，以便提高经济效益，实现财务管理的目标。

1.1 即测即评

1.2 财务管理目标与利益冲突——诗和远方

系统论认为，正确的目标是系统良性运转的前提，目标是系统希望实现的结果。个人、组织在不同阶段或不同活动中有不同的目标，企业的财务管理目标对企业财务管理系统的运行具有重要的意义。那么，企业的财务管理目标是什么？

1.2.1 财务管理目标

任何一个企业都有自己的目标。企业是以营利为目的，在充满不确定性甚至破产风险的激烈竞争市场中从事经营活动的组织。企业必须能够获利，才有存在的价值。企业的目标可以概括为三点：一是生存，以收抵支，到期偿债；二是发展，筹集企业发展所需的资金，扩大生产经营；三是获利，合理有效地利用资金，获得利润。

财务管理目标是企业理财活动希望实现的结果，是评价企业理财活动是否合理的基本标准。财务管理目标取决于整个企业的总体目标，并受财务管理自身特点的制约。目前比较有代表性的财务管理目标有利润最大化、每股利润最大化、股东财富最大化、企业价值最大化及相关者利益最大化。

1.2.1.1 利润最大化

（1）含义。企业是一个营利组织，其天性就是要获取利润，企业经营的目标是实现“利润最大化”（maximum of profit）。利润最大化观点认为，利润表示新创造的财富，企业利润越大，表明企业所创造的财富越多，越接近企业的目标，整个社会财富亦会因此而增大，从而带来社会的进步和发展。利润是一项综合性指标，它反映了企业综合运用各种资源的能力和经营管理状况，是评价企业绩效的重要指标，也是社会优胜劣汰的自然法则的基本尺度。企业追求利润最大化是市场体制发挥作用的基础。企业作为社会经济生活的基本单位，自主经营，自负盈亏，可以在价值规律和市场机制的条件下，达到优化资源配置和提高社会经济效益的目标。因此，追求利润最大化作为企业财务管理的目标，把利润作为评价企业管理者经营管理业绩的依据，能从一定程度反映出企业经济效益的高低和对社会的贡献。该目标是站在企业自身的角度来看待财务问题的。

（2）公式。利润是企业在一定期间收入和费用之间的差额。其中，收入、费用是按照配比原则加以计算的，反映了当期生产经营活动中投入与产出的结果。利润是股东价值的来源，也是企业财富增长的来源。利润最大化观点，可以用公式表示为：

$$P = S - C \tag{1-1}$$

式中，P 为利润；S 为收入；C 为费用。

（3）优缺点。具体如下：

优点：反映企业经济效益的高低，以及对社会贡献的大小。利润越多，意味着创造的财富越多。资本的本性是追逐利润，因此资本总是流向盈利高的企业，有利于企业资源的合理配置，有利于企业整体经济效益的提高；利润是企业补充资本、扩大生产经营规模的主要源泉之一；利润指标容易理解、计量方便、表达直观。

缺点：①没有考虑货币时间价值。如果 A 企业的利润是今年赚取的 10 万元利润，而 B 企业的利润是去年赚取的 10 万元利润，哪个企业更好？显然，对于相同的现金流入来说，A 企业的获利时间较早，也更具有价值。②没有考虑风险问题。如果 A 企业今年赚的 10 万元全部收回了现金，而 B 企业今年也赚了 10 万元，但全部是应收账款，哪个企业更好？显然，B 企业的应收账款存在不能收回的风险，因此，A 企业更优。③没有考虑利润与投入资本的关系。假设 A、B 两个企业都在今年获得了 10 万元利润，并且都是现金收入。但是，如果 A 企业只需投资 10 万元，而 B 企业需要投资 50 万元，显然 A 企业更好一些，单看利润指标则反映不出这样的情况。④可能导致企业短期行为倾向，影响企业长远发展。例如：忽略产品质量，忽视员工利益和工作环境，研发投入不足，减少计提折旧；虚假产品质量和功能的宣传；高风险赊销；利润造假、粉饰报表等。⑤利润是基于历史，不能反映未来的发展能力。利润最大化是基于历史的角度，反映的是企业过去某一期间的盈利水平，并不能准确反映企业未来的盈利能力。⑥利润是按照权责发生制计算出来的企业经营成果。对同一经济问题的会计处理方法具有多样性和灵活性，由于会计政策和会计方法的不同，企业的利润可能并不能完全反映企业的真实情况。

可见，利润最大化目标存在一定的片面性。现代财务管理理论认为，利润最大化不是财务管理的最优目标。

1.2.1.2 每股利润最大化

（1）含义。每股利润（earnings per share，EPS）最大化，也称为每股收益最大化、每股盈余最大化。这种观点认为：应该把企业利润与投入资本相联系，用每股利润概括企业财务管理目标。该目标其实是利润最大化的一种延伸，利润属于绝对值，而每股利润属于利润的一种相对值表达方式。该目标也是站在企业自身角度来看待财务问题的。

(2) 公式。每股利润，是指股份公司发行在外的普通股每股可能分得当期净利润的多少，有基本每股利润和稀释每股利润之分，基本每股利润可用公式表示为：

$$EPS = NP/n \tag{1-2}$$

式中，EPS 为每股利润；NP 为净利润（税后利润）；n 代表普通股股份数。

(3) 优缺点。具体如下：

优点：可以在不同投资规模的企业或同一企业不同期间进行对比，揭示其盈利水平的差异。

缺点：除解决了投入产出问题外，利润最大化的其他缺点仍然存在。

1.2.1.3 股东财富最大化

(1) 含义。财富，指具有价值的东西，包括物质财富、精神财富等。企业财务管理中的财富主要是指物质财富。股东财富最大化（maximum of shareholders wealth）是指企业财务管理以为股东创造最多的财富为目标。该目标是站在股东角度来看待财务问题的。

(2) 公式。对于上市公司而言，股东财富表现为股票价值。股票价值由股票数量和股价共同决定。用公式表示为：

$$SW = n \times P_s \tag{1-3}$$

式中，SW 为股东财富；n 为股票数量；P_s 为普通股每股市价。

在股票数量一定时，股票价格达到最高，股东财富也达到最大。股价是未来股权收益的净现金流量的折现值。

(3) 优缺点。具体如下：

优点：①考虑了现金流量的时间价值和风险因素（股价是未来净现金流量的折现值），在一定程度上能够规避企业追求利润的短期行为，能使各利益关系人的目标得到相对统一；②反映了资本与收益之间的投入产出关系；③对于上市公司而言，股东财富最大化目标比较容易量化，便于考核和奖惩。

缺点：①股东财富最大化目标通常只适用于上市公司，非上市公司难以应用；②股票价格受诸多因素的影响，主要包括未来各期净现金流量的大小、企业寿命、企业面临的风险以及其他因素，股价不能完全准确反映企业财务状况和价值，同时要求具有运行良好的资本市场；③股东财富最大化更多强调的是股东利益，对其他相关者利益重视不够，仍然没有解决信息不对称所造成的经理人的道德风险与逆向选择问题。

股东财富最大化作为财务管理目标，需要满足一定的市场约束条件：一是与企业存在利益关系的相关者的利益受到保护，以免受到股东的盘剥；二是与企业经营相关的社会成本较低。

1.2.1.4 企业价值最大化

（1）含义。企业价值最大化（maximum of enterprise value）是指企业通过合理有效地使用、配置各种资源，采取科学的财务战略与财务政策，在考虑货币时间价值和风险收益的情况下，在保证企业可持续发展的基础上，使企业总价值达到最大。企业价值可理解为企业所有者权益和债权人权益的市场价值，或者是企业所能创造的预计未来现金流量的现值。企业价值反映了企业潜在或预期的获利能力，揭示了企业未来长期发展的潜力，体现了企业各个利益集团共同利益实现的程度。企业价值并不是指企业资产的账面价值。企业价值最大化目标在理论上得到广泛认同。

（2）公式。对企业价值的计量是企业未来现金流量折成的现值，也就是全部资产的市场价值，包括股东价值和债权价值，用公式表示为：

$$V = V_S + V_L = \sum_{t=1}^{n} \frac{NCF_t}{(1+i)^t} \tag{1-4}$$

式中，V 为企业价值；V_S 为所有者权益的市场价值；V_L 为债权人权益的市场价值；NCF_t 为第 t 年的净现金流量；i 为折现率；t 为取得现金净流量的具体年数；n 为预计企业持续经营年数。

公式中主要涉及 3 个要素：企业每年净现金流量的大小、投资者要求的必要收益率高低、企业的存续时间长短。显然，这些因素的变动对最终企业价值高低产生直接的影响。

（3）优缺点。具体如下：

优点：①考虑了时间价值和风险因素，有利于企业统筹安排长短期财务规划；②用价值代替价格，避免过多外界因素的干扰，规避了企业的短期行为，有利于企业从长期、稳定发展和持续获利能力角度来考虑问题，作出决策；③反映了企业股东和债权人的共同愿望，实现多方共赢。

缺点：①目标过于理论化，不易操作；②对非上市公司而言，只有经过专门的评估才能衡量企业价值，而且由于受评估标准和评估方式的影响，企业价值评估很难做到客观和准确。

公司最佳的财务管理目标是最大化地创造企业价值。只有将企业价值这张大家都关注的“馅饼”进一步做大，才能保证各利益相关者的份额增大，即通常所说的多赢。

1.2.1.5 相关者利益最大化

虽然股东财富最大化的观点已得到普遍认可，但是随着企业经营者、债权人、员工、供应商、政府等利益相关者在企业运营中的作用越来越重要，有学者提出相关者利益最大化的财务管理目标，即以实现包括股东在内的所有利益相关者的利益最大化为目标。如图 1-2 所示，相关者利益最大化兼顾了各利益相关者的利益，是一个多元化的目标，体现了合作共赢的价值理念，有利于企业长期稳定发展。但是，在实践中，利益相关者之间存在利益冲突，社会成本也不可能完全避免，因此该目标往往只能是一种理想的财务管理目标。

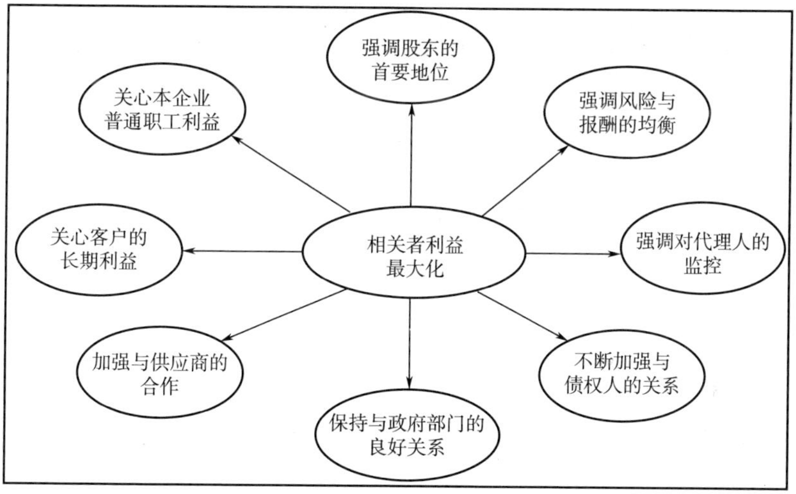

图 1-2 相关者利益最大化示意图

1.2.1.6 小结

上述五种财务管理目标的主要区别点在于是否考虑了货币时间价值与风险问题，关注的主要利益群体的差异等，具体如表 1-1 所示。

表 1-1 主要财务管理目标的比较

财务管理目标	考虑货币时间价值	考虑风险与收益	考虑的主要利益群体	可计量性	目标长短
利润最大化	否	否	企业本身	很容易	短期
每股利润最大化	否	否	企业本身	很容易	短期

续表

财务管理目标	考虑货币时间价值	考虑风险与收益	考虑的主要利益群体	可计量性	目标长短
股东财富最大化	是	是	股东	容易	长期
企业价值最大化	是	是	股东和债权人	难	长期
相关者利益最大化	是	是	所有利益相关者	很难	长期

上述财务管理目标中，股东财富最大化是基础，股东在企业中承担最大的义务与风险，相应享有最高的收益（即股东财富最大化）。没有股东财富最大化的目标，利润最大化、企业价值最大化和相关者利益最大化的目标也无法实现。学者认为，对股东财富最大化进行一定约束后的财务管理目标就是相关者利益最大化（如图 1-3 所示）。这些约束条件包括：利益相关者的利益受到完全保护，以免受到股东的盘剥；没有社会成本。在这些约束条件下，企业在追求股东财富最大化过程中不存在与利益相关者的冲突，因此，经营者就能专注于一个目标——股东财富最大化，从而实现公司价值最大化。

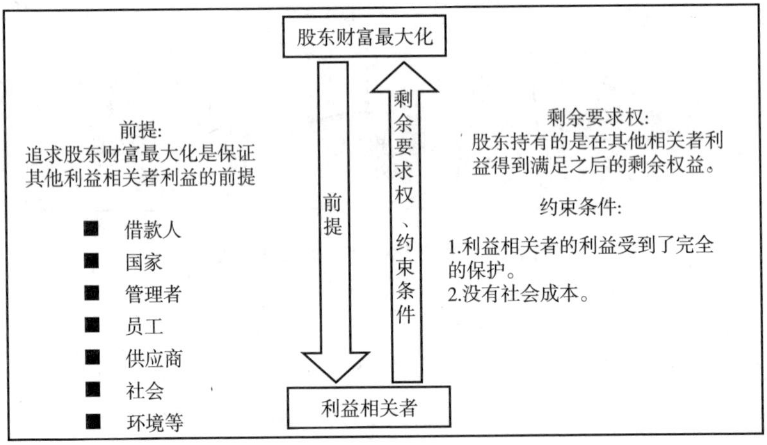

图 1-3 股东财富最大化与相关者利益最大化

1.2.2 利益冲突与协调

财务管理的目标既要考虑股东的首要地位，也要考虑企业经营者、债权人、员工、政府、供应商等利益相关者的利益。实践中，股东与利益相关者之间存在着利益冲突，如何有效协调这些冲突直接关系到财务管理目标的实现程度。

现代企业股权结构分散化，企业所有权与经营权相分离，形成了股东会、董事会和经营管理层的治理架构，分别拥有财产所有权、法人财产权和法人财产的经营管理权。董事会受托管理企业整体资产的运营效率与价值创造，对股东大会负责；经营管理层受托管理企业整体业务的经营效益与价值创造，对董事会负责。此外，监事会代表股东对董事会和经营管理层履行监督职责，具体如图 1-4 所示。

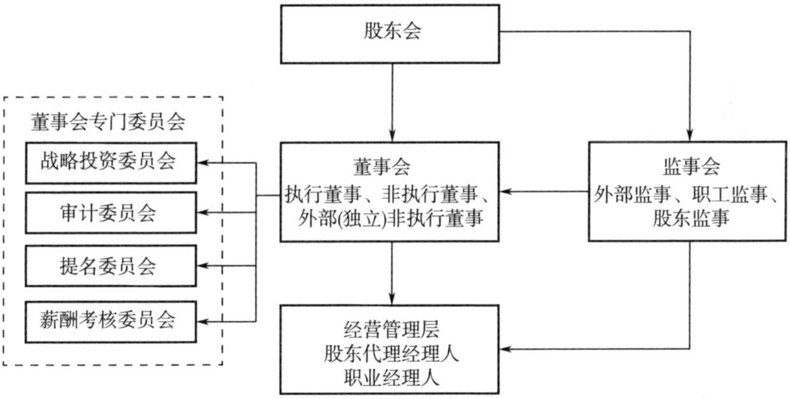

图 1-4　现代企业治理结构

企业存在的各种委托代理关系模式如图 1-5 所示，图中最核心的代理关系包括股东与经营者之间的委托代理关系、股东与债权人之间的委托代理关系。除此之外，还有企业与社区、供应商、客户、政府等之间的委托代理关系。由于信息不对称，存在不完备契约，委托人无法进行有效监督，所以代理人有动机为了自身利益而作出有损委托人利益的选择，如因私利动机而引发道德风险、缺乏有效监督时代理人实施逆向选择等。传统的委托代理问题是指由于企业所有权与经营权的分离而产生的股东与管理层之间、股东与债权人之间的委托代理问题。随着公司治理情况的变化，目前大股东与中小股东之间的关系也成为一种主要的委托代理问题。此外还产生企业利益与社会利益的冲突问题。

1.2.2.1　股东与管理层之间的利益冲突与协调

在现代企业中，经营者是股东的代理人，股东期望经营者代表他们的利益工作，实现股东财富最大化的目标；而经营者出于自身利益的考虑（譬如，

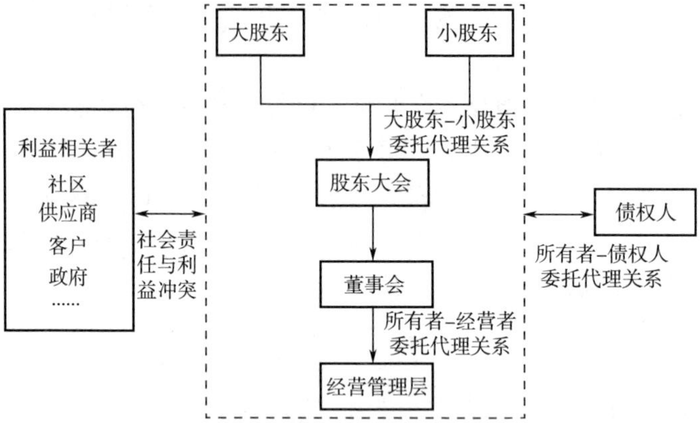

图 1–5　企业存在的各种委托代理关系

希望在增加股东财富的同时获得更多的个人收益、增加闲暇时间、提高社会声望、高档消费、不愿冒险等)，持有与股东不一致的目标，从而引发道德风险或做出逆向选择。

道德风险是指管理者为了自身的目标不尽最大努力去实现企业财务目标。具体行为表现为：管理者管理中不愿意承担风险；不做什么错事；不卖力工作，满足于现状，明哲保身，得过且过。上述行为并没有构成法律和行政责任问题，难以运用法律手段解决。

逆向选择是指管理者为了实现自身目标而背离股东目标，从而使得股东财富受损，与当初股东聘用自己的目标背离。具体行为表现为：管理者为享受而追求豪华的办公条件；不受预算约束随意消费股东的钱；奢侈的公务旅行、公款消费；蓄意压低股票价格以利于自己回购，从中渔利。

企业可以通过以下机制来协调这一冲突：

(1) 监督。这是一种通过所有者约束管理层（经营者）的办法。股东获取更多信息并对经营者进行监督，在经营者背离股东目标时，减少其收益。

(2) 解聘。这是一种通过所有者约束管理层（经营者）的办法。如果管理者工作严重失误，或经营绩效不佳，就解聘管理者。

(3) 接收。这是一种通过市场约束管理层（经营者）的办法。如果管理层决策失误，经营不善，该企业有可能被其他企业接收或吞并，管理层也会被解聘。

(4) 激励。将管理层的收益与其绩效挂钩，使其自觉采取追求股东财富最大化的措施。常见的激励方式有使用股票期权与绩效股。

对于股票期权方式而言，企业允许经营者以约定的价格购买一定数量本企业的股票，股票的市场价格高于约定价格的部分就是经营者所得的收益。经营者为了获得更大的股票涨价益处，就必然主动采取能够提高股价的行动，从而增加所有者财富。

对绩效股方式而言，企业运用如每股收益、净资产收益率等指标评价经营者的绩效，并根据绩效的大小给予经营者数量不等的股票作为收益。如果未能达到规定目标，经营者将丧失原先持有的部分绩效股。

1.2.2.2 股东与债权人之间的利益冲突与协调

在企业向债权人借入资金后，两者就形成了委托代理关系。实践中，股东与债权人因目标不一致而产生的利益冲突具体表现为：股东想利用财务杠杆借入资金，以扩大生产经营规模，最终获取杠杆利益，所以，股东强调和关注的是借入资金的收益性；而债权人希望在保证贷款安全的前提下，能够到期收回本金，并获得一定的利息收入。现实中存在企业把借入资金投向比预期风险高的项目，扩大负债规模（改变资本结构），提高股利支付等损害债权人利益的行为。

可以通过以下方式协调这一冲突：

（1）加强立法保护，也就是通过政府行为不断完善法律法规，给企业提供一个良好的、公平的法律制度环境。

（2）在借款契约合同中加入某些限制性条款，以实现预防性的自我保护。在借款交易发生之前，债权人尽可能在合同条款中通过文本来约束、限制企业可能侵害债权人利益的行为。

（3）一旦发现企业贷款有不良动机，债权人要立即拒绝合作或提前收回贷款。这是一种事中或事后的补救措施。当然，何时来补救、什么时候中止合作或者提前收回贷款，要视具体情况而定。

1.2.2.3 大股东与小股东之间的利益冲突与协调

实践中，存在大股东利用其对企业的控制权（大股东能够控制股东大会和董事会的决议，委派企业最高管理者，掌握企业重大经营决策等）及信息不对称，侵害中小股东利益的现象。大股东侵占中小股东利益的主要表现形式有：①利用关联交易转移上市公司利润（譬如大股东向上市公司高价出售劣质资产，或低价购买上市公司优质资产）；②非法占用巨额资金，利用上市公司进行担保和恶意融资；③发布虚假信息、操纵股价用于套现；④为派出的高级管理者支付过高的薪酬；⑤通过不合理的股利政策，掠夺中小股东的利益。

目前，我国针对中小股东利益的保护机制包括以下几方面：

（1）完善公司治理结构，使股东大会、董事会和监事会三者有效运作，形成相互制约的机制；实行累积投票制。累积投票就是将自己所拥有的投票数量累积起来使用。

【例 1-1】 天龙公司有两个股东：股东 A 拥有 30 万股，股东 B 拥有 70 万股。他们都想自己人成为董事。假设公司需要 4 位董事。传统投票制下，A 只能分别给 4 位董事投票，每位董事最多从 A 那里得到 30 万张票，永远都会少于 B 的 70 万张票。因此，传统直接投票制下，A 的人不可能成为董事。但在累积投票制下，股东 A 可以将原先分别给 4 位董事的共 120 万张票全部投给一位董事，从而至少可以获得 1 个董事席位。因为股东 B 不可能将其 280 万张选票分给 4 位候选人并使每人均超过 120 万张票，B 只能确保 2 人都超过 120 万张票肯定当选。在这种情况下，A 至少能让 1 位董事当选。

（2）规范信息披露制度，保证信息的真实性、完整性和及时性。

（3）对大股东加强内部监督和外部监督，在监管手段上做到法律手段与市场手段并重。

1.2.2.4　企业利益与社会利益之间的冲突与协调

实践中，企业在追求经济利益的时候，经常出现忽视员工健康与安全、污染环境、缺乏诚信等现象，损害了社会利益。企业在谋求自身利益之外，负有维护和增进社会利益的义务，即企业在实现股东财富最大化目标的同时，应该承担相应的社会责任。

企业社会责任是指企业在谋求股东财富最大化（或企业价值最大化）之外，还要承担对员工、消费者、社区和环境的责任。企业社会责任要求企业必须超越把利润作为唯一目标的传统理念，在生产过程中关注人的价值，强调对环境、消费者、社会的贡献。企业社会责任主要包括以下内容：

（1）对员工的责任。具体责任包括：①按时足额发放劳动报酬，并根据社会发展逐步提高工资水平；②提供安全健康的工作环境，加强劳动保护，实现安全生产，预防职业病；③建立职业教育和岗位培训制度，不断提高职工素质和能力；④完善工会、职工董事、职工监事制度，培育良好的企业文化；⑤遵守国家劳动工作时间制。

思政元素

有企业老板说“996 是福报”，你怎么看呢？《中华人民共和国劳动法》

规定：员工每天工作时间不能超过 8 小时，平均每周工作时间不超过 40 小时。“996”影响员工的身体健康，影响员工工作状态和创造力，会导致员工的流失和缺乏新的人才加入。“996”不是“奋斗、福报”的代名词，而是一种不合理的工作制度。

（2）对债权人的责任。具体包括：①依法规范披露公司信息；②诚实守信，不滥用公司人格；③主动偿债，不无故拖欠；④确保交易安全，履行合法订立的合同。

（3）对消费者的责任。具体包括：①确保产品质量；②诚实守信，确保消费者的知情权；③提供完善的售后服务，为消费者排忧解难。

思政元素

提起三鹿奶粉，大多数人会立即联想到三聚氰胺。三鹿集团为了利益最大化，不惜往奶粉里添加大量的三聚氰胺，这直接导致 30 多万婴儿患上各种疾病，其中就包括骇人听闻的“大头娃娃”。可以说，三鹿集团一手毁掉了几十万家庭的幸福和中国乳制品行业的信誉。如何杜绝三鹿奶粉事件？

（4）对社会公益的责任。其主要涉及慈善、社区等承担的扶贫济困和发展慈善事业的责任。比如：捐赠，为残疾人、弱势群体提供就业岗位，举办与公司营业范围有关的公益性社会宣传活动等。

（5）对环境和资源的责任。其主要包括可持续发展与节约资源的责任、保护环境与维护自然和谐的责任。

此外，企业还有义务遵从政府的管理、接受政府监督、合法经营、依法纳税、献计献策、分担社会压力、支持政府的各项事业等。

事实上，任何企业都无法长期、单独地承担全部的社会责任。大多数社会责任必须通过立法以强制的方式让每一个企业平均分摊。此外，还可以通过建立行业自律准则、社会监督等方式来规范和监督企业承担的社会责任。然而，企业承担社会责任是有限度和边界的，过分地强调社会责任会导致整个社会资金运用的次优化，阻碍社会进步。

党的二十大报告明确提出“中国式现代化是人与自然和谐共生的现代化”，这体现了党对推进我国高质量、可持续发展的决心。近年来，公司应主动承担社会责任越来越成为共识。

1.2 即测即评

1.3 企业组织形式与财务组织——身处何方

1.3.1 企业的定义及功能

企业是依法设立的，以营利为目的，运用各种生产要素（土地、劳动力、资本和技术等），向市场提供商品或服务，实行自主经营、自负盈亏、独立核算的法人或其他社会经济组织。企业的目标是创造财富（或价值）。企业在创造财富（或价值）过程中必须承担相应的社会责任。当今社会，企业作为国民经济细胞，扮演着越来越重要的角色。

1.3.1.1 企业是市场经济活动的主要参与者

市场经济活动的顺利进行离不开企业的生产和销售活动。离开了企业的生产和销售活动，市场就成了无源之水、无本之木。创造价值是企业经营行为动机的内在要求，企业的生产状况和经济效益直接影响社会经济实力的增长和人民物质生活水平的提高。只有培育大量充满生机与活力的企业，社会才能稳定、和谐而健康地发展。

1.3.1.2 企业是社会生产和服务的主要承担者

社会经济活动的主要过程即生产和服务过程，大多是由企业来承担和完成的。许多企业要组织社会生产，通过劳动者，将生产资料（劳动工具等）作用于劳动对象，从而生产出商品，这个过程就是企业组织社会生产的过程，所以企业是社会生产的直接承担者。企业在组织社会生产过程中，必然要在社会上购买其他企业的商品，再把本企业的产品销售出去，形成服务（包括商品流通）的过程。离开了企业的生产和服务活动，社会经济活动就会中断或停止。

1.3.1.3 企业是经济社会发展的重要推动力量

企业为了在竞争中立于不败之地，就需要不断积极采用先进技术，这在客观上必将推动整个社会经济技术的进步。企业的发展对整个社会的经济技术进步有着不可替代的作用。加快企业技术进步，加速科技成果产业化，培育发展创新型企业，是企业发展壮大的重要途径。

1.3.2 企业组织形式

典型的企业组织形式有 3 种：个人独资企业、合伙企业和公司制企业。

1.3.2.1 个人独资企业

（1）含义。个人独资企业是指由一个自然人投资兴办的企业，其业主享有全部的经营所得，同时对债务负无限责任。个人独资企业在法律上被称为自然人企业，不具有法人资格。

（2）优缺点。具体如下：

优点：①成本低，企业开办、转让、关闭的手续简单；②企业主自负盈亏，对企业的债务承担无限责任，会尽心经营企业；③税负较轻，只需要缴纳个人所得税；④两权（所有权与经营权）相统一，经营方式灵活，决策效率高；⑤没有信息披露的限制，企业的技术和财务信息容易保密。

缺点：①风险大，企业主对企业承担无限责任，投资人风险大；②筹资困难，因为个人资金有限，在借款时往往会因信用不足而遭到拒绝，限制了企业的发展和大规模经营；③企业寿命有限，企业所有权和经营权高度统一的产权结构意味着企业主的死亡、破产、犯罪都有可能导致企业不复存在；④所有权难以转移。

基于以上特点，个人独资企业的财务管理相对来说比较简单。

1.3.2.2 合伙企业

（1）含义。合伙企业是指由两个以上的合伙人订立合伙协议，共同出资、合伙经营、共享收益、共担风险，并对合伙企业债务承担无限连带责任的企业。为了避免经济纠纷，在合伙企业成立时，合伙人须订立合伙协议，明确每个合伙人的权利和义务。与个人独资企业相比，合伙企业资信条件较好，容易筹措资金和扩大规模，经营管理能力也较强。

（2）类型。按照合伙人的责任不同，合伙企业可分为普通合伙企业和有限合伙企业。

第一，普通合伙企业的合伙人均为普通合伙人，必须是自然人，对合伙企业的债务承担无限连带责任。普通合伙中有一种形式为特殊普通合伙，特殊普通合伙是各合伙人在对合伙债务承担无限责任的基本前提下，对因其他合伙人过错造成的合伙债务不负无限连带责任。许多专业服务机构，如律师事务所、会计师事务所、设计师事务所等常常采用特殊普通合伙的形式。

第二，有限合伙企业由普通合伙人和有限合伙人组成。普通合伙人承担无限责任，有限合伙人以其出资额为限承担有限责任。但是，有限合伙企业要求至少有一人是普通合伙人，而且有限合伙人不直接参与企业经营管理活动。

合伙企业不具有法人资格，属于自然人企业。由于合伙企业的资金来源和信用能力比独资企业有所增加，盈余分配也更加复杂，因此合伙企业的财务管理要比独资企业复杂得多。

(3) 优缺点。合伙企业具有设立程序简单、设立费用低等优点，但也存在责任无限、筹资困难、权力分散、产权转让困难等缺点。

1.3.2.3 公司制企业

(1) 含义。公司制企业是依照我国公司法等相关法律集资创建，实行自主经营、自负盈亏，由法定出资人（股东）组成的具有法人资格的独立经济组织。公司制企业的主要特点包括以下几个方面：

一是独立的法人资格。公司一经成立，即享有其独立的法人地位，具有法人资格，能够以公司名义从事各种经营活动，享有相应的权利，承担相应的义务。

二是具有无限的存续期。股东投入的资本长期归公司支配，股东无权从公司财产中抽回投资，只能通过出售转让其拥有的股份收回投资。这种资本的长期稳定性决定了公司只要不解散、不破产，就能够独立于股东而持续、无限期地存续下去。

三是股东承担有限责任。公司经营中出现的债务仅是公司的债务，不是股东的债务，股东仅以其出资额为限对公司债务承担有限责任，这就分散了股东投资风险，从而有利于吸引社会资本，扩大企业规模。

四是所有权和经营权分离。公司的所有权属于全体股东，经营权委托给专业的经营者，经营管理的专业化有利于提高公司的经营能力。

五是筹资渠道多元化。公司可以通过银行借款、发行债券、股票来募集资金，有利于企业的资本扩张和规模扩大。

(2) 类型。公司是现代企业的最主要形式，分为有限责任公司（简称“有限公司”）和股份有限公司（简称“股份公司”）两种形式。上市公司首先应该是股份公司。

第一，有限公司是由为数不多的股东集资组建的公司（一般由 1 人以上 50 人以下股东共同出资设立）。在有限公司中，董事和高层经理人员往往具有股东身份，使所有权和管理权不能完全分离。有限公司的设立和解散程序比较简单，管理机构也比较简单，比较适合中小型企业。

第二，股份公司是把全部资本划分为等额股份，通过发行股票筹集资本的公司，又分为上市公司和非上市公司。股东一旦认购股票，就不能向公司退股，但可以通过证券市场转让其股票。股份公司的优势是经过批准它可以向社会大规模地筹集资金，使某些需要大量资本的企业在短期内得以成立，有利于资本的市场化和公众化，将企业经营置于社会大众的监督之下。当股东认为企业经营不善时，会抛售股票，这成为对公司经理人员的强大外部约束力量。但股份公司的创办和歇业程序复杂，公司所有权和管理权的分离带来两者协调上的困难。同时，由于公司要向外披露经营状况，商业秘密难以保守。这种组织形式比较适合大中型企业。

有限公司和股份公司的主要区别如表 1-2 所示。

表 1-2　有限公司和股份公司的主要区别

项目	有限公司	股份公司
成立条件	相对宽松	要求严格
股份形式	不分为等额股份，以出资比例来确定	分为等额股份，以持有股票来确定股份
发行形式	私募，签发出资证明而不发行股票	向社会公开发行股票
股东人数	1~50	发起人 2 人以上（必须设立股东会）
董事会人数	3~13	5~19
对外产权转让	需经股东过半数通过， 其他股东有优先购买权	股票可以自由交易或转让

（3）优缺点。具体如下：

优点：①无限存续；②容易转让所有权；③容易筹资；④股东承担有限责任。

缺点：①双重纳税，即公司作为法人需缴纳公司所得税，而自然人股东对收到的利润还要缴纳个人所得税；②组建成本高，开办手续复杂，一般需提供一系列文件；③存在委托代理问题。

1.3.2.4　小结

现将典型的三类企业组织形式的比较列示如表 1-3 所示。

表 1-3　3 种企业组织形式的比较

组织形式	独资企业	合伙企业	公司制企业
股东	一个自然人	两个（含）以上自然人 （普通合伙）、法人（有限合伙）	多样化
股东责任	无限责任	无限、连带责任	有限责任
企业寿命	有限	有限	无限存续
权益转让	较难	较难	容易转让所有权

续表

组织形式	独资企业	合伙企业	公司制企业
筹集资金的难易	难	较难	容易
纳税	个税	个税	企业所得税和个税
代理问题	—	—	存在代理问题
组建成本	低	居中	高

1.3.3 财务经理与财务职业生涯

1.3.3.1 财务经理

现代公司的一个重要特征是两权分离，所有者一般不直接参与公司经营决策。公司聘请经理人代表他们的利益，并以他们的名义决策。总裁是企业的首席执行官，直接负责管理企业的生产经营。总裁下面设副总裁（总监），负责不同部门的经营与管理。负责向财务总监报告的是财务经理和会计经理。财务经理负责投资、筹资、分配和营运资本的管理，并且通过这些工作为公司创造价值。图 1-6 描绘了企业的一般组织结构，并突出了财务部门。

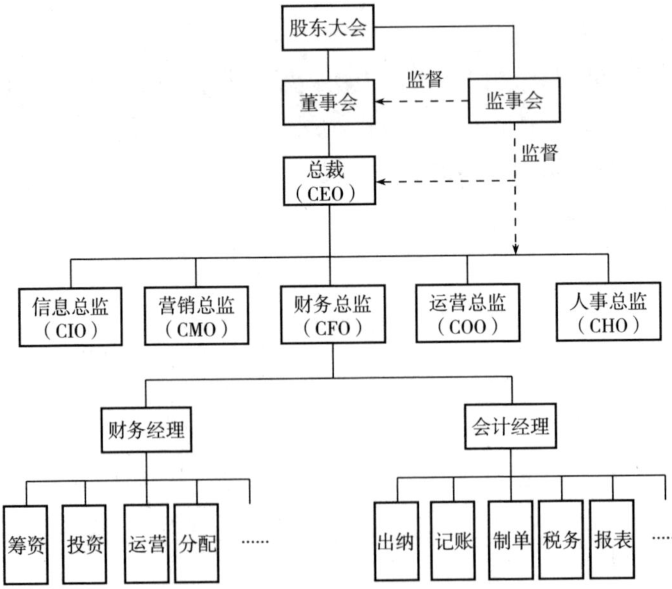

图 1-6 企业的一般组织结构

财务经理的主要工作包括：为筹集资金而在金融市场向投资者发售债券和股票，在资金从金融市场流向企业后，财务经理将筹到的资金用于投资以及企业生产经营，投资与生产过程中创造出新的资金流，然后，财务经理将资金支付给债权人、股东和政府。股东以股利的方式得到投资回报；债权人因出借资金而获得利息，并收回本金；政府获得了税收收入。一般来说，企业并不是将赚的所有利润都进行分配，会留存一部分用于储备进行再投资。从长期来看，只要企业支付给债权人和股东的资金大于从金融市场上筹集到的资金，就表明企业价值得到了提升。

由此可见，财务经理的一部分工作就是在企业与金融市场之间进行资金运作，如借款、发售股票和债券、分配股利以及偿还债务等。财务经理的另一部分工作是配合公司经营活动，安排资金收支，如进行流动资产、流动负债的管理，进行固定资产的投资决策等。

1.3.3.2　财务职业生涯

对于主修财务管理的学生来说，他们的职业生涯常常要从基础做起，通常可能从以下领域开始。

（1）金融机构。金融机构指专门从事与货币信用相关的中介组织，大致分为银行类金融机构和非银行类金融机构。其中，银行类金融机构主要指商业银行，非银行类金融机构则包括保险公司、基金管理公司、投资银行等。

（2）财务管理 。企业的财务管理是财务职业领域中最广泛的领域，同时也拥有最多的工作机会。财务管理在所有商业机构中都非常重要，包括银行、其他金融机构、工业企业和商业企业。财务管理在政府机构及非营利组织中也同样重要，包括学校、医院等。

1.3 即测即评

1.4　财务管理环境——通权达变

财务管理环境又称理财环境，是指对企业财务活动和财务管理产生影响或作用的企业外部条件的总和。企业理财活动离不开理财环境，不同时期、不同国家、不同领域的财务管理面对不同的理财环境。理财环境涉及范围很广，比如国家政治、经济、法律、金融市场、社会文化环境等等。

1.4.1　技术环境

财务管理的技术环境，是指财务管理得以实现的技术手段和技术条件，它决定着财务管理的效率和效果。随着技术的发展，财务管理的方法和工具也在不断更新，这些新技术为财务管理提供了更多的手段和工具，从而提高了财务管理的效率和效果。技术环境的发展还促进了财务管理的自动化和数字化，减少了人工操作的错误，提高了财务数据的准确性和及时性。这不仅优化了财务管理流程，还使得企业能够更快速地作出决策，从而在市场竞争中占据有利地位。随着大数据科学、互联网技术、AI 等智能技术不断应用到财务管理领域（如财务共享），财务管理的技术环境更容易实现数出一门、资源共享，便于不同信息使用者获取、分析和利用，进行投资和相关决策。因此，企业应密切关注技术的发展趋势，及时更新财务管理系统和技术，以适应不断变化的市场环境。

1.4.2 经济环境

经济环境是影响企业财务管理的各种经济因素，如经济周期、经济发展水平、通货膨胀状况、经济政策等。

1.4.2.1 经济周期

经济发展通常有一定的波动性，大体经历复苏、繁荣、衰退、萧条几个阶段的循环，这种循环叫经济周期。在经济周期的不同阶段，企业应采用不同的财务管理策略，与经济周期相适应，具体见表 1-4。换句话说，企业的财务管理人员所采用的财务管理策略一定要顺应经济发展的大形势，不能逆势而行。

表 1-4 经济周期中不同阶段的财务管理策略

复苏	繁荣	衰退	萧条
1. 增加厂房设备	1. 扩充厂房设备	1. 停止扩张	1. 建立投资标准
2. 实行长期租赁	2. 继续建立存货	2. 出售多余设备	2. 保持市场份额
3. 建立存货储备	3. 提高产品价格	3. 停产不利产品	3. 压缩管理费用
4. 开发新产品	4. 开展营销规划	4. 停止长期采购	4. 放弃次要利益
5. 增加劳动力	5. 增加劳动力	5. 削减存货	5. 削减存货
		6. 停止扩招雇员	6. 裁减雇员

1.4.2.2 经济发展水平

通常情况下，根据经济发展水平，把不同国家划分为发达国家、发展中国家和不发达国家三大群体。经济发展水平的提高，将改变企业的财务战略、财务理念、财务管理模式和财务管理的手段和方法，从而使财务管理水平得以提高。财务管理水平的提高，将推动企业降低成本，改进效率，提高效益，促进经济发展水平的提高。因此，财务管理的发展水平是和经济发展水平密切相关的，经济发展水平越高，财务管理水平也越高。

1.4.2.3 通货膨胀

通货膨胀是指一般价格水平的持续的普遍的上升。就性质而言，都是由于过度的货币供给造成货币贬值、物价上涨。通货膨胀降低了企业的购买力(货币贬值)，对企业财务活动的影响是多方面的，主要表现在导致资金需求量的增加、筹资成本的增加、筹资难度的增加等等。为降低通货膨胀对企业造成的不利影响，可以在通货膨胀初期进行投资以实现资本保值，与供应商签订长期购货合同以降低损失，取得长期负债以保持资本成本的稳定，使用套期保值尽量减少损失。

1.4.2.4 经济政策

经济政策是国家进行宏观调控的重要手段。国家制定的国民经济发展规划、产业政策、金融政策、财税政策、外贸政策、货币政策等，对企业的筹资、投资和收益分配活动都有重大影响。例如：国家对某些地区、某些行业、某些经济行为的优惠政策，会影响企业的投资方向、投资规模和资本结构；金融政策中的货币发行量、信贷规模会影响企业投资的资金来源和投资的预期收益；财税政策会影响企业的资金结构和投资项目的选择；价格政策会影响资金的投向和投资的回收期及预期收益。因此，企业在财务管理中，必须全面了解、认真研究国家的经济政策，顺应经济政策的导向，兴利除弊，更好地实现财务管理目标。

1.4.3 法律环境

法律环境是指企业和外部发生经济关系时所遵守的各种法律、法规和规章制度。企业在进行财务活动时，无论是筹资、投资还是利润分配，都要与企业外部发生经济关系，在处理这些经济关系时，应当遵守有关的法律规范，这些法律规范为企业在相应空间内自主经营提供了法律保护。这些法律规范不仅涉及企业设立、企业运转、企业合并和分立以及企业的破产清算等方面，也涉及企业筹资活动、投资活动和分配活动等财务管理活动的各个环节。在我国，与企业财务管理有密切关系的法律规范可以分为以下几类。

1.4.3.1 企业组织法规

企业组织必须依法成立，不同类型的企业在组建过程中适用不同的法律。在我国，这些法律包括《中华人民共和国公司法》（简称《公司法》）、《中华人民共和国个人独资企业法》、《中华人民共和国合伙企业法》、《外商投资法》等。这些法规详细规定了不同类型的企业组织设立的条件、设立的程序、组织机构、组织变更及终止的条件和程序等。例如，公司的组建要遵循《公司法》规定的条件和程序，公司成立后，其经营活动包括财务活动都要按照《公司法》的规定来进行。因此，《公司法》是约束公司财务管理最重要的法规，公司的财务活动不能违反该法律。

从财务管理的角度来看，非公司制企业与公司制企业有很大的不同。例如，个人独资企业和合伙企业都属于非公司制企业，企业主承担的是无限责任，也就是说，一旦企业经营失败，其个人的财产也将纳入偿债范围。而公司制企业的股东承担的则是有限责任，公司经营失败时，仅以股东的出资额为限来偿债。

1.4.3.2 财务会计法规

财务会计法规主要包括《中华人民共和国会计法》（简称《会计法》）、《企业财务通则》、《企业会计准则》、《小企业会计制度》等。《会计法》于1985年通过，1993年、1999年、2017年、2024年分别经过4次修订。《会计法》是我国会计工作的根本大法，是指导会计工作的最高准则，也是制定其他会计法规的依据。《企业财务通则》是各类企业进行财务活动、实施财务管理的基本规范，于1994年7月1日起施行。随着经济环境的不断发展，2005年我国修订了《企业财务通则》，新的《企业财务通则》于2007年1月1日起开始实施。新的《企业财务通则》围绕企业财务管理环节，明确了资金筹集、资产营运、成本控制、收益分配、信息管理、财务监督等六大财务管理要素，并结合不同财务管理要素，对财务管理方法和政策要求做出了规范。

《企业会计准则》是针对所有企业制定的会计核算规则，分为基本准则和具体准则，自2007年1月1日起在上市公司中实施，2008年1月1日起在国有大中型企业中实施。为规范小企业的会计行为，财政部颁布了《小企业会计制度》，自2005年1月1日起在全国小企业范围内实施。2011年10月，财政部发布了《小企业会计准则》，自2013年1月1日起在小型企业实施。2014年以来，财政部结合经济形势和企业经营的变化，陆续对企业会计准则中的基本准则、职工薪酬、财务报表列报等准则进行了修订；2017年再次修订和印发收入、金融工具确认和计量等 7 项具体准则，这是近年对会计准则规模最大的一次调整；2018 年修订了租赁准则；2019 年修订了非货币性资产交换准则。这些最新准则变化对于财务报告信息质量的提高和企业决策都有十分重要的意义。

1.4.3.3 税法

税法是国家制定的用以调整国家与纳税人之间在征纳税方面权利与义务的法律规范的总称。税法是国家法律的重要组成部分，是保障国家和纳税人合法权益的法律规范。税法按征收对象的不同可以分为：①对流转额课税的税法，主要涉及增值税、消费税和关税；②对所得额课税的税法，主要涉及企业所得税、个人所得税；③对自然资源课税的税法，主要涉及资源税、城镇土地使用税、土地增值税等；④对财产课税的税法，主要涉及房产税、车船税、车辆购置税契税、耕地占用税；⑤对行为课税的税法，主要涉及印花税、城市维护建设税等。

企业在经营过程中有依法纳税的义务。税负是企业的一种支出，因此企业都希望在不违反税法的前提下减少税负。降低税负需要财务人员在理财活动中精心安排、合理筹划，而不能通过逃避缴纳税款的方式来实现，这就要求财务人员熟悉甚至精通税法，为理财目标服务。

除了上述法规之外，与企业财务管理有关的经济法规还包括证券法规、结算法规等。财务人员要在守法的前提下完成财务管理的职能，实现企业的理财目标。

1.4.4 金融市场环境

企业需要资金从事投资和经营活动，而除了自有资金外，企业的资金主要从金融机构和金融市场取得。金融市场环境的变化必然影响企业的筹资、投资和资金运营活动。金融市场环境是影响财务管理最主要的环境因素，主要包括金融机构、金融工具、金融市场和利率四个方面。

1.4.4.1 金融市场的含义

金融市场是资金融通的场所。它是金融资产进行交易的一个有形和无形的场所；它反映了金融资产的供应者和需求者之间所形成的供求关系；它包含了金融资产交易过程中所产生的运行机制，其中最主要的是价格（包括利率、汇率及各种证券的价格）机制。金融市场能够发挥对资源的配置作用，提高经济效率。金融市场的作用具体包括资本的筹措与投放、分散风险、调节经济、降低交易成本、确定金融资产价格。

1.4.4.2 金融市场的分类

金融市场可以按照不同的标准进行分类。

(1) 按照时间长短不同，分为货币市场和资本市场。货币市场的主要功能是调节短期（1年内）资金的融通。其主要特点是：期限短，交易目的是解决短期资金周转，货币市场上的金融工具具有较强的“货币性”，具有流动性强、价格平稳、风险较小等特性。货币市场主要有拆借市场、票据市场、大额定期存单市场和短期债券市场等。

资本市场的主要功能是调节长期资本（1年以上）的融通。其主要特点是：期限长，融资目的是解决长期资本的需求，资本借贷量大，收益较高但风险也较大。资本市场主要有股票市场、债券市场、期货市场和融资租赁市场等。

(2) 以功能（交易顺序）为标准，分为发行市场和流通市场。发行市场（一级市场）主要处理金融工具的发行与最初购买者之间的交易。流通市场（二级市场）主要处理现有金融工具转让和变现的交易。

(3) 以融资对象为标准，分为资本市场、外汇市场、黄金市场。资本市场以货币和资本为交易对象。外汇市场以各种外汇金融工具为交易对象。黄金市场则是集中进行黄金买卖和金币兑换的交易市场。

(4) 按组织方式不同，分为场内交易市场和场外交易市场。场内交易市场是指各种证券交易所，如上海证券交易所、深圳证券交易所、北京证券交易所。场内交易有固定的场所、固定的交易时间和规范的交易规则。

场外交易市场分为两种：一是集中交易的公开型场外市场，如全国中小企业股份转让市场（新三板）；二是非集中交易的场外市场，如区域性股权市场、券商柜台交易市场。场外交易市场的价格由双方协商形成。

(5) 按交易工具属性不同，分为基础性金融市场与金融衍生品市场。基础性金融市场是指以基础性金融产品为交易对象的金融市场，如商业票据、企业债券、企业股票的交易市场；金融衍生品交易市场是指以金融衍生品为交易对象的金融市场，如远期、期货、掉期（交换）、期权，以及具有远期、期货、掉期（交换）、期权中一种或多种特征的结构化金融工具的交易市场。

表1-5对金融市场的分类进行了总结。

表1-5 金融市场的分类

标准	类型	含义
期限	货币市场	又称短期金融市场。是指以期限在1年以内的金融工具为媒介，进行短期资金融通的市场。包括同业拆借市场、票据市场等

续表

标准	类型	含义
期限	资本市场	又称长期金融市场。是指以期限在1年以上的金融工具为媒介，进行长期资金交易活动的市场。包括股票市场和债券市场等
功能	发行市场	又称一级市场。它主要处理金融工具的发行和最初购买者之间的交易
	流通市场	又称二级市场。它主要处理现有金融工具转让和变现的交易
融资对象	资金市场	以货币和资本为交易对象
	外汇市场	以各种外汇金融工具为交易对象
	黄金市场	集中进行黄金买卖和金币兑换的交易市场
金融工具属性	基础性金融市场	以基础性金融产品为交易对象的金融市场，如商业票据、企业债券等
	金融衍生品市场	以金融衍生产品为交易对象的金融市场，如期货、期权等
组织方式	场内交易市场	有固定的场所、固定的交易时间和规范的交易规则。是指各种证券的交易所，如上交所、深交所、北交所
	场外交易市场	由持有证券的交易商分别进行。任何人都可以在交易商的柜台上买卖证券，价格由双方协商形成

1.4.4.3 金融市场的要素构成

金融市场是指经营货币资金借款、外汇买卖，有价证券交易、债券和股票的发行、黄金等贵金属买卖场所的总称，主要包括货币市场和资本市场。金融市场由交易主体、交易对象、交易工具、交易价格四个要素组成。

(1) 交易主体。交易主体即参与交易的当事人。当事人有资金的供应者、资金的需求者、金融市场的中介者和金融市场的管理者。

资金的供应者和需求者主要包括企业、政府部门和个人等。

金融市场的中介者主要是银行类金融机构（商业银行、政策性银行等）和非银行类金融机构（如证券公司、保险公司、信托投资公司、融资租赁公司、财务公司和各类基金管理公司等），它们是连接投资人和筹资人的桥梁。此外，还有会计师事务所、律师事务所、资信评估事务所等。

商业银行的主要作用是资金的存贷，它们从广大居民手中吸收存款，再以借款的形式将这些资金提供给企业等资金需要者，如中国银行、中国建设银行等。

政策性银行是实施政府特定政策，不以营利为目的的银行，如中国农业发展银行、中国进出口银行、国家开发银行。

投资银行在现代公司筹资活动中处于非常重要的地位，任何公司发行债券或股票，都要借助投资银行。目前在我国，投资银行的业务主要由各类证券公司来承担。

保险公司和各类基金管理公司是金融市场上主要的机构投资者，它们从广大投保人和基金投资者手中聚集了大量资金，同时又投资于证券市场，成为公司资金的一项重要来源。随着我国金融市场的不断开放和国内经济的稳步发展，这些机构投资者在金融市场上的作用越来越重要。

金融市场的管理者主要是人民银行、国家金融监督管理总局、证监会。人民银行是发行银行、政府的银行、银行的银行，是我国的中央银行和执行金融政策的银行，以贯彻国家货币政策、调节经济、稳定货币为目的，同时也是金融市场的主要管理者。国家金融监督管理总局统一负责除证券业之外的金融业监管，强化机构监管、行为监管、功能监管、穿透式监管、持续监管，统筹负责金融消费者权益保护，加强风险管理和防范处置，依法查处违法违规行为。中国证券监督管理委员会依照法律、法规和国务院授权，统一监督管理全国证券期货市场，维护证券期货市场秩序，保障其合法运行。

（2）交易对象。金融市场的交易对象是货币资金。

（3）交易工具。交易工具即以书面形式发行和流通的交易契据、凭证等，也称信用工具或金融工具。借助金融工具，资金从供给方转移到需求方。

金融工具有传统金融工具和衍生金融工具。传统金融工具有票据、存单、债券、股票、基金等。衍生金融工具有期货、期权、互换、远期利率协议等。金融工具是指一切代表未来收益或资产合法要求权的凭证，是一种索取实物资产的权利。

金融工具按发行和流通的场所，划分为货币市场证券和资本市场证券。

货币市场证券属于短期债务，到期日通常为 1 年或更短的时间，主要是政府、银行及工商业企业发行的短期信用工具，具有期限短、流动性强和风险小的特点。货币市场证券包括商业本票、银行承兑汇票、国库券、银行同业拆借、短期债券等。

资本市场证券是公司或政府发行的长期证券。其到期期限超过 1 年，实质上是 1 年期以上的中长期资本市场证券。资本市场证券包括普通股、优先股、长期公司债券、国债、衍生金融工具等。

（4）交易价格。交易价格即货币资金的价格。不同的交易对象，价格表现不同。借贷资金的价格是利率或债券收益率，而在股票市场上是由股票的价格反映出资金的价格，在外汇市场上则由汇率反映出货币资金的价格。

1.4.4.4 利率及其测算

（1）利率的含义。金融市场中，资金需求者或资金供应者最后能够达成交易，其关键要素是利率水平的高低。利息是资金所有者因暂时让渡资金使用权而从借款者那里取得的一种收益。利率是指借贷期内所形成的利息额与所贷资金（本金）的比率。利率是金融市场中货币资金交易的价格，是衡量资金增值量的基本单位。

（2）利率的基本形式。利率有年利率、月利率和日利率。年利率即以年为单位计算利息时的利率，通常以%表示。月利率即以月为单位计算利息时的利率，通常以‰表示。日利率即以日为单位计算利息时的利率，通常以‱表示。中国传统的金融习惯中以“厘”为利率单位，年率1厘即1%，月率1厘即1‰，日拆1厘即1‱。

（3）利率的分类。具体分为以下几类：

一是按利率之间的变动关系，可把利率分为基准利率和套算利率。基准利率是指在多种利率并存的条件下起决定性作用的利率，当基准利率变动时，其他利率也相应发生变化。套算利率是指在基准利率确定后，各金融机构根据基准利率和借贷款项的特点而换算出的利率。

二是根据在借贷期内是否不断调整，可把利率分为固定利率与浮动利率。固定利率是指在整个借贷期限内不随资金供求状况的变动而变动的利率。浮动利率是指在借贷关系存续期内可以根据市场利率的波动定期进行调整的利率。

三是根据利率变动与市场的关系，可把利率分为市场利率和官定利率。市场利率是指按市场规律自由变动的利率，它主要反映了市场内在力量对利率形成的作用。官定利率又称法定利率，是由一国中央银行所规定的利率，各金融机构必须执行。

四是按时间长短，分为短期利率与长期利率。短期利率是指融资时间在1年期以内的利率。长期利率是指融资时间在1年期以上的利率。

五是按债权人取得的收益情况，可把利率分为实际利率和名义利率。实际利率是指在物价不变从而货币购买力不变情况下的利率，或是指在物价有变化时，扣除通货膨胀补偿以后的利率。名义利率是指包括通货膨胀补偿的利率。

名义利率与实际利率之间的关系可以用公式表示为：

$$\text{名义利率} = \text{实际利率} + \text{物价上涨率} \quad (1\text{-}5)$$

但通货膨胀不仅使本金贬值，也会使利息贬值，所以，名义利率还应向上调整。这样名义利率的公式可写成：

名义利率 = (1 + 实际利率)(1 + 物价变动率) - 1 (1-6)

【例 1-2】 假设本金 100 元，实际利率为 5%，通货膨胀率为 3%，那么 1 年后，不考虑通货膨胀的本利和与考虑通货膨胀的本利和分别是多少？

在有 3%通货膨胀率的情况下，银行如果想使储户实际利率达到 5%，那么公布给付的利率应该是多少？

不考虑通货膨胀的本利和＝100×（1+5%）＝105（元）；

考虑通货膨胀的本利和＝100×（1+5%）×（1+3%）＝108.15（元）；

要使实际利率达到 5%，公布给付的利率＝（108.15－100）/100＝8.15%。

（4）影响利率的基本因素。影响利率的基本因素有：①社会平均资金利润率的高低；②借贷资金的供求关系；③通货膨胀预期；④货币政策；⑤财政政策；⑥国际利率水平。

（5）利率的计量及构成。利率的一般计算公式：

利率 = 纯利率 + 通货膨胀补偿利率 + 风险补偿利率 (1-7)

第一，纯利率，是指无通货膨胀、无风险情况下的社会平均利润率。与那些可观察的事物相比，它是一个很抽象的概念。在现实世界中，这个利率存在于一个完善的经济背景中：没有通货膨胀，证券可以以其全部价值迅速卖出。此外，企业也将纯利率视为企业进行投资得到的平均回报率，所以，从这个意义上讲，我们称纯利率为货币的盈利权。纯利率可以视为付给出借者的一种补偿，即对其损失货币升值能力而给予的补偿。实际工作中，精确测定纯利率是非常困难的，通常以无通货膨胀下的无风险证券的利率来代表纯利率。

第二，通货膨胀补偿利率。通货膨胀是指物价的普遍上涨。我们通常假定物价与工资会同时增长，虽然实际上一些物品涨价的速度更快。在通货膨胀背后，有一个关键的概念，就是特定一揽子商品的成本。如果特定一揽子商品的成本在年初为 100 元，一年时间内价格上涨了 5%，即年末成本为 105 元。换句话说，100 元在年末已经不能买到年初那么多的商品，货币将损失部分价值。这个 5%即为通货膨胀率。

特别注意：通货膨胀率是指预期未来的通货膨胀率，而非过去已发生的实际通货膨胀率。通货膨胀补偿利率（或通货膨胀贴水）是对通货膨胀造成的购买力损失给予的补偿。

第三，风险补偿利率。风险补偿利率是指风险贷款的利率与无风险贷款利率之差。一般的利率风险溢价包括三种：违约风险、流动性风险和期限风险。

违约风险指借款人到期不能偿还本金和利息的可能性。违约造成的损失可以从全部借款额到部分利息。违约通常发生在公司状况恶化、借款人没有资金偿还借款的情况下，当经营出现问题时，延迟支付利息是相当普遍的。违约风险要根据企业的信用程度来确定，信用等级越高，信用越好，违约风险越小，违约风险率越低。

流动性风险是指投资者不能及时将持有的证券变现而蒙受损失的可能性。流动性风险因证券期限的不同而不同。短期负债一般并不涉及太多的流动性风险，因为需要资金的出借人完全可以等到到期日。资产变现能力越强，流动性越好，流动性风险越小。

期限风险是指因债务期限长短不同而形成的风险。相对于短期债券价格，长期债券价格随着利率波动的幅度更大，因而产生了到期日风险。众所周知，投资者在购买债券后，利率上升，债券的价格就会下跌，而如果投资者想尽快出手，必定蒙受一定的损失。如果债券是短期的，这个损失会很小或者可以忽略不计；但是，如果债券的期限较长，投资者的损失则是巨大的。因此，风险会随着债券的期限而变动。一项负债到期日越长，不确定因素就越多，期限风险补偿越大。一般情况下，长期利率高于短期利率，这就是期限风险补偿。但是，在利率剧烈波动的情况下，也可能会出现短期利率高于长期利率的偶然情况。

1.4.5 社会文化环境

社会文化环境包括教育、科学、文学、艺术等以及同社会制度相适应的权利义务观念、道德观念、组织纪律观念、价值观念、劳动态度等。企业的财务活动不可避免地受到社会文化的影响。但是，社会文化的各方面对财务管理的影响程度不尽相同，有的具有直接影响，有的只有间接影响；有的影响比较明显，有的影响微乎其微。例如，随着财务管理工作的内容越来越丰富，社会整体的教育水平将越来越重要。事实表明，在教育落后的情况下，为提高财务管理水平所做的努力往往收效甚微。另外，诸如社会的资信程度等因素也在一定程度上影响着财务管理活动。当社会资信程度较高时，企业间的信用往来会加强，从而

1.4 即测即评

促进彼此之间的合作，并减少企业的坏账损失。同时，在不同的文化环境中经营的公司需要对员工进行文化差异方面的培训，并且在可能的情况下聘用通晓当地文化的专家。忽视社会文化对公司财务活动的影响，将给公司的财务管理带来无法预料的问题。

思考与练习题

1. 论述常见的几种财务管理目标，阐述各自的优缺点。

2. 企业财务关系有哪些类型?

3. 阐述企业的组织形式及主要特点。

4. 张三 2024 年 1 月 1 日成立沁香书店并兼营咖啡，请判断以下活动分别属于书店的哪种财务活动：

（1）2024 年 1 月 1 日，投入 10 万元创办沁香书店。

（2）2024 年 1 月 2 日，购买 1 台电脑，价值 0. 4 万元；购买 1 台咖啡制作机，价值 0. 3 万元。

（3）2024 年 1 月 5 日，购买新书和咖啡原料花费 5 万元。

（4）2024 年 1 月份销售书籍，共取得 10 万元收入。

（5）2024 年 4 月 1 日，向工商银行贷款 10 万元，年利率 5%。

（6）2024 年 6 月 1 日，李四投入 5 万元，成为沁香书店的新股东。

（7）2024 年 6 月 30 日，支付房租 2 万元。

（8）2024 年 12 月 31 日，归还银行贷款 10 万元，并支付利息 0. 375 万元。

（9）2024 年 12 月 31 日，向股东张三和李四分别分红 0. 6 万元和 0. 2 万元。

2 财务管理价值观念——溯本求源

学习目标

1. 理解货币时间价值的概念、现金流量时间线。

2. 掌握单利、复利的含义，掌握复利现值与终值的计算方法，掌握年金的含义及类别，掌握各种年金的现值与终值的计算方法。

思维导图

3. 掌握风险与收益的含义及单项资产的风险与收益的计算。

4. 掌握证券组合的风险与收益的计算，了解资本资产定价模型。

引导案例

玫瑰花悬案

拿破仑 1797 年 3 月在卢森堡第一国立小学演讲时说：“为了答谢贵校对我，尤其是对我夫人约瑟芬的盛情款待，我不仅今天呈上一束玫瑰花，并且在未来日子里，只要我们法兰西存在一天，每年今天我都将亲自派人送给贵校一束价值相等的玫瑰花，作为法兰西与卢森堡友谊的象征。”

时过境迁，拿破仑最终惨败而被流放到圣赫勒拿岛，把诺言忘得一干二净。1984 年底，卢森堡向法国提出索赔：要么从 1797 年起，用 3 路易作为一束玫瑰花的本金，以 5 厘复利计息全部清偿这笔玫瑰案；要么法国政府在法国各大报刊上公开承认拿破仑是个言而无信的小人。

起初，法国政府准备不惜重金赎回拿破仑的声誉，却被电脑算出的数字惊呆了：原本 3 路易（约等于 50 法郎）许诺，本息竟高达 1 375 596 法郎。最后，法国政府的答复是：“以后，无论在精神上还是物质上，法国将始终不渝地对卢森堡的中小学教育事业予以支持与赞助，来兑现我们拿破仑将军的玫瑰花诺言。”这一措辞最终得到了卢森堡人民的谅解。

思考：

1. 这里的本息 1 375 596 法郎是如何计算得到的？

2. 这个故事说明了什么道理？对你有何启示？

2.1 货币时间价值——一刻千金

2.1.1 货币时间价值的概念

2.1.1.1 含义

什么是货币时间价值？怎样理解货币时间价值的内涵呢？在理解货币时间价值的概念之前，先思考两个问题：①过去的 1 元钱比今天的 1 元钱更值钱吗？为什么？②是不是所有的货币都有时间价值？可以把钱揣在口袋里或埋到地下等着升值吗？

货币时间价值，是指在没有风险和通货膨胀的情况下，货币经历一定时间的投资和再投资所增加的价值，也称为资金的时间价值，即第 1 章利率中的纯利率。时间价值揭示了不同时点上资金之间的换算关系，是财务决策的基本依据。

在理解货币时间价值的概念时，要注意以下几点：

(1) 不是所有的货币都有时间价值，只有将货币投入社会再生产过程中才能实现资金增值。这就是我们将钱存入银行可以得到利息，而我们将钱锁在家中的保险箱内没有收益的原因所在。

(2) 在资金运动的过程中，资金的增值是与时间的推移成正比的，这就意味着，时间越长，它的增量就会越大。资金的时间价值表现为利息或利润。因此，不同时点上的资金不能简单直接相加，必须换算为同一时点才能相加。

(3) 货币在投资与再投资过程中形成的价值增值，并不全是时间价值。企业经营中无法避免风险和通货膨胀，因此货币在投资与再投资过程中形成的价值增值，不仅包括时间价值，还包括风险报酬和通货膨胀贴水。

2.1.1.2 货币时间价值的表现形式

货币时间价值有两种表现形式：绝对数表示和相对数表示。

绝对数是一个具体金额，即货币时间价值额，是资金在生产经营过程中带来的真实增值额，也就是我们常说的利息；其大小为一定数额的资金与时间价值率的乘积。

相对数就是货币时间价值率，是没有风险和没有通货膨胀条件下的社会平均资金利润率，即时间价值率。通常用没有通货膨胀时的短期国库券利率来表示。

由于现实经济活动中存在风险与通货膨胀，因此，投资者获得的投资收益不仅包括货币时间价值，还包括风险收益、通货膨胀补贴。存在风险与通货膨胀条件下的投资收益率与时间价值之间的关系为：

$$投资收益率 = 时间价值 + 风险收益率 + 通胀补偿率 \quad (2-1)$$

由此可见，货币时间价值仅仅是现实经济活动中的投资收益率的一部分。在不考虑通货膨胀和风险的情况下，通常以社会平均资金利润率代表货币的时间价值，在一定条件下可视同于利息率，如贷款利率、债券利率、股利率等；从绝对量上看，就是使用货币的机会成本或假设成本，即利息。为了便于理解，以下假定利息、利率或折现率均代表货币时间价值。

2.1.2 现金流量时间线

计算货币时间价值，首先必须清楚资金运动发生的时间（每笔资金在哪个时点上发生）和方向（资金流向是流入还是流出）。现金流量时间线（如图 2-1 所示）提供了一种重要的计算货币时间价值的工具，它可直观、便捷地反映资金运动发生的时间和方向。

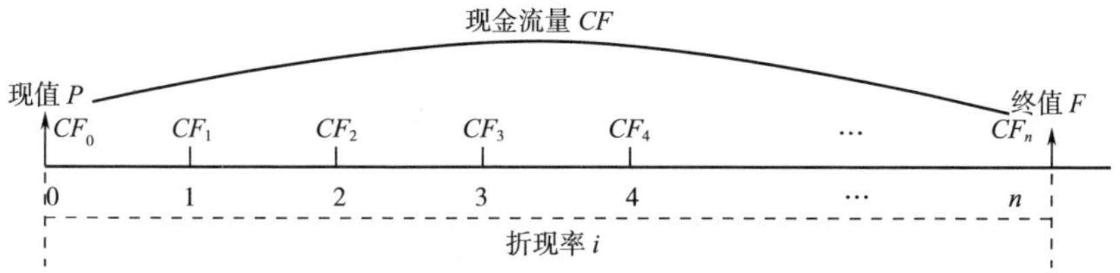

图 2-1 现金流量时间线

为了方便阐述计算，表 2-1 中列出了本书用到的一些现金流量符号说明。

表 2-1 现金流量符号说明

符号	说明
P（PV）	现值：发生在未来的现金流量相当于现在时刻的价值
F（FV）	终值（未来值）：一个或多个现金流量相当于未来时刻的价值
CF_t	现金流量：第 t 期期末的现金流量，有流入量（CI）和流出量（CO）

续表

符号	说明
A	年金：连续发生在一定时期内的等额的现金流量
i（或 r）	利率或折现率：资本机会成本
I	利息
n	收到或付出现金流量的期数
t	第 t 时点（期）

注：i 和 n 应相互配合，如 i 为年利率，n 应为年数；如 i 为月利率，n 应为月份数。

2.1.3 复利终值与现值

利息计算有单利和复利两种计算方法。

2.1.3.1 单利终值与现值

单利是指一定期间内只有本金产生利息，而产生的利息不能产生利息。单利计息终值计算公式为：

$$F = P + I = P \times (1 + n \times i) \tag{2-2}$$

【例 2-1】 某银行 3 年定期存款的年利率是 3%，单利计息，现在存入银行 1 万元，3 年后的本利和为多少？

$$F = P \times (1 + n \times i) = 10\ 000 \times (1 + 3\% \times 3) = 10\ 900(\text{元})$$

单利现值的计算同单利终值的计算是互逆的。由终值求现值，叫做贴现（折现）。单利现值计算公式为：

$$P = F/(1 + n \times i) \tag{2-3}$$

【例 2-2】 王某希望在 5 年后取得本利和 30 000 元，用以支付一笔款项，则在利率为 10%，单利方式计算条件下，王某现在需存入银行的资金为：

$$P = 30\ 000/(1 + 10\% \times 5) = 20\ 000(\text{元})$$

2.1.3.2 复利终值

复利是指每经过一个计息期，要将该期的利息加入本金再计算利息，逐期滚动计算，俗称“利滚利”。复利不仅本金要计算利息，利息也要计算利息。计息期是指相邻两次计息的间隔，如一年、半年等。特别说明：一个计息期一般为一年。目前，我国银行存款利息、债券等的计息是按照单利方式进行的。银行贷款有些是按照单利，有些是按复利计息的。本书中，货币时间价值的计算一般采用复利；企业财务决策中，一般也采用复利计算方法。

复利终值（future value，FV 或 F)，是指当前的一笔资金在若干期后所具有的价值，即按复利计算的本金和利息之和（简称本利和)。复利终值计算公式如下：

$$F = P \times (1 + i)^n \tag{2-4}$$

式中，$(1 + i)^n$ 称为复利终值系数或 1 元的复利终值，可以用符号（F/P，i，n）或 $FVIF_{i,n}$ 表示，可以直接查阅附录中的附表一“复利终值系数表”得出，表 2-2 是其中的一部分。复利终值计算公式也可以表示为：

$$F = P \times (F/P,\ i,\ n) \tag{2-5}$$

表 2-2　复利终值系数表

时间 n	利率 i					
	5%	6%	7%	8%	9%	10%
1	1.050	1.060	1.070	1.080	1.090	1.100
2	1.103	1.124	1.145	1.166	1.188	1.210
3	1.158	1.191	1.225	1.260	1.295	1.331
4	1.216	1.262	1.311	1.360	1.412	1.464
5	1.276	1.338	1.403	1.469	1.539	1.611
6	1.340	1.419	1.501	1.587	1.667	1.772

【例 2-3】 企业将 100 万元存入银行，假定年利率为 10%，每年计息一次，按复利计算，5 年后的终值（本利和）是多少？

$$F = P \times (1 + 10\%)^5 = P \times (F/P,\ 10\%,\ 5)$$

查复利终值系数表，$i=10\%$，$n=5$ 时，终值系数是 1.611，故

$$F = 100 \times 1.611 = 161.1(\text{万元})$$

2.1.3.3　复利现值

现值（present value，PV 或 P)，是指未来的一笔资金在当前所具有的价值，即按复利计算，折算到现在的价值。复利现值计算公式如下：

$$P = F \times \frac{1}{(1 + i)^n} = F \times (1 + i)^{-n} \tag{2-6}$$

式中，$(1 + i)^{-n}$ 被称为复利现值系数，可用符号（P/F，i，n）或 $PVIF_{i,n}$ 表示，可以直接查阅附录中的附表二“复利现值系数表”得出，表 2-3 是复利现值系数表的一部分。复利现值计算公式也可以表示为：

$$P = F \times (P/F,\ i,\ n) \tag{2-7}$$

表 2-3　复利现值系数表

时间 n	利率 i					
	5%	6%	7%	8%	9%	10%
1	0.952	0.943	0.935	0.926	0.917	0.909
2	0.907	0.890	0.873	0.857	0.842	0.826
3	0.864	0.840	0.816	0.794	0.772	0.751
4	0.823	0.792	0.763	0.735	0.708	0.683
5	0.784	0.747	0.713	0.681	0.650	0.621
6	0.746	0.705	0.666	0.630	0.596	0.564

复利现值是复利终值的逆运算。在其他条件不变的情况下，现金流量的现值与折现率和时间呈反向变动，现金流量间隔的时间越长，折现率越高，现值越小。

【例 2-4】 企业 5 年后需用 100 万元，假定年利率为 10%，复利计息，现在应存入多少金额？

$$P = F \times (1 + i)^{-n} = F \times (P/F,\ 10\%,\ 5) = 100 \times 0.621 = 62.1(\text{万元})$$

思政元素

每天努力 1%或懒惰 1%的结果

每一天都比前一天增长 1%或减少 1%，一年之后分别会有怎样的变化？

$$(1 + 1\%)^{365} = 37.78 \text{ 与 } (1 - 1\%)^{365} = 0.025$$

$$37.78/0.025 = 1\ 511$$

只需要经过一年，每天努力 1%的结果居然达到每天懒惰 1%的结果的 1 511 倍，导致二者差距巨大的原因是：复利与时间双重因素的影响。真是应了一句古话“积跬步以至千里，积怠惰以致深渊”。

2.1.4　年金终值与现值

在现实中，常常遇到以下情况：企业外租仓库时每年需要等额支付租金；

公司每个月为员工等额缴纳公积金、医疗保险等费用支出；企业每月计提等额的折旧费；个人每月支付等额房贷等。上述各种支付的内容虽然不同，但都有一个共同特点：每期支付的额度是相同的。这就是这节要学习的内容：年金。

年金是间隔期相等的系列等额收付款项。年金具有等额（即每期金额相等）、定期（即间隔期固定）、系列收付（即若干期收付款项）的特点。年金按付款方式，可分为后付年金（普通年金）、先付年金（即付年金）、递延年金和永续年金几种形式。

2.1.4.1　后付年金

后付年金，是指每期期末有等额收付款项的年金。这种年金最常见，故也称为普通年金。

（1）后付年金终值。后付年金终值犹如零存整取的本利和，它是一定时间内每期期末等额收付款项的复利终值之和。后付年金终值的计算如图 2-2 所示。

图 2-2　后付年金终值计算图

由图 2-2 可知，后付年金终值计算公式如下：

$$F_A = A(1+i)^0 + A(1+i)^1 + A(1+i)^2 + \cdots + A(1+i)^{n-2} + A(1+i)^{n-1}$$

$$= A\sum_{t=0}^{n}(1+i)^{t-1} = A\frac{(1+i)^n - 1}{i} \qquad (2-8)$$

式中，F_A 为普通年金终值；$\frac{(1+i)^n - 1}{i}$ 称为年金终值系数，可以用符号（F/A，i，n）或 $FVIFA_{i,n}$ 表示，可以直接查阅附录中的附表三“年金终值系数表”得出。年金终值计算公式也可以表示为：

$$F_A = A \times (F/A,\ i,\ n) \qquad (2-9)$$

公式推导过程如下：

$$F_A = A(1+i)^0 + A(1+i)^1 + A(1+i)^2 + \cdots + A(1+i)^{n-2} + A(1+i)^{n-1} \quad ①$$

将式①左右都乘以（1+i），得到

$$(1+i)F_A = A(1+i)^1 + A(1+i)^2 + \cdots + A(1+i)^{n-2} + A(1+i)^{n-1} + A(1+i)^n \quad ②$$

式②-式①得

$$iF_A = A(1+i)^n - A(1+i)^0$$

即

$$F_A = A\frac{(1+i)^n - 1}{i}$$

表 2-4 是年金终值系数表的一部分。

表 2-4　年金终值系数表

时间 n	利率 i					
	5%	6%	7%	8%	9%	10%
1	1.000	1.000	1.000	1.000	1.000	1.000
2	2.050	2.060	2.070	2.080	2.090	2.100
3	3.153	3.184	3.215	3.246	3.278	3.310
4	4.310	4.375	4.440	4.506	4.573	4.641
5	5.526	5.637	5.751	5.867	5.985	6.105
6	6.802	6.975	7.153	7.336	7.523	7.716

【例 2-5】 企业在 5 年中每年年底存入银行 20 万元，假定年利率为 10%，复利计息，5 年后的终值（本利和）是多少？

$$F_A = A \times (F/A,\ 10\%,\ 5) = 20 \times 6.105 = 122.1(\text{万元})$$

偿债基金，是指为了在约定未来某一时点清偿某笔债务或积聚一定数额的资本而必须分次等额提取的存款准备金。偿债基金额的计算公式为：

$$A = F_A / \left[\frac{(1+i)^n - 1}{i}\right] = F_A / (F/A,\ i,\ n) = F_A \times (A/F,\ i,\ n) \quad (2\text{-}10)$$

式中，$\frac{i}{(1+i)^n - 1}$ 称为偿债基金系数，记作（A/F，i，n）。偿债基金系数与年金终值系数互为逆运算关系。为了便于计算，可利用年金终值系数表来计算偿债基金额。

【例 2-6】 企业 5 年后需准备 100 万元购买设备，每年年末存入 1 笔等额款项到银行，假定利率为 10%，复利计息，每年末应存入多少金额？

每年年末存入金额 $A = F_A / (F/A, 10\%, 5) = 100/6.105 = 16.38$(万元)

（2）后付年金现值。后付年金现值，是一定时间内每期期末等额收付款项的复利现值之和。后付年金现值的计算如图 2-3 所示。

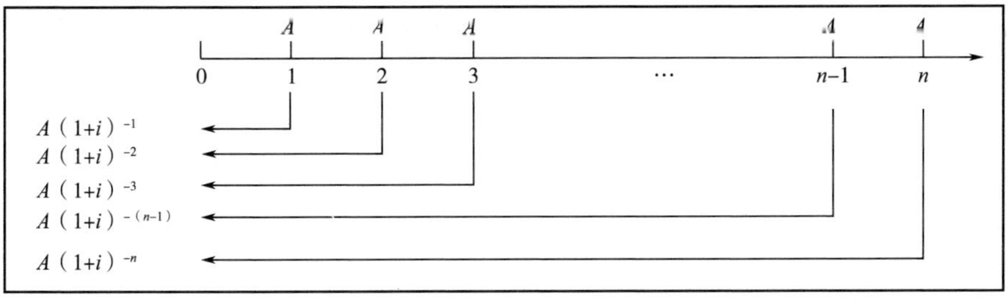

图 2-3　后付年金现值计算图

由图 2-3 可知，后付年金现值计算公式如下：

$$P_A = A(1+i)^{-1} + A(1+i)^{-2} + A(1+i)^{-3} + \cdots + A(1+i)^{-(n-1)} + A(1+i)^{-n}$$

$$= A\sum_{t=0}^{n}(1+i)^{-t} = A\frac{1-(1+i)^{-n}}{i} \qquad (2-11)$$

式中，$\frac{1-(1+i)^{-n}}{i}$ 称为年金现值系数，用符号（P/A，i，n）或 $PVIFA_{i,n}$ 表示，可以直接查阅附录中的附表四“年金现值系数表”得出。年金现值计算公式也可以表示为：

$$P_A = A \times (P/A, i, n) \qquad (2-12)$$

公式推导过程如下：

$$P_A = A(1+i)^{-1} + A(1+i)^{-2} + \cdots + A(1+i)^{-(n-1)} + A(1+i)^{-n} \qquad ①$$

将式①左右都乘以（1+i），得到

$$(1+i)P_A = A(1+i)^0 + A(1+i)^{-1} + A(1+i)^{-2} + \cdots + A(1+i)^{-(n-1)} \qquad ②$$

式②-式①得

$$iP_A = A(1+i)^0 - A(1+i)^{-n}$$

即

$$P_A = A\frac{1-(1+i)^{-n}}{i}$$

表 2-5 是年金现值系数表的一部分。

表 2-5　年金现值系数表

时间 n	利率 i					
	5%	6%	7%	8%	9%	10%
1	0.952	0.943	0.935	0.926	0.917	0.909
2	1.859	1.833	1.808	1.783	1.759	1.736
3	2.723	2.673	2.624	2.577	2.531	2.478
4	3.546	3.465	3.387	3.312	3.240	3.170
5	4.329	4.212	4.100	3.993	3.890	3.791
6	5.076	4.917	4.767	4.623	4.486	4.355

【例 2-7】 企业在今后 5 年中，每年末从银行提取 20 万元，假定年利率为 10%，复利计息，现在应存入多少元？

$$P_A = A(P/A,\ 10\%,\ 5) = 20 \times 3.791 = 75.82(\text{万元})$$

资本回收额，指在给定的年限内等额回收初始投入的资本或清偿初始所欠的债务。资本回收额的计算公式为：

$$A = P_A / \left[\frac{1-(1+i)^{-n}}{i}\right] = P_A / (P/A,\ i,\ n) = P_A(A/P,\ i,\ n) \qquad (2\text{-}13)$$

式中，$\frac{i}{1-(1+i)^{-n}}$ 称为资本回收系数（也称为投资回收系数），记作 $(A/P,\ i,\ n)$。资本回收系数与年金现值系数互为逆运算关系。为了便于计算，可利用年金现值系数表来计算资本回收额。

【例 2-8】 企业现在向银行贷款 10 万元，期限 5 年，采用等额本息还款方式，每年末还款 1 次，假定利率为 10%，复利计息，每年末需还款多少？

$$\text{每年末还款金额 } A = P_A/(P/A,\ 10\%,\ 5) = 10/3.791 = 2.638(\text{万元})$$

2.1.4.2　先付年金

先付年金，又称即付年金或预付年金，是指每期期初有等额收付款项的年金。先付年金与普通年金的区别仅在于收付款的时点，普通年金发生在每期期末，先付年金发生在每期期初，如图 2-4 所示。

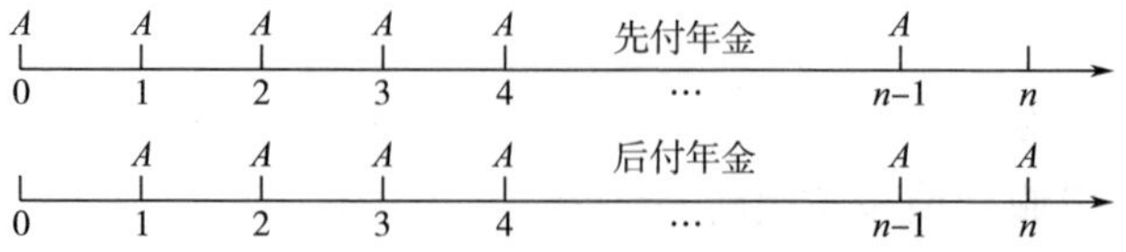

图 2-4　先付年金与后付年金现金流量图

（1）先付年金终值。先付年金终值，是一定时间内每期期初等额收付款项的复利终值之和。在相同利率与期数的情况下，先付年金终值比普通年金终值多计算了1期利息，预付年金终值等于普通年金终值乘以（$1+i$）。故先付年金终值计算公式为：

$$XF_A = A \times \left[\frac{(1+i)^n - 1}{i}\right] \times (1+i) = A \times (F/A,\ i,\ n) \times (1+i) = F_A \times (1+i) \tag{2-14}$$

式中，XF_A 为先付年金终值；F_A 为普通年金终值；其他字母符号同前。

我们还可以假定在时间点 n 处也有年金 A，这时年金就变为期数为 $n+1$ 期的普通年金，就可以用普通年金终值系数计算出 $n+1$ 期的普通年金终值 $F_A=A[(1+i)^{n+1}-1]/i$。但先付年金在时间点 n 处本来没有 A，所以 $n+1$ 期的普通年金终值应当减去终值点处的 A，即 $A[(1+i)^{n+1}-1]/i-A$，提取公因子 A，得到如下公式：

$$XF_A = A \times \left[\frac{(1+i)^{n+1} - 1}{i} - 1\right] = A \times [(F/A,\ i,\ n+1) - 1] \tag{2-15}$$

【例2-9】企业在5年中每年年初存入银行20万元，假定年利率为10%，复利计息，5年后的终值（本利和）是多少？

通过查询年金终值系数表得知：

$$(F/A,\ 10\%,\ 5) = 6.105,\ (F/A,\ 10\%,\ 6) = 7.716$$

$$XF_A = A \times [(F/A,\ 10\%,\ 6) - 1] = 20 \times (7.716 - 1) = 134.32(\text{万元})$$

或者

$$\begin{aligned} XF_A &= A \times (F/A,\ 10\%,\ 5) \times (1 + 10\%) \\ &= 20 \times 6.105 \times 1.1 = 134.31(\text{万元}) \end{aligned}$$

（2）先付年金现值。先付年金现值，是一定时间内每期期初等额收付款项的复利现值之和。在相同利率与期数的情况下，先付年金现值比普通年金现值多折现了1期，先付年金现值等于普通年金现值乘以（$1+i$）。故先付年金现值计算公式为：

$$XP_A = A \times \left[\frac{1 - (1+i)^{-n}}{i}\right] \times (1+i) = A \times (P/A,\ i,\ n) \times (1+i) = P_A \times (1+i) \tag{2-16}$$

式中，XP_A 为先付年金现值；P_A 为普通年金现值；其他字母符号同前。

我们还可以假定在时间点0处没有年金 A，这时年金就变为期数为 $n-1$ 期的普通年金，我们就可以用普通年金现值系数计算出 $n-1$ 期的普通年金现值

$P_A=A\times[1-(1+i)^{-(n-1)}]/i$。但先付年金在时间点 0 处本来有 A，所以 $n-1$ 期的普通年金现值应当加回 A，即 $A[1-(1+i)^{-(n-1)}]/i+A$，提取公因子 A，得到如下公式：

$$XP_A=A\times\left[\frac{1-(1+i)^{-(n-1)}}{i}+1\right]=A\times[(P/A,\ i,\ n-1)+1] \qquad (2-17)$$

我们将 $[1-(1+i)^{-(n-1)}]/i$ 称为即付年金现值系数，这个现值系数跟普通年金现值系数相比刚好是期数减 1 然后整个系数加 1，因此可以记为 $[(P/A,\ i,\ n-1)+1]$。

【例 2-10】 企业在今后 5 年中，每年年初从银行取 20 万元，假定年利率为 10%，复利计息，现在应存入多少元？

通过查询年金现值系数表得知：

$$(P/A,\ 10\%,\ 4)=3.170,\ (P/A,\ 10\%,\ 5)=3.791$$

$$XP_A=A\times[(P/A,\ 10\%,\ 4)+1]=20\times(3.17+1)=83.4(\text{万元})$$

或者

$$XP_A=A\times(P/A,\ 10\%,\ 5)\times(1+10\%)=20\times3.791\times1.1=83.402(\text{万元})$$

2.1.4.3 递延年金

递延年金又称延期年金，是指在间隔若干期后才出现期末连续若干期的等额收付款项。例如图 2-5 中，m 表示递延期，n 表示支付期，该图显示：前面 2 期没有收付款，从第 3 期开始，每期末连续发生若干期的等额收付款项。

图 2-5 递延年金现金流量图

（1）递延年金终值。递延年金终值从 $m+1$ 点开始，到 $m+n$ 点结束，共有 n 个 A，都在期末发生，属于 n 期的普通年金，因此递延年金终值与递延期 m 无关，计算公式与普通年金终值完全相同：

$$DF_A=F_A=A\times(F/A,\ i,\ n) \qquad (2-18)$$

式中，DF_A 为递延年金终值；F_A 为普通年金终值；其他字母符号同前。

（2）递延年金现值。递延年金现值的计算方法有以下三种：

第一，分段法（另找起点）。如图 2-6 所示，先将递延年金视同普通年金，计算出递延期末的普通年金现值，即 $P_m=A\times(P/A,\ i,\ n)$；然后再按单笔款项已知终值求现值的方法，计算得到第 1 期期初的现值，即

$$DP_A = P_0 = P_m \times (P/F, i, m)$$

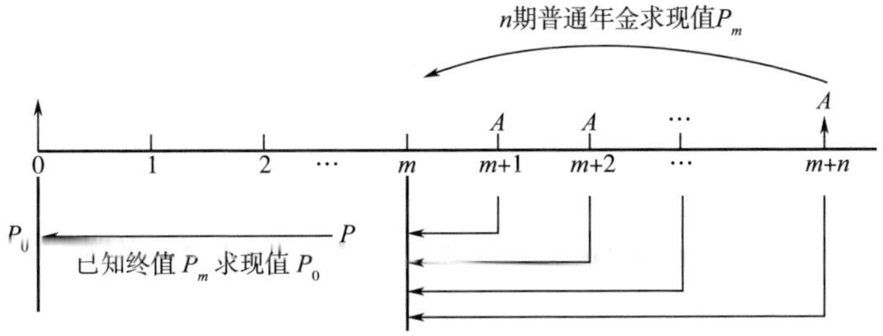

图 2-6 递延年金另找起点求现值示意图

故递延年金现值公式可表示为：

$$DP_A = A \times (P/A, i, n) \times (P/F, i, m) \tag{2-19}$$

式中，DP_A 为递延年金现值；其他字母符号同前。

第二，扣除法（先补后减）。假设递延期内也有年金发生（m 期的普通年金），这样就成为 $m+n$ 期的普通年金，计算出 $m+n$ 期的普通年金现值，然后扣除递延期内的普通年金现值（如图 2-7 所示）。

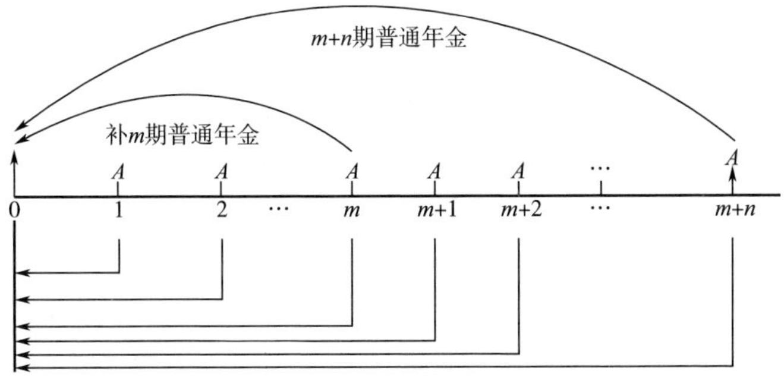

图 2-7 递延年金先补后减求现值示意图

故递延年金现值公式可表示为：

$$\begin{aligned} DP_A &= A \times (P/A, i, m+n) - A \times (P/A, i, m) \\ &= A \times [(P/A, i, m+n) - (P/A, i, m)] \end{aligned} \tag{2-20}$$

第三，分段法（先终后现）。因为递延年金终值计算方法与普通年金相同，故可以先求出递延年金的终值，再将其折算到最初的起点。计算公式为：

$$DP_A = A \times (F/A, i, n) \times (P/F, i, m+n) \tag{2-21}$$

需要注意的是，由于 3 种计算方法采用的现值系数不同，其计算结果存在一定的误差。

【例 2-11】企业租赁一台设备，租赁期限为 10 年，租金支付方式为：前 2 年无需支付，从第 3 年开始，每年末支付 5 万元。假定年利率为 10%，复利计息，这笔租金现值为多少？

$$DP_A = A \times [(P/A, 10\%, 10) - (P/A, 10\%, 2)]$$
$$= 5 \times (6.145 - 1.736) = 22.045(\text{万元})$$

或者

$$DP_A = A \times (P/A, 10\%, 8) \times (P/F, 10\%, 2)$$
$$= 5 \times 5.335 \times 0.826 = 22.0336(\text{万元})$$

或者

$$DP_A = A \times (F/A, 10\%, 8) \times (P/F, 10\%, 10)$$
$$= 5 \times 11.436 \times 0.386 = 22.0715(\text{万元})$$

2.1.4.4 永续年金

永续年金，又称永久年金，是指无限期等额收付的年金，是普通年金的极限形式。对于永续年金而言，没有终点，也就没有终值。

永续年金的现值可通过后付年金、先付年金、递延年金的现值推导得出。

（1）永久期限的普通年金。

当 $n \to \infty$ 时，

$$YP_A = A \times [1 - (1+i)^{-n}]/i$$

当 $n \to \infty$ 时，由于 $(1+i)$ 大于 1，$(1+i)^n$ 为无穷大。$(1+i)^{-n}$ 趋近于 0，永续年金现值计算公式如下：

$$YP_A = A/i \tag{2-22}$$

式中，YP_A 为永久年金现值；其他字母符号同前。

（2）永久期限的先付年金。先付年金的现值等于普通年金的现值乘以 $(1+i)$，故当 $n \to \infty$ 时，永久期限的先付年金现值计算公式如下：

$$YP_A = A \times [1 - (1+i)^{-n}]/i \times (1+i) = A/i \times (1+i) \tag{2-23}$$

（3）永久期限的递延年金。因为递延年金

$$DP_A = A \times (P/A, i, n) \times (P/F, i, m)$$
$$= A \times [1 - (1+i)^{-n}]/i \times (1+i)^{-m}$$

当 $n \to \infty$ 时，$(1+i)^{-n}$ 趋近于 0，故永久期限的递延年金现值计算公式如下：

$$YP_A = A/i \times (1+i)^{-m} \tag{2-24}$$

【例 2-12】企业建立一项永久性的奖学金，每年年末计划颁发 20 000 元奖学金。假定年利率为 10%，现在应存入多少金额？

$$YP_A = \frac{A}{i} = \frac{20\ 000}{10\%} = 200\ 000(\text{元})$$

年金终值的计算在实务中使用较少，对不同的方案进行选择时，一般习惯用现值进行比较。

2.1.5 货币时间价值计算中的几个特殊问题

2.1.5.1 不等额现金流量时间价值的计算

在前面的年金计算中，每期现金流量（收付款项）是相等的。而实践中，更多的情况是每期现金流量不相等。如何计算不等额现金流量的时间价值呢？

不等额现金流量现值，是每期现金流量复利现值之和，即将每期现金流量按照复利计算方法折现，再将折现后的每期现金流量汇总。其计算公式如下：

$$P = A_1 \times (1+i)^{-1} + A_2 \times (1+i)^{-2} + \cdots + A_{n-1} \times (1+i)^{-(n-1)} + A_n \times (1+i)^{-n}$$

$$= \sum_{t=0}^{n} A_t \times (1+i)^{-t} \tag{2-25}$$

【例 2-13】某企业因引发环境污染，预计连续 5 年每年末的环境污染罚款支出如表 2-6 所示。而根治环境污染的现时投资为 500 000 元。环保工程投入使用后的年度运营成本与环保工程运营所生产的副产品的价值相等。假定折现率为 10%。问：环保投资经济上是否合理？

表 2-6 环境污染罚款支出表

年度末	1	2	3	4	5
金额（元）	100 000	200 000	300 000	200 000	100 000

$$\begin{aligned} P &= 100\,000 \times (1+10\%)^{-1} + 200\,000 \times (1+10\%)^{-2} + 300\,000 \times (1+10\%)^{-3} + \\ &\quad 200\,000 \times (1+10\%)^{-4} + 100\,000 \times (1+10\%)^{-5} \\ &= 100\,000 \times 0.909 + 200\,000 \times 0.826 + 300\,000 \times 0.751 + 200\,000 \times 0.683 + \\ &\quad 100\,000 \times 0.621 \\ &= 680\,100(\text{元}) \end{aligned}$$

因现时投资 500 000 元<罚款支出现值 680 286 元，投资根治环境污染经济上合理。

2.1.5.2 一年内多次计息的时间价值计算

前面探讨的时间价值，通常是以年为计息期来计算其终值与现值。实践中经常会遇到计息期短于一年的情况。例如，每月支付的房贷、每半年支付一次的债券利息等，出现了以半年、季度、月度或天数为期间的计息期。计息期与复利计息频数（即利息在一年中累计复利的次数）发生变化，计息期与计息期利率可按以下公式进行换算：

$$i = r/m;\ t = m \times n \qquad (2\text{-}26)$$

式中，i 表示计息期利率；r 表示年利率；m 表示每年的复利计息频数；n 表示年数；t 表示计息期数。

计息期越短，一年中复利次数越多，利息额越大。当利息在一年内要复利几次时，给出的年利率叫做名义利率。实际利率高于名义利率，二者之间的换算关系如下：

$$i = (1 + r/m)^m - 1 \qquad (2\text{-}27)$$

式中，i 为实际利率；r 为名义利率；m 为每年复利次数。

【例 2-14】 公司现在存入银行 1 000 元，期限 5 年，年利率为 8%，每季度复利一次，则年实际利率为多少？5 年后本利和为多少？

$$计息期利率 = 每季度利率 = 8\%/4 = 2\%$$

$$计息期 = 5 \times 4 = 20$$

$$年实际利率 = (1 + 8\%/4)^4 - 1 = 8.24\%$$

$$F = 1\,000 \times (1 + 2\%)^{20} = 1\,000 \times (F/P,\ 2\%,\ 20) = 1\,000 \times 1.486 = 1\,486(元)$$

$$F = 1\,000 \times (1 + 8.24\%)^5 = 1\,486(元)$$

思政元素

远离校园贷

大学生小明通过“小广告”向某借贷平台借款 1 000 元，借款时对方要求“一周 5 个点”，一个月后需要偿还多少钱？我们计算如下：

一个月后 $F = 1\,000 \times (1+5\%)^4 = 1\,216$ 元，因此需要偿还 1 216 元。再计算一下月利率＝（1 216−1 000）/1 000＝21.6%；我们再计算一下年利率，一年后 $F = (1+5\%)^{48} = 10\,401.27$ 元，年利率＝(10 401.27−1 000)/1 000＝940.13%。

根据《最高人民法院关于审理民间借贷案件适用法律若干问题的规定》第 25 条第 1 款的规定，出借人请求借款人按照合同约定利率支付利息的，人民法院应予支持，但是双方约定的利率超过合同成立时一年期贷款市场报价利率 4 倍的除外。2024 年 1 年期贷款市场报价利率（LPR）为 3.35%，这个贷款平台的实际年利率远高于市场利率的 4 倍。因此，大家要远离校园贷，如果发现身边有非法高利放贷、暴力讨债的黑恶势力，也可以及时举报提供线索。

2.1.5.3 折现率或期数的计算

上述货币时间价值的计算，都是已知利率 i、期数 n 以及年金 A 的。但在财务管理中，经常会遇到已知计息期数、终值和现值，求折现率的问题；或者已知利率、终值和现值，求期数的问题。对于这类问题的求解，通常要运用一种特殊方法——插值法。步骤如下：

第一步，先求出复利终值系数或其他系数 α。例如，根据公式 $F = P\times(F/P, i, n)$，可得到：$(F/P, i, n) = F/P$。同理，我们可得到：$(P/F, i, n) = P/F$；$(F/A, i, n) = F/A$；$(P/A, i, n) = P/A$。

第二步，查找对应的系数表。沿着已知 n 所在的那一行横向查找或沿着已知 i 所在的那一列纵向查找，若恰好找到表中某一系数值等于换算系数，则该系数所在列的利率 i 或所在行的期数 n，便是所要求的 i 或 n 值。

第三步，线性插值近似。如果在表中无法找到恰好等于系数值的数值，则可用插值法（如图 2-8 所示）来计算。假设在表中 n 行或 i 列上找出与系数 α 最接近的两个值为 α_1 和 α_2，且 $\alpha_1<\alpha<\alpha_2$，与 α_1 和 α_2 对应的利率和期数分别是 i_1，i_2 和 n_1，n_2。

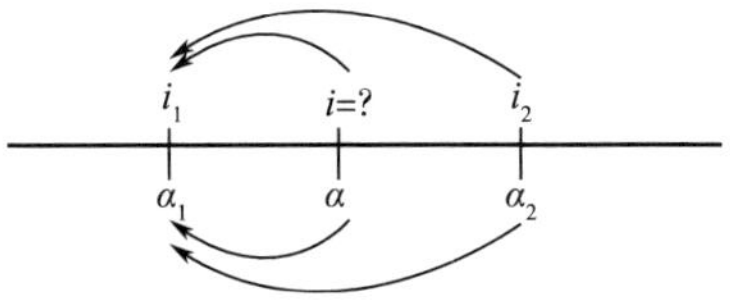

图 2-8 线性插值近似方法图

用插值法来计算 i 或 n，公式如下：

$$(\alpha-\alpha_1)/(\alpha_2-\alpha_1) = (i-i_1)/(i_2-i_1)$$

得到

$$i = i_1 + [(\alpha-\alpha_1)/(\alpha_2-\alpha_1)]\times(i_2-i_1) \tag{2-28}$$

或者

$$(\alpha-\alpha_1)/(\alpha_2-\alpha_1) = (n-n_1)/(n_2-n_1)$$

得到

$$n = n_1 + [(\alpha-\alpha_1)/(\alpha_2-\alpha_1)]\times(n_2-n_1) \tag{2-29}$$

【例 2-15】现在向银行存入 1 000 元，按复利计算，在利率为多少时，才能保证在以后 6 年中每年年末得到 220 元？

（1）先计算出普通年金现值系数。

$$(P/A, i, 10) = 1\ 000/220 = 4.545$$

（2）查表找出期数为6，年金现值系数为4.545最接近的上下2点对应的i。

$$i=8\%,\ (P/A,\ 8\%,\ 6)=4.623$$

$$i=9\%,\ (P/A,\ 9\%,\ 6)=4.486$$

（3）插值近似。

$$(i-8\%)/(9\%-8\%)=(4.545-4.623)/(4.486-4.623)$$

得到

$$i=8.569\%$$

【例2-16】某人购买养老保险金一份，每年年底支付1 200元，年利率为10%，多少年后可一次性取出55 000元？

（1）先求出普通年金终值系数。

$$(F/A,\ 10\%,\ n)=55\ 000/1\ 200=45.833\ 3$$

（2）查年金终值系数表，找出$i=10\%$时系数值最接近45.833 3的上下2点对应的n。

$$n=18,\ (F/A,\ 10\%,\ 18)=45.599$$

$$n=19,\ (F/A,\ 10\%,\ 19)=51.159$$

（3）插值近似。

$$(n-18)/(19-18)=(45.833\ 3-45.599)/(51.159-45.599)$$

得到

$$n=18.042\ (\text{年})$$

2.1 即测即评

2.2　风险与报酬——福祸相依

2.2.1　风险与报酬的概念

如果你有闲钱10 000元，现在有几款理财产品可供选择：①余额宝，预期年化报酬率1.78%；②光银现金A，预期年化报酬率2.47%；③恒源1年定开A，预期年化报酬率4.3%。思考一下：为何不同的理财产品报酬率会不一样？原因在于：不同的理财产品，其风险程度不同。对于投资者而言，承担的风险越高，期望获得的回报也越高，风险与报酬成正比。

财务活动经常是在有风险的情况下进行的。投资者由于承担风险进行投资而获得的超过货币时间价值的额外收益，称为投资的风险价值或风险收益。企业理财时必须研究风险、计量风险，并设法控制风险，以求最大限度地扩大企业财富。

2.2.1.1 风险概述

（1）风险概念。风险是指一定条件下和一定时期内可能发生的各种结果的变动程度。人们一般认为，风险就是预期目的与结果之间的不确定性。企业在经营过程中会面临各种各样的风险，风险是客观存在的。从财务管理的角度看，风险是指无法达到预期报酬的可能性。风险具有两面性。风险会导致实际报酬与预期报酬发生背离，从而蒙受额外的损失；风险也可能带来超出预期的额外报酬（即风险价值）。

（2）风险相关概念。与风险相关的概念有损失、不确定性、风险、危险。损失是一种事后确定的不利结果。不确定性则是不知道事件发生的后果，或者虽然知道事件发生的后果，但是不知道它们发生的概率分布，从而无法预计结果。风险一般指事前知道事件发生的可能后果，以及每种后果的概率。风险带来的预期结果可能是损失，也可能是收益，只是“可能性”，并不等于实际。一旦实际结果产生，风险就不复存在了，因为风险已经转化为确定性。危险一般是指更易于不利结果发生的环境。

公司的财务决策几乎都是在包含风险和不确定性的情况下做出的。离开了风险，就无法正确评价公司投资报酬的高低。按风险的程度，可以把公司的财务决策分为确定性决策、风险性决策和不确定性决策 3 种类型。

确定性决策是指决策者对未来的情况是完全确定的或已知的决策。譬如，投资者将资金存入银行、购买短期国债等获得的利息是确定的。

风险性决策是指决策者对未来的情况不能完全确定，但不确定性出现的可能性（概率的具体分布）是已知的或可以估计的。

不确定性决策是指决策者不但对未来的情况不能完全确定，而且对不确定性可能出现的概率也不清楚。

在公司财务管理中，对风险与不确定性并不作严格区分，当谈到风险时，可能是风险，更可能是不确定性。

（3）风险类型。按风险能否分散，分为市场风险和企业特别风险。市场风险，又称系统风险、不可分散风险，指那些对所有企业都产生影响的因素引起的风险，如战争、经济衰退、通货膨胀、利率变动等。企业特别风险，又称非系统风险、可分散风险，指发生于个别公司的特有事件造成的风险，如企业员工罢工、新产品研发失败、诉讼失败。这类事件是随机发生的，可通过多元化投资分散，即发生于一家企业的不利事件可以被其他企业的有利事件抵消。

按风险形成的原因，分为经营风险和财务风险。经营风险，又称营业风险，指经营行为（生产经营和投资活动）给公司收益带来的不确定性。财务风险，又称负债风险，指企业因筹措资金而给企业财务成果带来的不确定性。

2.2.1.2 报酬概述

（1）报酬概念。报酬，又称收益，是指一定时期内投资所得超过初始投资的增值额。报酬有两种表述形式：一是绝对数表述形式，称为报酬额或收益额，如利润总额等；二是相对数表述形式，称为报酬率或收益率，如利润率等。财务管理中的报酬通常用相对数表述形式。

投资报酬主要来源于两部分：①股息收益，如投资的现金股利、债券的利息；②资本利得或损失，如证券买卖价差。

不考虑货币时间价值，报酬率用公式可表达为：

$$投资报酬率 = \frac{投资所得 - 初始投资}{初始投资} \times 100\% \tag{2-30}$$

【例 2-17】 假设投资者购入 100 万元股票，持有 1 年，其间获得现金股利分红 10 万元，1 年后出售净所得为 108 万元，持有期间的投资报酬率为多少？

$$投资报酬率 = \frac{10+108-100}{100} \times 1\,00\% = 18\%$$

（2）报酬率的类型。报酬率的类型包括实际收益率、预期收益率和必要收益率。实际收益率是已实现或确定可实现的资产报酬率，它是已经发生的，不可能通过决策而改变的收益率；预期收益率，也称期望报酬率，是指在不确定条件下，预测某资产未来可能实现的报酬率；必要收益率是投资者愿意进行投资要求的最低报酬率，某项资产的必要收益率可以通过无风险收益率加上该资产的风险收益率来计算。图 2-9 展示了 3 种报酬率之间的关系。

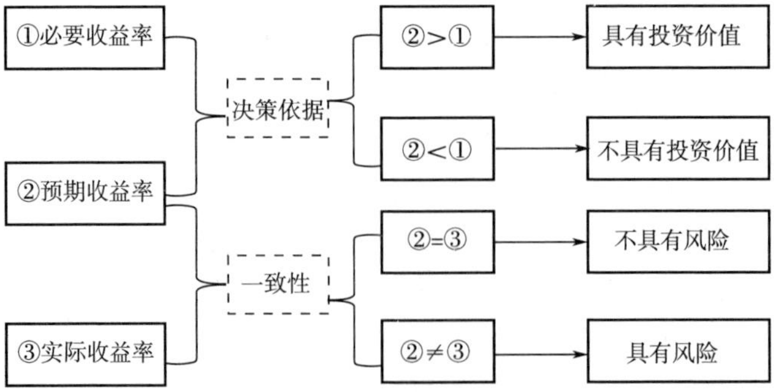

图 2-9 各项收益率之间的关系

2.2.2 单项资产的风险与报酬

风险是客观存在的，并广泛影响着企业的财务和经营活动。因此，正视风险并将风险程度予以量化，进行较为准确的衡量，是企业财务管理的一项重要工作。

2.2.2.1 概率分布

在经济活动中，某一事件在相同的条件下可能发生也可能不发生，这类事件称为随机事件。概率就是用来表示随机事件发生可能性大小的数值，以 P_i 表示。通常，把必然发生事件的概率定为1，把不可能发生事件的概率定为0，而一般随机事件的概率介于0与1之间。概率越大，就表示该事件发生的可能性越大。任何概率都要符合以下两条规则：

$$0 \leq P_i \leq 1$$

$$\sum_{i=1}^{n} P_i = 1$$

2.2.2.2 期望报酬率

期望报酬率，又称期望收益率、预期收益率，是指某一投资方案未来报酬率的各种可能结果，以概率为权数计算出来的加权平均数，反映了事件的集中趋势。其计算公式如下：

$$\bar{R} = \sum_{i=1}^{n} P_i R_i \tag{2-31}$$

式中，$\bar{R}$ 表示期望报酬率；P_i 表示第 i 种结果的概率；R_i 表示第 i 种可能结果；n 为可能结果的数目。

【例2-18】 天龙公司现有两个投资机会，A项目和B项目的预期报酬与概率分布如表2-7所示。要求：计算A项目和B项目的期望报酬率。

表2-7 投资项目概率分布表

经济情况	发生概率	A项目预期报酬率	B项目预期报酬率
繁荣	0.2	50%	30%
正常	0.6	20%	20%
衰退	0.2	-10%	10%

$$期望报酬率\bar{R}_A = 0.2 \times 50\% + 0.6 \times 20\% + 0.2 \times (-10\%) = 20\%$$

$$期望报酬率\bar{R}_B = 0.2 \times 30\% + 0.6 \times 20\% + 0.2 \times 10\% = 20\%$$

从期望报酬率看，A、B 两个项目是相同的。但两个项目的风险是否相同呢？

在期望报酬率相同的情况下，投资的风险程度同报酬的概率分布有密切的联系。概率分布越集中，实际可能的结果就会越接近期望报酬率，实际报酬率低于期望报酬率的可能性就越小，投资的风险程度也就越低；反之，概率分布越分散，投资的风险程度也就越高。

2.2.2.3　标准差

对有风险的投资项目，不但要考察其期望报酬率的高低，而且要考察其风险程度的大小。为了衡量风险的大小，我们引入方差、标准差这些度量概率分布的指标。这些指标反映事件的分散程度，方差、标准差越小，相应的风险也就越小；反之，则越大。

方差是用来反映各种可能报酬率与期望报酬率之间的离散程度的一个数值。通常以符号 σ^2 表示，其计算公式为：

$$\sigma^2 = \sum_{i=1}^{n} (R_i - \bar{R})^2 P_i \tag{2-32}$$

标准差又称标准离差，是反映概率分布中各种可能结果对期望报酬率的偏离程度，也即离散程度的一个数值。通常以符号 σ 表示，其计算公式为：

$$\sigma = \sqrt{\sum_{i=1}^{n} (R_i - \bar{R})^2 P_i} \tag{2-33}$$

【例 2-19】根据例 2-18 的资料，计算 A 项目和 B 项目的标准差，判断哪个项目的风险大。

$$\sigma_A = \sqrt{(50\% - 20\%)^2 \times 0.2 + (20\% - 20\%)^2 \times 0.6 + (-10\% - 20\%)^2 \times 0.2} = 18.92\%$$

$$\sigma_B = \sqrt{(30\% - 20\%)^2 \times 0.2 + (20\% - 20\%)^2 \times 0.6 + (10\% - 20\%)^2 \times 0.2} = 6.32\%$$

因 A 项目与 B 项目的期望报酬率均为 20%，可采用方差或标准差来衡量风险大小。A 项目的标准差 18.92%高于 B 项目的标准差 6.32%，说明 A 项目的风险比 B 项目大。

在期望报酬率相同的情况下，方差或标准差越大，风险越大；相反，方差或标准差越小，风险越小。方差与标准差衡量风险的局限性在于它们是一个绝对数，只适用于相同期望值决策方案风险程度的比较。对于期望值不同的项目，就不能直接比较标准差的大小来判断风险的大小，这时就需要引入标准离差率来比较风险大小。

2.2.2.4 标准离差率

标准离差率，也称离散系数、变异系数、标准差率，是标准差与期望报酬率之比。通常以符号 V 表示标准离差率，其计算公式为：

$$V = \frac{\sigma}{\bar{R}} \tag{2-34}$$

标准离差率是以相对数来衡量某项资产的风险。一般情况下，标准离差率越大，风险越大；相反，标准离差率越小，风险越小。标准离差率指标的适用范围较广，尤其适用于期望值不同的决策方案风险程度的比较。同样，期望值相同时也可以使用。

【例 2-20】 如果项目甲和项目乙的期望报酬率分别为 80%和 10%，项目甲与项目乙的标准差分别是 15%和 3%，稳健投资者应该选择哪个项目进行投资？

项目甲的标准离差率 $V = 15\%/80\% = 0.1875$

项目乙的标准离差率 $V = 3\%/10\% = 0.3$

因项目甲和项目乙的期望报酬率不同，应采用标准离差率来衡量风险大小。项目甲的标准离差率 0.187 5 小于项目乙的标准离差率 0.3，说明项目甲的风险程度比项目乙低，稳健投资者应该选择项目甲进行投资。

2.2.2.5 单项资产的风险报酬率

（1）风险与报酬的关系。风险与报酬的基本关系是风险越大，要求的报酬率越高。在投资报酬率相同的情况下，投资者会选择低风险的项目。因此，投资者之所以愿意投资风险高的项目，是因为其获得的收益率足够高，能够补偿其投资风险。这种因投资风险而获得的额外补偿，称为风险报酬。风险与报酬的关系可以表示为：

$$\text{投资报酬率(必要报酬率)} = \text{无风险报酬率} + \text{风险报酬率} \tag{2-35}$$

无风险报酬率是最低的社会平均报酬率，等于时间价值（纯利率）+通货膨胀贴水，通常用无通货膨胀的短期国库券利率来代替。风险报酬率与风险大小有关，是风险的函数。风险越大，则要求的报酬率越高。

（2）风险报酬率的计算。标准离差率可以代表投资者所冒风险的大小，反映投资者所冒风险的程度，但它还不能反映投资者冒着一定风险进行投资应获得的补偿。风险报酬率是投资者冒险投资获得的补偿，投资者所冒风险程度越高，期望得到的报酬率也应该越高。风险报酬率与反映风险程度的标准离差率呈正向关系，即：

$$R_R = b \times V \tag{2-36}$$

$$R = R_f + R_R = R_f + b \times V \tag{2-37}$$

式中，R 为投资报酬率；R_f 为无风险报酬率；R_R 为风险报酬率；b 为风险报酬系数；V 为标准离差率。

风险报酬系数的确定有如下几种方法：①根据以往的同类项目加以确定；②由企业领导或企业组织有关专家确定；③由国家有关部门组织专家确定（行业的风险报酬系数）。

【例 2-21】假定项目甲和项目乙的标准离差率分别为 0.187 5 和 0.3，项目甲与项目乙的风险报酬系数分别是 0.4 和 0.3，项目甲和项目乙的风险报酬率分别是多少？

$$项目甲的风险报酬率 = 0.1875 \times 0.4 = 7.5\%$$

$$项目乙的风险报酬率 = 0.3 \times 0.3 = 9\%$$

2.2.3 证券资产组合的风险与报酬

资产组合是指两个或两个以上的资产所构成的集合。如果资产组合中的资产均为有价证券，该资产组合称为证券资产组合或证券组合。

2.2.3.1 证券组合的报酬

证券组合的报酬率，是单项证券期望报酬率的加权平均值，权重为整个组合中投入各项证券的资金占总投资额的比重。其计算公式如下：

$$\bar{R}_P = \sum_{i=1}^{n} (W_i R_i) \tag{2-38}$$

式中，$\bar{R}_P$ 表示证券组合的报酬率；W_i 表示单项证券所占比重；R_i 表示单项证券预期报酬率。

【例 2-22】天龙公司有一项投资组合，组合包含 A、B、C 三只股票，投资比重分别为 20%、30%和 50%，三只股票预期报酬率分别是 10%、15%和 20%。求该组合的预期报酬率。

$$\bar{R}_P = 20\% \times 10\% + 30\% \times 15\% + 50\% \times 20\% = 16.5\%$$

2.2.3.2 证券组合风险

（1）证券组合风险的含义及类别。证券组合的风险是指投资者在投资组合中持有多种不同类型的证券时所面临的各种风险。证券组合风险按其是否可分散，可以分为非系统风险和系统风险。

非系统风险，又称公司特有风险或可分散风险，是指某些因素给个别证券带来经济损失的可能性。它是由个别公司的一些重要事件引起的，如新产品研发失败、诉讼失败、失去重要销售合同、火灾、无法还债导致破产等。

非系统风险可进一步分为经营风险和财务风险。非系统风险只影响个别或少数公司，可以通过证券持有的多样化来分散。如果组合中股票数量足够多，则任意单只股票的非系统风险都能够消除。

系统风险，又称市场风险和不可分散风险，是指某些因素给市场上所有证券带来经济损失的可能性。例如：经济危机、通货膨胀、经济衰退、利率变动、政策变化、战争等。这种风险影响到所有公司，不能通过投资组合分散掉，但不同行业与公司受系统风险的影响程度有所不同，这种受系统风险影响的程度通常用β系数来度量。β系数表示一种股票的报酬率波动与整个市场报酬率波动之间的相关性及程度。

思政元素

不能把所有鸡蛋放在一个篮子里

证券组合风险告诉我们，证券投资风险有非系统风险和系统风险，非系统风险可以通过多样化投资分散掉，系统风险虽然无法消除，但不同行业不同企业的系统风险大小仍是有差异的。因此，在证券投资中要注意风险，认真估值和选股，分散化投资，以消除非系统风险，降低系统风险对投资的影响。

(2) 证券组合风险的衡量。与证券组合的报酬不同，证券组合的风险通常并非单项证券资产标准差的加权平均数。某项证券的β系数计算比较复杂，其公式如下：

$$\beta_i = (\sigma_i / \sigma_M)\rho_{iM} \tag{2-39}$$

式中，σ_i表示第i只股票报酬的标准差；σ_M表示市场组合报酬的标准差；ρ_{iM}表示第i只股票报酬与市场组合报酬的相关系数。

整个证券市场的β系数为1，如果单只证券的β系数为1，表明这只证券的波动水平与整个市场一致；如果单只证券的β系数为0.5，表明这只证券的波动水平是市场波动水平的一半；如果单只证券的β系数为2，表明这只证券的波动水平是市场波动水平的2倍。实务中，不需要自己去计算证券的β系数，一些证券咨询机构或投资服务机构会定期公布大量交易过证券的β系数。

证券组合的β系数是单项证券β系数的加权平均，以单项证券占证券组合的比例为权重。计算公式如下：

$$\beta_p = \sum_{i=1}^{n} W_i \beta_i \qquad (2-40)$$

公式中，β_p 为证券组合的 β 系数；W_i 表示权重；β_i 表示单项证券的 β 系数。

【例 2-23】 天龙公司有一项投资组合，包含 A、B、C 三只股票，投资比重分别为 20%、30%和 50%，三只股票的 β 系数分别是 1、1.5 和 2。求该证券组合的 β 系数。

$$\beta_p = 20\% \times 1 + 30\% \times 1.5 + 50\% \times 2 = 1.65$$

2.2.3.3 证券组合风险报酬率

投资者进行证券组合投资与进行单项投资一样，都要求对所承担的风险进行补偿，投资者承担的风险越大，要求的报酬越高。但是，与单项投资不同，证券组合投资要求补偿的风险只是市场风险，而不要求对可分散风险进行补偿。因此，证券组合的风险报酬率是投资者因承担不可分散风险而要求的，超过时间价值的那部分额外报酬率。其计算公式如下：

$$R_p = \beta_p (R_M - R_F) \qquad (2-41)$$

式中，R_p 表示组合的风险报酬率；β_p 表示证券组合的 β 系数；R_M 表示所有股票的平均报酬率，简称市场报酬率；R_F 表示无风险报酬率，它由纯利率（时间价值）与通货膨胀贴水构成，一般用短期国债的利率来代替。

【例 2-24】 天龙公司持有一项投资组合，包含 A、B、C 三只股票，投资比重分别为 20%、30%和 50%，三只股票的 β 系数分别是 1、1.5 和 2。如果股票市场的平均报酬率是 10%，无风险报酬率是 4%。求该组合的风险报酬率。

$$\beta_p = 20\% \times 1 + 30\% \times 1.5 + 50\% \times 2 = 1.65$$

$$R_p = 1.65 \times (10\% - 4\%) = 9.9\%$$

从以上计算可以看出，调整各种证券在证券组合中的比重，可以改变证券组合的风险及报酬。在其他因素不变的情况下，风险报酬取决于证券组合的 β 系数，β 系数越大，风险报酬越大。或者说，β 系数反映了组合报酬对于系统风险的反应程度。

2.2.4 资本资产定价模型

众所周知，投资者只有在期望报酬足以补偿其承担的投资风险时才会购买风险性资产。由风险报酬均衡原则可知，风险越高，必要报酬率也就越高。多高的必要报酬率才足以抵补特定数量的风险呢？市场又是怎样决定必要报酬率的？资本资产定价模型（capital asset pricing model，CAPM）揭示了风险与报酬之间的关系，解释了风险报酬率的决定因素和度量方法。CAPM 是由美国学者威廉·夏普（William Sharpe）、林特尔（John Lintner）、特里诺（Jack Treynor）和莫辛（Jan Mossin）等人于 1964 年在资产组合理论和资本市场理论的基础上发展起来的。资本资产定价模型建立在一系列严格假设的基础之上：

（1）所有投资者都关注单一持有期。通过基于每个投资组合的期望报酬率和标准差，在可选择的投资组合中选择，他们都寻求最终财富效用的最大化。

（2）所有投资者都可以给定的无风险利率无限制地借入或借出资金，卖空任何资产均没有限制。

（3）投资者对期望报酬率、方差以及任何资产的协方差评价一致，即投资者有相同的期望。

（4）所有资产都是无限可分的，并有完美流动性（即在任何价格均可交易）。

（5）没有交易费用。

（6）没有税收。

（7）所有投资者都是价格接受者（即单个投资者的买卖行为不会影响股价）。

（8）所有资产的数量都是确定的。

资本资产定价模型的一般形式用公式表示为：

$$R = R_F + R_p = R_F + \beta_p(R_M - R_F) \tag{2-42}$$

式中，R 表示必要报酬率；R_F 表示无风险报酬率；R_p 表示组合的风险报酬率；β_p 表示证券组合的 β 系数；R_M 表示市场报酬率。组合的风险报酬率取决于两个因素：一是市场平均风险报酬率；二是组合的系统风险程度（即组合的 β 系数）。公式中的 $R_M - R_F$ 称为市场风险溢价，又称为市场平均风险报酬率或市场组合的风险报酬率。由于市场组合的 β 系数=1，代表的是市场平均风险。投资者承担的市场风险越大，要求的补偿就越高，期望获得的风险报酬越大。

【例 2-25】 天龙公司持有一项投资组合，包含 A、B、C 三只股票，投资比重分别为 20%、30%和 50%，三只股票的 β 系数分别是 1、1.5 和 2。如果市场必要报酬率是 10%，无风险报酬率是 4%。求该组合的必要报酬率。

$$\beta_p = 20\% \times 1 + 30\% \times 1.5 + 50\% \times 2 = 1.65$$

$$R = 4\% + 1.65 \times (10\% - 4\%) = 13.9\%$$

在资本资产定价模型中，风险报酬率的计算只考虑了系统风险，没有考虑非系统风险，这是因为非系统风险可以通过资产组合来分散消除，一个充分的投资组合几乎没有非系统风险。财务管理研究中假设投资者都是理智的，都会选择充分投资组合，非系统风险与资本市场无关，资本市场不会对非系统风险给予任何补偿。

资本资产定价模型是广泛使用的一种估值方法。但在实际运用中，仍存在一些局限，主要表现在：①某些资产或企业的 β 值难以估计，特别是一些缺乏历史资料的新兴行业。②经济环境的不断变化或不确定性，使得依靠历史数据估算的 β 值对未来的指导作用打折扣。③资本资产定价模型是建立在一系列假设之上的，其中一些假设与实际情况有较大偏差，影响了该模型的有效性。

2.2 即测即评

思考与练习题

1. 单利和复利有何区别？

2. 年金有何特点？年金有哪些类别？

3. 如何理解风险与报酬之间的关系？

4. 什么是系统风险与非系统风险？能否通过投资组合来分散这两类风险？

5. 衡量风险的指标有哪些？这些指标有什么差异？

6. 某公司需用一台设备，该设备现价为 100 000 元，可用 10 年，如果租用，则须在每年年初付租金 12 000 元，假设利率为 10%。该公司应购买还是租用？

7. 企业计划将 10 万元用于储蓄，假定利率为 5%，复利计息，期限 5 年。有以下几种方式可供选择：①现在一次性存入 10 万元；②每年末存入 2 万元，连续 5 年；③每年初存入 2 万元，连续 5 年；④前 3 年不存，从第 4 年开始，每年末存入 5 万元，连续 2 年。

要求：计算每种方式第 5 年末的本利和（终值），并比较哪种方式最优。

8. 企业需采购设备，设备价款 50 万元。供应商提供几种付款方式：①一次性付款购买，打 9.8 折；②每年末支付 11 万元，连续支付 5 年；③每年初支付 10.5 万元，连续支付 5 年；④前 2 年不支付，第 3～5 年每年末支付 18 万元。假定年利率为 5%。

问：企业采用哪种支付方式买设备更划算？

9. 张三购买房产，于 1 月 1 日从银行贷款 10 万元，合同约定分 4 年还清，每年年末等额付款。要求：

（1）假设年利率为 8%，计算每年年末分期付款额。

（2）计算并填写还款明细表（见表 2-8）。

表 2-8　还款明细表　　单位：元

年次	分期付款额	本年利息	应还贷款减少额	应还贷款余额
0	—	—	—	100 000
1		8 000		
2				
3				
4				0
合计				—

10. 企业现在从银行贷款 20 万元，利率为 6%，贷款期限 5 年，采用等额本息还款方式。计算：①每年末还款 1 次情况下的每次还款额；②每年初还款 1 次情况下的每次还款额；③每半年末还款 1 次情况下的每次还款额；④每月末还款 1 次情况下的每次还款额。

11. 企业现在投入 10 万元，利率为多少时，才能保证今后 4 年中每年末收回 3. 2 万元？

12. 企业第 5 年末要从银行取出 20 万元，利率为 12%，每季度计息 1 次，现在一次性需存入多少钱？实际年利率是多少？

13. 项目 A 与项目 B 的报酬率与概率分布如表 2-9 所示。

表 2-9　项目报酬率与概率分布情况

项目实施情况	发生概率	报酬率（%）	
		项目 A	项目 B
好	0. 2	40	50
一般	0. 6	20	30
差	0. 2	0	-10

要求：

(1) 计算项目 A 与项目 B 的期望报酬率、标准差及标准差率。

(2) 判断应该选择项目 A 还是项目 B。

14. 企业现有的证券投资组合包括四种证券，证券的有关资料如表 2-10 所示。

表 2-10　证券组合 β 系数和权重情况

证券	A	B	C	D
β 系数	1. 5	1	0. 5	2
权重	40	30	10	20

假定无风险报酬率为 4%，整个市场的证券平均报酬率为 10%。要求：

(1) 计算每种证券的风险报酬率和必要报酬率。

(2) 计算组合的 β 系数、组合的风险报酬率和必要报酬率。

(3) 如果组合的必要报酬率为 16%，组合的 β 值应为多少？

3

筹资管理——粮草先行

学习目标

1. 了解企业筹资的动机和管理原则。
2. 熟悉企业筹资的主要渠道和主要方式。
3. 掌握各种权益性筹资方式及其优缺点。
4. 掌握各种债务性筹资方式及其优缺点。
5. 掌握各种混合性筹资方式及其优缺点。

思维导图

引导案例

巨人大厦的坍塌

巨人集团，曾经是中国民营企业的一颗耀眼明星，由史玉柱创立于1989年，其起步与中国改革开放的大背景密切相关。史玉柱凭借一款名为M-6401的桌面排版系统开始了他的创业之路，并迅速在中国市场崭露头角。起初，公司专注于计算机软件开发，推出了广受欢迎的脑黄金软件，迅速占领市场。史玉柱的创新精神和巨人集团的卓越产品，很快在消费者心中树立了良好的口碑。

在软件业务取得初步成功后，史玉柱凭借其创新的产品和前瞻性的市场策略，将巨人集团带向了多元化发展的道路，业务涵盖软件、生物工程、房地产等多个领域。在这一时期，史玉柱的商业帝国似乎势不可挡，公司的发展速度令人瞩目。1993年，就在巨人集团如日中天之时，史玉柱决定在珠海市中心建造一座78层的巨人大厦。这一决策后来被证明是企业命运的转折点。

巨人大厦的建设初衷是作为企业实力和未来雄心的象征，最初的设计定为较为适中的17层，但受到多方面影响，设计不断升级，最终计划建设成70层的摩天大楼，投资额也从最初的2亿元增加到12亿元，资金需求急剧增加。此时，巨人集团资产规模仅为1亿元，并且同时在生物工程和房地产等多个领域进行了大规模投资，已经无法承受这样浩大的工程，公司在资金周转上产生了困难。而史玉柱又固执地拒绝了银行贷款，选择通过自筹资金和预售楼花的方式来筹集建设资金，这一决策在短期内看似解决了资金问题。但随着政策变化，政府加大了对过热经济的宏观调控，卖"楼花"受到一定限制，再加上多元化经营分散了有限的财务资源，影响了资金的有效筹集和管理，建设成本不断上升，巨人集团的资金链问题逐渐显现，最终现金流断裂。1997年，巨人大厦被迫停工，成了一个未完成的梦。

巨人大厦的停工，不仅是一个项目的失败，更是巨人集团财务危机的开始。债权人开始追索款项，企业的债务问题迅速浮出水面。在这一艰难时刻，史玉柱没有选择放弃，而是开始寻找新的出路。他重返市场，推出了脑白金等新产品，并通过网络游戏等业务逐步恢复企业的活力。

经过一系列艰难的转型和调整，巨人集团最终在美国成功上市，实现了企业的复兴。史玉柱从过去的失败中吸取教训，提出了更加稳健的经营策略，强调企业在发展过程中必须注重财务管理和风险控制。他在退休后还对公司高管提出了"未来巨人集团再盖楼，不允许超过三层"的规定，体现了他对过去错误的深刻反思和对未来稳健发展的坚定决心。

思考：

1. 巨人集团是如何筹集资金的？还可以通过哪些方式进行资金筹集？
2. 如果你是巨人集团的领导者，进行资金筹集时你会考虑哪些因素？
3. 作为一名财务管理人员，从巨人大厦的案例中，你得到哪些启示？

3.1 筹资概述——运筹帷幄

3.1.1 筹资的含义与动机

3.1.1.1 筹资的含义

筹资，又称融资，是企业根据其生产经营、投资活动以及调整资本结构等需要，通过一定的筹资渠道和金融市场，采取适当的筹资方式，从企业内部或外部经济有效地筹措和集中资金的活动。资金是企业的血液，是企业生存和发展的必要条件。因此，筹资管理是财务管理的一项重要内容。

3.1.1.2 筹资的动机

企业筹集资金的核心目标在于确保其业务的持续运作和扩展，为日常运营提供必要的资金支持。然而，每一项筹资活动背后，通常都有其独特的驱动因素或特定目的。企业筹资的驱动因素可能是单一的，也可能是多种因素共同作用的结果，归纳起来可分为以下四种：创立性筹资动机、扩张性筹资动机、调整性筹资动机和混合性筹资动机。

创立性筹资动机是指企业设立时，为取得资本金并形成开展经营活动的基本条件而产生的筹资动机。企业创建时，通常要按企业经营规模核定长期资本需要量和流动资金需要量，从而进行一系列的基础设施建设、产品与服务开发、市场调研、品牌建设等活动。譬如，购买或租赁场地，购置必要的设备和工具，原材料购买、产品设计、测试和样品制作，等等。

扩张性筹资动机。扩张性筹资动机是指企业因扩大经营规模或对外投资需要而产生的筹资动机。产生扩张性筹资动机的企业往往是那些在市场上已取得初步成功并寻求进一步扩大规模、增强竞争力或进入新市场的快速成长型企业。这类企业通常拥有明确的增长战略、创新产品或服务。譬如，企业为了进入新市场或增强现有市场的影响力，需要资金来覆盖市场开发成本；企业为满足增长的市场需求而购买新设备、扩建工厂或升级生产线；企业为了保持技术领先，进行持续的技术升级和研发投入；企业为了快速扩张进行并购；等等。这种出于扩张目的的筹资活动通常会使企业的资源基础得到增强，从而使得企业资产总额和资本总额增加。

调整性筹资动机通常源于企业对资本结构的重新考量，其核心目标是通过调整债务和股权的组合来实现资本成本的降低和财务风险的控制，进而增加企业价值。这种筹资活动反映了企业在财务管理上的前瞻性和灵活性，旨在通过战略性的资本结构调整，保障企业的长期稳定和市场竞争力。企业产生调整性筹资动机的原因有很多，最常见的原因为资本结构优化和债务重组。譬如，当企业债务资本较高、有较大的财务风险时，企业可能通过筹资来调整其资本结构，以更有效地利用财务杠杆，降低资本成本，同时管理因高债务水平带来的风险。再如，当流动负债比例较高，导致企业短期内偿债压力增大时，企业可能举借长期债务来偿还部分短期债务，以减轻短期内的财务压力，并优化债务的期限结构。

很多情况下，企业的筹资活动往往服务于多维度目标，而不是单一的财务需求。混合性筹资动机是指企业在筹资时同时追求多个目标，这些目标可能包括但不限于资本结构的优化、债务重组、流动性管理、风险控制、市场扩张、研发投入、法规遵从、社会责任等。这种筹资动机反映了企业在财务管理上的综合考量，旨在通过资金筹集满足多方面的经营和发展需求。

3.1.2 筹资的原则

筹资是企业的基本财务活动。企业财务管理人员要在严格遵守国家法律法规的基础上，分析影响筹资的各种因素，权衡资金的性质、数量、成本和风险，合理选择筹资方式，提高筹资效果。

3.1.2.1 合法性原则

企业在筹资活动中必须严格遵守国家法律法规，确保所有筹资行为合法合规，保护投资者权益，维护金融市场秩序，同时建立企业良好声誉，降低法律风险，并促进企业的可持续发展。

3.1.2.2 效益性原则

企业的筹资与投资在效益上应当相互权衡。企业投资是决定企业是否要筹资的重要因素。投资收益与资本成本相比较，决定是否要筹资；投资项目的金额决定了所需筹资的数量。因此，在筹资活动中，企业要认真分析投资机会，避免不顾投资效益的盲目筹资；此外，由于不同筹资方式的资本成本不同，企业也需要综合研究各种筹资方式，寻求最优的筹资组合，以降低资本成本，经济有效地筹集资本。

3.1.2.3 合理性原则

在企业融资活动中，对资金来源渠道的深入分析是至关重要的。资金来源渠道的多样性体现了资本市场的资金分布格局和供求动态，这些因素共同决定了融资活动的可行性及其成本结构。鉴于此，企业必须审慎评估并选择那些能够降低资本成本、提升资金使用效率且与企业财务战略相匹配的资金来源渠道。这一过程要求企业具备较强的市场洞察力和财务分析能力，以确保所选融资渠道能够在满足资金需求的同时，促进企业的长期财务健康和价值增长。企业融资必然需要付出一定的代价，不同融资方式条件下的资金成本和风险程度不同。在进行筹资时，企业需综合考量融资的数量、时机和来源，同时对可用的融资方式进行全面的分析和比较。企业的目标是选择那些在成本和风险上都是经济可行的融资方式，以最小化筹资成本并构建合理的资金结构。

3.1.2.4 恰当性原则

企业在筹资活动中必须精准把握筹资时机。正确的时机选择能够确保资金的及时供给，为企业的关键运营活动、资本支出以及战略投资提供必要的财务支持。此外，适宜的筹资时机还有助于降低融资成本，提高资金使用效率，并最终促进企业价值的最大化。

3.1.3 筹资渠道

筹资渠道是指筹措资金来源的方向与通道，体现着资本的源泉和流量。企业的主要筹资渠道有以下几种。

3.1.3.1 政府财政资金

政府财政资金是国有企业筹资的重要资金来源，政策性强，通常只有国有独资或国有控股企业才能利用。政府财政资本具有广阔的源泉和稳固的基础，今后仍然是国有独资或国有控股企业股权资本筹资的重要渠道。

3.1.3.2 银行信贷资金

银行信贷资金是各种企业的重要资金来源。我国银行一般分为商业银行和政策性银行两种。商业银行是以营利为目的，从事信贷资金投放的金融机构，如中国工商银行、中国建设银行、中国银行、中国农业银行、交通银行、招商银行等。政策性银行主要为特定企业提供政策性贷款，其资金来源主要是政府提供的资本金、各种借入资金和发行的政策性金融债券。政策性银行有国家开发银行、中国农业发展银行和中国进出口银行。

3.1.3.3 非银行金融机构资金

非银行金融机构是指除银行以外的各种金融机构以及金融中介机构。主要包括信托投资公司、保险公司、租赁公司、证券公司、财务公司、典当行等。它们所提供的各种金融服务，既包括信贷资金投放，也包括物资的融通，还包括为企业承销证券等金融服务。

3.1.3.4 其他企业资金

企业在生产经营过程中，往往形成部分暂时闲置的资金，并为一定的目的而进行相互投资。另外，企业间的购销业务可以通过商业信用方式来完成，从而形成企业间的债权债务关系。企业间相互投资和商业信用的存在，使其他企业资金也成为企业资金的重要来源。

3.1.3.5 居民个人资金

企业职工和居民个人的结余货币，作为游离于银行及非银行金融机构之外的个人资金，可用于对企业进行投资，形成民间资金来源渠道，从而为企业所用。

3.1.3.6 企业自身积累资金

企业自身积累资金，也称为内部资金或留存收益，是指企业通过其盈利活动产生的资金，这些资金在扣除税费和必要的分配后，留在企业内部继续使用。留存收益主要包括提取法定盈余公积、任意公积金和未分配利润等，其特点是无需企业通过一定的方式来筹集，而直接由内部自动生成或转移。留存收益是企业生产经营资金的重要补充来源。

3.1.3.7 外商资金

外商资金是指外国投资者及我国香港、澳门、台湾地区投资者投入的资金。外商资金是我国外商投资企业重要的资金来源。

筹资渠道体现了资金的来源与供应量。由于宏观经济体制、银行体制和金融市场发展速度等因素的影响，各种筹资渠道的资金供应量存在较大差别。因此，认识和了解各种筹资渠道及其特点，有助于企业拓宽和利用筹资渠道。

3.1.4 筹资方式

筹资方式是指企业筹集资本所采取的具体形式和工具，体现不同的经济关系。企业最基本的筹资方式有两种，即股权筹资和债务筹资。

3.1.4.1 股权筹资

股权筹资是指企业通过发行股份或吸引投资来筹集资金，投资者因此获得企业的所有权份额。进行股权投资的方式主要有三种：

（1）吸收直接投资，形成股权资本。非股份制企业可以通过直接吸引投资者来筹集资金，投资者可能获得公司的股份或股权。

（2）发行股票，形成股权资本。股份制公司可以通过公开市场或私募方式发行股票来筹集资金，投资者购买股票后成为公司的股东。

（3）利用留存收益，通过保留部分利润不分配给股东，而是用于再投资，从而增加内部积累。

3.1.4.2 债务筹资

债务筹资是指企业通过借款或发行债券等方式筹集资金，企业需在未来偿还本金并支付利息。进行债务筹资的方式主要有四种：

（1）向金融机构借款，形成短期或长期债务资本。

（2）发行公司债券，形成长期债务资本。债券的发行可以是公开的，也可以是私募的。

（3）融资租赁，通过融资租赁协议获得资产的使用权，而无需购买资产，形成长期债务资本。

（4）利用商业信用，通过延期支付供应商货款、预收货款等方式筹集短期资金，形成短期债务资本。

每种筹资方式都有其优势和局限性，企业在选择筹资方式时需要考虑多方面因素。而每种筹资渠道也可能包含多种筹资方式，企业在选择筹资渠道时亦需要综合考虑资金成本、融资速度、风险控制、市场环境和法律法规等因素。筹资渠道与筹资方式紧密结合才能达到资本结构的最优化。表 3-1 展示了筹资渠道与筹资方式的对应关系，企业可以根据自身情况确定最适合自身需求的筹资组合。

表 3-1 筹资渠道与筹资方式的对应关系

筹资渠道	吸收直接投资	发行股票	留存收益	向金融机构借款	发行债券	商业信用	融资租赁
国家财政资金	√	√					
银行信贷资金	√			√	√		
非银行金融机构资金	√	√		√	√		√
其他企业资金	√	√			√	√	√
居民个人资金	√	√			√		
企业自留资金	√		√				
外商资金	√	√			√	√	√

3.1.5 筹资分类

3.1.5.1 按取得资金的权益特性分为股权筹资、债务筹资和混合筹资

（1）股权筹资。股权筹资是指企业通过吸收直接投资、发行股票、内部积累等方式筹集所需资金。通过权益筹资吸收的自有资金，一般不用还本，但付出的资本成本相对较高。股权筹资包括首次公开发行股票（IPO）、股权再融资（SEO）（含配股和增发）。我国上市公司的首次公开发行股票和股权再融资主要在交易所证券市场中进行，分别是上海证券交易所的主板、科创板，深圳证券交易所的主板、创业板，以及北京证券交易所（“2+2+1”）。此外还有私募股权融资（PE），属于场外交易市场。具体关系如图 3-1 所示。

（2）债务筹资。债务筹资是指企业通过向银行借款、发行债券、筹资租赁、商业信用等方式筹集所需资金。以债务筹资方式借入的资金，要按约定还本付息，财务风险大，但付出的资本成本相对较低。债务筹资的具体关系如图 3-2 所示。

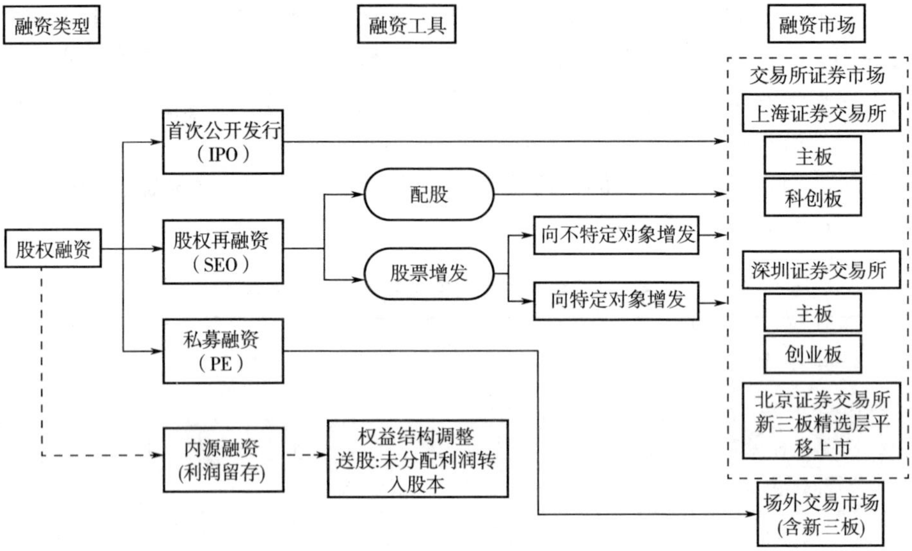

图 3-1　股权融资示意图

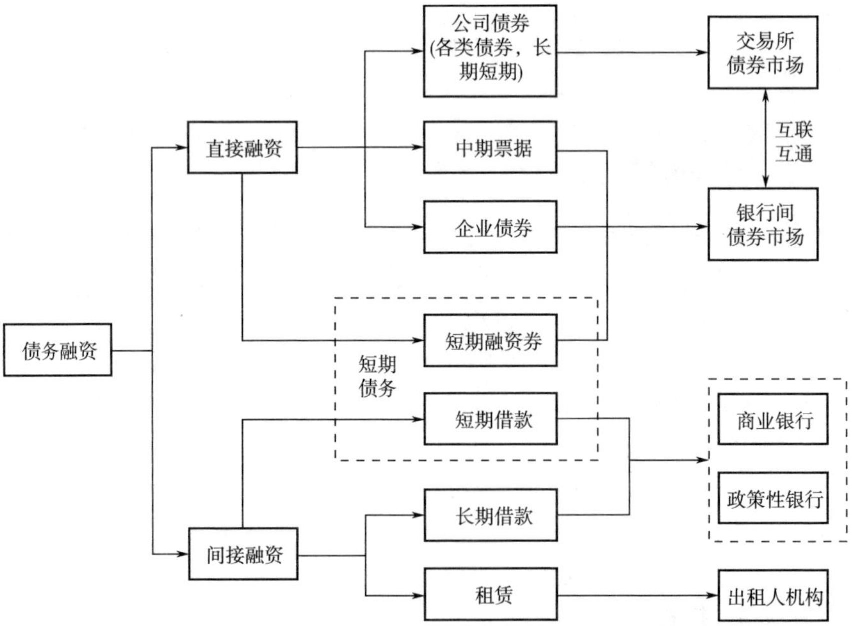

图 3-2　债务融资示意图

（3）混合筹资。混合筹资是指通过兼具股权筹资特点和债务筹资特点的筹资方式筹集所需资金。主要包括优先股、可转换债券、可交换债券、永续债券、认股权证等。混合筹资的具体关系如图 3-3 所示。

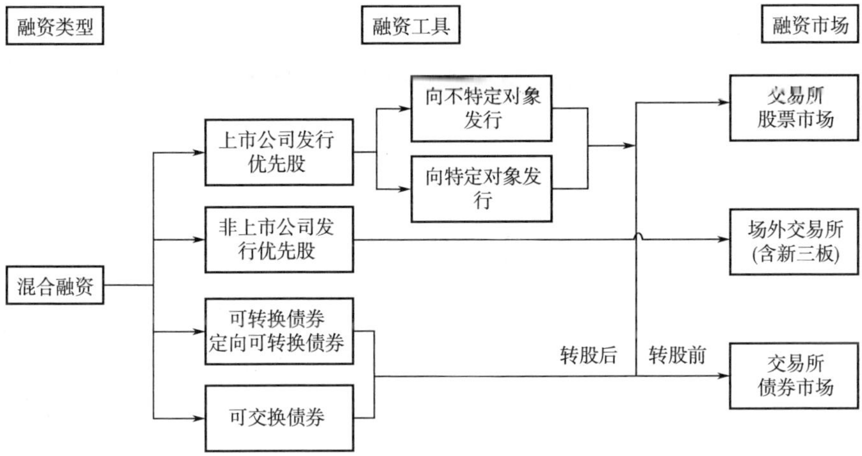

图 3-3　混合筹资示意图

3.1.5.2　按资金使用期限长短分为短期筹资和长期筹资

（1）短期筹资。短期筹资主要用于企业的流动资产和日常资金周转。短期筹资包括商业信用、短期借款等方式。

（2）长期筹资。长期筹资主要用于形成和更新企业的生产和经营能力，或扩大企业的生产经营规模，或对外投资。长期筹资主要包括发行股票、发行债券、取得长期借款、筹资租赁等方式。长期资金可以是股权资金，也可以是债务资金。

3.1.5.3　按资金来源范围分为内部筹资和外部筹资

（1）内部筹资。内部筹资是指企业通过利润留存而形成的资金来源。内部筹资数额的大小主要取决于企业可分配利润的多少和利润分配政策（股利政策）。

（2）外部筹资。外部筹资是指企业向外部筹措资金而形成的资金来源。企业向外部筹资大多需要花费一定的筹资费用，从而提高了筹资成本。

3.1.5.4　按资金是否直接来自资金供应者分为直接筹资与间接筹资

（1）直接筹资。直接筹资是指企业不借助银行等金融机构，直接向资金的供给者募集资金。譬如，吸收投入资本，发行股票、公司债券、科创债

(交易所市场)、短期(超短)融资券(交易所市场)、企业债券(银行间市场)、中期票据(银行间市场)、商业票据等。直接筹资的筹资额大,但筹资手续比较复杂,筹资费用较高。

3.1 即测即评

(2)间接筹资。间接筹资是指资金供应者将其资金以债权债务的方式给到中介机构,再由中介机构以自己的名义提供给资金需求者。譬如,银行借款(短期借款与长期借款)、融资租赁。间接筹资具有筹资手续简便、效率高、费用低等优点,但筹资额相对较小。

3.2 股权筹资——开基立业

股权资本,亦称权益资本,是指投资者投入企业的资本金(实收资本和资本公积)及经营中形成的积累性资金(留存收益),均反映在资产负债表上。

股权筹资一般有投入资本筹资和发行普通股筹资,涉及企业的注册资本制度。因此,本节首先介绍企业的注册资本制度,然后分别讲授投入资本筹资和发行普通股筹资。

3.2.1 注册资本

3.2.1.1 注册资本的含义

注册资本(registered capital)是企业法人资格存在的物质要件,是股东对企业承担有限责任的界限,也是股东行使股权的依据和标准。具体而言,注册资本是指企业在工商行政管理部门登记注册的资本总额。股份公司可以采取发起设立或募集设立的方式,有限公司只能采取发起设立这种方式。注册资本在不同类型的企业中表现形式有所不同,股份公司的资本金被称为股本,股份公司以外的一般企业的资本金被称为实收资本。

从性质上看,资本金是投资者创建企业所投入的资本,是原始启动资金;从功能上看,资本金是投资者用以享有权益和承担责任的资金,有限公司和股份公司以其资本金为限对所负债务承担有限责任;从法律地位来看,资本金要在工商行政管理部门办理注册登记,投资者只能按所投入的资本金而不是所投入的实际资本数额享有权益和承担责任,已注册的资本金如果追加或减少,必须办理变更登记;从时效来看,除了企业清算、减资、转让回购股权等特殊情形外,投资者不得随意从企业收回资本金,企业可以无限期地占用投资者的出资。

3.2.1.2 注册资本的模式

根据各国的情况看，公司注册资本制度的模式有以下三种：

（1）实缴资本制，又称实收资本制。这种注册资本制度规定，公司的实收资本必须等于注册资本，否则公司不得设立。该制度由法国和德国首创，为多数大陆法系国家所采用，如欧洲大陆各国。

（2）认缴资本制，又称授权资本制，是指在公司设立时在公司章程中确定资本总额，但不要求股东一次全部缴足，只要交付首次出资额公司即可设立。其余部分可授权公司董事会根据需要随时发行。这种制度允许实收资本和注册资本不一致，公司增减资本比较灵活。

（3）折中资本制，它是介于实缴资本制和认缴资本制之间的一种注册资本制度。这种注册资本制度一般规定公司在设立时应明确资本总额，并规定首次出资额、出资比例以及缴足资本的最长期限。

我国 1949 年后曾实行实缴资本制。1993 年《公司法》规定，注册资本为在公司登记机关登记的全体股东实缴的出资额。

2006 年修改后的《公司法》实行的是实缴制与折中资本制混合。取消了按照公司经营内容区分最低注册资本额的规定，将有限公司的最低注册资本从 10 万～50 万元统一降至 3 万元，将股份公司的最低注册资本从原来的 1 000 万元降至 500 万元。同时，允许两种公司的资本可以分期缴纳，而不必一次性缴足，只是要求全体股东的首次出资额不得低于注册资本的 20%，其余部分必须在 2 年内缴足，投资公司可以在 5 年内缴足。

2014 年修改后的《公司法》将注册资本实缴制改为认缴制。除法律、行政法规以及国务院决定对公司注册资本实缴有另行规定的以外，取消了关于公司股东（发起人）应自公司成立之日起 2 年内缴足出资，投资公司在 5 年内缴足出资的规定；取消了一人有限公司股东应一次足额缴纳出资的规定。采取公司股东（发起人）自主约定认缴出资额、出资方式、出资期限等，并记载于公司章程的方式。同时，放宽注册资本登记条件。除对公司注册资本最低限额有另行规定的以外，取消了有限公司、一人有限公司、股份公司最低注册资本分别应达 3 万元、10 万元、500 万元的限制；不再限制公司设立时股东（发起人）的首次出资比例和货币出资比例。此外，简化登记事项和登记文件。有限公司股东认缴出资额，公司实收资本不再作为登记事项。公司登记时，不需要提交验资报告。

2023 年 12 月 29 日新修订的《公司法》第 47 条第 1 款规定："有限公司的注册资本为在公司登记机关的全体股东认缴的出资额。全体股东认缴的出资额由股东按照公司章程的规定自公司成立之日起五年内缴足。”第 266 条规定：“本法自 2024 年 7 月 1 日起施行。本法施行前已登记设立的公司，出资期限超过本法规定的期限的，除法律、行政法规或国务院另有规定外，应当逐步调整至本法规定的期限以内；对于出资期限、出资额明显异常的，公司登记机关可以依法要求其及时调整。具体实施办法由国务院规定。”从这些条款来看，我国注册资本制度虽然实行的是认缴制，但又重新严格规定了认缴出资额的时间。

思政元素

注册资本制改革

注册资本制度改革的主要内容包括：取消注册资本最低门槛制度，放宽资本认缴年限。简化登记事项和登记文件，有限公司股东认缴出资额，公司实收资本不再作为登记事项；公司登记时，不需要提交验资报告。这样做的主要目的是降低企业设立门槛，鼓励创新创业的精神，降低创业的成本。

3.2.2 吸收投入资本

企业资本金因企业组织形式的不同而有不同的表现形式，在股份制企业中称为股本，在非股份制企业中称为投入资本。

3.2.2.1 吸收投入资本的含义

吸收投入资本是指非股份制企业以协议等形式吸收国家、其他企业和个人、外商等直接投入的资本。投入资本筹资是非股份制企业筹集股权资本的基本方式。从法律上讲，现代企业主要有 3 种组织形式，即独资制、合伙制和公司制。我国公司制企业又分为股份公司和有限公司。采用投入资本筹资的主体只能是非股份制企业，包括个人独资企业、合伙制企业和有限公司。

按所形成的股权资本的构成分为国有资本、法人资本、个人资本、外商资本。

3.2.2.2 吸收直接投资的出资方式

投资者的出资形式可以是筹集现金投资和筹集非现金投资。

(1) 筹集现金投资。筹集现金投资是企业吸收直接投资所乐于采用的形式。企业有了现金，便可以获取其他资产、支付各种费用，满足企业创建时的开支和随后的日常周转需要。企业一般争取投资者以现金方式出资。各国法规大多对现金出资比例作出规定。我国 1993 年的《公司法》曾规定，工业产权、非专利技术作价出资额不得超过注册资本的 20%。2014 年的《公司法》曾规定，公司全体股东或者发起人的货币出资金额不得低于公司注册资本的 30%。但 2024 年的《公司法》对现金出资、专利技术等无形资产出资均未作出明确的比例规定。

（2）筹集非现金投资。根据新《公司法》（2024 年）第 48 条第 1 款的规定，股东可以用货币出资，也可以用实物、知识产权、土地使用权、股权、债权等可以用货币估价并可以依法转让的非货币财产作价出资，但是法律法规规定不得作为出资的财产除外。新《公司法》增加了股权、债权两种出资方式。

从上述规定可以看出，出资主要有两类形式：一是实物资产投资；二是无形资产、股权、债权等可以依法转让的非实物资产投资。实物资产投资是指投资者以厂房、建筑物、设备等固定资产和原材料、产品等流动资产作价的投资。非实物资产投资是指投资者以土地使用权、商标权、专利权、非专利技术、股权、债权等非实物资产作价的投资。实物资产、非实物资产的作价，可以由出资各方协商确定，也可以聘请专业资产评估机构评估确定。

3.2.2.3　吸收投入资本的程序

企业吸收直接投资，一般应依照如下程序进行：

（1）确定筹资数量。企业因设立或扩大规模采用吸收直接投资时，应当注意并从总量上协调其资本筹集规模与投资规模的关系，以避免因吸收直接投资规模过大而造成资金闲置，或者因规模不足而影响生产经营效益。

（2）正确选择出资形式。采用何种具体形式进行吸收直接投资，需要企业与投资者双方协商确定。企业应尽可能吸收现金投资。如果投资方确有先进而适合需要的实物资产和无形资产，亦可采取非现金投资方式，并对非现金资产按公平合理的原则协商定价。

（3）签署投资协议。在出资数额、资产作价、出资时间等确定后，双方须签署投资的协议或合同，以明确双方的权利和责任。

（4）取得资本来源。签署投资协议后，企业应按规定或计划取得资本来源。如果采取现金投资，通常有拨款计划，确定拨款期限、每期数额及划拨方式，企业可按计划取得现金。如果采用非现金投资，应结合具体情况，采用适当办法，核实财产，办理产权的转移手续，从而取得资产。

3.2.2.4　吸收投入资本的优缺点

（1）优点。因为可以实物资产、知识产权、土地使用权等作价投资，和其他筹资方式相比，是一种能最快形成生产能力的筹资方式；能提高企业的资信和借款能力；财务风险较低；因为股权没有社会化，方便直接沟通。

（2）缺点。资金成本较高；公司控制权集中在小部分股东手中，不利于公司治理；产权关系有时不够清晰，不便于产权交易。

3.2.3 发行普通股票

3.2.3.1 股票的含义及特点

股票（stock）是股份公司为筹集权益资金而发行的有价证券，是持股人拥有公司股份的凭证，它代表持股人对公司拥有的所有权。股票持有人即为股东，股东作为出资人按投入的资本额享有所有者的资产收益、公司重大决策和选择管理者的权益，并承担相应责任。股票的发行必须符合规定的条件。

股票具有以下特点：

（1）永久性。公司发行股票所筹集的资金属于公司的长期自有资金，没有期限，无需归还。换言之，股东在购买股票之后，一般情况下不能要求退还股本。

（2）流通性。股票作为一种有价证券，在资本市场上可以自由转让、买卖和流通，也可以继承、赠送或抵押。股票具有很强的变现能力，流动性很强。

（3）风险性。由于股票的永久性，股东成了企业风险的主要承担者。风险的表现形式有：股票价格的波动性、红利的不确定性、破产清算时股东处于剩余财产分配的最后顺序等。

（4）参与性。股东作为股份公司的所有者，拥有参与企业管理的权利，包括重大决策权、经营者选择权、财务监控权等。此外，股东还有承担有限责任、遵守公司章程等义务。

3.2.3.2 普通股股东权利

普通股股东最基本的权利是按投入公司的股份额，依法享有公司收益获取权、公司重大决策参与权和选择公司管理者的权利，并以其所持股份为限对公司承担责任。

（1）公司管理权。股东对公司的管理权主要体现在投票参与重大决策权、经营者选择权、财务监控权、公司经营的建议和质询权、股东大会召集权等方面。

投票权类型有两种：

一种是一股一权模式。传统的一股一票，即一份股票一个投票权。

另一种是多层股权模式。多层股权模式又分为两种。①类别股票：例如 A、B 股票（同股不同权）。A 类股票，就是通常的普通股，一股一票；B 类股票，一股多权（票）。例如：上市后的 2019 年某公司股份中，腾讯持股 17.8%，为第一大股东，拥有 4.5%的投票权；该公司 CEO 持有京东集团 15.4%的股权，为第二大股东，但拥有 79%的投票权；沃尔玛持股 9.9%，为第三大股东，拥有 2.5%的投票权。该公司的 A、B 股票，B 股的投票权约是 A 股的 10 倍，该公司 CEO 拥有 B 类股票。②合伙人制度：少数股票，但拥有较大的董事选举权力。譬如，某公司的合伙人拥有选举或推荐过半数的董事提名和任命权，如 2014 年该公司上市后，最大股东日本软银公司持股 34.4%，雅虎持股 22.6%，该公司创始人和核心高管仅占 12.5%股权，但他们决定了过半数的董事会成员任命，实质上就是控制了董事会，控制了公司。

（2）收益分享权。股东有权通过股利方式获取公司的税后利润，利润分配方案由董事会提出并经过股东大会批准。

（3）股份转让权。一般而言，普通股股本一经形成，不能随意抽回，但当普通股股东对所获收益不满或需要现金时，可在证券市场上出售或转让其股票。

（4）优先认股权。股份公司在发行新股时，都会给普通股股东以优先认购的权利。这种优先认购权使现有股东在一定时间内以低于市价的价格购买新股票。优先认股权能使现有股东保持其在股份公司股本中的份额，以保证在公司发行新股时，普通股股东对公司的控制权不发生改变。

（5）剩余财产要求权。当公司解散、清算时，普通股股东有对清偿债务、清偿优先股股东以后的剩余财产索取的权利。

（6）对公司账目及公司事务的查询权以及对管理当局越权行为的阻止权。普通股股东在每个会计年度终了均可委托注册会计师对公司账目进行审查，通过注册会计师出具的审计报告了解公司的财务状况、经营业绩。当管理当局在经营活动中有超过职权范围的行为发生时，普通股股东有权阻止越权行为的发生。

3.2.3.3 股票的分类

（1）按股东权利和义务分为普通股和优先股。普通股是指股份公司发行的代表股东享有平等的权利和义务，不加特别限制，股利不固定的股票。普通股具备股票的最一般特征，是股份公司股权资本的最基本部分。通常情况下，股份公司只发行普通股。

优先股是一种特别权股票，在分配股利和剩余财产时比普通股具有优先权。多数国家的公司法规定，优先股可以在公司设立时发行，也可以在公司增发新股时发行。优先股是股份公司股权资本的一部分，从法律上讲，企业对优先股不承担法定的还本义务。普通股与优先股的特点差异如表 3-2 所示。

表 3-2　普通股与优先股特点差异比较

特点	普通股	优先股
选举权、投票权	有	无
参与公司经营管理	参与	不参与
经营收益分配权	股利不固定，参与分红	股息固定，不参与分红
分配优先权	无优先权，位于最后顺序	优先于普通股
优先认股权	有	无

（2）按股票票面是否记名分为记名股票和无记名股票。记名股票是股票票面上记载股东的姓名或名称的股票，股东姓名或名称要记入公司的股东手册。记名股票的转让有严格的法律程序，需要办理过户手续。无记名股票是在股票票面上不记载股东的姓名或名称的股票。股东姓名或名称也不记入公司的股东名册，持有人即为股份的所有者。公司对社会公众发行的股票可以为无记名股票，无记名股票的转让和继承自由、方便，无需办理过户手续。

我国 2018 年的《公司法》规定：公司向发起人、国家授权投资的机构、法人发行的股票，应为记名股票；向社会公众发行的股票可以是记名股票，也可以是无记名股票。但我国 2024 年实施的新《公司法》第 147 条第 2 款规定，公司发行的股票，应当为记名股票。

（3）按股票票面是否标明面值分为面值股票和无面值股票。面值股票是在股票上标有一定金额的股票。持有这种股票的股东，对公司享有的权利和承担义务的大小，以其持有的股票额占公司发行在外股票总面值的比例而定。

无面值股票是不在票面上标出金额，只载明所占公司股本总额比例或股份数的股票。无面值股票的价值随公司财产的增减而变动，而股东对公司享有的权利和承担义务的大小，直接依股票标明的比例而定。

我国 2024 年实施的新《公司法》第 142 条规定：公司的全部股份，根据公司章程的规定择一采用面额股或者无面额股。采用面额股的，每一股的金额相等。采用无面额股的，应当将发行股份所得股款的 1/2 以上计入注册资本。从修订的新《公司法》来看，因为引入无面额股，没有强制规定每股面值必须为 1 元。

（4）按投资主体的不同分为国家股、法人股、个人股和外资股。国家股是指有权代表国家投资的部门或机构以国有资产向公司投资而成的股份。法人股是指企业法人依法以其可以支配的财产向公司投资而形成的股份，或具有法人资格的事业单位和社会团体以国家允许用于经营的资产向公司投资而形成的股份。个人股是社会个人或公司内部职工以其个人合法财产投入公司形成的股份。外资股是我国港、澳、台地区投资者或外国投资者购买企业发行的人民币特种股票而形成的股份。

（5）按发行时间的先后顺序分为始发股和再融资股。始发股是公司初始设立时发行的股票。再融资股是公司配股或增资发行的股票（简称“增发股”）。虽然始发股和配股、增发股的发行条件、发行目的、发行价格都不尽相同，但股东的权利和义务是一样的。

（6）按发行范围分为非公开发行股票和公开发行股票。非公开发行，也称直接发行、私募发行，是指不对社会公众，而是针对特定对象发行股票。非公开发行股票包括股份公司以发起设立方式设立时发起人认购的股份、向战略投资者等特定对象（特定对象不超过 35 人）发行的新股。非公开发行具有发行费用低，灵活性较大，发行范围小，股票变现性差等特点。

公开发行，是指通过证券公司向不特定对象的社会公众发行股票或向特定对象发行股票累计超过 200 人，但依法实施员工持股计划的员工人数不计算在内。公开发行股票分为首次公开发行股票（IPO）和上市公司再筹资（包括配股和公开增发）。公开发行具有发行范围广，扩大企业知名度，易于足额募集资金，股票变现性强，发行成本高等特点。

股票发行范围与发行时间融合示意图如图 3-4 所示。

（7）按发行对象和上市地点分为 A 股、B 股、H 股、N 股和 S 股等。A 股是供我国境内个人或法人，以及合格的境外投资者（qualified foreign institutional investment，QFII，2003 年 7 月起开放）买卖的，以人民币标明票面金额并以人民币认购和交易的股票。B 股是供外国和我国港、澳、台地区投资者投资，以及我国境内个人投资者（2001 年 2 月起开放）买卖，以人民币标明面额但以外币认购和交易的股票。A 股、B 股在上海证券交易所、深圳证券交易所、北京证券交易所上市。H 股、N 股、S 股是指公司注册在境内，但上市地点分别在香港联交所、美国纽约证券交易所、新加坡交易所的股票。

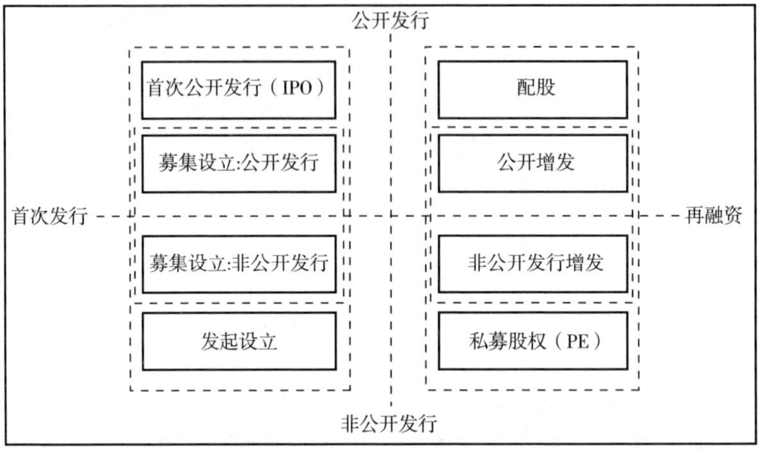

图 3-4　股票发行范围与发行时间融合示意图

3.2.3.4　股票发行条件

（1）股票发行的基本要求。根据 2023 年 12 月修订的《公司法》，股票发行需满足以下一些基本要求：

第一，公司的资本划分为股份。公司的全部股份，根据公司章程规定择一采用面额股或者无面额股。采用面额股的，每一股的金额相等。公司可以根据公司章程规定将已发行的面额股全部转换为无面额股或者将无面额股全部转换为面额股。采用无面额股的，应当将发行股份所得股款的 1/2 以上计入注册资本。

第二，股份的发行，实行公平、公正的原则，同类别的每一股份应当具有同等权利。

第三，同次发行的同类别股份，每股的发行条件和价格应当相同；认购人所认购的股份，每股应当支付相同金额。

第四，公司的股份采取股票的形式。股票是公司签发的证明股东所持股份的凭证。公司发行的股票，应当为记名股票。

第五，面额股股票的发行价格可以按票面金额，也可以超过票面金额，但不得低于票面金额。

（2）股票公开发行的一般条件。根据《上市公司证券发行注册管理办法》（2023），上市公司公开发行股票，应当符合下列规定：

第一，具备健全且运行良好的组织机构。

第二，现任董事、监事和高级管理人员符合法律、行政法规规定的任职要求。

第三，具有完整的业务体系和直接面向市场独立经营的能力，不存在对持续经营有重大不利影响的情形。

第四，会计基础工作规范，内部控制制度健全且有效执行，财务报表的编制和披露符合企业会计准则和相关信息披露规则的规定，在所有重大方面公允反映了上市公司的财务状况、经营成果和现金流量，最近 3 年财务会计报告被出具无保留意见审计报告。

第五，除金融类企业外，最近一期末不存在金额较大的财务性投资。

第六，交易所主板上市公司配股、增发的，应当最近 3 个会计年度盈利，增发还应当满足最近 3 个会计年度加权平均净资产收益率平均不低于 6%，净利润以扣除非经常性损益前后孰低者为计算依据。

上市公司存在下列情形之一的，不得公开发行股票：

一是擅自改变前次募集资金用途未作纠正，或者未经股东大会认可。

二是上市公司或者其现任董事、监事和高级管理人员最近 3 年受到中国证监会行政处罚，或者最近 1 年受到证券交易所公开谴责，或者因涉嫌犯罪正在被司法机关立案侦查或者涉嫌违法违规正在被中国证监会立案调查。

三是上市公司或者其控股股东、实际控制人最近 1 年存在未履行向投资者作出的公开承诺的情形。

四是上市公司或者其控股股东、实际控制人最近 3 年存在贪污、贿赂、侵占财产、挪用财产或者破坏社会主义市场经济秩序的刑事犯罪，或者存在严重损害上市公司利益、投资者合法权益、社会公共利益的重大违法行为。

（3）首次公开发行股票的主要条件。我国股票市场的主板、创业板、科创板和北交所在具体发行条件上各有差异。根据《首次公开发行股票注册管理办法》（2023）的规定，主板、创业板、科创板和北交所首次公开发行主要条件如表 3-3 所示。

表 3-3　我国主板（含中小板）、创业板、科创板和北交所主要发行条件对比

<table>
<tr><th>条件</th><th>主板</th><th>创业板</th><th>科创板</th><th>北交所</th></tr>
<tr><td>主体类型</td><td>依法设立且合法存续的股份公司</td><td>同主板</td><td>同主板</td><td rowspan="2">在全国股转系统挂牌满 12 个月的创新层公司</td></tr>
<tr><td>经营年限</td><td>持续经营 3 年以上</td><td>同主板</td><td>同主板</td></tr>
</table>

续表

条件	主板	创业板	科创板	北交所
主营业务	最近3年内没有发生重大变化	最近2年内没有发生重大变化	同创业板	最近2年内主营业务未发生重大变化
董事、高管人员	最近3年内没有发生重大变化	最近2年内没有发生重大变化	核心技术人员最近2年内没有发生重大不利变化	最近2年内董事、高管未发生重大不利变化
实际控制人	最近3年内没有发生变更	最近2年内没有发生变更	同创业板	同创业板
审计报告	最近连续3年无保留审计意见	同主板	同主板	同主板
内部控制制度	无保留结论的鉴证报告	同主板	同主板	依法规范经营
违法行为	最近3年内，发行人及其控股股东、实际控制人不存在重大违法行为；董事、监事和高管人员不存在最近3年内受到证监会行政处罚，或者正在被证监会立案调查且尚未有明确结论意见等情形	同主板	同主板	不得存在下列情形：最近36个月内，发行人及其控股股东、实际控制人存在重大违法行为；最近12个月内，发行人或其控股股东、实际控制人、董监高受到行政处罚或公开谴责；发行人或其控股股东、实际控制人、董监高正在被立案侦查或调查；发行人或其控股股东、实际控制人失信尚未消除；未按期披露定期报告；最近36个月内，未按规定编制并披露年度报告和中期报告

3.2.3.5 股票的发行制度与发行程序

（1）发行制度。股票的发行制度是指公司在发行股票时必须遵循的一系列程序化的规范，具体表现在发行审核、发行方式、发行定价等多个方面。目前世界上主要的股票发行审核制度大致有以下三种：

第一，审批制。审批制是指证券监管部门对公司公开发行股票的申请进行详细严格的实质性审查，并决定是否批准其发行的制度。在审批制下，地方政府或主管部门根据发行额度或指标推荐公司公开发行股票并上市，证券监管部门行使审批职能。自我国证券市场 1990 年建立至 2000 年，我国股票发行制度主要实施的是审批制。

第二，核准制。核准制是指公司申请公开发行股票须经过证券监管部门核准的制度。在核准制下，公司申请公开发行股票时须按规定充分披露相关信息，并满足相关法律法规要求的条件，证券监管部门对公司的发行资格和发行条件进行审核并决定是否核准其申请。它要求证券监管机构依据法定标准对拟发行股票的公司进行实质性审查，并据此作出发行公司是否具备发行条件的判断。2001 年 3 月，根据《中华人民共和国证券法》（简称《证券法》）的规定并经国务院批准，我国开始正式实施股票发行核准制，2004 年 2 月 1 日开始，实行核准制下的“保荐制”。

第三，注册制。注册制是指公司申请公开发行股票时须依照相关法律法规向证券监管部门提交完整、真实、准确的公开资料进行注册申报的制度。在注册制下，证券监管机构公布发行上市的必要条件，公司只要符合所公布的条件即可发行上市。在注册制下，证券监管部门主要负责对公司申报资料的完整性、真实性和准确性进行形式审查，而不对公司发行资质进行实质性审核。上交所科创板 2019 年 7 月 22 日正式实行注册制试点，2020 年 8 月创业板试点实施注册制，2021 年 11 月北京证券交易所成立并实施注册制，2023 年 2 月 17 日起在证券市场全面实行注册制。

相比较而言，注册制适用于发达证券市场，而核准制较为适用于证券市场发展历史不长、投资者素质不高的国家和地区。表 3-4 列示了我国三种证券发行制度的差异。

表 3-4　我国三种证券发行制度的差异点比较

发行模式	审批制	核准制	注册制
发行权利取得方式	证券监管机关批准	证券监管机关批准	由公司自主决定

续表

发行模式	审批制	核准制	注册制
发行指标和额度	有	无	无
发行上市标准	有	有	有
信息披露	强调信息披露	强调信息披露	完全信息披露（核心）
主要推荐人	政府或行业主管部门	中介机构（券商）	中介机构（券商）
发行监管性质	证监会实质审查	中介机构和证监会分担实质审查职责	中介机构实质审查，证监会形式审核
控制方向	事前控制	事前控制与事后控制并举	强调事后控制
发行作实质判断主体	证监会	证监会、中介机构	中介机构、交易所（核心）

（2）发行程序。根据我国《上市公司证券发行注册管理办法》（2023）的规定，上市公司申请发行股票，应按照如下程序进行：

第一，董事会应当依法就本次证券发行的方案、论证分析报告、本次募集资金使用的可行性报告以及其他必须明确的事项作出决议，并提请股东大会批准。董事会决议日与首次公开发行股票上市日的时间间隔不得少于6个月。

第二，股东大会就发行股票事项作出决定，必须经出席会议的股东所持表决权的2/3以上通过，中小投资者表决情况应当单独计票。发行股票事项应当包括：本次发行证券的种类和数量、发行方式、发行对象及向原股东配售的安排、定价方式或者价格区间、募集资金用途、决议的有效期、对董事会办理本次发行具体事宜的授权以及其他必须明确的事项。

第三，上市公司申请发行股票，应当按照中国证监会有关规定制作注册申请文件，依法由保荐人保荐并向交易所申报。交易所收到注册申请文件后，5个工作日内作出是否受理的决定。

第四，交易所审核部门负责审核上市公司证券发行上市申请；交易所上市委员会负责对申请文件和审核部门出具的审核报告提出审议意见，最终形成审核意见。交易所一般应当在受理注册申请文件之日起2个月内形成审核意见。认为符合发行条件和信息披露要求的，将审核意见、上市公司注册申请文件及相关审核资料报中国证监会注册。认为不符合发行条件和信息披露要求的，作出终止发行上市审核决定。

第五，中国证监会收到交易所审核意见及相关资料后，基于交易所审核意见，依法履行发行注册程序。在15个工作日内对上市公司的注册申请作出予以注册或者不予注册的决定。中国证监会的予以注册决定，自作出之日起1年内有效，上市公司应当在注册决定有效期内发行股票，在此期间发生可能影响本次发行的重大事项的，中国证监会可以要求上市公司暂缓发行、上市。交易所作出终止发行审核决定，或者证监会作出不予注册决定的，自决定作出之日起6个月后，上市公司可以再次提出证券发行申请。

3.2.3.6 股票的发售方式

自销和承销是两种主要的股票发售方式，它们涉及公司在公开市场发行股票时的不同策略。

在自销（direct sale）方式中，公司不通过任何中介机构，直接向投资者销售其股票。这种方式通常适用于小型或初创公司，它们可能没有足够的资源或不愿意承担承销费用。自销可能需要公司自己负责市场营销、投资者关系和销售过程，这可能会限制股票的发行范围和吸引力。

承销（underwriting）是指公司聘请投资银行或承销团来帮助其发行股票，并确保股票发行的成功率。承销商通常会进行市场调研，确定发行价格，组织路演，吸引潜在投资者，并代发行人发售股票。承销是发行股票普遍采用的方式，可分为包销和代销两种形式。

包销是指证券公司将发行人的证券按照协议全部购入或者在承销期结束时将售后剩余证券全部自行购入的承销方式。这种方式为发行公司提供了一定的资金保障，而承销商承担了股票销售风险。

代销是指证券公司代发行人发售证券，在承销期结束时，将未售出的证券全部退还给发行人的承销方式。在代销协议下，承销商通常只收取销售成功部分的佣金，不承担销售不出去的风险。当发行规模较小或者市场条件不确定时，发行公司可能更倾向于选择代销。

自销通常成本较低，但可能缺乏广泛的市场覆盖和专业支持。承销通常涉及较高的费用，但可以获得更专业的服务，包括市场分析、定价策略、销售网络和风险管理。公司在选择股票发售方式时，需要根据自身的财务状况、市场条件、发行规模和战略目标来决定是采用自销还是承销。同时，承销商的选择也非常重要，它们在市场上的声誉和销售能力直接影响到股票发行的成败。

我国2019年修订的《证券法》规定：发行人向不特定对象发行（即公开发行）的证券，法律、行政法规规定应当由证券公司承销的，发行人应当同证券公司签订承销协议。证券承销业务采取代销或者包销方式。

3.2.3.7 股票的发行价格

股票的发行价格是指公司在首次公开发行（IPO）或后续的增发中，确定的向投资者出售新发行股票的价格。这个价格是公司及其顾问（如投资银行、财务顾问等）基于多种因素综合考虑后确定的。

（1）定价原则。中国证监会和其他监管机构为了保护投资者利益、维护市场秩序而制定了一些定价原则，主要有：同一类别的股票，每股的面额（或称为“面值”）应该是相同的；同一类别的股票，股东享有的权利（如投票权、参与决策权等）应该是相同的；同一类别的股票，股东享有的利益（如分红权、剩余财产分配权等）应该是相同的；在同一次股票发行中，所有股票的认购条件（如价格、认购方式等）应该是一致的，以确保所有投资者的平等待遇等。

2023 年修订的《公司法》第 148 条规定：面额股股票的发行价格可以按票面金额，也可以超过票面金额，但不得低于票面金额。

再融资发行股票，价格主要分为三种：等价（以股票票面金额为发行价格）、时价（以公司原发行股票的现行市场价格为基准来确定增发新股的价格）和中间价（以时价和等价的中间值来确定股票的发行价格）。

对公司而言，发行价格直接关系到筹集资金的多少；对投资者而言，发行价格影响其投资回报；对市场而言，发行价格反映了市场对公司价值的评估和信心。

（2）定价方式。发行价格可以通过固定价格法直接设定，也可以采用更为市场化的询价机制来确定。在询价机制中，机构投资者提供报价和订单，发行人和承销商根据这些信息以及市场情况、公司基本面和行业比较等因素来确定最终的发行价格。此外，还可以使用累计投标询价、市场比较法、市盈率法、净资产价值法、贴现现金流法等方法来评估公司的价值，并据此设定发行价格。在某些情况下，也可以采用竞价方式，让投资者提出他们愿意支付的价格。无论采用哪种定价方式，发行人和承销商都旨在确保发行价格既能满足公司的融资需求，又能吸引投资者并保护他们的投资利益，同时遵守市场规则和监管要求，确保定价过程的公平、公正和透明。

在我国，2023 年修订的《证券发行与承销管理办法》第 5 条规定：首次公开发行证券，可以通过询价的方式确定证券发行价格，也可以通过发行人与主承销商自主协商直接定价等其他合法可行的方式确定发行价格。首次公开发行证券通过询价方式确定发行价格的，可以初步询价后确定发行价格，也可以在初步询价确定发行价格区间后，通过累计投标询价确定发行价格。

3.2.3.8　股票上市

（1）股票上市的含义与意义。股票上市是指股份公司公开发行的股票，符合规定条件，经过申请批准后在证券交易所作为挂牌交易的对象。经批准在证券交易所上市交易的股票，称为上市股票；股票上市的股份公司称为上市公司。

股票上市对上市公司而言，主要有如下意义：①提高公司所发行股票的流动性和变现性，便于投资者认购、交易；②促进股权的社会化，避免股权过于集中；③提高公司的知名度；④有助于确定再融资的发行价格；⑤便于确定公司的价值，有利于实现财富最大化目标。

但股票上市对公司也会产生不利影响，主要表现在：①各种信息公开要求可能会泄露公司的商业秘密；②股市的波动可能歪曲公司的实际情况，损害公司声誉；③可能分散公司的控制权；④公司上市及上市后的信息披露成本较高。

（2）股票上市的条件。股票上市条件也称股票上市标准，是对申请上市公司所作的规定或要求。根据《上海证券交易所股票上市规则》（2024 年 4 月修订）、《深圳证券交易所股票上市规则》（2024 年 4 月修订）、《北京证券交易所股票上市规则》（2024 年 4 月修订）、《上海证券交易所科创板股票上市规则》（2024 年 4 月修订）、《深圳证券交易所创业板股票上市规则》（2024 年 4 月修订）等相关规定，发行人首次公开发行股票并申请股票上市，应当符合相关条件，具体见表 3-5。

表 3-5　我国证券交易所主要板块股票上市条件对比

	主板（含中小板）（一板）	创业板（二板）	科创板	北交所（新三板精选层）
条件	沪市主板以“600”“601”“603”“605”开头；深市主板以“000”“002”开头	创业板以“300”开头	科创板以“688”开头	北交所以“43”“83”“87”“92”开头
股本总额	发行后的股本总额不低于 5 000 万元	发行后的股本总额不低于 3 000 万元	同创业板	发行后的股本总额不低于 5 000 万元，最近 1 年期末净资产不低于 5 000 万元

续表

		主板（含中小板）（一板）	创业板（二板）	科创板	北交所（新三板精选层）
条件		沪市主板以“600”“601”“603”“605”开头；深市主板以“000”“002”开头	创业板以“300”开头	科创板以“688”开头	北交所以“43”“83”“87”“92”开头
股份数量及比例		公开发行的股份占公司股份总数的25%以上；公司股本总额超过4亿元的，公开发行股份的比例为10%以上	同主板	同主板	公开发行股份不少于100万股，发行对象不少于100人；发行后股本不少于3 000万元，股东人数不少于200人；公众持股比例不低于25%，公司股本超过4亿元的，公众持股比例不低于10%
市值与财务指标	标准一	最近3年净利润均为正，且最近3年净利润累计不低于2亿元，最近1年净利润不低于1亿元，最近3年累计经营活动产生的现金流量净额不低于2亿元，或累计营业收入不低于15亿元	最近2年净利润均为正，且累计净利润不低于1亿元；最近1年净利润不低于6 000万元	预计市值不低于10亿元，近2年净利润不低于5 000万元或预计市值不低于10亿元，近1年营业收入不低于1亿元	预计市值不低于2亿元，最近2年净利润均不低于1 500万元且加权平均净资产收益率平均不低于8%，或者最近1年净利润不低于2 500万元且加权平均净资产收益率不低于8%
	标准二	预计市值不低于50亿元，最近1年净利润为正，最近1年营业收入不低于6亿元，最近3年经营活动产生的现金流量净额累计不低于2.5亿元	预计市值不低于15亿元；最近1年净利润为正；最近1年营业收入不低于4亿元	预计市值不低于15亿元；近1年营业收入不低于2亿元，近3年累计研发投入占营业收入比例不低于15%	预计市值不低于4亿元，最近2年营业收入平均不低于1亿元，且最近1年营业收入增长率不低于30%，最近1年经营活动产生的现金流量净额为正

续表

<table>
<tr><th colspan="2"></th><th>主板（含中小板）
（一板）</th><th>创业板
（二板）</th><th>科创板</th><th>北交所
（新三板精选层）</th></tr>
<tr><td colspan="2">条件</td><td>沪市主板以“600”“601”“603”“605”开头；深市主板以“000”“002”开头</td><td>创业板以“300”开头</td><td>科创板以“688”开头</td><td>北交所以“43”“83”“87”“92”开头</td></tr>
<tr><td rowspan="3">市值与财务指标</td><td>标准三</td><td>预计市值不低于100亿元，最近1年净利润为正，最近1年营业收入不低于10亿元</td><td>预计市值不低于50亿元；最近1年营业收入不低于3亿元</td><td>预计市值不低于20亿元，近1年营业收入不低于3亿元，近3年经营现金流量净额不低于1亿元</td><td>预计市值不低于8亿元，最近1年营业收入不低于2亿元，最近2年研发投入合计占最近2年营业收入合计比例不低于8%</td></tr>
<tr><td>标准四</td><td>—</td><td>—</td><td>预计市值不低于30亿元，近1年营业收入不低于3亿元</td><td>预计市值不低于15亿元，最近2年研发投入合计不低于5 000万元</td></tr>
<tr><td>标准五</td><td>—</td><td>—</td><td>预计市值不低于40亿元，主要业务或产品经国家有关部门批准，市场空间大，已取得阶段性成果</td><td>—</td></tr>
</table>

注：财务会计中的标准是任意一套符合即可发行上市。

3.2.3.9 普通股筹资的优缺点

（1）优点：①能够提高企业的资信和借款能力；②普通股没有规定到期日，无须偿还；③普通股没有固定的股利负担；④财务风险较低。

（2）缺点：①资金成本较高；②可能会分散公司的控制权；③可能导致股票价格下跌。

3.2.4 留存收益

3.2.4.1 概念

留存收益是企业历年留存的税后利润，股东将这一部分未分配的税后利润留存于企业，构成企业权益资本的一部分，实质上是对企业追加投资。留存收益可用来弥补未来可能发生的亏损，也可以用作未来的利润分配，还可以作为企业的资本积累，用于扩大再生产。

企业将本年度的利润部分甚至全部留存下来的原因有很多，主要包括：第一，收益的确认和计量是建立在权责发生制基础上的，企业有利润，但企业不一定有相应的现金净流量增加，因而企业不一定有足够的现金将利润全部或部分派给所有者。第二，法律法规从保护债权人利益和要求企业可持续发展等角度出发，限制企业将利润全部分配出去。《公司法》规定，企业每年的税后利润，必须提取10%的法定盈余公积金。第三，企业基于自身扩大再生产和筹资的需求，也会将一部分利润留存下来。

3.2.4.2 内容

留存收益来源于企业生产经营活动所实现的净利润，包括企业的盈余公积和未分配利润两个部分，其中盈余公积是有特定用途的累积盈余，未分配利润是没有指定用途的累积盈余。

3.2.4.3 优缺点

（1）优点。具体如下：

一是留存收益融资不发生取得成本。

二是可以使所有者获得税收上的优惠。资本化的留存收益可以视作股东对企业的再投资，股东同样可以获取投资收益；留存收益高，股价上涨，股东获取资本利得。在我国，目前只对现金股利征收个人所得税，因此，资本利得实际上具有合理避税的作用。

三是留存收益融资性质上属于权益资本，为债权人提供了保障，相应增强了企业实力。

（2）缺点。具体如下：

一是留存收益的数量常常会受到某些股东的限制，有些企业的所有者要求股利支付比率维持在一定的水平，以消除风险。

二是留存收益过多，股利支付过少，可能会影响股价上升和今后外部融资。

3.2 即测即评

表3-6展示了三种权益筹资方式的特点比较。

表3-6 三种权益筹资方式的特点比较

项目	吸收直接投资	发行普通股	留存收益
生产能力形成	能够尽快形成	不易尽快形成	—

续表

项目	吸收直接投资	发行普通股	留存收益
资本成本	最高（投资者往往要求将大部分盈余作为红利分配）	较高	最低
筹资费用	较低	高	没有
社会声誉	—	能提高公司的社会声誉	—
产权交易	不易进行产权交易	促进股权流通和转让	—
公司控制权	公司控制权集中，不利于公司治理	公司控制权分散，公司容易被经理人控制	不影响
公司与投资者的沟通	公司与投资者容易进行信息沟通	公司与投资者不容易进行信息沟通	—
筹资数额	较大	较大	有限

3.3 债务筹资——借鸡生蛋

债务筹资是指企业通过借款、发行债券和融资租赁等方式筹集资本。本节主要介绍长期借款、发行债券和融资租赁三种长期债务性筹资方式。

3.3.1 长期借款

3.3.1.1 长期借款的种类

长期借款是企业向银行和非银行金融机构等借入的使用期限在 1 年以上的借款。

按借款的用途分为固定资产投资借款、更新改造借款、科技开发和新产品试制借款等。

按照有无担保分为信用借款、担保借款。

（1）信用借款，也称无担保借款，是指不用保证人提供保证或以财产作为抵押，借款人仅凭其信誉取得的借款。

（2）担保借款，是指有担保人做保证或利用一定的财产作为抵押或质押而取得的借款。根据担保物的不同分为保证借款、抵押借款和质押借款。

第一，保证借款，是以第三人承诺在借款人不能偿还借款时，按约定承担一般保证责任或连带责任而取得的借款。

第二，抵押借款，是以借款人或第三方的财产作为抵押物而取得的借款。用于抵押的标的物主要是不动产（如房屋、土地等）和部分动产（如车辆、商品等）。

第三，质押借款，是以借款人或第三方的动产或权利作为质押品而取得的借款。质押借款有动产质押和权利质押两种基本形式。动产质押物如钢筋、煤炭、汇票、本票、支票、存款单、仓单、提单等动产；权利质押物如股票、专利权等。

3.3.1.2 银行借款的信用条件

按照国际惯例，银行发放贷款往往带有一些信用条件，主要包括以下几点：

（1）信贷限额/信用额度。信贷限额是银行对借款人规定的无担保贷款的最高限额。信贷限额的有效期一般为 1 年。一般情况下，在信贷限额内，企业可随时根据需要向银行申请借款，但是，银行并不承担必须提供全部信贷限额的义务。即信贷限额下，银行没有法定借款义务。如果企业信誉恶化，即使银行曾同意按信贷限额提供贷款，企业也可能得不到借款，银行不会因此而承担法律责任。

（2）周转信贷协议，周转信贷协议是银行具有法律义务的承诺提供不超过某一最高限额的贷款协议。在协议有效期内，只要企业的借款总额未超过最高限额，银行必须满足企业任何时候提出的借款要求。即周转信贷协议下，银行具有法定借款义务。而企业享用周转信贷协议通常要就贷款限额的未使用部分给予银行一笔承诺费。

【例 3-1】 某企业周转信贷额为 1 000 万元，承诺费率为 0.5%，借款企业年度内使用了 600 万元，则企业需要向银行支付多少承诺费？

$$支付的承诺费 = 400 \times 0.5\% = 2(万元)$$

（3）补偿性余额。补偿性余额是银行要求借款企业在银行中保持按贷款限额的一定百分比（一般为 10%～20%）计算的最低存款余额。从银行的角度看，补偿性余额可以降低贷款风险；但对于借款企业来说，补偿性余额将提高借款的实际利率，加重企业的利息负担。

$$实际利率 = 名义利率/(1 - 补偿性余额比率) \qquad (3-1)$$

【例 3-2】 某企业按年利率 8%向银行借款 10 万元，银行要求维持贷款限额 15%的补偿性余额，实际借款年利率为多少？

$$实际年利率 = 8\%/(1 - 5\%) = 9.4\%$$

3.3.1.3 长期借款的程序

企业利用银行借款筹集资金，必须按规定的程序办理。根据我国《贷款通则》，银行贷款的程序大致分为以下几个步骤：

（1）企业提出借款申请。企业要填写以借款用途、借款金额、偿还能力以及还款方式等为主要内容的借款申请书，并提供相关资料。

（2）贷款审批。贷款银行一般都建立了审贷分离、分级审批的贷款管理制度。银行按照有关政策和贷款条件，对借款企业进行信用审查，依据审批权限，核准公司申请的借款金额和用款计划。

（3）签订借款合同。借款申请获批准后，银行与企业进一步协商贷款的具体条件，签订正式的借款合同，规定贷款的数额、利率、期限和一些约束性条款。

（4）企业取得借款。借款合同签订后，企业在核定的贷款指标范围内，根据用款计划和实际需要，将贷款转入公司的存款结算户，以便使用。

（5）企业偿还借款。企业应按借款合同的规定按期还本付息。企业偿还贷款的方式通常有三种：①到期日一次偿还。在这种方式下，还款集中，借款企业须于贷款到期日前做好准备，以保证全部清偿到期贷款。②定期偿还等额本金。即在到期日之前定期（如每年）偿还相同的金额，至贷款到期日还清全部本金。③分批偿还。每批金额不等，便于企业灵活安排。

3.3.1.4 借款合同的内容

借款合同是规定借贷当事人各方权利和义务的契约。借款企业提出的借款申请经贷款银行审查认可后，双方即可在平等协商的基础上签订借款合同。借款合同的内容主要包括基本条款和约束性条款。

（1）基本条款。借款合同的基本条款包括借款种类、借款用途、借款金额、借款利率、借款期限、还款资金来源及还款方式、保证条款、违约责任等内容。

银行借款利率有固定利率和浮动利率两种。固定利率是在借款合同签订时即设定好的利率。固定利率一经确定，不得随意改变。浮动利率是随资本市场利率变动而调整的利率。长期借款的利率通常高于短期借款。

（2）约束性（限制性）条款。由于长期借款的期限长、风险较大，因此，除合同的基本条款以外，按照国际惯例，银行对借款企业通常都约定一些限制性条款，主要有一般性限制条款、例行性限制条款、特殊性限制条款。

第一，一般性限制条款包括：营运资金要求（如保持最低的流动资金净额和最低的流动比率）；现金股利和股票回购限制；资本支出限制；举借其他长期债务的限制。

第二，例行性限制条款包括：借款人定期向银行报送报表；不能出售较多的资产；禁止借款人以任何资产作为抵押；不允许出售或贴现应收账款；在每年的固定租赁费外，不允许租入新资产。

第三，特殊性限制条款包括：限制贷款的用途，专款专用；企业为主要领导购买人身保险；要求贷款期限内不能解聘关键管理人员；限制高层人员的薪水和奖金；限制投资等。

3.3.1.5 长期借款的优缺点

（1）优点。具体如下：

一是筹资速度较快。企业利用长期借款筹资，一般所需时间较短，程序较为简单，可以快速获得现金。而发行股票、债券筹集长期资金，要做好发行前的各种辅导、审批等工作，发行也需要一定时间，故耗时较长，程序复杂。

二是资本成本较低。利用长期借款筹资，其利息可在所得税前列支，故可降低企业实际负担的成本，因此比股票筹资的成本要低；与债券相比，借款利率一般低于债券利率；此外，由于长期借款属于间接筹资，因此筹资费用极少。

三是筹资弹性较大。在借款时，企业与银行直接商定贷款的时间、数额和利率等；在用款期间，企业如因财务状况发生某些变化，亦可与银行再行协商，变更借款数量和还款期限等。对企业而言，长期借款筹资具有较大的灵活性。

四是发挥杠杆作用。企业利用借款筹资，与债券筹资一样，可以发挥财务杠杆作用。

（2）缺点。具体如下：

一是筹资风险较大。借款通常有固定的利息负担和固定的偿付期限，故借款企业的筹资风险较大。

二是限制条件较多。借款合同中的约束性条款可能会影响企业以后的筹资和投资活动。

三是筹资数量有限。一般不能像股票、债券筹资那样一次性筹集大笔资金。

3.3.2 发行债券

债券作为一种债务工具，由借款人向投资者发行，承诺在预定的期限内支付利息并偿还本金的有价证券。

3.3.2.1 债券的分类

（1）按是否记名分为记名债券和无记名债券。具体如下：

记名债券是指在债券票面上记录债券持有人姓名或名称，并在发行单位或代理机构进行登记的债券。此类债券，发行者只对票面上注明并在公司登记簿中登记的持有人支付本息，所以转让债券时，必须办理相应的过户手续。此种债券较为安全，故发行费用较无记名债券要高。

无记名债券是指不需要在债券的票面上记录持有人姓名或名称，也不需要在发行单位或代理机构登记注册的债券。此种债券可随意转让，不需要办理过户手续。持券人即为领取债券利息和本金的权利人。故此种债券安全性较差，但其转让方便，且节省费用。

（2）按能否转换为股票分为可转换债券和不可转换债券。具体如下：

可转换债券是指债券持有者可以在规定的时间内按规定的价格转换为股票的一种债券。可转换债券通常具有较低的票面利率，因为它为投资者提供了潜在的股票升值收益。

不可转换债券是指不能转换为股票的债券。一般来讲，不可转换债券的利率通常高于可转换债券，以补偿较高的信用风险和缺乏股权转换的潜在收益。

（3）按有无担保分为信用债券和担保债券。具体如下：

信用债券又称无担保债券，是仅凭债券发行者的信用发行的、没有抵押品作担保的债券。通常只有信誉良好、实力较强的公司才能发行这种债券，一般利率略高于担保债券。

担保债券是指以特定担保物作抵押而发行的债券。担保债券按抵押物品的不同，又可分为动产抵押债券、不动产抵押债券和信托抵押债券。

（4）按利率是否变动分为浮动利率债券和固定利率债券。具体如下：

浮动利率债券是指利息率随着基本利率（一般是国库券利率或银行同业拆放利率）变动而变动的债券。

固定利率债券是指利息率在发行时即已确定并载于债券券面的债券。

（5）按能否上市分为上市债券和非上市债券。具体如下：

上市债券是指在证券交易所正式上市交易的债券。这种债券需要满足交易所的上市条件，包括但不限于发行规模、信用等级、信息披露等要求。上市债券的优势在于具有较高的流动性，投资者可以在交易所随时买卖，交易价格由市场供求关系决定。

非上市债券是指不在证券交易所上市，通常在场外市场进行交易的债券。这类债券可能因为规模较小、投资者群体有限或其他原因而选择不上市。非上市债券的流动性相对较低，交易通常在机构投资者之间进行，交易价格可能更多地依赖于个别协商。

（6）按是否参与公司盈余分配分为参与债券与非参与债券。具体如下：

参与债券的持有人除可享有到期还本付息的权利外，还享有参与公司盈余分配的权利。

非参与债券的持有人不享有参与公司盈余分配的权利。公司债券大多为非参与债券。

（7）按偿还方式分为到期一次债券和分期债券。具体如下：

到期一次债券在发行时约定在到期日一次性偿还本金，其间可能按期（如每年或每半年）支付利息。对投资者来说，在到期时才能收回本金，但在此之前可以定期获得利息收入。

分期债券的本金偿还是分散在债券发行后的一段时间内，通常是定期（如每年或每半年）支付一部分本金加上当期利息。对发行方来说，这种方式可以减轻债券到期时的大量现金流出压力，也有助于更好地匹配现金流和债务到期结构。

（8）按债券的发行人分为政府债券、金融债券、公司债券。具体如下：

政府债券是由国家或地方政府发行的债券，因其有政府的信用和税收作为支持，通常被视为风险较低的投资。

金融债券是由银行、保险公司、证券公司等金融机构发行的债券。这类债券的风险和收益水平因金融机构的信用状况和市场地位而异。

公司债券简称“公司债”，是由股份公司和有限公司发行的债券。这类债券的风险和收益取决于公司的财务状况、行业地位和市场竞争力。

（9）按债券持有人的特定权益分为普通收益债券、可转换债券、可赎回债券、可回售债券、附认股权债券。具体如下：

普通收益债券是最基本的债券类型，持有人没有特殊权益，仅享有按期获得利息（票息）和到期时收回本金的权利。

可转换债券见前面第二种分类介绍。

可赎回债券是指当发行的债券包括可赎回条款时，发行者可以在到期日前以事先约定的价格赎回债券。例如，当市场利率下跌时，公司有可能愿意收回原来发行的高票面利息率的债券，再发行新的低息债券，以此降低融资成本。相对于不可赎回债券，可赎回债券的息票率较高。

可回售债券的投资者拥有在到期日之前把债券卖给发行者，提前收回现金的权利。当市场利率不断上升至超过原来债券的票面利率时，投资者就有可能提前卖出债券，收回成本，再投资于其他高利率的债券，实现更大的收益。由于该类债券相当于给了投资者选择的期权，其息票率往往低于不可回售债券。

附认股权债券是指股份公司在发行债券时，附带认股权证。认股权证允许债券持有人在特定的时间内，以预定价格购买一定数量的该公司股票。用认股权证购买发行公司的股票，其价格一般会低于市场价格。因此，股份公司发行附认股权债券可以增加其发行债券对投资者的吸引力。

（10）按是否支付利息可以分为附息债券和零息债券。具体如下：

附息债券指在发行债券时规定了息票率的债券，投资人可按票面利率获得利息。

零息债券指发行人在到期日以票面价值赎回、持有期间不支付利息的债券。零息债券因为不支付利息，通常只能以折价方式发行，债权人实际上通过折价购买方式提前获得利息，数目为面值与发行价的差额。零息债券有如下优点：债券发行人在到期日前不用支付利息，从而减轻了公司的财务负担；对于投资者而言，不需要支付利息税，从而降低了投资者的再投资风险。但零息债券的投资收益率相对较低。

3.3.2.2　债券的基本要素

（1）债券面值。债券面值包括两个基本内容：一是币种；二是票面金额。面值的币种可用本位币，也可用外币，这取决于发行者的需要和债券的种类。债券的票面金额是债务到期时偿还债务的金额。面额印在债券上，固定不变，到期必须足额偿还。

（2）债券的期限。债券都有明确的到期日。债券从发行之日起，至到期日之间的时间称为债券的期限。在债券期限内，公司应分期或到期一次支付利息。债券到期时，必须偿还本金。当然，也可按规定分批偿还或提前一次偿还。

（3）票面利率。债券票面利率也称名义利率，是指债券发行时票面上注明的利率。债券的票面利率一般是年利率，面值与票面利率相乘可得年利息。

（4）本息支付方式。本金偿还方式有到期一次性偿还、分期偿还等。利息支付方式有按年付息、按半年付息、按季度付息、按月付息、一次性付息（利随本清，贴现发行）等。美国常常半年付息一次，中国常常一年付息一次。

3.3.2.3 债券发行价格

(1) 概念。债券发行价格（bond issuing price）是指债券原始投资者购入债券时应支付的市场价格，或债券发行者筹集的资金额。筹资者应当根据债券价值和主要影响因素确定债券发行价格。

(2) 债券价格的类型。债券发行价格的高低取决于债券面值、债券票面利率、市场利率、债券到期日。公司债券可以平价发行，即债券的票面金额为发行价格；也可以溢价发行，即高出债券的票面金额为发行价格；还可以折价发行，即低于债券的票面金额为发行价格。

(3) 计算公式。理论上，债券价值是债券的面值和支付的年利息按发行当时的市场利率折现所得到的现值，即债券价值为未来各期利息支出的现值和未来到期票面值的现值之和，如图 3-5 所示。债券价值是决定债券发行价格的基础。

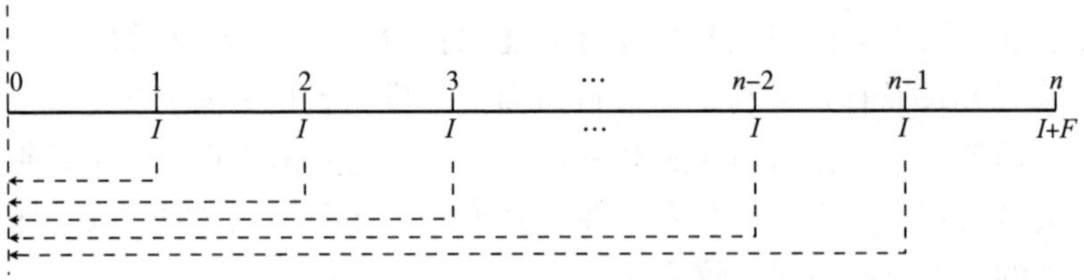

图 3-5 债券现金流量折现图

用公式表示为：

$$
\begin{aligned}
V &= \frac{I}{(1+K_d)^1}+\frac{I}{(1+K_d)^2}+\frac{I}{(1+K_d)^3}+\cdots+\frac{I}{(1+K_d)^n}+\frac{F}{(1+K_d)^n}\\
&= \sum_{t=1}^{n}\frac{I}{(1+K_d)^t}+\frac{F}{(1+K_d)^n}\\
&= I\cdot PVIFA_{K_d,\ n}+F\cdot PVIF_{K_d,\ n} \qquad (3-2)
\end{aligned}
$$

式中，I 为每年的利息额，等于票面利率与债券的面值 F 的乘积；K_d 为投资者要求的报酬率；n 表示债券期限；t 表示债券付息的期数。

【例 3-3】 某公司发行面值为 2 000 元，票面年利率为 10%，期限为 10 年，每年年末付息的债券。在公司决定发行债券时，认为 10%的利率是合理的。如果到债券正式发行时，市场上的利率发生变化，那么就要调整债券的发行价格。

(1) 资金市场上的利率保持不变。公司的债券利率为 10%仍然合理，则可采用平价发行。债券的发行价格为：

$2\,000 \times (P/F,\ 10\%,\ 10) + 2\,000 \times 10\% \times (P/A,\ 10\%,\ 10) = 2\,000 \times 0.385\,5 + 200 \times 6.144\,6 \approx 2\,000$(元)

（2）资金市场上的利率有较大幅度的上升，达到15%，应采用折价发行。发行价格为：

$2\,000 \times (P/F,\ 15\%,\ 10) + 2\,000 \times 10\% \times (P/A,\ 15\%,\ 10) = 2\,000 \times 0.247\,2 + 200 \times 5.018\,8 \approx 1\,498$(元)

即按1 498元的价格出售，投资者才会购买此债券，并获得15%的收益。

（3）资金市场上的利率有较大幅度的下降，达到5%，则应溢价发行。发行价格为：

$2\,000 \times (P/F,\ 5\%,\ 10) + 2\,000 \times 10\% \times (P/A,\ 5\%,\ 10) = 2\,000 \times 0.613\,9 + 200 \times 7.721\,7 \approx 2\,772$(元)

即按2 772元的价格出售，投资者也会购买此债券，并获得5%的收益。

3.3.2.4 债券发行程序与条件

我国主要的长期债券类型见表3-7，下面重点阐述公司债券。

表3-7 我国长期信用债券的主要类型

一级分类	二级分类	主要类别	发行主体	注册机构	受理审核机构	发行场所
企业债券	一般企业债	中央企业债、地方企业债、其他一般企业债	中央政府部门所属机构、国有集团企业	国家发展改革委（2023年4月后改为在中国证监会注册）	2023年10月前由中央国债登记结算有限责任公司、中国银行间市场交易商协会受理审核，2023年10月后，每次发行完成后5个工作日内向中国证券业协会报备	银行间债券市场
	集合企业债	中小企业集合债券、小微企业增信集合债券	多个中小企业或中小微企业的集合体			
公司债券	一般公司债	—	股份公司或有限公司	中国证监会	证券交易所	交易所债券市场
	私募公司债	中小企业私募债、中小企业私募集合票据、非公开发行公司债券	股份公司或有限公司			

续表

一级分类	二级分类	主要类别	发行主体	注册机构	受理审核机构	发行场所
中期票据	—	—	具有法人资格的非金融企业	中国银行间市场交易商协会		银行间债券市场
非公开定向债务融资工具	—	—				

公司债券是指公司依照法定程序发行、约定在一定期限内还本付息的有价证券。公司债券可以向不特定对象发行，也可以向特定对象发行。依据新修订的《证券法》，自 2020 年 3 月 1 日起，公开发行公司债券实施注册制。具体流程包括：①公开发行公司债券的上市公司提出发行申请；②证券交易所受理申请与审核；③审核通过后由中国证监会进行发行注册。

《公司债券发行与交易管理办法》（2023 年修订）对公司债券发行与交易的主要规定如下：

（1）公司债券发行一般规定。

一是发行人应当依照《公司法》或者公司章程相关规定对以下事项作出决议：发行债券的金额；发行方式；债券期限；募集资金的用途；其他按照法律法规及公司章程规定需要明确的事项。

二是公开发行公司债券筹集的资金，必须按照公司债券募集说明书所列资金用途使用；改变资金用途，必须经债券持有人会议作出决议。非公开发行公司债券，募集资金应当用于约定的用途；改变资金用途，应当履行募集说明书约定的程序。公开发行公司债券筹集的资金，不得用于弥补亏损和非生产性支出。发行人应当指定专项账户，用于公司债券募集资金的接收、存储、划转。

（2）公司债券公开发行的条件。

一是公开发行公司债券，应当符合下列条件：具备健全且运行良好的组织机构；最近 3 年平均可分配利润足以支付公司债券 1 年的利息；具有合理的资产负债结构和正常的现金流量；国务院规定的其他条件。

二是发行公司存在以下情况之一，则不能再次公开发行公司债券：对已发行的公司债券或其他债务有违约或者延迟支付本息的事实，仍处于继续状态；违反规定，改变公开募集公司债券所募资金的用途。

三是资信状况符合以下标准的公开发行公司债券，专业投资者和普通投资者可以参与认购：发行人最近 3 年无债务违约或者延迟支付本息的事实；

发行人最近 3 年平均可分配利润不少于债券 1 年利息的 1.5 倍；发行人最近 1 期末净资产规模不少于 250 亿元；发行人最近 36 个月内累计公开发行债券不少于 3 期，发行规模不少于 100 亿元；中国证监会根据投资者保护的需要规定的其他条件。

未达到前款规定的这些标准的公开发行公司债券，仅限于专业投资者参与认购。

（3）公司债券交易。

一是公开发行的公司债券，应当在证券交易场所交易。证券交易所应当对公开发行公司债券的上市交易实施分类管理，实行差异化的交易机制。

二是非公开发行的公司债券应当向专业投资者发行，不得采用广告、公开劝诱和变相公开方式，每次发行对象不得超过 200 人。非公开发行公司债券，可以申请在证券交易场所、证券公司柜台转让。非公开发行的公司债券仅限于专业投资者范围内转让。转让后，持有同次发行债券的投资者合计不得超过 200 人。

三是发行公司债券应当由具有证券承销业务资格的证券公司承销。承销可采用代销或包销方式。

3.3.2.5 债券的偿还与付息

（1）债券的偿还时间。具体有以下三种：

一是到期偿还。即按照合同约定的到期日清偿本金。

二是提前偿还。即在债券尚未到期之前就予以偿还。需在发行时明确规定这一条款，否则企业不可执行此项操作。

三是滞后偿还。即在债券到期日之后偿还，有转期和转换两种方式。

（2）债券的偿还方式。具体有以下三种：

一是现金清偿。

二是以新债券换旧债券。原因：原有债券的契约中有较多的限制条款，不利于企业的发展；把多次发行、尚未彻底清偿的债券进行合并，以减少管理费用；债券到期，但企业资金不足。

三是债转股。可转换债券可以执行此操作。

（3）债券的回购。债券回购是指债券交易的双方在进行债券交易的同时，以契约方式约定在将来某一日期以约定的价格（本金和按约定回购利率计算的利息），由债券的卖方（正回购方）向买方（逆回购方）再次购回该笔债券的交易行为。债券回购又分为质押式回购和买断式回购。

质押式回购是一种传统的债券回购方式，又称封闭式回购。在质押式回购中，融券方（逆回购方）也就是买方不拥有标的券种的所有权，在回购期内，融券方无权对标的债券进行处置。

买断式回购又称开放式回购，标的债券的所有权发生了转移，融券方在回购期内拥有标的券种的所有权，可以对标的债券进行处置，只要到期时有足够的同种债券返售给正回购方。

（4）债券的付息。债券的付息主要受票面利率和付息频率影响。票面利率有固定利率和浮动利率两种。付息频率包括按年付息、按半年付息、按季度付息、按月付息、一次性付息（利随本清，贴现发行）。

3.3.2.6 债券信用评级

公司发行债券，可以委托具有资格的资信评级机构进行信用评级和跟踪评级。债券的信用等级反映了债券发行人偿债能力的高低和违约风险的大小。债券的信用等级会影响债券的票面利率以及发行公司的筹资能力。在债券价值相同的情况下，资信等级高的债券，由于其折现率低，所以能够以较低的利率发行，从而降低公司每期利息支付的压力。国际上流行的债券等级是3等9级，见表3-8。

表3-8 债券信用等级表

标准普尔公司		穆迪公司	
AAA	最高级	Aaa	最高质量
AA	高级	Aa	高质量
A	上中级	A	上中质量
BBB	中级	Baa	下中质量
BB	中下级	Ba	具有投机因素
B	投机级	B	通常不值得投资
CCC	完全投机级	Caa	可能违约
CC	最大投机级	Ca	高投机性，经常违约
C	规定盈利付息但未能盈利付息	C	最低级

债券评级机构在评定债券等级时，需要运用定性和定量分析相结合的方法，对以下几个方面进行分析判断：

（1）公司发展前景。包括分析判断债券发行公司所处行业的状况，如行业是朝阳产业还是夕阳产业；分析发行公司的发展前景、竞争能力、资源供应的可靠性等。

（2）公司的财务状况。包括分析发行公司的债务状况、偿债能力、盈利能力、周转能力、财务弹性及其持续的稳定性和发展变化趋势。

（3）公司债券的约定条件。包括分析发行公司发行债券有无担保及其他限制条件、债券期限、还本付息方式等。

此外，还要进行国际风险分析，政治、社会、经济的风险分析，从而作出定性判断。

思政元素

信用的价值

在筹资管理中，企业常用的负债筹资方式有银行借款和发行企业债券，无论哪种方式，对企业信用要求都较高。债券发行前的一个重要程序便是企业信用评级，只有BBB级以上的债券可视为可投资债券。企业信用状况不同，银行贷款利率和发行债券利率也有差别，这就从金融角度体现了信用的财务价值。

无论是个人还是企业经营，诚信都是立足之本。随着市场经济的深入发展和法律法规体系的完善，失信成本和由此带来的损失将越来越高。企业和个人要想发展，走得更远，信誉是保证，这也是社会主义核心价值观的重要内容。

3.3.2.7 债券筹资的优缺点

（1）优点。具体有以下几点：

一是资金成本低。与股票筹资方式相比，债券筹资的成本低。一方面，债券利率一般低于股息率；另一方面，债券利息具有抵税作用，使企业实际利息负担减轻。

二是保证股票控制权。债券持有人无权参与企业的经营管理，因而不会分散股东的控制权。

三是可利用财务杠杆利益。由于债券筹资只支付固定的利息费用，在经营状况好时，能够为企业带来财务杠杆利益，增加股东和公司的财富。

四是调整资金结构。当企业发行可转换债券或可提前赎回债券时，能够增强筹资弹性，便于公司主动合理地调整资金结构。

（2）缺点 。具体有以下几点：

一是财务风险较高。由于债券须到期偿还，并支付固定的利息费用，在企业经营不景气时，会加重财务负担，增大财务风险，有时甚至导致破产。

二是限制条件多。对债券的发行，国家有严格的规定，因而限制了企业对债券筹资方式的使用，甚至会影响未来的筹资能力。

3.3.3 融资租赁

3.3.3.1 租赁的含义

租赁，是指通过签订资产出让合同的方式，使用资产的一方（承租人）支付租金给出让资产的一方（出租人），从而取得资产使用权的一种交易行为。

3.3.3.2 租赁的分类

现代租赁的种类很多，通常按性质分为经营租赁和融资租赁两大类。

（1）经营租赁。经营租赁（operating lease）又称营运租赁或服务租赁，是由出租人向承租企业提供租赁资产，并提供资产维护保养和人员培训等的服务性业务。经营租赁一般为短期租赁。承租企业采用经营租赁的目的主要不是融通资本，而是获得资产的短期使用以及出租人提供的专门技术服务。从承租企业无须先筹资再购买资产即可享有设备使用权的角度来看，经营租赁也有短期筹资的功效。

经营租赁具有如下特点：出租的资产一般由租赁公司根据市场需求选定，一般为通用资产；租赁期较短，短于资产有效使用年限，一般可撤销合同；租赁资产的维修、保养由租赁公司负责；租赁期满或合同中止以后，出租资产由租赁公司收回。

（2）融资租赁。融资租赁（finance lease）又称资本租赁、财务租赁，是由租赁公司按照承租企业的要求融资购买资产，并在契约或合同规定的较长期限内提供给承租企业使用的信用性业务。融资租赁属于长期租赁，是承租企业为融通资金而采用的集融资与融物于一身的特殊筹资方式。

融资租赁具有如下特点：出租的资产由承租企业提出要求，租赁公司出资购买；一般为专用资产，也可以为通用资产；租赁期较长，接近资产有效使用年限一半以上；租赁合同稳定，一般为不可撤销合同；一般由承租企业负责资产的维修、保养、保险；租赁期满，按事先约定的办法处理资产，包括退还租赁公司，或继续租赁，或承租企业留购，即以很低的名义价格买下资产，通常由承租企业留购。

3.3.3.3 融资租赁的程序

（1）选择租赁公司，提出委托申请。当企业决定采用融资租赁方式以获取某项资产时，需要了解各个租赁公司的资信情况、融资条件和租赁费率等，分析比较选定一家作为出租单位。然后，向租赁公司申请办理融资租赁。

（2）签订购货协议。由承租企业和租赁公司中的一方或双方，与选定的资产供应厂商进行购买资产的技术谈判和商务谈判，在此基础上与资产供应厂商签订购货协议。

（3）签订租赁合同。承租企业与租赁公司签订租赁资产的合同，如需要进口资产，还应办理资产进口手续。租赁合同是租赁业务的重要文件，具有法律效力。融资租赁合同的内容可分为一般条款和特殊条款两部分。

（4）交货验收。设备供应厂商将资产发运到指定地点，承租企业要办理验收手续。验收合格后，签发交货及验收证书交给租赁公司，作为其支付货款的依据。

（5）定期交付租金。承租企业按租赁合同规定，分期交纳租金，这也就是承租企业对所筹资金的分期还款。

（6）合同期满处理资产。承租企业根据约定，对设备续租、退租或留购。

3.3.3.4 融资租赁的基本模式

融资租赁有三种基本模式：

（1）直接租赁。直接租赁是融资租赁的主要形式，承租方提出租赁申请时，出租方按照承租方的要求选购，然后再出租给承租方。直接租赁属于典型的分期付款购买资产。租赁形式如图 3-6 所示。

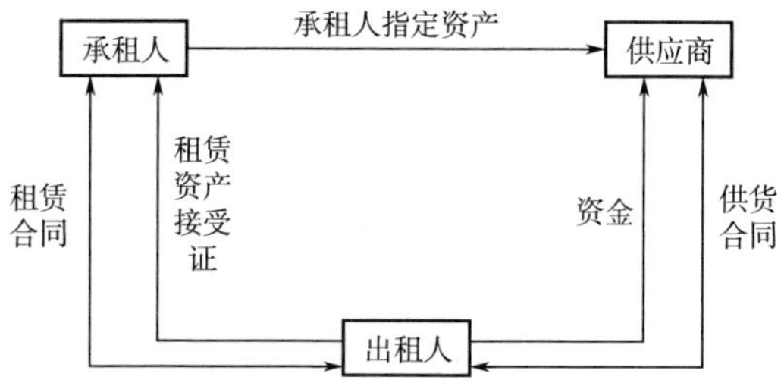

图 3-6 直接租赁形式

（2）售后回租。企业将资产出售给出租人（金融租赁公司），然后租回并使用，按期支付租金，期满后回购该资产，类似于抵押借款。售后回租是一种较为流行的融资策略，尤其适用于那些拥有高价值固定资产且需要资金进行扩张或日常运营的企业。通过这种方式，企业可以在不放弃资产使用权的情况下，获得所需的资金。租赁形式如图 3-7 所示。

（3）杠杆租赁。杠杆租赁是指涉及承租人、出租人和资金出借人三方的

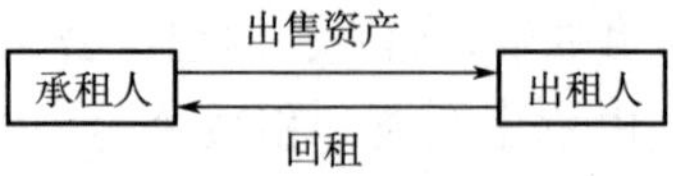

图 3-7 售后回租形式

融资租赁业务。一般来说，当所涉及的资产价值昂贵时，出租方自己只投入部分资金，通常为资产价值的20%~40%，其余资金则通过将该资产抵押担保的方式，向第三方（通常为银行）申请贷款解决。租赁公司然后将购进的资产出租给承租方，用收取的租金偿还贷款，该资产的所有权属于出租方。出租人既是债权人也是债务人，如果出租人到期不能按期偿还借款，资产所有权则转移给资金的出借者。其租赁形式如图 3-8 所示。

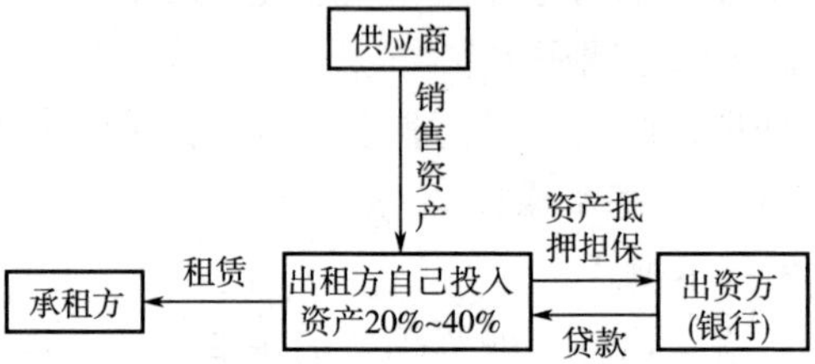

图 3-8 杠杆租赁形式

3.3.3.5 融资租赁的租金

（1）租金的构成。融资租赁每期租金的多少，取决于以下几项因素：①租赁资产的购置成本及预计残值，其中，购置成本包括资产买价、运杂费、保险费等；②利息，指租赁公司为承租企业购置资产垫付资金所应支付的利息；③租赁手续费，指租赁公司承办租赁资产所发生的业务费用以及一定的盈利；④租赁期限和租金的支付方式。一般而言，租期会影响租金总额，进而影响每期租金的数额；支付次数越多，每次支付数额越小。

（2）租金的支付方式。租金的支付方式有以下几种分类方式：①按支付间隔期长短，分为年付、半年付、季付和月付等方式；②按在期初还是期末支付，分为先付和后付；③按每次支付是否等额，分为等额支付和不等额支付。实务中，承租企业与租赁公司商定的租金支付方式大多为后付等额年金。

（3）租金的计算。租金的确定有平均分摊法和等额年金法。我国融资租赁实务中，租金的计算大多采用等额年金法。等额年金法下，通常要根据利率和租赁手续费率确定一个租费率，作为折现率。

第一，平均分摊法（不考虑时间价值），公式表示为：

每期租金 = [(设备成本 - 预计残值) + 租期内利息 + 租赁手续费]/ 租期 (3-3)

第二，等额年金法，公式表示为：

$$A = \frac{P_A}{(P/A,\ i,\ n)} \tag{3-4}$$

式中，A 为每期租金；P_A 为等额租金现值总额；$(P/A,\ i,\ n)$ 为等额租金的现值系数。

【例 3-4】 某企业以筹资租赁方式租入设备一套，租赁期 5 年，价值 100 万元，预计租赁期满残值 10 万元归租赁公司，年利率按 8%计算，租赁手续费率每年 2%，租金每年末支付一次。采用等额年金法计算每期租金。

租费率 = 8% + 2% = 10%

采用等额年金法计算每年租金如下：

$A = [100 - 10 \times (P/F,\ 10\%,\ 5)]/(P/A,\ 10\%,\ 5) = 24.74$(万元)

3.3.3.6 融资租赁筹资的优缺点

(1) 优点。具体表现为以下几点：

一是能迅速获得所需资产。融资租赁集融资与融物于一身，可使企业尽快形成生产经营能力。

二是限制条件较少。企业运用股票、债券、长期借款等筹资方式，都受到相当多的资格条件的限制，如足够的抵押品、银行贷款的信用标准、发行债券的政府管制等。相比之下，租赁筹资的限制条件很少。

三是免遭设备陈旧过时的风险。随着科学技术的不断进步，设备陈旧过时的风险很高，而多数租赁协议规定此种风险由出租人承担，承租企业可免受这种风险。

四是财务风险小，财务优势明显。与购买的一次性支出相比，融资租赁能够避免一次性支付的负担，而且租金支出是未来的、分期的，企业无需一次筹集大量资金偿还。

(2) 缺点。具体表现为以下几点：

一是资本成本高。虽然租金费用在所得税前扣除，减轻了企业的实际租金负担，但其租金通常比举借银行借款或发行债券所负担的利息高得多，租金总额通常要高于设备价值的 30%。尽管与借款方式相比，融资租赁能够避免到期一次性集中偿还的财务压力，但高额的固定租金也给各期的经营带来了分期的负担。

二是丧失资产残值。租赁期满，除非承租企业购买该项资产，否则其残值一般归租赁公司所有。

3.3.4 小结

银行借款、发行公司债券和融资租赁是企业筹集资金的三种不同方式，它们各自有不同的特点和适用场景，每种融资方式都有其优势和局限性，企业在选择时需要考虑资金成本、融资速度、财务结构、市场条件、税务影响以及对企业信用评级的影响。表 3-9 比较了银行借款、发行公司债券和融资租赁三种长期负债资金筹集方式的特点。

3.3 即测即评

表 3-9 各种长期债务筹资方式的区别

项目	银行借款	发行公司债券	融资租赁
筹资速度	最快	最慢	较快
筹资的限制条件	最多	较多	最少（与股票、债券、借款比）
筹资弹性	大	小	—
筹资数量	有限	大	有限
社会声誉	—	提高	—
资本成本	较低	居中	最高

3.4 混合筹资——左右逢源

混合筹资是既具有权益性质又具有债权性质的筹资方式，主要包括优先股、可转换债券、永续债券及认股权证等。

3.4.1 优先股

3.4.1.1 优先股的含义

优先股是股份公司发行的，具有某些优先权的股票。《优先股试点管理办法》（2023 年修订）称优先股是指依照《公司法》，在一般规定的普通种类股份之外，另行规定的其他种类股份，其股份持有人优先于普通股股东分配公司利润和剩余财产，但参与公司决策管理等权利受到限制。上市公司可以发行优先股，非上市公众公司可以向特定对象发行优先股。从法律角度看，优先股属于权益性证券；从投票表决权、收益方面看，优先股又具有债券的特征。

3.4.1.2 优先股的特征

优先股具有债务筹资特征：①优先分配固定股利。优先股股东通常优先于普通股股东分配股利，且其股利一般是固定的，如股息率为10%、20%等。②一般没有表决权。在公司股东大会上，优先股股东一般无表决权，也无权参与公司的经营管理，不影响普通股股东对公司的控制权，不会稀释普通股权益。③对收益和资产的要求权位于普通股股东之前。当公司因解散、破产等清算时，优先股股东优先于普通股股东。

优先股同时具有股权筹资特征：①一般没有到期日，优先股的股票不需要偿还本金；②股利从净利润中支付，且不能抵税；③优先股的股息不是发行公司必须偿付的一项法定债务，公司持续亏损，优先股的股息就不需要支付；④对收益和资产的要求权位于债权人之后。

3.4.1.3 优先股的种类

（1）按股利能否累积分为累积优先股和非累积优先股。累积优先股是指某年未支付的股利可以累积到以后的年度支付，未支付的股利一般不计利息。我国《优先股试点管理办法》（2023 年修订）规定：优先股股东无表决权，但公司连续 3 年不支付优先股股息，优先股股东就享有普通股股东的权利。实践中，大多数公司发行的是累积优先股，这既体现了公司管理层对于未来盈利的信心，也便于推销优先股；当然，这也增加了公司的财务压力。需要注意的是，公司在向普通股股东发放股利之前，所有累积未支付的优先股股利必须已经得到清偿。非累积优先股是指不补发积欠股利的优先股。公司只需付清当年的优先股股利后，就可发放普通股股利。实践中，一般公司很少发行这种股票。

（2）按能否参与剩余利润分配可分为参与优先股和不参与优先股。参与优先股是指优先股股东不仅能取得固定股息，还有权与普通股股东一同分享公司剩余利润。不参与优先股是指优先股股东只能取得固定股息，不能参与公司剩余利润的分配。

【例 3-5】 天龙公司的权益资本中包括年股息率为 7%的优先股 10 000 万元和普通股 30 000 万元，本年度公司净利润为 4 400 万元（假定全部用来发放股利）。

如果优先股为不参与优先股，则：

$$向优先股股东发放的股利 = 10\,000 \times 7\% = 700(万元)$$

$$向普通股股东分配的股利 = 4\,400 - 700 = 3\,700(万元)$$

如果优先股为参与优先股，假定普通股的固定股息为10%，则：

$$优先股第一次分配的定额股息 = 10\,000 \times 7\% = 700(万元)$$

$$普通股第一次分配的固定股息 = 30\,000 \times 10\% = 3\,000(万元)$$

$$剩余净利润 = 4\,400 - 700 - 3\,000 = 700(万元)$$

$$优先股第二次分配的股息 = 700 \times [10\,000 \div (10\,000 + 30\,000)] = 175(万元)$$

$$优先股当年分配的股息总额 = 700 + 175 = 875(万元)$$

$$优先股的股息率 = 875 \div 10\,000 = 8.75\%$$

(3) 按是否可以转换成普通股分为可转换优先股和不可转换优先股。可转换优先股是指允许持有人在规定的条件下，按照约定的比例将其转换成公司普通股。实际上，当转换发生时，优先股已同时被赎回。这种优先股增强了投资筹资双方的灵活性，近年来较为流行。没有转换为普通股权利的优先股即为不可转换优先股。

(4) 按是否可以赎回分为可赎回优先股和不可赎回优先股。可赎回优先股是指发行公司可按事先确定的赎回价格收回发行的股票，其赎回价格一般高于初始发行价格并随着股票流通时间的加长而下降。发行可赎回优先股使得发行公司在未来年度有了调整股本结构、资本结构的主动权，增强了公司的财务弹性。不可赎回优先股是指不能收回的优先股股票，此类优先股一经发行，即成为公司的永久财务负担。现实中，几乎所有优先股都是可赎回的。

3.4.1.4 优先股的发行

(1) 上市公司发行优先股的一般规定。《优先股试点管理办法》(2023年修订) 规定了上市公司发行优先股的一般规定如下：

第一，上市公司应当与控股股东或实际控制人的人员、资产、财务分开，机构、业务独立。

第二，上市公司内部控制制度健全，能够有效保证公司运行效率、合法合规和财务报告的可靠性，内部控制的有效性应当不存在重大缺陷。

第三，上市公司最近3个会计年度实现的年均可分配利润应当不少于优先股1年的股息。最近3年现金分红情况应符合公司章程及中国证监会的有关监管规定。

第四，上市公司报告期不存在重大会计违规事项。向不特定对象发行优先股，最近3年财务报表被注册会计师出具的审计报告应当为标准审计报告或带强调事项段的无保留意见的审计报告；向特定对象发行优先股，最近

1 年财务报表被注册会计师出具的审计报告为非标准审计报告的，所涉及事项对公司无重大不利影响或者在发行前重大不利影响已经消除。

第五，上市公司发行优先股募集资金应有明确用途，与公司业务范围、经营规模相匹配，募集资金用途符合国家产业政策和有关环境保护、土地管理等法律和行政法规的规定。

第六，上市公司已发行的优先股不得超过公司普通股股份总数的 50%，且筹资金额不得超过发行前净资产的 50%，已回购、转换的优先股不纳入计算。

第七，上市公司同一次发行的优先股，条款应当相同。每次优先股发行完毕前，不得再次发行优先股。

（2）上市公司向不特定对象发行优先股的特别规定。具体如下：

第一，上市公司向不特定对象发行优先股，应当符合这三种情形之一：①其普通股为上证 50 指数成分股；②以向不特定对象发行优先股作为支付手段收购或吸收合并其他上市公司；③以减少注册资本为目的回购普通股的，可以向不特定对象发行优先股作为支付手段，或者在回购方案实施完毕后，向不特定对象发行不超过回购减资总额的优先股。

第二，上市公司最近 3 个会计年度应当连续盈利。扣除非经常性损益后的净利润与扣除前的净利润相比，以孰低者作为计算依据。

第三，上市公司最近 36 个月内因违反工商、税收、土地、环保、海关法律、行政法规或规章，受到行政处罚且情节严重的，不得向不特定对象发行优先股。

第四，上市公司向不特定对象发行优先股，公司及其控股股东或实际控制人最近 12 个月内应当不存在违反向投资者作出的公开承诺的行为。

（3）其他规定。我国优先股每股票面金额为 100 元。优先股发行价格不得低于优先股票面金额。公开发行优先股的价格或票面股息率以市场询价或证监会认可的其他公开方式确定。非公开发行优先股的票面股息率不得高于最近 2 个会计年度的年均加权平均净资产收益率。上市公司不得发行可转换为普通股的优先股。上市公司向特定对象发行优先股仅向合格投资者发行，每次发行对象不得超过 200 人，且相同条款优先股的发行对象累计不得超过 200 人。相同条款的优先股应当具有同等权利。同次发行的相同条款优先股，每股发行的条件、价格和票面股息率应当相同；任何单位或者个人认购的股份，每股应当支付相同价额。

（4）上市公司优先股的发行程序。具体如下：

第一，上市公司申请发行优先股，董事会应当按照中国证监会有关信息披露规定，公开披露本次优先股发行预案，并依法就发行方案、认购合同、发行对象的范围和资格等事项作出决议，提请股东大会批准。上市公司独立董事应当就上市公司本次发行对公司各类股东权益的影响发表专项意见，并与董事会决议一同披露。

第二，上市公司股东大会就发行优先股进行审议，应当逐项进行表决。

第三，上市公司申请发行优先股应当由保荐人保荐并向证券交易所申报。

第四，证券交易所审核通过，中国证监会同意注册后，可发行优先股。上市公司发行优先股，可以申请一次注册，分次发行，不同次发行的优先股除票面股息率外，其他条款应当相同。自中国证监会同意注册之日起，公司应在 6 个月内实施首次发行，剩余数量应当在 24 个月内发行完毕。超过注册文件时限的，须申请中国证监会重新注册。首次发行数量应当不少于总发行数量的 50%，剩余各次发行的数量由公司自行确定，每次发行完毕后 5 个工作日内报中国证监会备案。

（5）非上市公司向特定对象发行优先股。非上市公众公司向特定对象发行优先股应符合下列条件：

第一，合法规范经营；公司治理机制健全；依法履行信息披露义务。

第二，非上市公司向特定对象发行优先股，应符合上市公司发行优先股的一般规定（《优先股试点管理办法》第 23~25 条）以及其他规定的第 32~33 条。

第三，非上市公众公司向特定对象发行优先股仅向《优先股试点管理办法》规定的合格投资者发行，每次发行对象不得超过 200 人，且相同条款优先股的发行对象累计不得超过 200 人。

3.4.1.5　优先股的上市交易

优先股发行后可以申请上市交易或转让，不设限售期。向不特定对象发行的优先股可以在证券交易所上市交易。上市公司向特定对象发行的优先股可以在证券交易所转让，非上市公众公司向特定对象发行的优先股可以在全国中小企业股份转让系统转让，转让范围仅限合格投资者。交易或转让的具体办法由证券交易所或全国中小企业股份转让系统另行制定。优先股交易或转让环节的投资者适当性标准应当与发行环节保持一致；向特定对象发行的相同条款优先股经交易或转让后，投资者不得超过 200 人。

3.4.1.6　优先股的优缺点

（1）优点。具体如下：

一是优先股筹集的是权益资本，可增强公司实力，提高公司举债能力。

二是优先股没有到期日，所以公司没有还本负担并且可以长期使用。

三是优先股的股息一般为固定比率，因此优先股筹资能够发挥财务杠杆作用。

四是优先股的股息支付有一定灵活性，虽然固定但并不具有强制性，不会给公司带来破产的压力。

五是优先股一般没有表决权，所以可以保持普通股股东的控制权。

（2）缺点。具体如下：

一是资本成本高于一般债券，优先股股息不能像债券利息那样在税前扣除。

二是优先股股息的支付可能成为公司的一项财务负担。

三是优先股筹资以后对公司的制约因素较多。

3.4.2 可转换债券

3.4.2.1 可转换债券的概念

可转换债券，简称可转债，是指由公司发行并规定债券持有人在一定期限内按约定的条件可将其转换为发行公司普通股的债券。可转换债券的持有者，同时拥有一份债券和一份类似于认股权证的看涨期权。可转换债券在转换权行使之前属于公司的债务资本，权利行使之后则成为发行公司的权益资本。

可转换债券的期限最短为1年，最长为6年，每张面值100元。可转换债券的利率由发行公司与主承销商协商确定，但必须符合国家的有关规定。

（1）与普通债券相比，公司通过发行可转债，能够以较低的利率取得资金。可转债的票面利率低于同一条件下的普通债券的利率，降低了公司前期的筹资成本，向投资人提供了转为股权投资的选择权，使之有机会转为普通股并分享公司更多的收益。

（2）与普通股相比，公司为避免直接发行新股而遭受损失，通过发行可转债变相发行普通股。可转债使得公司取得了高于当前股价出售普通股的可能性。

3.4.2.2 可转换债券的发行资格与条件

根据国家有关规定，上市公司和重点国有企业具有发行可转换债券的资格，但应经省级政府或者国务院有关企业主管部门推荐，报证监会审批。《上市公司证券发行注册管理办法》（2023年）规定，上市公司发行可转换债券，除了满足发行股票的一般条件外，还应符合下列条件：

（1）具备健全且运行良好的组织机构。

（2）现任董事、监事和高级管理人员符合法律、行政法规规定的任职要求。

（3）具有完整的业务体系和直接面向市场独立经营的能力，不存在对持续经营有重大不利影响的情形。

（4）会计基础工作规范，内部控制制度健全且有效执行，财务报表的编制和披露符合企业会计准则和相关信息披露规则的规定，在所有重大方面公允反映了上市公司的财务状况、经营成果和现金流量，最近 3 年财务会计报告被出具无保留意见审计报告。

（5）除金融类企业外，最近 1 期末不存在金额较大的财务性投资。

（6）最近 3 年平均可分配利润足以支付公司债券 1 年的利息。

（7）具有合理的资产负债结构和正常的现金流量。

（8）交易所主板上市公司向不特定对象发行可转债的，应当最近 3 个会计年度盈利，且最近 3 个会计年度加权平均净资产收益率平均不低于 6%；净利润以扣除非经常性损益前后孰低者为计算依据。

上市公司存在下列情形之一的，不得发行可转换为股票的公司债券：已公开发行的公司债券或者其他债务有违约或者延迟支付本息的事实，仍处于继续状态；违反《证券法》规定，改变公开发行公司债券所募资金用途。

上市公司发行可转债，募集资金使用应当符合规定，且不得用于弥补亏损和非生产性支出。

3.4.2.3　可转换债券的基本要素

（1）标的股票：可转换债券可以转换成的股票。

（2）票面利率：可转换债券票面上注明的利率。相同条件下，可转换债券的票面利率一般低于不可转换债券的票面利率。

（3）转股价格：将可转换债券转换为股票时的结算价格。转股价格一般以发行可转债前一个月普通股的平均价格为基准，同时上浮一定的幅度。转股价格应不低于募集说明书公告日前 20 个交易日该公司股票交易均价和前 1 个交易日的均价。

（4）转股比例：指每一份可转换债券可换得普通股的股数，等于面值除以转股价格。如果出现不足以转换 1 股股票的余额，发行企业应当以现金偿付。

【例 3-6】 某上市公司拟发行可转换债券，发行前 1 个月该公司股票的平均价格经测算为每股 20 元。预计本股票的未来价格有明显的上升趋势，因此确定上浮的幅度为25%。则该公司可转换债券的转股价格为：

$$20\times(1+25\%)=25(元)$$

【例3–7】 续上题，某上市公司发行的可股债券每份面值100元，转股价格为每股25元，则转股比例为：100÷25=4（股）。即每份可转换为债券可以转换为4股股票。

（5）转股期限：将债券转换为股票的起始日和结束日的时间。按照《可转换公司债券管理办法》（2021年实施）规定：可转债自发行结束之日起不少于6个月后方可转换为公司股票，转股期限由公司根据可转债的存续期限及公司财务状况确定。

（6）赎回条款：是指发债公司在债券到期前按事先约定的价格买回未转股债券的条件规定。设置赎回条款最主要的目的是强制债券持有人积极行使转股权，以保护发债公司的利益。

（7）回售条款：是指债券持有人在债券到期前有权按照事先约定的价格将债券卖回给发行公司的条件规定。回售条款对于投资者而言实际上是一种卖权，有利于降低投资者的持券风险。

3.4.2.4　发行可转换债券筹资的原因

（1）推迟股权筹资，维护现有股东利益。

（2）降低债券票面利率，降低资本成本，筹集更多的资本。

（3）有利于调整公司资本结构。

（4）有利于公司现金流量的稳定。

3.4.2.5　可转换债券的优缺点

（1）优点。具体如下：

一是有利于降低资本成本。可转换债券的利率通常低于普通债券，故在转换前，可转换债券的资本成本低于普通债券；转换为股票后，又可节省股票的发行成本，从而降低了股票的资本成本。

二是有利于筹集更多资本。可转换债券的转股价格通常高于发行时的股票价格，因此，可转换债券转换后，其筹资额大于当时发行股票的筹资额；另外，也有利于稳定公司的股价。

三是有利于调整资本结构。可转换债券是一种兼具债务筹资和股权筹资双重性质的筹资方式。可转换债券在转换前属于发行公司的一种债务，若发行公司希望可转换债券持有人转股，还可以借助诱导，促其转换，借以调整资本结构。

四是有利于避免筹资损失。当公司的股票价格在一段时期内连续高于转股价格超过某一幅度时，发行公司可按赎回条款中事先约定的价格赎回未转换的可转换债券，从而避免筹资损失。

(2) 缺点。具体如下：

一是转股后可转换债券筹资将失去利率较低的好处。

二是若确需股票筹资，但股价并未上升，可转换债券持有人不愿转股时，发行公司将承受偿债压力。

三是若可转换债券转股时股价高于转股价格，则发行公司将遭受筹资损失。

四是回售条款的规定可能使发行公司遭受损失。当公司的股票价格在一段时期内连续低于转股价格并达到一定幅度时，可转换债券持有人可按事先约定的价格将所持债券卖回给公司，从而使发行公司受损。

3.4.3 永续债券

3.4.3.1 永续债券的概念

永续债券是没有明确的到期日，或期限非常长的债券。永续债券持有人可以按期取得利息，除公司破产等原因外，一般不能要求公司偿还本金。永续债券是一种混合筹资工具，因为它具有无须还本的权益筹资属性。

(1) 区别于普通股：与普通股股东不同，永续债券的投资者没有参与公司决策的权利，也不能分享公司的剩余利润。

(2) 介于债务和股权之间：在资本结构中，永续债券通常位于一般债务之后，普通股之前。在破产或清算情况下，永续债券的偿还顺序先于普通股。

(3) 区别于传统债券：除公司破产等原因外，永续债券持有者一般不能要求公司偿还本金，只能定期获取利息。

3.4.3.2 永续债券的特点

(1) 续期选择权：发行人拥有赎回的选择权，即在特定条件下可以选择在每个利息支付周期结束时是否续期。这种灵活性允许发行人根据市场条件和自身财务状况决定是否赎回债券。

(2) 利息支付的灵活性：永续债券的发行人有权决定是否付息，即原则上永续债券的利息可以无限次递延。例如，若现金流短缺，发行人可以选择递延支付利息，而不构成违约。然而，这种递延可能会影响公司的信用评级和市场信誉。递延利息支付通常存在一定的限制条件，例如，只有在发行人未支付前一期利息的情况下，才能递延当前的利息支付。

（3）利率调整机制：永续债券通常包含一个利率调整机制，称为“利率重置”或“利率跳跃”条款。如果债券在特定周期后未被赎回，利率可能会上升，以补偿投资者因延期而承担的额外风险。

（4）发行方赎回条款机制：赎回条款是永续债券合同中的重要组成部分，它规定了发行方在特定时间点或在满足特定条件后赎回债券的权利。这通常包括一个初始期限后的赎回权，例如5年或10年后，发行方可以选择按照面值或约定价格买回债券。

3.4.3.3 永续债券的发行情况

在国际资本市场上，永续债券是比较成熟的筹资工具。在海外资本市场上，主要是金融机构发行永续债券，发行动机多为以债代股。在我国，永续债券市场仍处于发展和探索阶段，监管机构和市场参与者正在逐步了解和适应这一金融工具。目前资本市场上所称的“永续债”，主要包括国家发展改革委审批的“可续期债券”和中国银行间市场交易商协会注册的“长期限含权中期票据”两种。

3.4.4 认股权证

3.4.4.1 认股权证的概念

认股权证是由上市公司发行的，允许其持有人按特定的价格，在规定的时间内购买一定数量该公司股票的选择权凭证。对于筹资公司而言，发行认股权证是一种特殊的筹资手段。认股权证本身含有期权条款，其持有者在认购股份之前，对发行公司既不拥有债权也不拥有股权，而是只拥有股票认购权。

附认股权证的债券，也称认股权和债券分离交易的可转换公司债券，简称分离交易的可转换公司债券。

3.4.4.2 认股权证的作用

（1）认股权证的发行，无论是独立进行还是作为其他金融产品的附加选项，主要目的是为公司带来额外的现金注入，从而增强公司的资本基础，提升其运营效率和市场竞争力。

（2）促进其他筹资方式的运用。认股权证的发行不仅支持公司未来的股权融资，还能提高相关证券发行的市场接受度。例如，与债券捆绑的认股权证能够增加债券发行的吸引力，从而促进销售。

（3）发挥股权激励作用。通过给企业重要管理人员和技术人员一定的认股权证，把管理者及员工利益和企业价值成长紧密联系起来，有助于发挥股权激励作用。

3.4.4.3 认股权证的种类

（1）长期认股权证与短期认股权证。长期认股权证具有较长的有效期，通常超过1年，为投资者提供长期参与企业增长的机会，有助于企业筹集长期资本；短期认股权证的有效期较短，通常少于1年，适合希望在短期内参与企业股价波动的投资者，企业可以借此满足短期资金需求。

（2）单独发行的认股权证与附带发行的认股权证。单独发行的认股权证一般不与其他证券捆绑，而是作为独立的金融工具发行，允许企业直接从市场中筹集资金，同时为投资者提供直接投资的机会；附带发行的认股权证则作为其他证券发行的一部分，如依附于债券或优先股发行，增强其吸引力，促进整体发行的成功。

（3）备兑认股权证与配股权证。备兑认股权证由第三方发行，通常与特定股票挂钩，发行方需要准备足够的股票以满足潜在的兑换需求，为投资者提供一种风险较低的投资选择；配股权证则由上市公司本身发行，给予持有者以特定价格购买公司股票的权利，通常用于鼓励股东参与公司融资，支持公司的资本扩张。

3.4.4.4 认股权证的基本要素

（1）标的股票：指权证持有者行权时可以购买的特定公司股票。这是权证合约的核心资产，其选择通常基于公司的市场表现和增长潜力。

（2）行权价格：行权价格应不低于募集说明书公告日前20个交易日公司股票均价和前1个交易日的均价。

（3）存续期：认股权证的存续期不超过公司债券的期限，自发行结束之日起不少于6个月。

（4）行权期或行权日：认股权证自发行结束至少已满6个月起方可行权，行权期为存续期限届满前的一段期间，或者是存续期限内的特定交易日。

（5）行权比例：指每份权证可以购买的股票数量。行权比例决定了投资者行使权利时能够购买的股票总量。

（6）赎回条款：发行公司在特定条件下可以提前赎回权证的权利。这通常与公司的股价表现有关，如股价连续高于行权价格一定幅度和时间。

（7）回售条款：赋予权证持有者在特定条件下将权证卖回给发行公司的权利。例如，公司基本面恶化或其他预定条件满足时。

【例3-8】 宝钢认股权证基本条款

发行人：宝钢集团公司。

存续期：378天，自认购权证被划入流通股股东账户之日起算，即

2005 年 8 月 18 日至 2006 年 8 月 30 日。

权证类型：欧式认购权证，即于认购权证存续期间，权证持有人仅有权在行权日（权证持续期的最后一个交易日）行权。

发行数量：38 770 万份。

行权比例：本认购权证初始行权比例为 1。即 1 份认购权证可按行权价格向宝钢集团公司购买 1 股宝钢股份公司 A 股股票。

3.4.4.5 认股权证的价值

认股权证的价值与公司普通股的市价密切相关，其价值分为理论价值和实际价值。认股权证的理论价值可由下式确定：

$$V = (P_s - P_t) \times N \tag{3-5}$$

式中，V 为每份认股权证的理论价值；P_s 为普通股每股市价；P_t 为认股权证每股行权价格；N 为每份认股权证可购买的普通股股票数量。

当公司普通股的市价低于行权价格时，认股权证的理论价值为零；当公司普通股的市价高于行权价格时，认股权证的理论价值为正值。

3.4.4.6 认股权证筹资的优缺点

（1）优点：①作为“诱饵”吸引投资者，降低票面利率；②扩大潜在的资金来源。

（2）缺点：①认股权证的行权时间不确定；②稀释每股收益和控制权。

3.4 即测即评

思考与练习题

1. 简述企业权益资本筹资方式及特点。
2. 简述股票上市的条件及上市的优缺点。
3. 简述企业债务筹资方式及每种筹资方式的优缺点。
4. 简述债券发行价格的决定因素。
5. 天鹰公司按 8%的年利率向银行借款 500 万元，期限为 6 年，根据签订的协议，银行要求天鹰公司维持贷款总额的 25%作为补偿性余额。要求：计算天鹰公司实际可用的借款额及其实际承担的年利率。
6. 蓝海公司计划发行一批面额为 2 500 元、票面利率为 8%、期限为 7 年的债券，利息每年年末支付。要求：在市场利率分别为 7%、8%和 9%的条件下，计算这些债券的理论发行价格。
7. 星辰公司于 2024 年 1 月 1 日通过融资租赁方式获得了一台价值 15 万元

的设备，租赁期限定为 3 年。租赁合同规定，租赁期满后，设备所有权将转移给星辰公司。租赁期内的年折现率为 12%，租金采用等额年金支付方式。

要求：

（1）计算星辰公司每年年末应支付的租金金额。

（2）制作星辰公司该设备租金的摊销计划表。

4 资本结构决策　权衡利弊

学习目标

1. 掌握资本成本的含义，掌握个别资本成本及综合资本成本的计算。

2. 掌握经营杠杆的概念及经营杠杆系数的计算，掌握财务杠杆的概念及财务杠杆系数的计算，掌握复合杠杆的概念及复合杠杆系数的计算。

思维导图

3. 了解资本结构理论，了解市场价值法，掌握最佳资本结构决策的比较资本成本分析法、每股收益分析法。

引导案例

秦池酒厂的兴衰史

秦池酒厂成名之前是山东潍坊市临朐县一家县级企业，其总资产规模和生产能力有限。20 世纪 80—90 年代初，秦池酒厂年产量仅保持在万吨左右，一直经营不善，连年亏损，处于倒闭边缘。通过拼搏，1995 年秦池发展上了一个台阶，秦池集团成立。但是秦池发展基础仍是脆弱的，它依靠的只是暂时人为因素带来的市场成功。与其他大厂相比，秦池酒一没有全国范围内的质量美誉度，二没有可以与老厂相媲美的品牌及其形象。虽然秦池成立了集团公司，但是工厂设备、造酒工艺并没有发生实质性的改变。1995 年秦池以 6 666 万元人民币的价格夺得中央电视台黄金时段广告“标王”，在全国引起极大轰动。根据预测，1996 年秦池酒厂必须保证当年产、销量达到 2 万吨，销售收入必须突破 3.6 亿元，否则，等待秦池酒厂的将是巨额亏损。事实上，因为“标王”，一时间秦池白酒成为家喻户晓的品牌，秦池酒厂一夜成名，订单雪片般地飞来。1996 年秦池酒厂的销售收入一跃为 9.5 亿元，利税 2.2 亿元。

尝到甜头后的秦池酒厂，不久又做出了惊人之举。1996 年 11 月 8 日，秦池酒厂以 3.2 亿元人民币的“天价”，成为令人为之炫目的两届“标王”连任者。与首夺“标王”的反应截然不同的是，此时舆论界对秦池酒厂更多的是质疑。要消化掉 3.2 亿元的广告成本，秦池酒厂必须在 1997 年完成 15 亿元的销售额，产、销量必须在 6.5 万吨以上。面对成为“标王”之后滚滚而来的订单，秦池酒厂不可能弃之不管，但仅凭现有的生产能力又难以应付。为满足客户的需求，秦池酒厂必须扩大生产规模，对现有的厂房设备进行更新或扩建、引进新设备。巨额的广告费用和企业生产规模的扩大都需要大量的资金，限于当时的条件，秦池酒厂只有向银行贷款，按当时的银行政策，此类贷款往往是短期贷款。但是，大规模提高生产能力，并不能产生立竿见影的效果。为满足眼前客户的订单，秦池酒厂在扩大生产规模的同时，想到了另外一条解决燃眉之急的捷径，那就是与周边地区的白酒企业横向联合或收购其他企业的白酒进行勾兑，但无论是横向联合还是勾兑，都很难保证产品的质量。

“一个县级小企业怎么能生产出 15 亿元销售额的白酒?”1997 年初，一则关于“秦池白酒是用川酒勾兑”的系列新闻报道，给秦池当头一棒。在新闻媒体的一片批评声中，消费者迅速表示出对秦池的不信任。秦池酒厂的市场形势开始全面恶化，秦池酒销量大减。1997 年，尽管秦池酒厂的广告仍旧铺天盖地，但销售收入比上年锐减了 3 亿元，利税下降了 6 000 万元。2000 年 7 月，一家酒瓶帽的供应商指控秦池酒厂拖欠 300 万元货款，地区中级人民法院判决秦池败诉，并裁定拍卖“秦池”注册商标，几亿元打造的商标仅以几百万元的价格抵债。2004 年 4 月，山东秦池酒厂资产整体出售。

秦池经营模式能否形成良性循环的关键环节是：投入的大量广告宣传能否转变为现实的巨大市场需求。一旦这一环节发生中断，投入的大量广告费没有产生预期的效果，秦池酒厂将面临灭顶之灾。

思考：

1. 秦池酒厂投入的天价广告费用对于企业来说，属于变动成本还是固定成本?

2. 在此案例中，秦池酒厂运用了什么杠杆?

3. 作为一名财务管理人员，从秦池酒厂的案例中，你得到什么启示?

4.1 资本成本——爱的代价

4.1.1 资本成本的含义及计算模式

4.1.1.1 资本成本的含义

资本成本，又称为资金成本，是企业为筹集和使用资本（资金）而付出的代价。对投资者而言，资本成本是一种机会成本，是其所要求的最低报酬率。资本成本包括筹资费用和用资费用。

筹资费用是指企业在筹措资本过程中为获得资本而付出的各种费用，包括银行借款的手续费，发行股票、债券的保荐及承销费、审计和验资费用、律师费、评估费等，通常在筹集资金时一次性全部支付。在获得资本后的用资过程中不再发生，因而接近于固定性资本成本，可视为对筹资额的一项扣除。

用资费用是指企业在资本使用过程中所支付的费用，如股票的股息、银行借款和债券的利息、信息披露费等。用资费用在使用期间往往是重复发生的，并随资金数量的多少和使用时间的长短而变动，因而更接近于变动性资本成本。

4.1.1.2 资本成本的计算模式

资本成本的表达有绝对数及相对数两种方法。在实务中，通常使用资本成本的相对数，即资本成本率。资本成本率与利息率在含义上和数量上有差别。利息率是利息额与借款总额的比率，它只含有用资费用，即利息费用，而没有考虑筹资费用，如借款手续费。

（1）绝对数。公式如下：

$$资本成本 = 累计年用资费用 + 筹资费用 \quad (4\text{-}1)$$

（2）相对数。资本成本率的计算模式有两种。

一是一般模式：不考虑货币的时间价值。

$$K = D/(P - f) = D/P(1 - F) \quad (4\text{-}2)$$

式中，K 为资本成本率，用百分数表示；D 为年用资费用；P 为筹资总额；f 为筹资费用；F 为筹资费用率，即筹资费用占筹资总额的比率。

二是折现模式：考虑货币的时间价值。

根据未来现金流出量的现值=筹资净额，即 NPV（净现值）= 0。通过插值法计算得到折现率，这个折现率即为资本成本率（其实也是投资者的内含报酬率)，基本思路如图 4-1 所示。NPV 和内含报酬率的知识见第 5 章相关内容。

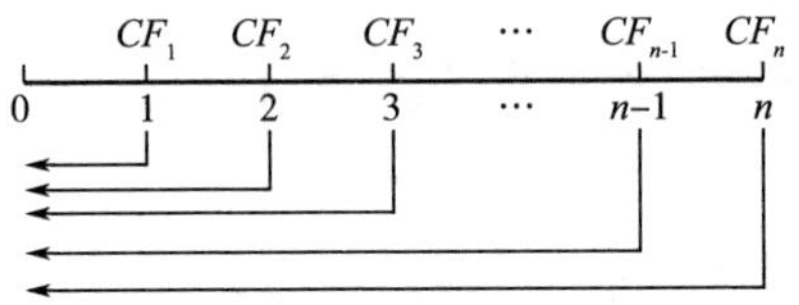

$$筹资净额 = \sum CF_t(1+i)^t$$

图 4-1　折现模式计算资本成本

4.1.1.3　资本成本率的类型

资本成本率主要有三种形式：

(1) 个别资本成本率，是指企业使用各种资本的成本率。例如，股票资本成本率、债券资本成本率、借款资本成本率。企业在比较各种筹资方式时，需要使用个别资本成本率来进行判断。

(2) 加权平均资本成本率，是指企业全部资本的加权成本率。企业在进行资本结构决策时，可以利用加权平均资本成本率。

(3) 边际资本成本率，是指企业追加资本的成本率。企业在追加筹资方案的选择中，需要使用边际资本成本率。

4.1.1.4　资本成本的作用

(1) 对于筹资来讲，资本成本是选择资金来源、确定筹资方案的重要依据，企业一般都是选择资本成本最低的筹资方式。

(2) 对于投资来讲，资本成本是评价投资项目、决定投资取舍的重要标准。只有投资收益高于资本成本的投资项目才是可接受的。

(3) 资本成本还可以作为衡量企业整体经营成果的尺度。如果利润率高于资本成本率，则表明企业业绩尚可；如果利润率低于资本成本率，则表明企业业绩欠佳。

4.1.2　个别资本成本计算

4.1.2.1　银行借款资本成本

银行借款资本成本包括借款的手续费和借款利息。由于利息允许在税前利润中扣除，从而具有抵减企业所得税的作用，因此，长期借款的资本成本率应当考虑所得税，计算其税后资本成本，即

$$K_l = I \times (1 - T)/L \times (1 - F) \tag{4-3}$$

式中，K_l 为借款资本成本率；I 为借款利息额；L 为借款金额；T 为企业所得税税率；F 为借款筹资费用率。

【例 4-1】 海通公司向银行借入 10 年期借款 2 000 万元，年利率为 8%，每年付息一次，到期一次还本，筹资费用率为 0.5%，公司所得税税率为 25%，则这笔借款的资本成本率为多少？

$$K_l = 2\,000 \times 8\% \times (1 - 25\%)/[2\,000 \times (1 - 0.5\%)] = 6.03\%$$

如果企业借款的筹资费用率很低，可以忽略不计，这时借款资本成本率的计算公式为：

$$K_l = L \times i \times (1 - T)/L = i \times (1 - T) \tag{4-4}$$

式中，K_l 为借款资本成本率；L 为借款金额；i 为借款利率；T 为企业所得税税率。

【例 4-2】 沿用例 4-1 的资料，但不考虑借款筹资费用，则这笔借款的资本成本率为多少？

$$K_l = 2\,000 \times 8\% \times (1 - 25\%)/2\,000 = 8\% \times (1 - 25\%) = 6\%$$

在借款合同附加补偿性余额条款的情况下，企业可动用的借款筹资额应扣除补偿性余额，这时借款的实际利率和资本成本率将会上升。

【例 4-3】 天龙公司欲借款 1 000 万元，年利率为 6%，期限为 3 年，每年结息一次，到期一次还本。银行要求的补偿性余额所占比例为 10%。公司所得税税率为 25%。这笔借款的资本成本率为多少？

$$K_l = \frac{1000 \times 6\% \times (1 - 25\%)}{1000 \times (1 - 10\%)} = 5\%$$

借款如果一年内结息次数超过一次，借款实际利率也会高于名义利率，从而导致资本成本率上升。这时，借款资本成本率的计算公式为：

$$K_l = \left[\left(1 + \frac{i}{M}\right)^M - 1\right](1 - T) \tag{4-5}$$

式中，M 为一年内的借款结息次数，其他符号含义同前。

【例 4-4】 天龙公司借款 1 000 万元，年利率为 6%，期限为 3 年，每季结息一次，到期一次还本。公司所得税税率为 25%，则这笔借款的资本成本率为多少？

$$K_l = \left[\left(1 + \frac{6\%}{4}\right)^4 - 1\right](1 - 25\%) = 4.60\%$$

4.1.2.2 债券资本成本

债券资本成本包括债券的发行费用和利息费用。债券的筹资费用一般较高，这类费用主要包括申请发行债券的手续费、注册费、印刷费、上市费以及推销费用等。由于利息具有抵减所得税的作用，公司债券的成本必须是其税后成本。

（1）一般模式——不考虑时间价值。债券资金成本测算公式如下：

$$K_b = I \times (1 - T)/B \times (1 - F) \tag{4-6}$$

式中，K_b 为债券资本成本率；I 为年利息；T 为企业所得税税率；B 为债券发行额；F 为筹资费用率。

由于债券的发行价格存在溢价、平价、折价，应该根据实际发行价格确定其筹资额。

【例 4-5】 海达公司发行面值为 100 元、票面年利率为 10%、期限为 5 年的公司债券，发行费用率为 2%，公司所得税税率为 25%。

如果债券发行价格为 95 元，则

$$K_b = 100 \times 10\% \times (1 - 25\%)/[95 \times (1 - 2\%)] = 8.06\%$$

如果债券发行价格为 100 元，则

$$K_b = 100 \times 10\% \times (1 - 25\%)/[100 \times (1 - 2\%)] = 7.65\%$$

如果债券发行价格为 106 元，则

$$K_b = 100 \times 10\% \times (1 - 25\%)/[106 \times (1 - 2\%)] = 7.22\%$$

（2）折现模式——考虑时间价值。考虑货币时间价值，资本成本的计算则按照未来现金流出量的现值 = 筹资净额（现金流入量的现值），即 NPV = 0 来计算，基本思路见图 4-2。

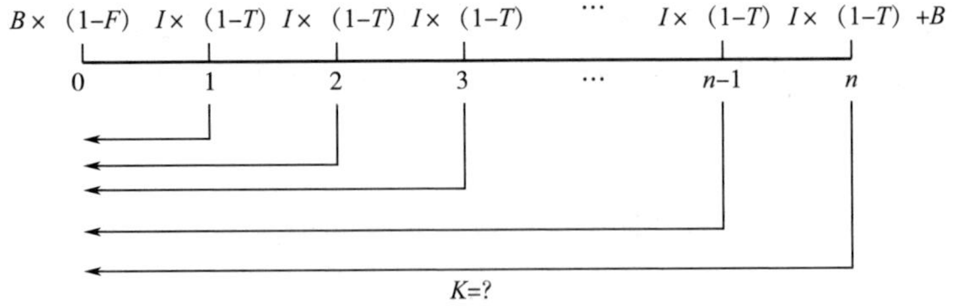

图 4-2　折现模式计算资本成本

资本成本率的计算是已知现值、终值（年金）和计息期而求贴现率的问题，是使债券未来还本付息额的现值等于债券筹资净额的贴现率。

$$B \times (1-F) = I \times (1-T) \times (P/A, K, n) + B \times (P/F, K, n) \quad (4-7)$$

【例 4-6】海达公司以 95 元的价格发行面值为 100 元、票面年利率为 10%、期限为 5 年的公司债券，发行费用率为 2%，公司所得税税率为 25%。

$$95 \times (1-2\%) = 100 \times 10\% \times (1-25\%) \times (P/A, K, 5) + 100 \times (P/F, K, 5)$$

$$93.1 = 7.5 \times (P/A, K, 5) + 100 \times (P/F, K, 5)$$

假定 $K=9\%$，等式右边 $=94.1628$

假定 $K=10\%$，等式右边 $=90.521$

运用插值法：$K=9.29\%$。

4.1.2.3 优先股资本成本

优先股资本成本包括股票的发行费用和定期支付的固定股利。由于股利在税后支付，所以不存在抵减所得税的效应。

优先股成本 = 优先股年股利额 /［优先股筹资额 ×（1 − 筹资费用率）］

$$P_0 = \frac{D}{K} \Rightarrow K = \frac{D}{P_0} \Rightarrow K = \frac{D}{P_0 \times (1-F)} \quad (4-8)$$

式中，P_0 为优先股发行筹资额；D 为优先股年股利额；F 为筹资费用率。

【例 4-7】海天公司拟发行面值为 100 元、年股利率为 9% 的优先股 500 万股，发行费用率为 3%。每股发行价格为 103 元。

$$K = \frac{100 \times 9\%}{103 \times (1-3\%)} = 9.01\%$$

4.1.2.4 普通股资本成本

普通股资本成本的计算，存在三种主要方法：股利折现模型、资本资产定价模型和债券收益率加风险溢价法。

（1）股利折现模型。股利折现模型的基本表达式是：

$$P_c = \sum_{t=1}^{\infty} \frac{D_t}{(1+K_c)} \quad (4-9)$$

式中，P_c 为普通股筹资净额，即发行价格扣除发行费用后的净额；D_t 为普通股第 t 年的股利；K_c 为普通股投资的必要报酬率，即普通股资本成本率。

第一，假定股利每年相同：$P_c=D/K_c$，推导得到

$$K_c = \frac{D}{P_c} = \frac{D}{P_0 \times (1-F)} \quad (4-10)$$

式中，P_c 为普通股筹资净额（或市价）；P_0 为普通股筹资额；D 为普通股每年固定股利；K_c 为普通股资本成本率；F 为筹资费用率。

第二，假定股利以固定的年增长率递增：$P_c = D_1/(K_c - G)$，推导得到

$$K_c=\frac{D_1}{P_c}+G=\frac{D_1}{P_0\times(1-F)}+G \quad (4-11)$$

式中，G 为股利年增长率；D_1 为第一年发放的每股股利。

【例 4-8】 海思公司普通股现行市价为 56 元，去年的股利为每股 2 元。公司现拟以市价增发普通股，发行费率为 5%。

公司采用固定股利政策，普通股资本成本率：

$$K=2/[56\times(1-5\%)]=3.76\%$$

公司采用固定增长股利政策，预计股利年增长率为 12%，普通股资本成本率：

$$K=2\times(1+12\%)/[56\times(1-5\%)]+12\%=16.21\%$$

（2）资本资产定价模型。从投资者角度来看，企业筹资的资本成本率也就是投资者的投资报酬率，因此可以利用资本资产定价模型来计算资本成本率，用公式表示如下：

$$K_c=R_f+(R_m-R_f)\times\beta \quad (4-12)$$

式中，K_c 为普通股资本成本率；R_f 为无风险投资收益率；R_m 为市场组合证券的平均投资报酬率；β 为该种股票的贝塔系数。

【例 4-9】 天龙公司普通股 β 系数为 1.25，国库券利率为 4.5%，股票市场平均投资报酬率为 14%。则该公司普通股资本成本率是多少？

$$普通股资本成本率=4.5\%+(14\%-4.5\%)\times1.25=16.38\%$$

（3）债券收益率加风险溢价法。一般而言，从投资者的角度，股票投资的风险高于债券，因此，股票投资的必要报酬率可以在债券利率的基础上加上股票投资高于债券投资的风险报酬率。用公式表示如下：

$$K_c=K_b+RP_c \quad (4-13)$$

式中，K_c 为普通股资本成本率；K_b 为债券资本成本率；RP_c 为股票高于债券的收益溢价。

【例 4-10】 某公司债务成本为 6%，证券市场上股票和债券的收益差平均为 6.18%，公司适用的企业所得税税率为 25%。

$$普通股资本成本率=6\%\times(1-25\%)+6.18\%=10.68\%$$

4.1.2.5 留存收益资本成本

企业一般不会把全部收益以股利形式分给股东，所以留存收益是企业资金的一种重要来源。企业留存收益，等于股东对企业进行追加投资，故也要求有一定的收益，留存收益也应计算成本。留存收益成本是股东再投资的一种机会成本。留存收益成本的计算与普通股基本相同，但没有筹资费用。与普通股资本成本的计算相同，留存收益资本成本也有 3 种计算方法：

（1）股利增长模型。

$$K_s = D_1/P_c + G \tag{4-14}$$

式中，K_s 为留存收益成本；D_1 为预期第 1 年股利额；P_c 为普通股筹资额或市价；G 为普通股股利增长率。

（2）资本资产定价模型。

$$K_s = R_F + \beta(R_m - R_F) \tag{4-15}$$

式中，K_s 为留存收益成本；R_F 为无风险收益率；β 为股票的贝塔系数；R_m 为市场组合证券的平均投资报酬率。

（3）风险溢价法。

$$K_s = K_b + RP_c \tag{4-16}$$

式中，K_b 为税后债务成本；RP_c 为股票高于债券的收益溢价。

【例 4-11】天龙公司普通股每股市价为 8 元，预计明年发放股利 1 元，预计股利增长率为 5%，计算留存收益的资本成本。

$$K_s = 1/8 + 5\% = 17.5\%$$

【例 4-12】天龙公司有一个投资收益率为 12%的项目需要筹资，公司决定用留存收益。普通股目前市价为 56 元，估计股利增长率为 12%，本年年初每股发放股利 2 元。请计算留存收益资本成本并判断项目是否可行。

由已知可推算出预期第 1 年股利额 $D_1 = 2 \times (1 + 12\%) = 2.24$（元）

$$K_s = D_1/P_C + G = 2.24/56 + 12\% = 16\%$$

结论：筹资成本 16%大于收益率 12%，所以该筹资项目不可行。

4.1.3 综合资本成本

综合资本成本，又称加权平均资本成本，是以个别资本成本为基础，以各种资本占资本总额的比重为权数计算的加权平均数。由于受多种因素的制约，企业往往需要通过多种方式筹集所需资金。为了进行筹资决策和投资决策，需要计算企业的综合资本成本，公式如下：

$$K_w = \sum_{i=1}^{n} W_i \times K_i \tag{4-17}$$

式中，K_w 为综合资本成本；W_i 为第 i 种资本的资本比重；K_i 为第 i 种资本的资本成本率。

【例 4-13】天龙公司现有长期资本 300 万元，其中长期借款 90 万元、公司债券 30 万元、普通股 120 万元、留存收益 60 万元，各种资本的成本分别为 6%、12%、15.5%和 15%。试计算天龙公司长期资本的综合资本成本。

（1）计算各种资本所占的比重。

$$长期借款占资本总额的比重 = 90/300 \times 100\% = 30\%$$

$$公司债券占资本总额的比重 = 30/300 \times 100\% = 10\%$$

$$普通股占资本总额的比重 = 120/300 \times 100\% = 40\%$$

$$留存收益占资本总额的比重 = 60/300 \times 100\% = 20\%$$

（2）计算综合资本成本。

$$K_w = 30\% \times 6\% + 10\% \times 12\% + 40\% \times 15.5\% + 20\% \times 15\% = 12.2\%$$

在测算企业综合资本成本率时，资本结构或各种资本在全部资本中所占的比例起着决定性作用。企业各种资本的比例则取决于各种资本价值的确定。各种资本价值的计量基础主要有三种选择：账面价值、市场价值和目标价值。

4.1.3.1 按账面价值确定资本比例

企业财务会计所提供的资料主要是以账面价值为基础的。财务会计通过资产负债表可以提供以账面价值为基础的资本结构资料，这也是企业筹资管理的一个依据。使用账面价值确定各种资本比例的优点是，易于从资产负债表中取得这些资料，容易计算。其主要缺陷是：资本的账面价值可能不符合市场价值，如果资本的市场价值已经大幅偏离账面价值，采用账面价值作为计量基础确定资本比例就有失客观性，从而不利于综合资本成本率的测算和筹资管理的决策。

4.1.3.2 按市场价值确定资本比例

按市场价值确定资本比例是指债券和股票等以现行资本市场价格为基础确定其资本比例，从而测算综合资本成本率。按市场价值确定的资本比例反映了公司现实的资本结构和综合资本成本率水平，有利于筹资管理决策。当然，按市场价值确定资本比例也有其不足之处，即证券的市场价格经常变动而不易确定。为弥补这一不足，在实务中可以采用一定时期证券的平均价格。此外，按账面价值和市场价值确定资本比例，反映的是公司过去和现在的资本结构，未必适用于公司未来的筹资管理决策。

4.1.3.3 按目标价值确定资本比例

按目标价值确定资本比例是指债券和股票等以公司预计的未来目标市场价值确定资本比例，从而测算综合资本成本率。从公司筹资管理决策的角度来看，对综合资本成本率的一个基本要求是，它应适合公司未来的目标资本结构。一般认为，采用目标价值确定资本比例，能够体现期望的目标资本结构要求。但资本的目标价值难以客观地确定，因此，通常应选择市场价值确定资本比例。在企业筹资实务中，目标价值和市场价值虽然各有优点，但仍有不少公司宁可采用账面价值确定资本比例，因其更易于使用。

由此可见，在个别资本成本率一定的情况下，企业综合资本成本率的高低是由资本结构决定的，这是资本结构决策的依据之一。

4.1.4 边际资本成本

4.1.4.1 边际资本成本的概念

企业往往无法以某一固定的资本成本来筹措无限的资本，当其筹集的资本超过一定限度时，原来的资本成本就会增加。在多方式筹资条件下，即使企业的资本结构不变，随着追加筹资的不断增加，也会由于个别资本成本的变化而使企业综合资本成本发生变动。因此，企业在追加筹资时，需要知道筹资额在什么范围内综合资本成本不变，超出什么范围会使综合资本成本发生变化以及发生多大的变化。这就产生了边际资本成本的概念。

边际资本成本是指每增加一个单位资本而增加的成本。在这里，“一个单位”不是指一个特定的资本量，而是指一定范围的资本总额。由于多方式筹资的原因，不同范围的资本总额有其特定的综合资本成本，这些对应于不同资本总额范围的各个综合资本成本，就组成特定意义上的“边际资本成本”。边际资本成本也是按加权平均法计算的，是企业追加筹资时所使用的综合资本成本。

4.1.4.2 边际资本成本的计算和应用

边际资本成本的计算步骤：①确定目标资本结构；②确定各种筹资方式的资本成本；③计算筹资总额分界点，确定筹资范围；④计算每一筹资范围的综合资本成本，即为边际资本成本。

下面举例说明边际资本成本的计算和应用。

【例 4-14】 天龙公司拥有资金 500 万元，其中银行借款 200 万元，普通股 300 万元。该企业计划筹集新的资金，并维持目前的资本结构不变，试计算追加筹资的边际资本成本。

（1）确定目标资本结构。

银行借款占 40%，普通股占 60%。

（2）确定各种筹资方式的资本成本（见表 4-1）。

表 4-1　天龙公司追加筹资测算

筹资方式	资本结构	新筹资额	个别资本成本
银行借款	40%	30 万元以内 30 万~80 万元 80 万元以上	8% 9% 10%
普通股	60%	60 万元以内 60 万元以上	14% 16%

(3) 计算筹资总额分界点，确定筹资范围。

筹资总额分界点，又称为筹资突破点，是指在保持某一资本成本不变的条件下的最大筹资额。公式如下：

$$BP_j = \frac{TF_j}{W_j} \tag{4-18}$$

式中，BP_j 为筹资总额分界点；TF_j 为第 j 种资本的成本率发生变化的筹资额分界点；W_j 为目标资本结构中第 j 种资本的比例。

根据式 4-18，计算出各个筹资突破点范围（见表 4-2）。

表 4-2　天龙公司筹资总额范围测算

筹资方式	资本结构	个别资本成本	新筹资额	筹资总额分界点（万元）	筹资总额范围
银行借款	40%	8% 9% 10%	30 万元以内 30 万~80 万元 80 万元以上	30/40% = 75 80/40% = 200	75 万元以内 75 万~200 万元 200 万元以上
普通股	60%	14% 16%	60 万元以内 60 万元以上	60/60% = 100	100 万元以内 100 万元以上

(4) 计算边际资本成本。

根据以上步骤测算出的筹资分界点，可以得出 4 个新的筹资总额范围：75 万元以内；75 万~100 万元；100 万~200 万元；200 万元以上。对以上追加筹资总额的 4 个范围段分别计算综合资本成本，即可得到该企业追加筹资的边际资本成本。

4.1 即测即评

筹资额小于75万元的综合资本成本 = 40% × 8% + 60% × 14% = 11.6%
筹资额介于75万至100万元的综合资本成本 = 40% × 9% + 60% × 14% = 12%
筹资额介于100万至200万元的综合资本成本 = 40% × 9% + 60% × 16% = 13.2%
筹资额大于200万元的综合资本成本 = 40% × 10% + 60% × 16% = 13.6%

4.2 杠杆——福祸相依

4.2.1 杠杆的含义

著名物理学家阿基米德说过：给我一个支点，给我一根足够长的杠杆，我就能撬动整个地球。

杠杆是指在合适的支点上，通过使用杠杆，只用很小的力量便可产生更大的效果。跷跷板、压水井、秤、吊机、剪刀、筷子都是现实中存在的杠杆。所有这些杠杆都涉及五个要素：支点、动力、阻力、动力臂长、阻力臂长。

在财务管理中，也存在类似杠杆的现象。财务管理中的杠杆效应是指由于特定固定支出或费用，当某一财务变量以较小幅度变动时，另一相关财务变量会以较大幅度变动的现象。它包括经营杠杆、财务杠杆和总杠杆3种形式。

财务管理中的杠杆作用产生于固定费用的存在：生产经营过程中存在的固定费用，形成经营风险；筹集资金和使用资金过程中存在的固定费用，形成财务风险。没有固定费用的存在就无所谓杠杆作用。分析杠杆，首先要分析成本习性。

4.2.2 本量利分析

4.2.2.1 成本习性

成本习性是指成本总额与业务量（产量或销量等）之间在数量上的依存关系。依据依存关系，可以将成本分为固定成本、变动成本和混合成本。

（1）固定成本。固定成本是指其总额在一定时期和一定业务量范围内不受业务量增减变动影响而固定不变的成本。例如，按平均年限法计提的固定资产年折旧额、租金、办公费和管理人员工资等。虽然固定成本总额不随业务量变动而变动，但单位固定成本随着业务量的增加而降低。用数学模型对固定成本的性态进行描述，则有：

$$FC(\text{或}\ F) = a \tag{4-19}$$

式中，FC（或 F）为固定成本总额；a 为固定数额。

（2）变动成本。变动成本是指其总额在一定时期和一定业务量范围内随着业务量变动而成正比例变动的成本。例如，直接材料费、直接人工费、销售人员佣金提成等。如果单位变动成本保持不变，用数学模型对变动成本的性态进行描述，则有：

$$VC(\text{或 }V) = bQ \tag{4-20}$$

式中，VC（或 V）为变动成本总额；b 为单位变动成本；Q 为业务量。

特别注意：固定成本总额和单位变动成本的不变性不是绝对的，而是在“一定的业务范围”和“一定时间”内保持其特点，这就涉及“相关范围”的概念。相关范围是指不改变固定成本、变动成本性质的有关期间和业务量的特定范围。

（3）混合成本。当业务量发生变化时，其成本总额会随业务量的变动而变动，但其变动的幅度并不同业务量的变化保持严格的比例，这类成本由于同时包含固定成本和变动成本两种因素，故称为混合成本。根据混合成本中的变动成本和固定成本与业务量之间的关系，可将其进一步分为以下几种典型类型：

一是半变动成本：半变动成本通常有一个基数，与业务量无关，这部分成本相当于固定成本；在此基数之上，随着业务量的增加，成本也会成正比例增加，这部分成本相当于变动成本（如图 4-3 所示）。例如，电话费、水电费等，一般由供应单位规定一个收费基数，不管企业使用量大小，都必须支付这个基数，在此基础上，再根据用量的大小和单价计算其余的部分。这种混合成本中变动成本的成分较多，故称为半变动成本。

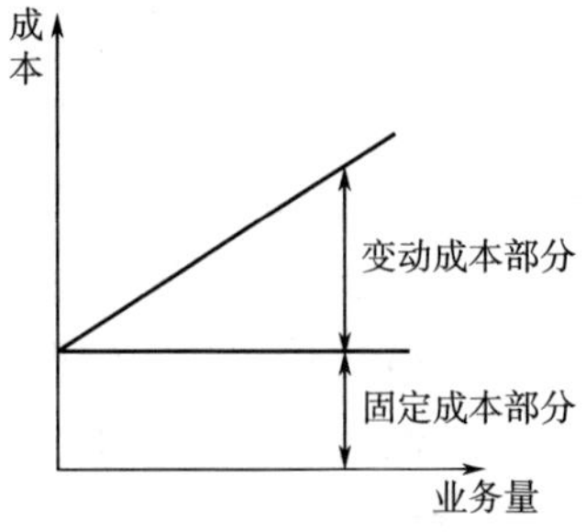

图 4-3　半变动成本习性模型

二是阶梯式变动成本（半固定成本）：业务量在一定范围内增长，其成本额固定不变；当业务量增长超过这个范围时，成本额会突然跳跃到一个新的较高水平，然后在业务量增长的一定范围内又保持不变，直到再次随业务量的增长发生新的跳跃，以此类推（如图 4-4 所示）。企业化验员、保养工、质检员、运货员等人员的工资就属于这类成本。比如 1 个质检员（月固定工资）日检验能力是 100 件产品，在 100 件以内，工资是 1 个质检员的工资，是固定的，如果日检验量是 150 件，就需要雇用新的 1 名员工，工资就是 2 名质检员的工资，以此类推。

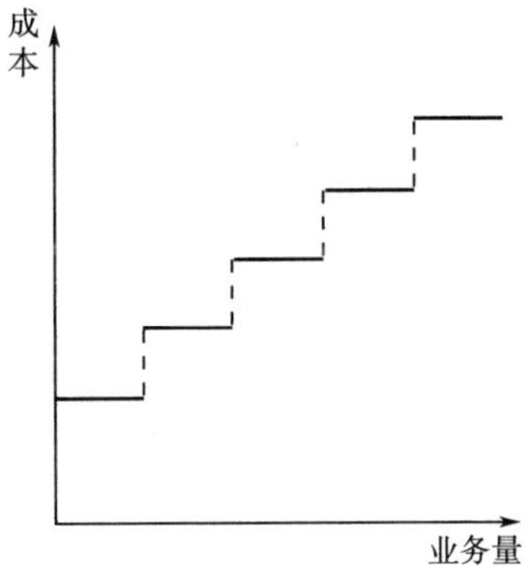

图 4-4　半固定成本习性模型

三是延期变动成本：在一定业务量范围内，成本发生额保持不变，超过一定范围则成本随业务量增减变动而发生变动的成本（如图 4-5 所示）。例如，包月 58 元的手机话费，在 58 元以内可以免费打电话 1 000 分钟，10G 流量。只有超出免费部分，才需要按通话时间、流量额外收费。

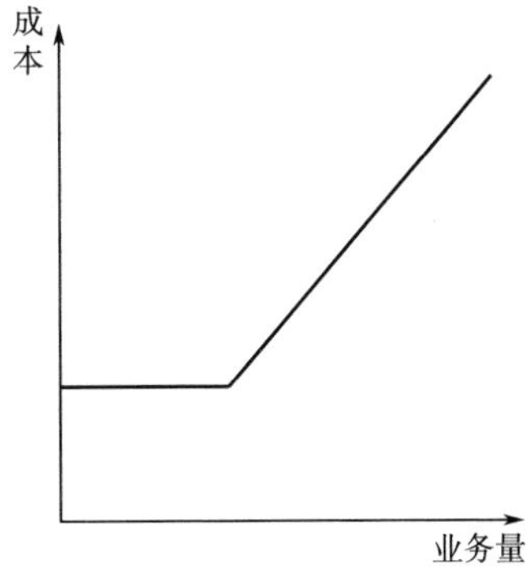

图 4-5　延期变动成本习性模型

四是曲线型混合成本：曲线型混合成本随业务量变动但并不存在线性关系。曲线型混合成本中有两种特殊形式：递增型混合成本和递减型混合成本（如图4-6所示）。成本增长速度快于业务量增长速度，为递增型混合成本；反之，为递减型混合成本。

通过数学方法，比如高低点法、线性回归法等，可以将混合成本分解为变动成本和固定成本两部分。

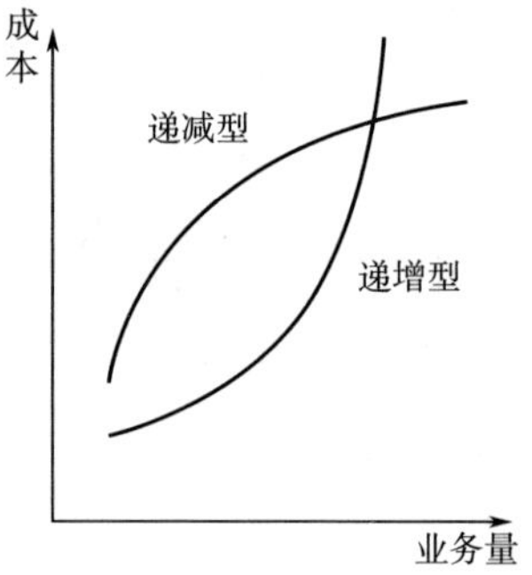

图4-6　递增型与递减型混合成本

（4）总成本习性模型。根据成本习性，通过数学方法，可以将企业的全部成本划分为固定成本和变动成本两大类，总成本可以写成如下表达式：

$$TC = VC + FC = a + bQ \tag{4-21}$$

式中，TC 为总成本；VC 为变动成本；FC 为固定成本；a 为固定成本总额；b 为单位变动成本；Q 为业务量。

这个总成本函数是个直线方程式。将其绘制在坐标图上，如图4-7所示。

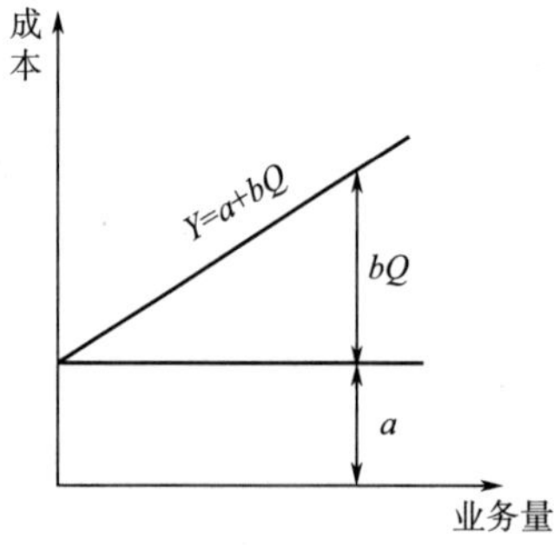

图4-7　总成本习性模型

4.2.2.2 边际贡献

（1）边际贡献。边际贡献（contribution margin，CM）又称贡献毛益或边际利润，是指销售收入与变动成本之差。用公式表示为：

$$CM = S - VC = (p - b)Q \tag{4-22}$$

式中，CM 为边际贡献；S 为销售收入；VC 为变动成本；p 为销售单价；b 为单位变动成本；Q 为业务量。

（2）单位边际贡献。单位边际贡献（unit contribution margin，CM_u）又称单位贡献毛益或单位边际利润，是指产品的销售单价与产品单位变动成本的差额，它反映某一种产品的盈利能力。用公式表示为：

$$CM_u = p - b \tag{4-23}$$

式中，CM_u 为单位边际贡献，其他符号含义同前。

式 4-22 也可以表示为：

$$CM = S - VC = (p - b)Q = CM_u \cdot Q \tag{4-24}$$

（3）边际贡献率。边际贡献率（contribution margin ratio，CMR）是指边际贡献在销售收入中所占的百分比。用公式表示为：

$$CMR = \frac{S - VC}{S} = \frac{p - b}{p} = \frac{CM_u}{p} \tag{4-25}$$

式中，CMR 为边际贡献率；其他符号含义同前。

边际贡献率可以理解为每 1 元销售收入中边际贡献所占的比重，反映了产品给企业做出贡献的能力。与边际贡献率相对应的概念是变动成本率（variable cost ratio，VCR），即变动成本在销售收入中的百分比，用公式表示为：

$$VCR = \frac{VC}{S} = \frac{b}{p} \tag{4-26}$$

$$VCR + CMR = 1 \tag{4-27}$$

【例 4-15】 天龙公司只生产一种产品，销售单价为 6 元，单位变动成本为 4 元，销售量为 1 000 件，求产品的边际贡献、单位边际贡献、边际贡献率和变动成本率。

$$S = 6 \times 1\ 000 = 6\ 000(\text{元})；VC = 4 \times 1\ 000 = 4\ 000(\text{元})$$

$$CM = (6 - 4) \times 1\ 000 = 2\ 000(\text{元})；CM_u = 6 - 4 = 2(\text{元})$$

$$CMR = 2\ 000/6\ 000 = (6 - 4)/6 = 33.33\%；VCR = 4/6 = 66.67\%$$

4.2.2.3 贡献式利润方程式

（1）息税前利润（earnings before interest and tax，EBIT）。息税前利润是

指没有扣除利息和所得税之前的利润。用公式表示为：

$$EBIT = S - VC - F = CM - F = (p - b)Q - F \qquad (4-28)$$

式中，$EBIT$ 为息税前利润；其他字母含义同前。

（2）税前利润（earnings before tax，EBT）。税前利润是指没有扣除企业所得税前的利润。用公式表示为：

$$EBT = EBIT - I \qquad (4-29)$$

式中，EBT 为税前利润；I 为利息费用；其他字母含义同前。

（3）净利润（earnings after tax，EAT）。净利润，又称税后利润，是指扣除利息和企业所得税后的利润。用公式表示为：

$$EAT = EBT \times (1 - T) = (EBIT - I) \times (1 - T) \qquad (4-30)$$

式中，EAT 为税后利润；T 为企业所得税税率；其他字母含义同前。

【例 4-16】 天龙公司某年产品销售量为 40 000 件，销售单价为 100 元，单位变动成本为 60 元，固定成本为 100 万元，当年债务利息为 50 万元，公司所得税税率为 25%，求该公司当年的息税前利润、税前利润和税后利润。

$$EBIT = 40\,000 \times (100 - 60) - 1\,000\,000 = 600\,000(\text{元})$$

$$EBT = EBIT - I = 600\,000 - 500\,000 = 100\,000(\text{元})$$

$$EAT = EBT \times (1 - T) = 100\,000 \times (1 - 25\%) = 75\,000(\text{元})$$

4.2.2.4 盈亏平衡分析

盈亏平衡分析是本量利分析的一项基本内容，亦称损益平衡分析或保本点分析。盈亏平衡点（break even point，BEP），又称保本点，是指企业收入和成本相等时的经营状态，即边际贡献等于固定成本时企业所处的不盈不亏的状态，通常用一定的业务量或业务额来表示。

$$EBIT = S - VC - F = CM - F = (p - b)Q - F \qquad (4-31)$$

令 $EBIT=0$，得：

$$Q_{BEP} = \frac{F}{p - b} = \frac{F}{CM_u} \qquad (4-32)$$

式中，Q_{BEP} 为盈亏平衡点销售量；其他字母含义同前。

$$S_{BEP} = \frac{F}{p - b} \times p = \frac{F}{\frac{CM_u}{p}} = \frac{F}{CMR} \qquad (4-33)$$

式中，S_{BEP} 为盈亏平衡点销售额；其他字母含义同前。

【例 4-17】 天龙公司某年产品销售量为 40 000 件，销售单价为 100 元，单位变动成本为 60 元，固定成本为 100 万元，求该公司保本点的销售量和销售额。

$$Q_{\mathrm{BEP}} = \frac{F}{p-b} = \frac{1\ 000\ 000}{100-60} = 25\ 000(\text{件})$$

$$S_{\mathrm{BEP}} = \frac{F}{p-b} \times p = \frac{1\ 000\ 000}{\frac{100-60}{100}} = 2\ 500\ 000(\text{元})$$

或者

$$S_{\mathrm{BEP}} = Q_{BEP} \times p = 25\ 000 \times 100 = 2\ 500\ 000(\text{元})$$

盈亏平衡分析可以将成本、销量、利润的关系反映在坐标图中，称为本量利图，因其能清晰地显示企业不盈不亏时的产销量，故又称为盈亏临界点图或损益平衡图（如图 4-8 所示）。

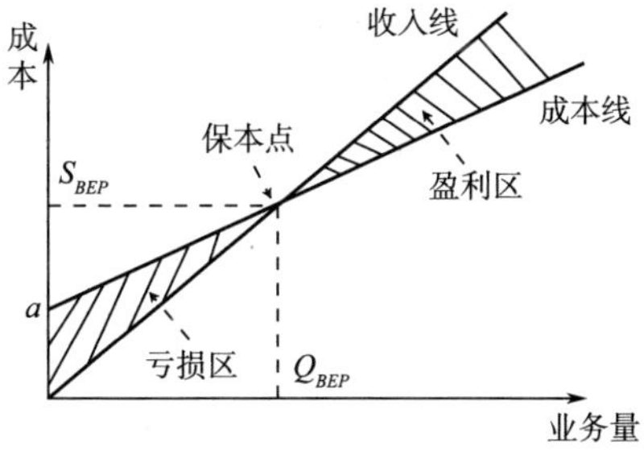

图 4-8　本量利图

4.2.2.5　安全边际和安全边际率

安全边际（Margin of safety，MOS），是指正常（或实际）销售量（或销售额）超过盈亏临界点销售量（或销售额）的差额，它表明销售额下降多少企业仍不致亏损。安全边际的计算公式如下：

$$MOS_Q = Q - Q_{\mathrm{BEP}} \tag{4-34}$$

$$MOS_S = S - S_{\mathrm{BEP}} \tag{4-35}$$

式中，MOS_Q 为安全边际量；MOS_S 为安全边际额；其他字母含义同前。

企业生产经营的安全性还可以用安全边际率（margin of safety ratio，MOSR）来表示，即安全边际与正常（或实际）销售的比值。用公式表示如下：

$$MOSR = \frac{MOS_Q}{Q} = \frac{MOS_S}{S} \tag{4-36}$$

与安全边际率相关的一个指标是盈亏平衡点作业率，是指盈亏平衡点销售量（或销售额）占正常（或实际）的销售量（或销售额）的比重。

$$盈亏平衡点作业率 = \frac{Q_{BEP}}{Q} = \frac{S_{BEP}}{S} \tag{4-37}$$

盈亏平衡点作业率与安全边际率之间的关系是：

$$盈亏平衡点作业率 = 1 - 安全边际率 \tag{4-38}$$

【例 4-18】 续上例，天龙公司某年产品销售量为 40 000 件，销售单价为 100 元，单位变动成本为 60 元，固定成本为 100 万元，求该公司的安全边际额、安全边际率和盈亏平衡点作业率。

根据前面的计算结果：

$$保本点销售额 S_{BEP} = 2\ 500\ 000(元)$$

$$企业实际销售额 = 40\ 000 \times 100 = 4\ 000\ 000(元)$$

$$\begin{aligned}安全边际额 &= 实际销售额 - 保本点销售额 \\ &= 4\ 000\ 000 - 2\ 500\ 000 = 1\ 500\ 000(元)\end{aligned}$$

$$安全边际率 = 1\ 500\ 000/4\ 000\ 000 = 37.5\%$$

$$盈亏平衡点作业率 = 1 - 37.5\% = 62.5\%$$

4.2.3 经营杠杆

4.2.3.1 经营杠杆的含义

经营杠杆（operating leverage），又称营业杠杆、营运杠杆，是指由于企业经营成本中固定成本的存在而导致息税前利润变动率大于营业收入变动率的杠杆效应。经营杠杆常被用来衡量经营风险的大小。这里的经营成本包括营业成本、税金及附加、销售费用、管理费用等，不包括利息费用。企业经营成本按成本性态分为变动成本和固定成本。企业可以通过扩大营业收入总额来降低单位营业收入的固定成本，从而增加企业的营业利润，形成企业的营业杠杆。企业利用营业杠杆，有时可以获得一定的营业杠杆利益，有时也承受着相应的营业风险（遭受损失），故营业杠杆是一把“双刃剑”。

营业杠杆利益是指在企业扩大营业收入总额的条件下，单位营业收入的固定成本下降而给企业增加的息税前利润。在企业一定的营业收入规模内，变动成本随着营业收入总额的增加而增加，固定成本则保持固定不变。随着营业收入的增加，单位营业收入所负担的固定成本会相对降低，从而给企业带来额外的利润。

营业风险，亦称经营风险，是指与企业经营有关的风险，尤其是指企业在经营活动中利用营业杠杆而导致息税前利润下降的风险。由于营业杠杆的作用，当营业收入总额下降时，息税前利润下降得更快，从而给企业带来营业风险。

【例 4-19】天龙公司 2019 年的固定成本为 1 000 万元，单位变动成本为 2 元，销售数量为 100 万件，销售单价为 15 元，2020 年该公司的销售量提高了 25%，那么公司的息税前利润会有怎样的变化？

我们将测算结果列示在表 4-3 中。

表 4-3 天龙公司营业杠杆测算

年份	销售收入		变动成本		固定成本（万元）	息税前利润	
	金额（万元）	增长率（%）	金额（万元）	增长率（%）		金额（万元）	增长率（%）
2019	1 500	—	200	—	1 000	300	—
2020	1 875	25	250	25	1 000	625	108

由表 4-3 可以看出，在销售量提高 25%的情况下，天龙公司的销售收入增长 25%，变动成本也增长 25%，而固定成本仍保持不变，息税前利润随着销售收入的增长以更快的速度增长，达到 108%，获得了较高的营业杠杆利益，息税前利润增长幅度 108%是营业收入的增长幅度 25%的 4. 32 倍。

反之，仍以上面的公司为例，现在假设 2019 年的销售量为 125 万件，2020 年公司的销售量下降了 20%，为 100 万件，其他数据同前，那么公司的息税前利润会有怎样的变化？

我们将测算结果列示在表 4-4 中。

表 4-4 天龙公司营业杠杆风险测算

年份	销售收入		变动成本		固定成本（万元）	息税前利润	
	金额（万元）	下降率（%）	金额（万元）	增长率（%）		金额（万元）	下降率（%）
2019	1 875	—	250	—	1 000	625	—
2020	1 500	20	200	20	1 000	300	52

由表 4-4 可以看出，在销售量下降 20%的情况下，天龙公司的销售收入下降 20%，变动成本也下降 20%，而固定成本仍保持不变，息税前利润随着销售收入的下降以更快的速度下降，达到 52%，给企业带来了营业杠杆风险，

息税前利润下降幅度52%是营业收入的下降幅度20%的2.6倍。

4.2.3.2 经营杠杆系数的测算

经营杠杆的大小用经营杠杆系数（degree of operating leverage，DOL）来计量。经营杠杆系数是指息税前利润变动率相当于销售收入（销量）变动率的倍数。它反映了经营杠杆的作用程度。其测算公式为：

$$DOL = \frac{\Delta EBIT/EBIT_0}{\Delta S/S_0} = \frac{\Delta EBIT/EBIT_0}{\Delta Q/Q_0} \quad (4-39)$$

式中，DOL 为经营杠杆系数；$\Delta EBIT$ 为 $EBIT$ 的变动额；ΔS 为销售收入的变动额；ΔQ 为销售量的变动量；$EBIT_0$ 为变化前（或称为基期、期初）的 $EBIT$；S_0 为变化前的销售额；Q_0 为变化前的销售量。

为了方便计算，假设销售单价 p、单位变动成本 b、固定成本 a 保持不变，可将式4-39进行变换如下：

$$\begin{aligned} DOL &= \frac{\Delta EBIT/EBIT_0}{\Delta S/S_0} = \frac{(EBIT_1 - EBIT_0)/EBIT_0}{(S_1 - S_0)/S_0} \\ &= \frac{(p-b)(Q_1 - Q_0)/[(p-b)Q_0 - a]}{p(Q_1 - Q_0)/(pQ_0)} \\ &= \frac{(p-b)Q_0}{(p-b)Q_0 - a} = \frac{S_0 - V_0}{S_0 - V_0 - a} = \frac{CM_0}{CM_0 - a} = \frac{EBIT_0 + a}{EBIT_0} \end{aligned} \quad (4-40)$$

【例4-20】天龙公司生产A产品，固定成本为120万元，变动成本率为40%，当企业的销售额分别为800万元、400万元、200万元时，请计算其经营杠杆系数。

$$DOL(1) = (800 - 800 \times 40\%)/(800 - 800 \times 40\% - 120) = 1.33$$

$$DOL(2) = (400 - 400 \times 40\%)/(400 - 400 \times 40\% - 120) = 2$$

$$DOL(3) = (200 - 200 \times 40\%)/(200 - 200 \times 40\% - 120) \rightarrow \infty$$

【例4-21】天龙公司生产A产品，固定成本为400万元，变动成本率为50%，第1年销售额为1 000万元，第2年、第3年销售额每年增长20%，销售额分别为1 200万元和1 440万元，第4年降低20%，销售额为1 152万元时，经营杠杆系数分别为多少？

现将经营杠杆系数测算过程列示在表4-5中。

表 4-5　经营杠杆系数测算过程表

项目	第 1 年	第 2 年	第 3 年	第 4 年
营业收入（万元）	1 000	1 200	14，40	1 152
变动成本（万元）	500	600	720	576
固定成本（万元）	400	400	400	400
息税前利润（万元）	100	200	320	176
息税前利润变动率	—	（200-100）/100=100%	（320-200）/200=60%	（176-320）/320=-45%
营业收入变动率	—	20%	20%	-20%
经营杠杆系数（变动率法）	—	100%/20%=5	60%/20%=3	-45%/-20%=2.25
经营杠杆系数（简化法）	—	（400+100）/100=5	（400+200）/200=3	（400+320）/320=2.25

经营杠杆系数具有以下几个特点：

（1）只要息税前利润为正，固定成本存在，经营杠杆系数肯定大于 1。

（2）在其他因素不变的情况下，固定成本越大，经营杠杆系数越大，经营风险越大。而固定成本的大小往往因行业不同而不同。

（3）销售量（或销售额）越大，经营杠杆系数的值就越小。

（4）当息税前利润趋向于 0 时，经营杠杆系数趋向于无穷大；当销售量（或销售额）趋向于无穷大时，经营杠杆系数趋向于 1。

（5）经营杠杆是一把“双刃剑”，在销售增加时，因为杠杆存在，息税前利润快速增加；销售减少时，因为杠杆存在，息税前利润快速地减少。

图 4-9 直观地展示了经营杠杆系数的上述特点。

4.2.3.3　影响经营杠杆的因素

从计算公式可以知道，影响经营杠杆的因素主要包括固定成本、变动成本、产品销售数量、销售价格。固定成本、变动成本与经营杠杆系数同向变动；产品销售数量、销售价格与经营杠杆系数反向变动。

4.2.4　财务杠杆

4.2.4.1　财务杠杆的含义

财务杠杆（financial leverage），也称融资杠杆、筹资杠杆、资本杠杆，是

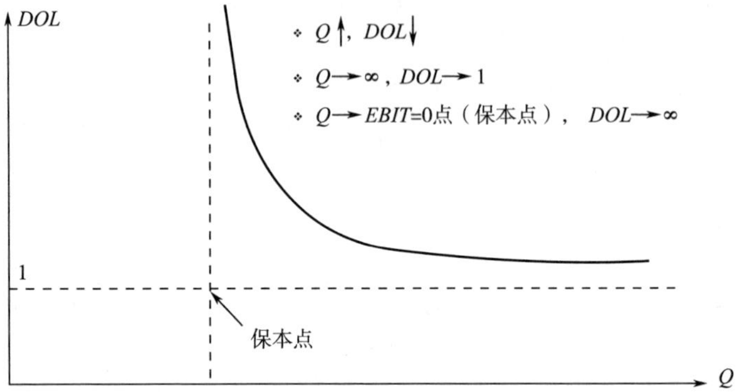

图 4-9 经营杠杆系数特点图

指由于固定资本成本（利息、优先股股息、固定融资租赁租金等）的存在而导致普通股每股收益变动率大于息税前利润变动率的现象。企业的全部长期资本是由股权资本和债务资本构成的。股权资本成本是变动的，在企业所得税的税后利润中支付；而债务资本成本通常是固定的，并在企业所得税前扣除。不管企业的息税前利润是多少，首先都要扣除利息等债务资本成本，然后才归属于股权资本。因此，企业利用财务杠杆会对股权资本的收益产生一定的影响，有时可能给股权资本的所有者带来额外的收益（财务杠杆利益），有时也可能造成一定的损失（财务风险）。

财务杠杆利益是指企业利用债务筹资这个财务杠杆而给股权资本带来的额外收益。在企业资本规模和资本结构一定的条件下，企业从息税前利润中支付的债务利息是相对固定的，当息税前利润增多时，每 1 元息税前利润所负担的债务利息会相应地降低，扣除企业所得税后可分配给企业股权资本所有者的利润就会增加，从而给企业所有者带来额外的收益。

财务风险亦称筹资风险，是指企业经营活动中与筹资有关的风险，尤其是指在筹资活动中利用财务杠杆可能导致企业股权资本所有者收益下降的风险，甚至可能导致企业破产的风险。由于财务杠杆的作用，当息税前利润下降时，税后利润下降得更快，从而给企业股权资本所有者带来财务风险。

【例 4-22】 天龙公司 20×3—20×5 年的息税前利润分别为 150 万元、240 万元和 400 万元，每年的债务利息均为 100 万元，公司所得税税率为 25%。该公司财务杠杆利益的测算如表 4-6 所示。

表 4-6　天龙公司财务杠杆利益测算

年份	息税前利润（万元）	息税前利润增长率（%）	债务利息（万元）	所得税（万元）	税后利润（万元）	税后利润增长率（%）
20×3	150	—	100	12.5	37.5	—
20×4	240	60	100	35	105	180
20×5	400	66.67	100	75	225	114.29

注：所得税税率为 25%。

由表 4-6 可见，在资本结构一定、债务利息保持固定不变的条件下，随着息税前利润的增长，税后利润以更快的速度增长，从而使企业所有者获得财务杠杆利益。天龙公司 20×4 年与 20×3 年相比，息税前利润增长率为 60%，同期税后利润增长率高达 180%；20×5 年与 20×4 年相比，息税前利润增长率为 66.67%，同期税后利润增长率为 114.29%。由于公司有效地利用了财务杠杆，因而给企业股权资本所有者带来了额外的利益，即税后利润的增长幅度大于息税前利润的增长幅度。反之，随着息税前利润的下降，税后利润以更快的速度下降，从而给企业所有者带来财务风险。

4.2.4.2　财务杠杆系数的测算

财务杠杆的大小可以通过财务杠杆系数（degree of financial leverage，DFL）来衡量。财务杠杆系数是指企业税后利润的变动率相当于息税前利润变动率的倍数。对于股份公司而言，财务杠杆系数也可表述为普通股每股收益变动率相当于息税前利润变动率的倍数。

$$DFL = \frac{\Delta EAT/EAT_0}{\Delta EBIT/EBIT_0} = \frac{\Delta EPS/EPS_0}{\Delta EBIT/EBIT_0} \tag{4-41}$$

式中，DFL 为财务杠杆系数；ΔEAT 为 EAT（税后利润）的变动额；$\Delta EBIT$ 为 $EBIT$ 的变动额；EAT_0 为变化前（或称为基期、期初）的 EAT；$EBIT_0$ 为变化前（或称为基期、期初）的 $EBIT$。

为了方便计算，假设利息 I、所得税税率 T、股份数 N、优先股股利 D 保持不变，可将式 4-41 进行变换如下：

$$DFL = \frac{\Delta EPS/EPS_0}{\Delta EBIT/EBIT_0}$$

$$= \frac{\dfrac{(EBIT_1 - I) \times (1 - T) - D}{N} - \dfrac{(EBIT_0 - I) \times (1 - T) - D}{N}}{\dfrac{(EBIT_0 - I) \times (1 - T) - D}{N}} \div$$

$$\frac{EBIT_1-EBIT_0}{EBIT_0}$$

$$=\frac{(EBIT_1-EBIT_0)\times(1-T)}{(EBIT_0-I)\times(1-T)-D}\div\frac{EBIT_1-EBIT_0}{EBIT_0}$$

$$=\frac{EBIT_0}{EBIT_0-I-\frac{D}{(1-T)}} \tag{4-42}$$

式中，D 为优先股股利；其他字母含义同前。如果没有优先股股利，则有：

$$DFL=\frac{EBIT_0}{EBIT_0-I} \tag{4-43}$$

【例 4-23】 天龙公司全部长期资本为 7 500 万元，债务资本比例为 0.6，债务年利率为 6%，公司所得税税率为 25%，息税前利润为 600 万元。计算其财务杠杆系数。

$$DFL=600/(600-7\ 500\times0.6\times6\%)=1.82$$

财务杠杆系数为 1.82 的含义是：当息税前利润增长 10%时，普通股每股收益将增长 18.2%；反之，当息税前利润下降 10%时，普通股每股收益将下降 18.2%。前一种情形表现为财务杠杆利益，后一种情形则表现为财务风险。

【例 4-24】 续例 4-22，计算其财务杠杆系数。

财务杠杆系数测算如表 4-7 所示。

表 4-7　天龙公司财务杠杆系数测算

年份	EBIT（万元）	EBIT 增长率	I（万元）	T（万元）	EAT（万元）	EAT 增长率	DFL 的计算（定义法）	DFL 的计算（简易法）
20×3	150	—	100	12.5	37.5	—	—	—
20×4	240	60%	100	35	105	180%	180%/60% = 3	150/（150−100）= 3
20×5	400	66.67%	100	75	225	114.29%	114.29%/66.67% ≈1.71	240/（240−100）≈1.71

财务杠杆系数具有以下几个特点：

（1）如果企业有带息负债（或优先股股利），财务杠杆系数一般应大于 1。

（2）在其他条件不变的情况下，负债（或优先股股利）数额越大，财务杠杆系数越大，财务风险也就越大，每股收益也越高。只要投资收益率大于负债资本成本，运用财务杠杆就能增加股东的收益。

（3）EBIT 的值越大，DFL 的值就越小。

（4）当税前利润趋向于 0 时，DFL 趋向于无穷大；当 EBIT 趋向于无穷大时，DFL 趋向于 1。

（5）财务杠杆是一把“双刃剑”，在息税前利润增加时，因为杠杆存在，每股收益快速增加；反之，息税前利润减少时，因为杠杆存在，每股收益快速地减少。

图 4-10 直观地展示了财务杠杆系数的上述特点。

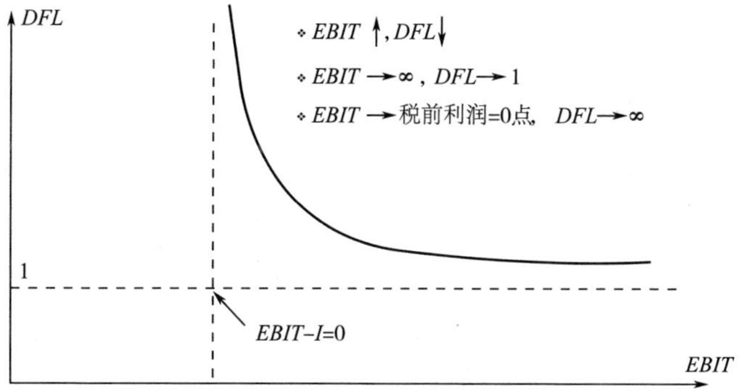

图 4-10　财务杠杆系数特点图

4.2.4.3　影响财务杠杆的因素

影响企业财务杠杆的因素主要有固定利息、资本规模、资本结构、债务利息率、息税前利润等。假设其他因素不变时，息税前利润越大，财务杠杆系数越小；利息率越大，财务杠杆系数越大；负债比率越大，财务杠杆系数越大；所得税税率越大，财务杠杆系数越大。

思政元素

恒大生于杠杆、死于杠杆

恒大集团的兴衰史可以用“生于杠杆、死于杠杆”来概括。恒大集团在成立初期凭借激进的杠杆策略迅速扩张，成为中国最大的房地产开发商之一，但最终也因高负债和流动性危机而陷入困境。恒大集团成立于 1996 年，最初由许家印收购广州天帝公司并更名为恒大地产。公司凭借敏锐的市场嗅觉和低价策略，成功抢占了广州房地产市场，并在短时间内跃升为广州地产 10

强。随后，恒大开始了全国范围内的快速扩张，以“高周转、高利润、高增长”为经营理念，成功上市并成为中国最大的房地产企业之一。然而，恒大的成功也埋下了隐患。公司采取高负债、高投资、高回报的模式，积累了巨额债务。在市场火爆时，这种模式带来了丰厚利润，但当市场遇冷时，也面临着巨大风险。恒大的债务危机在2021年9月爆发，多个债券违约，引发全球市场恐慌，最终导致公司陷入困境。

恒大案例告诉我们，企业在追求快速发展时，必须谨慎平衡风险与收益，合理控制杠杆比例，避免过度依赖债务扩张。同时，要建立健全风险管理机制，及时调整经营策略，以应对可能出现的市场变化和监管要求。

4.2.5 总杠杆

4.2.5.1 总杠杆的含义

总杠杆（total leverage）又称联合杠杆，是指企业经营杠杆与财务杠杆对每股收益的综合影响。一个企业同时利用经营杠杆和财务杠杆，对每股收益的影响作用会更大。

4.2.5.2 总杠杆系数的测算

经营杠杆和财务杠杆的综合程度的大小可以用总杠杆系数（degree of total leverage，DTL）来反映。总杠杆系数是指每股收益变动率相当于销售收入（销量）变动率的倍数。用公式表示为：

$$DTL = DOL \times DFL = \frac{\Delta EPS/EPS}{\Delta Q/Q} = \frac{\Delta EPS/EPS}{\Delta S/S} = \frac{CM}{EBIT - I - \dfrac{D}{(1-T)}} \tag{4-44}$$

没有优先股情况下，式4-44可以简化为：

$$DTL = \frac{CM}{EBIT - I} \tag{4-45}$$

【例4-25】爱华公司有关资料如表4-8所示，股票为1 000万股，所得税税率25%，计算该公司的总杠杆系数。

表4-8　天龙公司产销量变化前后财务情况

项目	产销量变动前（万元）	产销量变动后（万元）	变动额（万元）	变动率（%）
销售额	10 000	12 000	2 000	20
变动成本	4 000	4 800	800	20

续表

项目	产销量变动前（万元）	产销量变动后（万元）	变动额（万元）	变动率（%）
边际贡献	6 000	7 200	1 200	20
固定成本	1 000	1 000	—	—
息税前利润	5 000	6 200	1 200	24
利息	200	200	—	—
税前利润总额	4 800	6 000	1 200	25
税后利润	3 600	4 500	900	25
每股利润	3 600/1 000=3.6	4 500/1 000=4.5	0.9	25

$$\text{经营杠杆 } DOL = 24\%/20\% = 1.2$$

或者

$$DOL = CM/EBIT = 6\,000/5\,000 = 1.2$$

$$\text{财务杠杆 } DFL = 25\%/24\% = 1.04$$

或者

$$\begin{aligned} DFL &= EBIT/(EBIT - I) \\ &= 5\,000/(5\,000 - 200) = 1.04 \end{aligned}$$

$$\text{总杠杆 } DTL = DOL \times DFL = 1.2 \times 1.04 = 1.25$$

或者

$$\text{总杠杆 } DTL = 6\,000/4\,800 = 1.25$$

总杠杆系数具有以下几个特点：

（1）经营杠杆要受到行业影响，而财务杠杆是可以选择的。公司在其经营活动中必须合理匹配经营杠杆和财务杠杆，寻求适当的总杠杆，以降低企业经营过程中的各种风险。一般情况下，应将高经营杠杆系数与低财务杠杆系数配合；或者将低经营杠杆系数与高财务杠杆系数配合。

（2）总杠杆系数用来评价企业的整体风险水平，在总杠杆系数一定的情况下，经营杠杆系数与财务杠杆系数此消彼长。

（3）固定资产比重较大的资本密集型企业，或企业初创阶段，产销占比小，经营杠杆系数高，经营风险大，可以考虑减少企业借款，降低财务风险，降低财务杠杆系数。固定资产占比较小的劳动密集型企业，或企业扩张成熟期，业务量大，经营杠杆系数低，经营风险小，企业可以增加借款比例，保持较大的财务杠杆系数和财务风险。

4.2 即测即评

4.3 最优资本结构决策——慧眼识珠

4.3.1 资本结构概述

4.3.1.1 资本结构的概念

资本结构是指企业各种资本的价值构成及其比例关系，是企业一定时期筹资组合的结果。资本结构有广义和狭义之分。广义的资本结构是指企业全部资本的各种构成及其比例关系。狭义的资本结构是指企业各种长期资本的构成及其比例关系，尤其是指长期债务资本与（长期）股权资本之间的构成及其比例关系。

4.3.1.2 资本结构的种类

一个企业的全部资本就其权属而言，通常分为两大类：一类是股权资本，另一类是债务资本。企业的全部资本按权属区分，则构成资本的权属结构。资本的权属结构是指企业不同权属资本的价值构成及其比例关系。这两类资本构成的资本结构就是企业的资本权属结构。资本的权属结构涉及企业及其股东和债权人的利益和风险。

一个企业的全部资本就其期限而言，一般可以分为两大类：一类是长期资本，另一类是短期资本。这两类资本构成企业资本的期限结构。资本的期限结构是指不同期限资本的价值构成及其比例关系。资本的期限结构涉及企业一定时期的利益和风险，可能影响企业股东和债权人的利益和风险。

4.3.1.3 资本结构的价值基础

对于企业的资本结构，需要明确资本的价值基础。一般而言，资本价值的计量基础有会计账面价值、市场价值和目标价值。与此相联系，企业的资本如果分别按这 3 种价值基础来计量和表达，就形成 3 种不同价值计量基础反映的资本结构，即资本的账面价值结构、资本的市场价值结构和资本的目标价值结构。

资本的账面价值结构是指企业资本按历史账面价值基础计量反映的资本结构。它不太符合企业资本结构决策的要求。资本的市场价值结构是指企业资本按现时市场价值基础计量反映的资本结构。它比较适于上市公司资本结构决策的要求。资本的目标价值结构是指企业资本按未来目标价值计量反映的资本结构。它更适合企业未来资本结构决策管理的要求。

4.3.1.4 资本结构的意义

合理安排债务资本比例可以降低企业的综合资本成本率，获得财务杠杆利益，增加公司的价值。一般而言，一个公司的现实价值等于其债务资本的市场价值与权益资本的市场价值之和，用公式表示为：

$$V = B + S \tag{4-46}$$

式中，V 为公司总价值，即公司总资本的市场价值；B 为公司债务资本的市场价值；S 为公司股权资本的市场价值。

式 4-46 清楚地表达了按资本的市场价值计量反映的资本权属结构与公司总价值的内在关系。公司的价值与公司的资本结构是紧密相关的，资本结构对公司的债务资本市场价值、股权资本市场价值及公司总资本的市场价值（即公司总价值）具有重要影响。因此，合理安排资本结构有利于增加公司的市场价值。

4.3.1.5 影响资本结构的因素

企业资本结构决策的影响因素很多，主要有企业财务目标、企业发展阶段、企业财务状况、投资者动机、债权人态度、经营者行为、税收政策、行业差别、宏观经济环境、资本市场等。

4.3.2 资本结构理论

资本结构理论是关于公司资本结构、公司综合资本成本率与公司价值三者之间关系的理论。它是公司财务理论的核心内容之一，也是资本结构决策的重要理论基础。从资本结构理论的发展来看，主要有早期资本结构理论、MM 资本结构理论和新的资本结构理论。在现实中，资本结构是否影响企业价值这一问题一直存在争议，故被称为“资本结构之谜”。

4.3.2.1 早期资本结构理论

对企业资本结构的研究起源于 20 世纪初，在 20 世纪 50—60 年代得到迅速发展。在这一时期，人们先后对资本结构产生过不同的认识，形成了早期资本结构理论，代表性的观点有净收益理论、净营业收益理论和传统折中理论。

（1）净收益理论。净收益理论的假设是：权益资本成本和债务资本成本是固定不变的，而且权益资本成本永远大于债务资本成本。净收益理论认为，利用债务资本筹资，加大公司的财务杠杆，可以降低企业加权平均资本成本，提高企业的净收益或税后利润，从而提高公司市场价值。该理论主张当企业的负债比率达到 100%时，企业的加权平均资本成本最低，企业价值达到最大。这种观点可用图 4-11 来描述。

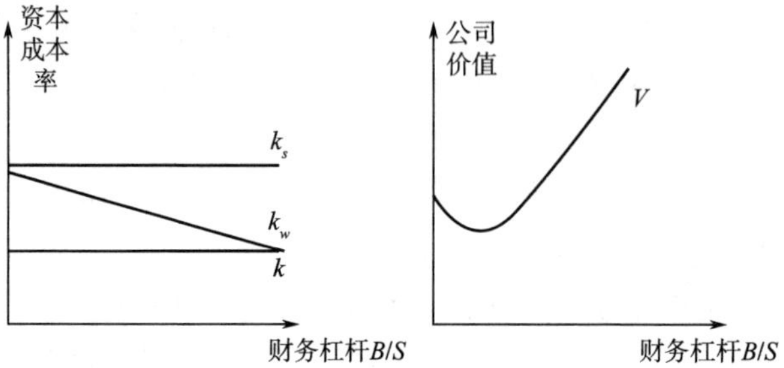

图 4-11 净收益理论下的资本结构、资本成本与公司价值的关系

净收益理论的主要缺陷是过分强调财务杠杆的作用，忽视财务风险，一旦企业偿债能力不足，便会导致破产。在实际中，该理论很难成立。因为随着负债的增加，一方面，股东的财务风险加大会要求提高权益资本收益率；另一方面，财务风险加大也会降低债权人的保障程度，提高债权人的期望收益率，从而提高债务资本成本。

（2）净营业收益理论。净营业收益理论的基本假设是：企业利用财务杠杆作用增加负债筹资比例，会增大企业权益资本的风险，普通股股东会要求更高的收益率，使普通股资本成本上升，并且正好抵消了财务杠杆作用带来的好处，企业无法通过增加负债降低加权平均资本成本。净营业收益理论认为，不论财务杠杆如何变化，企业加权平均资本成本都是固定的，对企业总价值没有影响，决定企业价值的是企业营业收益，最佳资本结构的选择毫无意义。这种观点可以用图 4-12 来描述。净营业收益理论的主要缺陷是过分夸大了财务风险的作用，并忽视了资本成本与资本结构之间的联系。

（3）传统折中理论。传统折中理论是一种介于净收益理论和净营业收益理论之间的理论。传统折中理论认为，企业利用财务杠杆尽管会导致权益资本成本上升，但在一定程度内不会完全抵消利用资本成本率较低的债务所获得的好处，因此会使综合资本成本下降，企业总价值上升。但是，企业利用财务杠杆作用超过一定程度，债务资本和权益资本的成本都会上升，使得综合资本成本加快上升，企业的总价值下降。这是因为，负债比例增加到一定程度后，债权人由于财务风险加大会要求提高收益率，债务成本也会上升，使得综合资本成本上升加快。综合资本成本从下降变为上升的转折点，是综合资本成本的最低点，这时的资本结构就是最佳资本结构。所以，传统折中

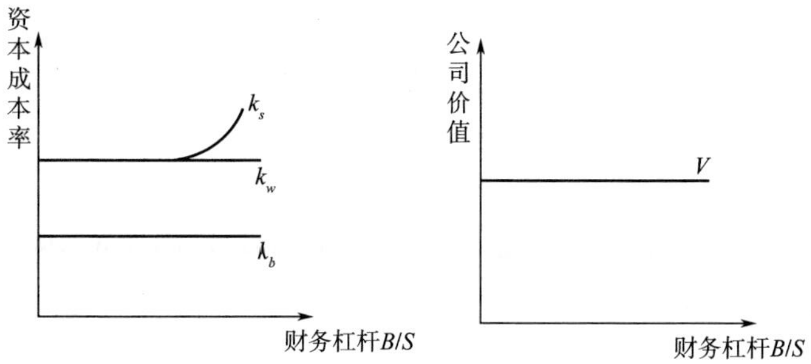

图 4-12 净营业收益理论下的资本结构、资本成本与公司价值的关系

理论承认企业确实存在一个最佳资本结构，并且可以通过适度财务杠杆的运用来获得。一般来讲，在最佳资本结构这一点上，负债的边际资本成本率与权益的边际成本率相同。这种理论可以用图 4-13 来表示。

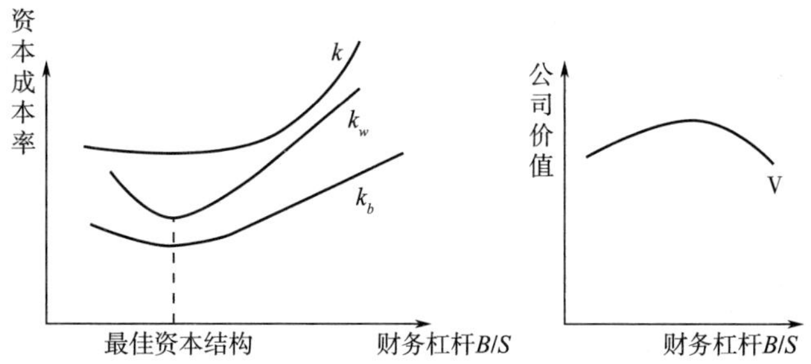

图 4-13 传统折中理论下的资本结构、资本成本与公司价值的关系

4.3.2.2 MM 资本结构理论

（1）早期 MM 理论。1958 年，美国财务学者 F. 莫迪格莱尼（F. Modigliani）和 M. H. 米勒（M. H. Miller）在《美国经济评论》上合作发表了《资本成本、公司财务与投资理论》一文，深入探讨了公司资本结构与公司价值的关系，创立了融资理论发展史上经典的 MM 资本结构理论，标志着现代资本结构理论的创立。

MM 理论是建立在一系列基本假设前提之上的，这些假设包括 9 项：①公司在无税收的环境中经营；②公司营业风险的高低由息税前利润标准差来衡量，公司营业风险决定其风险等级；③投资者对所有公司未来盈利及风险的预期相同；④投资者不支付证券交易成本，所有债务利率相同；⑤公司为零增长公司，即年平均盈利额不变；⑥个人和公司均可发行无风险债券，并有无风险利率；⑦公司无破产成本；⑧公司的股利政策与公司价值无关，公司发行新债时不会影响已有债务的市场价值；⑨存在高度完善和均衡的资本市场，这意味着资本可以自由流通，充分竞争，预期报酬率相同的证券价格相同，利率一致。

在上述基本假设的基础上，莫迪格莱尼和米勒提出了无公司税时的MM理论和考虑公司税的MM理论。MM理论认为，在符合上述假设且没有公司所得税和个人所得税的前提下，下述命题成立：

一是总价值命题。只要息税前利润相等，处于同一风险等级的任何企业，无论是负债还是无负债，它们的总价值相同，即企业的价值均由其预期息税前收益按照其风险等级所对应的贴现率贴现后决定。根据这一命题可得出以下结论：在没有税收的情况下，企业的价值与其资本结构无关，企业的加权平均资本成本只由其风险等级所决定，与资本结构也无关。

二是风险补偿命题。负债企业的权益资本成本等于同风险等级的无负债企业的权益资本成本加上一定数量的风险收益；风险收益的数值相当于无负债企业的权益资本成本减去债务成本后与负债企业的债务权益比的乘积。根据这一命题可得出以下结论：企业使用债务会提高其权益资本成本，从而抵消了债务成本较低所带来的好处，对企业的价值不产生影响。上述命题称为MM资本结构无关论。平衡理论强调，企业的投资政策和融资政策是相互独立的。在没有政府税收的情况下，增加债务并不能提高公司的价值，因为负债带来的好处完全被其同时带来的风险增加所抵消，因此公司资本结构与公司价值无关。

（2）修正MM理论。在现实生活中，上述的有些假设是不成立的，因此，早期的MM理论并不完全符合现实情况。此后，众多学者在早期MM理论的基础上不断放宽假设，将企业的所得税因素和风险因素纳入资本结构的分析之中。莫迪格莱尼和米勒于1963年合作发表了另一篇论文《公司所得税与资本成本：一项修正》，对原资本结构理论进行了修正。修正的MM理论提出了以下两个命题：

一是赋税节余命题。有负债企业的价值等于具有同等风险程度的无负债企业的价值加上因负债而产生的节税利益。根据该命题可得出以下结论：在公司举债后，债务利息可以计入财务费用在缴纳所得税之前扣除，形成节税利益，由此可增加公司的净收益，从而提高公司的价值。随着公司债务比例的上升即财务杠杆系数的提高，公司的价值也会提高。

二是MM资本结构理论的权衡理论观点。该观点认为，随着公司债务比例的提高，公司的风险也会上升，因而公司陷入财务危机甚至破产的可能性也会增大，由此会增加公司的额外成本，降低公司价值。因此，公司最佳的资本结构应当是节税利益和债务资本比例上升所带来的财务危机成本与破产成本之间的平衡点。

4.3.2.3 新的资本结构理论

20世纪80年代后又出现了一些新的资本结构理论，主要有代理成本理论、信号传递理论和啄序理论等。

代理成本理论认为，公司债务的违约风险是财务杠杆系数的增函数；随着公司债务资本的增加，债权人的监督成本不断提高，债权人会要求更高的利率。这种代理成本最终要由股东承担，公司资本结构中债务比率过高会导致股东价值降低。根据代理成本理论，债务资本适度的资本结构会增加股东的价值。上述资本结构的代理成本理论仅限于债务的代理成本。除此之外，还有一些代理成本涉及公司的雇员、消费者和社会等，在资本结构的决策中也应予以考虑。

信号传递理论认为，公司可以通过调整资本结构来传递盈利能力和风险方面的信息，以及公司如何看待股票市价的信息。公司价值被低估时会增加债务资本；反之，公司价值被高估时会增加股权资本。

啄序理论认为，公司倾向于首先采用内部筹资，比如留用利润，因其不会传导任何可能对股价不利的信息；如果需要外部筹资，公司将优先选择债务筹资，再选择其他外部股权筹资，这种筹资顺序的选择也不会传递对公司股价产生不利影响的信息。

4.3.3 最优资本结构决策

最优资本结构是指在一定条件下使企业综合资本成本最低，企业价值最大的资本结构。最优资本结构的确定方法有综合资本成本比较法、每股收益无差别点分析法、公司价值分析法。

4.3.3.1 综合资本成本比较法

综合资本成本比较法是通过计算各方案的综合平均资本成本，并根据综合资本成本的高低来确定最佳资本结构的方法。最佳资本结构亦即综合资本成本最低的资本结构。其计算公式为：

$$K_w = \sum_{t=1}^{n} K_i w_i \qquad (4-47)$$

式中，K_w 为综合资本成本；K_i 为第 i 种个别资本成本；W_i 为第 i 种个别资本占全部资本的比重（权重）。

【例 4-26】 海天公司 2024 年初资本结构为：公司债券（年利率 10%）400 万元；普通股（40 万股）600 万元。公司普通股市价为 20 元/股，今年年初预计股利为 3.20 元/股，预计以后每年股利增长率为 5%。所得税税率为 25%。假设发行各种证券无筹资费。公司准备增资 400 万元，现有以下两个方案可供选择：

A 方案：发行公司债券 400 万元，年利率为 12%。普通股今年年初股利预计为 3.20 元/股，以后年递增 6%。由于增加了风险，股价预计将跌到每股 18 元。

B 方案：发行公司债券 200 万元，年利率为 12%，同时发行普通股股票 200 万元，普通股今年年初股利预计为 3.20 元/股，以后每年递增 6%，由于企业信誉提高，普通股市价预计将上升到每股 25 元。

哪种方案更优？

$$K_A = 10\% \times (1 - 25\%) \times 400/1\,400 + 12\% \times (1 - 25\%) \times 400/1\,400 + (3.2/18 + 6\%) \times 600/1\,400 = 15.62\%$$

$$K_B = 10\% \times (1 - 25\%) \times 400/1\,400 + 12\% \times (1 - 25\%) \times 200/1\,400 + (3.2/25 + 6\%) \times 800/1\,400 = 14.17\%$$

根据综合资本成本比较法，B 方案更优。

综合资本成本比较法的优点是该方法通俗易懂、不太复杂；测算过程简单，是一种比较便捷的常用方法。缺点是选定的方案有限，有可能漏掉最优方案；该方法只是比较了各种融资组合方案的资本成本，难以区别不同融资方案之间的财务风险因素差异，在实际计算中有时也难以确定各种融资方式的资本成本。综合资本成本比较法一般适用于资本规模较小、资本结构较为简单的非股份公司。

4.3.3.2 EBIT-EPS 分析法

EBIT-EPS 分析法又称每股收益无差别点分析法，是通过分析资本结构与每股收益之间的关系，计算各种筹资方案的每股收益无差别点，进而确定合理的资本结构的方法。

每股收益无差别点是指使不同资本结构的每股收益相等，即每股收益不受筹资方式影响的息税前利润。在此点上，两种筹资方式的每股收益都相等。

即 $EPS_1 = EPS_2$，有：

$$\frac{(EBIT - I_1) \times (1 - T) - D_{ps}}{n_1} = \frac{(EBIT - I_2) \times (1 - T) - D_{ps}}{n_2} \tag{4-48}$$

式中，$EBIT$ 为无差别点时的息税前利润；I_1、I_2 分别为第 1 种、第 2 种筹资方案的债务利息；T 为所得税税率；D_{ps} 为优先股股利；n_1、n_2 分别为第 1 种、第 2 种筹资方案的股份数。

求解得出的 $EBIT$ 即为每股收益无差别点时的息税前利润，代回公式可求解得到每股收益无差别点时的 EPS。

决策方法：预计 $EBIT$>每股净收益无差别点的 $EBIT$，采用负债筹资；预计 $EBIT$=每股净收益无差别点的 $EBIT$，两种方案无差别；预计 $EBIT$<每股净收益无差别点的 $EBIT$，采用普通股筹资（简称"小股大债"）（如图 4-14 所示）。

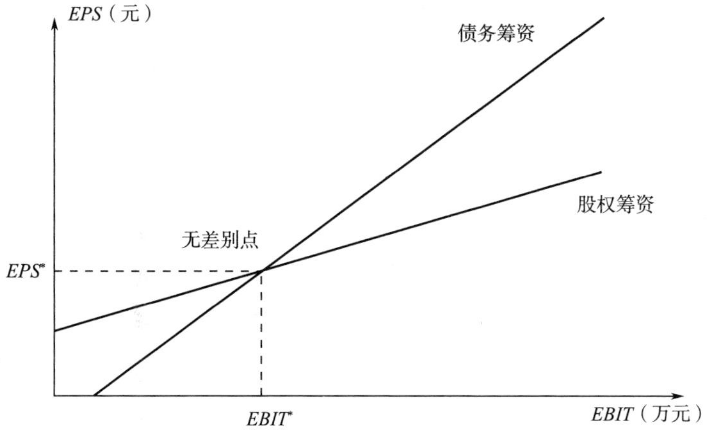

图 4-14　每股收益无差别点分析

【例 4-27】天龙公司原有资本 1 400 万元，其中债务资本 400 万元（年利率为 12%），普通股资本 1 000 万元（20 万股）。现在公司希望再筹措 600 万元长期资本用于扩大经营，筹资方案如下：

（1）方案 1：增发普通股 12 万股，发行价为 50 元/股。

（2）方案 2：全部采用债务形式，债务年利率仍为 12%。

公司预计增资后每年的息税前利润为 180 万元，所得税税率为 25%，求每股收益无差别点，并判断应选择哪种方案。

$$EPS_1 = \frac{(EBIT - 400 \times 12\%) \times (1 - 25\%)}{20 + 12}$$

$$EPS_2=\frac{(EBIT-400\times12\%-600\times12\%)\times(1-25\%)}{20}$$

令 $EPS_1=EPS_2$，解得 $EBIT=240$（万元），$EPS_1=EPS_2=4.5$（元/股），如图 4-15 所示。

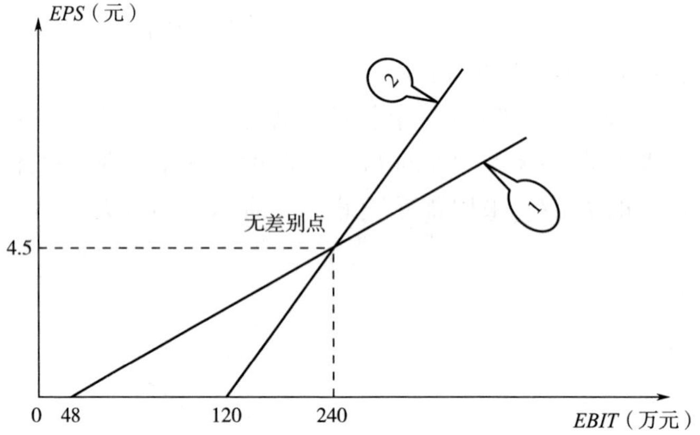

图 4-15　每股收益无差别点分析

因为预计增资后每年的息税前利润 180 万元小于每股收益无差别点的息税前利润 240 万元，所以，应该选择方案 1，即发行普通股进行筹资。

我们也可以将预计增资后产生的息税前利润代入公式，计算出两个方案的 EPS，然后进行判断决策。

$$EPS_1=\frac{(180-400\times12\%)\times(1-25\%)}{20+12}=3.09(\text{元/股})$$

$$EPS_2=\frac{(180-400\times12\%-600\times12\%)\times(1-25\%)}{20}=2.25(\text{元/股})$$

方案 1 的 EPS 大于方案 2 的 EPS，故应选择方案 1。

每股收益无差别点分析法的优点是原理比较容易理解，测算过程较为简单。缺点是以普通股每股收益最高为决策标准，没有具体测算财务风险因素，其决策目标实际上是每股收益最大化而不是公司价值最大化，公司的最佳资本结构应当是可使公司的总价值最高，而不一定是每股盈余最大的资本结构。每股收益无差别点分析法适用于资本规模不大、资本结构不太复杂的股份公司。

4.3.3.3　公司价值分析法

公司价值分析法是通过计算和比较各种资本结构下公司的市场总价值来确定最佳资本结构的方法。公司市场总价值是其股权价值与负债价值之和，即：

$$V = S + B \tag{4-49}$$

假定负债的市场价值等于其面值。股权的市场价值计算公式为：

$$S = (EBIT - I) \times (1 - T) \div K_s \tag{4-50}$$

权益资本成本可以通过资本资产定价模型计算：

$$K_s = R_F + \beta \times (R_M - R_F) \tag{4-51}$$

企业的资本成本可以采用加权平均法计算：

$$K_w = K_b \times (1 - T) \times W_b + K_s \times W_s \tag{4-52}$$

【例 4-28】 天龙公司长期资本全部为普通股，股票账面价值为 2 000 万元。公司年息税前利润为 500 万元，所得税税率为 25%。该公司认为目前的资本结构不够合理，准备通过发行债券购回部分股票的办法予以调整。目前的债券利率和权益资本的成本情况如表 4-9 和表 4-10 所示。

表 4-9　债券利率测算

B（万元）	K_b（%）	β 值	R_F（%）	R_M（%）	K_s（%）
0	—	1. 20	10	14	14. 8
200	10	1. 25	10	14	15. 0
400	10	1. 30	10	14	15. 2
600	12	1. 40	10	14	15. 6
800	14	1. 55	10	14	16. 2
1 000	16	2. 10	10	14	18. 4

假定负债为 400 万元，则：

权益资本成本 = 10% + （14% − 10%） ×1. 3 = 15. 2%

表 4-10　权益资本成本与综合资本测算

B（万元）	S（万元）	V（万元）	K_b（%）	K_s（%）	K_w（%）
0	2 534	2 534	—	14. 8	14. 8
200	2 400	2 600	10	15. 0	14. 42
400	2 270	2 670	10	15. 2	14. 05
600	2 058	2 658	12	15. 6	14. 11
800	1 796	2 596	14	16. 2	14. 44
1 000	1 386	2 386	16	18. 4	15. 73

假定负债（B）为 400 万元，股票的市场价值：

$$S=(500-400\times10\%)\times(1-25\%)\div15.2\%=2\,270(\text{万元})$$

$$V=S+B=2\,270+400=2\,670(\text{万元})$$

$$K_w=10\%\times(1-25\%)\times(400/2\,670)+15.2\%\times(2\,270/2\,670)=14.05\%$$

从表 4-10 可以看出，在没有债务的情况下，公司的总价值就是其原有股票的市场价值。当公司用债务资金部分地替换权益资金时，一开始公司总价值上升，加权平均资金成本下降；在债务达到 400 万元时，公司总价值最高，加权平均资金成本最低；债务超过 400 万元后，公司总价值下降，加权平均资金成本上升。因此，债务为 400 万元时的资本结构是该公司的最佳资本结构。

4.3 即测即评

公司价值分析法主要用于对资本规模比较大的上市公司资本结构进行优化分析。

思考与练习题

1. 如何理解资本成本的含义？用资费用和筹资费用有什么不同特性？

2. 简要说明个别资本成本、综合资本成本和边际资本成本的含义。

3. 简述财务管理中的杠杆效应的含义。

4. 简要阐述最优资本结构决策的 3 种方法的基本原理。

5. 某公司目前拥有资金 2 000 万元，其中，长期借款 800 万元，年利率为 10%；普通股 1 200 万元，年初支付的每股股利为 2 元，预计股利增长率为 5%，发行价格为 20 元，目前价格也为 20 元。该公司拟筹集资金 100 万元，企业所得税税率为 25%，有两种筹资方案：

方案一：增加长期借款 100 万元，借款利率上升到 12%，假设公司其他条件不变。

方案二：增发普通股 40 000 股，普通股市价增加到每股 25 元。

要求：

（1）计算该公司筹资前的加权平均资本成本。

（2）用综合资本成本比较法确定该公司最佳的资本结构。

6. 某企业只生产和销售甲产品，其总成本习性模型为 $y=2\,000+5Q$。假定该企业 2024 年度该产品销售量为 6 000 件，每件售价为 6 元。要求：

（1）计算 2024 年该企业保本点的销售量和销售额。

（2）计算该企业的安全边际率。

（3）计算该企业 2024 年获得的息税前利润。

7. 聚源公司当前销售量为 10 000 件，单位售价为 30 元，单位变动成本为 18 元，固定成本为 100 000 元，EBIT 为 20 000 元，预计下一年度的销售量为 12 000 件（即增长 20%），固定成本保持不变，计算经营杠杆系数。

8. 爱知公司账面共有资金 4 000 万元，其中按面值发行债券 1 000 万元，票面利率为 10%，筹资费率为 1%；发行优先股筹资 500 万元，股息率为 12%，筹资费率为 2%；普通股筹资 1 500 万元，筹资费率为 4%，预计第一年年末股利率为 12%，以后每年按 4%递增；留存收益 1 000 万元，所得税税率为 25%。要求计算：

（1）债券资本成本。

（2）优先股资本成本。

（3）普通股资本成本。

（4）留存收益资本成本。

（5）加权平均资本成本。

9. 爱华公司 2024 年度固定成本总额为 20 000 万元（包括利息费用）。单位变动成本为 0.4 万元。单位售价为 0.8 万元，销售量为 100 000 套，2024 年度发生的利息费用为 4 000 万元。要求：

（1）计算 2024 年度的息税前利润。

（2）以 2024 年度数据为基期数据，分别计算经营杠杆系数、财务杠杆系数和总杠杆系数。

10. 甲公司目前的总资本为 1 000 万元，其中，债券 600 万元，年平均利率为 10%；普通股 400 万元，每股市价为 10 元，每股面值为 1 元，发行股票 40 万股，每年固定股利支付，每股支付股利 0.9 元。所得税税率为 25%。

（1）计算追加筹资前的债券资本成本率、普通股资本成本率、综合资本成本率。

（2）该公司计划追加筹资 500 万元，有两种方式可供选择：发行债券 500 万元，年利率为 12%；发行普通股筹资 500 万元，每股发行价为 10 元，发行 50 万股，无筹资费用。分别计算两种筹资方式下 EPS 无差别点时的息税前利润。

（3）分别计算上述两种筹资方式在 EPS 无差别点条件下的财务杠杆系数。

（4）若公司预计息税前利润在 EPS 无差别点时增长 5%，并且采用发行普通股方案，该公司每股利润增长率为多少？

5

投资管理——生财有道

学习目标

1. 了解项目投资的特点和种类。
2. 了解项目投资过程。
3. 掌握投资项目现金流量的含义、组成内容与计算。
4. 掌握投资决策各项指标的计算方法和决策规则。

思维导图

引导案例

八佰伴失败的启示

八佰伴曾是一家闻名一时的国际知名百货公司，于1930年在日本静冈县成立。成立之初，八佰伴只是一家蔬果杂货店，经历30余年的发展，八佰伴规模不断扩大，不仅积累了相当的利润，还在其他乡镇开起了分店，而且分店数量也越来越多。后来，八佰伴公司不满足于国内的发展，开拓起了海外业务。

1971年9月，八佰伴在巴西开设了第一家海外分店，随后，又在新加坡、美国等地开展业务。1983年，八佰伴在日本上市。1984年，进军香港市场，之后在香港以急速的步伐扩张。1990年，八佰伴甚至将总部由日本迁至香港，扩张行动进一步加快。1995年，八佰伴（香港）百货公司拥有港澳10间店。1997年，由于无力支付高额债务，八佰伴国际集团宣布破产。这家盛极一时的知名跨国企业为何会破产呢？

观察其发展历程不难发现，八佰伴的扩张速度过快。究其破产原因，首先，不同国家和地区的文化习俗不一样，没有考察清楚当地的消费习惯就盲目扩张，导致战略不能适应当地发展，水土不服。其次，为了快速扩展业务，八佰伴在债券市场上发行了大量可转换债券，到期需要偿还大量资金。但由于八佰伴缺乏银行支持，债务到期了又无法筹集到资金，无力偿还债务。最后，八佰伴的投资太多，旧的项目还没有收回成本，又进行了新的投资，导致账面没有充足的现金流，企业资金流通不畅。

思考：

1. 评价八佰伴的投资决策。
2. 从八佰伴破产的案例中，你得到什么启示？

5.1 长期投资概述——经邦论道

5.1.1 投资的含义及意义

5.1.1.1 投资的含义

投资是指特定的经济主体以回收本金并获利为基本目的，将资本（货币、实物资产等）投放于某一个具体对象，以在未来一定时间内获取预期经济利益的经济行为。企业只有通过投资，才能为股东和其他利益相关者创造价值。由于短期投资、短期筹资和营业现金流管理有密切关系，通常合并在一起讨论，统称为营运资本管理。所以，财务管理中讲的投资是指长期投资，它金额较大、时限较长、对企业的经营发展有着重大影响，有时也称为“资本预算”。

5.1.1.2 投资的意义

投资决策与筹资决策、营业活动决策、股利分配决策等构成了企业财务决策，投资决策是企业最重要的决策，在公司财务管理中占有非常重要的地位。

（1）企业投资是实现财务管理目标的基本前提。企业财务管理的目标是不断提高企业价值，为股东创造财富。因此要采取各种措施增加利润，降低风险。企业要想获得利润，就必须进行投资，在投资中获得效益。

（2）企业投资是公司生产发展的必要手段。企业无论是维持简单再生产还是实现扩大再生产，都必须进行一定的投资。要维持简单再生产的顺利进行，就必须及时对所使用的机器设备进行更新，对产品和生产工艺进行改造，不断提高职工的科学技术水平等；要实现扩大再生产，就必须新建、扩建厂房，增添机器设备，增加职工人数，提高人员素质等。

（3）企业投资是公司降低经营风险的重要方法。公司把资金投向生产经营的关键环节或薄弱环节，可以使各种生产经营能力配套、平衡，形成更大的综合生产能力。把资金投向多个行业，实行多元化经营，提高公司销售和盈余的稳定性。这些都是降低公司经营风险的重要方法。

思政元素

大国重器，铸就底气

一个国家的竞争力，很大程度上体现在制造业水平上，而制造业中最重要、最核心的是装备制造业。改革开放以来，我国装备制造业取得了举世瞩目的成就，其中最具标志性的，便是一件件大国重器的诞生——从“复兴号”高铁首发到国产C919大飞机首飞，从“华龙一号”扬帆出海到“天宫一号”驻留太空，从摘取造船业“皇冠上的明珠”的LNG船到国产航空母舰山东舰、福建舰下水……它们承载着国人梦想，凝聚着中国智慧，也彰显出中国制造不断增强的实力。

5.1.2 投资的分类

对投资进行科学分类，有利于分清投资性质，了解投资特点，并按照不同特点和要求开展投资决策，加强投资管理。

5.1.2.1 按投资活动与企业本身生产经营活动的关系划分

按投资活动与企业本身生产经营活动的关系划分为直接投资和间接投资。直接投资是指将资金直接投放于形成生产经营能力的实体性资产，直接谋取经营利润。直接投资的投资人（公司）在投资以后继续控制实物资产，直接控制投资回报。间接投资是指将资金投放于股票、债券等权利性资产上，股票、债券的发行方再将筹集的资金投放于形成生产经营能力的实体性资产，获取经营利润。间接投资的投资人（公司）不直接介入具体生产经营过程，不直接控制实物资产，只能通过契约或者更换代理人的方式间接控制投资回报。

5.1.2.2 按投资对象的存在形态和性质划分

按投资对象的存在形态和性质划分为项目投资与证券投资。项目投资是指购买或建造具有实质内涵的经营资金，形成具体的生产经营能力，开展实质性的生产经营活动，谋取经营利润。项目投资的目的在于改善生产条件、扩大生产能力，以获取更多的经营利润。项目投资在性质上属于直接投资。

证券投资是购买具有权利性的证券资产，通过证券资产上所赋予的权利，间接控制被投资企业的生产经营活动，获取投资收益。

5.1.2.3 按投资回收时间的长短划分

按投资回收时间的长短划分为短期投资与长期投资。短期投资又称流动资产投资，是指能够并且准备在一年以内收回的投资，主要是指对现金、应收账款、存货、短期有价证券等的投资，长期证券如能随时变现亦可作为短期投资。长期投资则是指一年以上才能收回的投资，主要是指对厂房、机器设备等固定资产的投资，也包括对无形资产和长期有价证券的投资。由于长期投资中固定资产所占比重较大，因此，长期投资有时专指固定资产投资。

5.1.2.4 按资金投出的方向划分

按资金投出的方向划分为对内投资和对外投资。对内投资是指在本企业范围内的资金投放，用于购买和配置各种生产经营所需的经营性资产。所以，对内投资是直接投资。对外投资是指向本企业范围以外的其他单位的资金投放。主要以现金、有形资产、无形资产等资产形式，通过联合投资、合作经营、换取股权、购买证券等方式，向企业外部其他单位投放资金。对外投资主要是间接投资，也可能是直接投资。

5.1.2.5 按投资在生产过程中的作用划分

按投资在生产过程中的作用，投资可分为初创投资和后续投资。初创投资是在建立新企业时进行的各种投资，投入的资金通过建设形成企业的原始资产，为企业的生产、经营创造必要的条件，属于新建项目投资。后续投资则是指为巩固和发展企业再生产所进行的各种投资，主要包括为维持企业简单再生产所进行的更新性投资，为实现扩大再生产所进行的追加性投资，为调整生产经营方向所进行的转移性投资等，大部分属于更新改造项目投资。

5.1.2.6 按投资项目之间的相互关联关系划分

按投资项目之间的相互关联关系划分为独立投资与互斥投资。独立投资属于相容性投资，各个投资项目之间互不关联、互不影响、可以同时并存，譬如建一条生产线和建一个仓库，它们之间并不冲突，可以同时进行。独立投资项目只需要考虑方案本身是否满足某种决策标准。互斥投资属于非相容性投资，各个投资项目之间相互关联、相互替代、不能同时并存。对于一个互斥投资项目而言，其他投资项目是否被采纳或者放弃，直接影响本项目的决策，如果其他投资项目被采纳，本项目就不能被采纳。所以，互斥投资项目决策考虑的是各项目之间的排斥性，需要在备选的可行方案中选择最优方案。

5.1.3 项目投资的含义及特点

项目投资是一种以特定项目为对象，直接与新建项目或更新改造项目有关的长期投资行为。从性质上看，它是企业直接的、生产经营性的对内投资形式，通常包括固定资产投资、无形资产投资和流动资产投资等内容。项目投资具有以下特点：

(1) 投资金额大。项目投资一般需要较多的资金，其投资额往往是企业和投资人多年的资金积累。因此，项目投资对企业未来的现金流量和财务状况都将产生深远的影响，投资人在作决策时会非常谨慎。

(2) 影响时间长。项目投资的资金一旦投入，回收时间长，在企业中发挥作用的时间也较长，对企业未来的生产经营活动会产生持续性的影响。

(3) 变动能力差。项目投资一般无法在一年或一个营业周期内变现，而且即使在短期内出售变现，损失的价值也会较大。因此，项目投资一旦完成，变更是相当困难的。

(4) 投资风险大。项目投资涉及金额大、影响时间长且一旦投入难以变更的特点，必然造成其投资风险大于流动资产投资。因此，在项目投资进行之前必须做好科学的评估和规划，包括投资项目的技术可行性、市场可行性、财务可行性分析等方面。本章讲述的是如何对投资项目进行财务评价。

5.1.4 项目计算期

项目计算期是指项目从开始投资建设到最终清理结束整个过程的全部时间。项目计算期通常以年为计算单位，用 n 表示。第 0 年称为建设起点，若建设期不足半年，可假定建设期为零；项目计算期最后一年第 n 年称为终结点，可假定项目最终报废或清理均发生在终结点，但更新改造除外。

项目计算期包括建设期和经营期，从项目投产日到终结点的时间间隔称为经营期，也叫寿命期，由此可得：

$$项目计算期(n) = 建设期(s) + 经营期(p) \tag{5-1}$$

图 5-1 直观展示了项目计算期、建设期和经营期的关系。

5.1.5 项目投资的程序

投资是一项具体而复杂的系统工程，按照时序的方法，可以将投资过程分为事前、事中和事后 3 个阶段。事前阶段也称投资决策阶段，主要包括投资项目的提出（进行市场调查，捕捉投资机会）、评价（进行项目可行性分

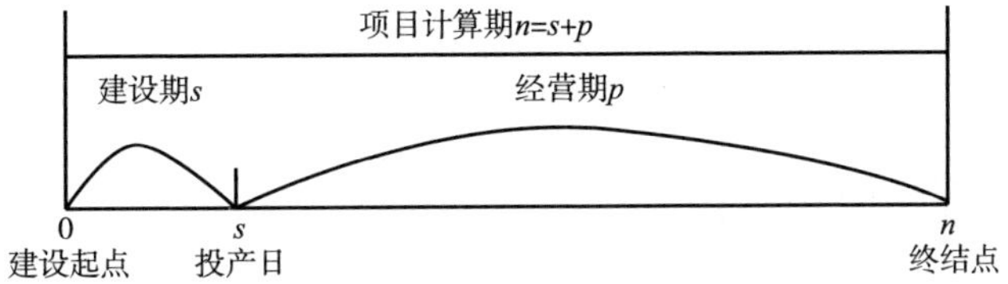

图 5-1　项目计算期、建设期和经营期

析）与决策（接受、拒绝、补充完善）；事中阶段的主要工作是实施投资方案（筹资，分计划、分步骤实施）并对其进行监督与控制（对实施进度、工程质量、施工成本等进行控制与监督），以及进行投资的后续分析（延迟投资、放弃投资、扩大投资与缩减投资）；事后阶段是指在投资项目结束后对投资效果进行事后审计（实施结果与预算的差异值，差异的原因分析）与评价（绩效评价与考核奖惩制度）。

5.2　投资现金流量的分析——流水生财

5.1 即测即评

5.2.1　项目现金流量的概念

项目现金流量是指在投资决策中一个项目引起的现金流入和现金流出的数额。这里的现金是广义的现金，不仅包括各种货币资金，还包括投资项目需要投入的企业现有的非货币资产的变现价值。

在长期投资决策中，现金流量这个概念非常重要。现金流量以收付实现制为基础，充分考虑了现金流量的实现性，有利于科学地考虑货币时间价值；现金流量能够动态反映投资项目的货币资金收支运动，便于及时准确地评价项目的经济效益。而利润反映的是应计的现金流量，不是实际的现金流量，具有较大风险，容易高估效益。

现金流量是现金流入量、现金流出量的统称，即一定时期内企业实际收到或付出的现金数量。现金流入量（cash inflow，CI）是指该方案引起的企业现金收入的增加额；现金流出量（cash outflow，CO）是指该方案引起的企业现金收入的减少额；净现金流量（net cash flow，NCF）是指一定时间内现金流入量与现金流出量的差额，用公式表示为：

$$NCF = CI - CO \tag{5-2}$$

对该概念要掌握 3 点：①它是由特定项目引起的（这是确定现金流量的

主体)；②它是项目的增量（一种差量，边际分析)；③它是广义的现金概念(包括机会成本)。

5.2.2 现金流量假设

在项目投资决策中，往往包含以下一些假设。

(1) 全投资假设。即假设在确定项目的现金流量时，只考虑全部投资的运动情况，而不论是自有资金还是借入资金等具体形式的现金流量，都将其视为自有资金。

(2) 建设期投入全部资金假设。即项目的原始总投资不论是一次投入还是分次投入，均假设它们是在建设期内投入的。

(3) 项目投资的经营期与折旧年限一致假设。即假设项目主要固定资产的折旧年限或使用年限与其经营期相同。在实践中，由于项目投资受到风险、税法、会计准则等的影响，现金流量项目的折旧估算年限与项目的实际经营期不一定相同，但在项目预算时，该假设可以保证项目现金流的完整性、均衡性，并便于项目经营期间现金流的估算。

(4) 时点指标假设。即现金流量的具体内容所涉及的价值指标，不论是时点指标还是时期指标，均假设按照时点处理。建设投资在建设期内有关年度的年初发生；垫支的流动资金在建设期的最后一年末即经营期的第一年初发生；经营期内各年的营业收入、付现成本、折旧（摊销等)、利润、所得税等项目的确认均在年末发生；项目最终报废或清理（中途出售项目除外)，回收流动资金均发生在经营期最后一年末。

(5) 确定性假设。即假设与项目现金流量估算有关的价格、产销量、成本水平、所得税税率等因素均为已知常数。

5.2.3 现金流量估计

在投资决策中，资金无论是投向公司内部形成各种资产，还是投向公司外部形成联营投资，都需要用特定指标对投资的可行性进行分析，这些指标的计算都是以投资项目的现金流量为基础的。因此，现金流量是评价投资方案是否可行时必须事先计算的一个基础性数据。

按照现金流动的方向，可以将投资活动的现金流量分为现金流入量、现金流出量和净现金流量。按照现金流量的发生时间，又可以分为初始现金流量、营业现金流量和终结现金流量。因为使用这种分类方法计算现金流量比较方便，所以下面将详细分析这三种现金流量的主要内容。

5. 2. 3. 1　初始（建设期）现金流量

初始现金流量是指项目建设过程中发生的现金流量。主要内容包括：

（1）投资前费用。投资前费用是指在正式投资前为做好各项投资准备工作而花费的费用，主要包括勘察设计费、技术资料费和其他费用。

（2）设备购置费用。设备购置费是指为购买投资项目所需各项设备而花费的费用，如生产线、机械设备、电脑、车辆等的购买费用。

（3）设备安装费用。设备安装费用是指设备在实际使用前为安装各种设备而花费的费用。

（4）建筑工程费。建筑工程费是指为进行各种土建工程所花费的费用，包括土地购置费、土地清理费、场地准备费、施工材料费、工资等。

（5）原有固定资产的变价收入扣除相关税金后的净收益。变价收入主要是在更新改造固定资产时出现的变卖旧固定资产所获得的现金净收入。

（6）其他费用。例如：投资建造过程中可能需要购买专利、工业技术等无形资产的费用；建造过程中发生的办公费用、差旅费用、税费等。

（7）营运资本的垫支。投资项目建成后，在正式运营前，往往需要垫支一笔营运资本（营运周转资金）才能正式进入运营。这部分垫支的营运资本一般要到项目寿命终结时才能收回。所以，营运资本的垫支也应作为长期投资，而非短期投资。

以上投资项目合起来称为项目总投资。其中部分投资形成固定资产，部分投资形成无形资产，也可能部分投资形成其他资产。

$$\text{建设期每年的现金流量} = \text{该年发生的各项开支的合计额} \tag{5-3}$$

5. 2. 3. 2　营业（经营期）现金流量

项目建成后，生产经营过程中发生的现金流量一般按年计算。主要内容包括：

（1）税后现金流入量，即投资项目投产后增加的税后现金收入（或成本费用节约额）。

（2）税后现金流出量，即与投资项目有关的以现金支付的各种税后成本费用以及各种税金支出，也称为付现成本。付现成本不包括固定资产折旧费以及无形资产摊销费等，这些费用在经营期不会产生现金流出，属于非付现成本。

年营业净现金流量计算公式及推导如下：

$$\text{每年营业 } NCF = \text{营业收入} - \text{付现成本} - \text{所得税} \tag{5-4}$$

$$\text{每年营业 } NCF = \text{营业收入} - \text{付现成本} - \text{非付现成本} - \text{所得税} + \text{非付现成本}$$

$$\text{每年营业 } NCF = \text{净利润} + \text{非付现成本} \tag{5-5}$$

以上计算中，式 5-4 称为直接法，式 5-5 称为间接法。

5.2.3.3 终结现金流量

终结现金流量是指项目经济寿命终了时发生的现金流量。主要内容包括：

（1）固定资产（含土地）残值变价净收入（扣除所需缴纳税金等支出后的净收入）。

（2）原先垫支的营运资本的收回。终结点的现金流量计算公式如下：

$$终结点现金流量 = 固定资产残值变价净收入 + 收回垫支的营运资本 \tag{5-6}$$

【例 5-1】 某投资项目需要投资 2 500 万元，其中固定资产投资 2 000 万元，开办费投资 100 万元，流动资金投资 400 万元。建设期为 1 年，建设期发生与购建固定资产有关的资本化利息 200 万元。固定资产投资和开办费投资于建设起点投入，流动资金于项目建设完工时投入。该项目寿命期为 10 年，固定资产按直线法折旧，期满有 100 万元净残值；开办费于投产当年一次摊销完毕；流动资金于终结点一次回收。投产后每年可获得的息税前利润分别为 200 万元、250 万元、300 万元、350 万元、400 万元、450 万元、500 万元、600 万元、550 万元和 500 万元。该企业适用的所得税税率为 25%。

要求：计算项目各年所得税后净现金流量。

（1）项目计算期：

$$1+10=11\ （年）$$

（2）固定资产原值：

$$2\ 000+200=2\ 200\ （万元）$$

（3）固定资产年折旧：

$$（2\ 200-100）\div 10=210\ （万元）$$

（4）建设期净现金流量：

$$NCF_0 = -(2\ 000 + 100) = -2\ 100(万元)$$

$$NCF_1 = -400(万元)$$

（5）经营期所得税后净现金流量：

$$NCF_2 = 200 \times (1 - 25\%) + 210 + 100 = 460(万元)$$

$$NCF_3 = 250 \times (1 - 25\%) + 210 = 397.5(万元)$$

$$NCF_4 = 300 \times (1 - 25\%) + 210 = 435(万元)$$

$$NCF_5 = 350 \times (1 - 25\%) + 210 = 472.5(万元)$$

$$NCF_6 = 400 \times (1 - 25\%) + 210 = 510(万元)$$

$$NCF_7 = 450 \times (1 - 25\%) + 210 = 547.5(万元)$$

$$NCF_8 = 500 \times (1 - 25\%) + 210 = 585(万元)$$

$$NCF_9 = 600 \times (1 - 25\%) + 210 = 660(万元)$$

$$NCF_{10} = 550 \times (1 - 25\%) + 210 = 622.5(万元)$$

$$NCF_{11} = 500 \times (1 - 25\%) + 210 + (100 + 400) = 1\ 085(万元)$$

5.2.3.4 现金流量计算注意问题

（1）只考虑项目的相关现金流量。相关是指接受该项目直接导致公司未来现金流量的增加量或减少量。

（2）考虑项目产生的附带效应（正面和负面影响），也就是关联效应问题。一个项目的实施如果对现有产品带来侵蚀，该产品所涉及的现金流量在计算时必须予以考虑。例如：铁路公司在一条铁路上新开通高铁列车，会对原铁路线上的普通列车收入产生影响。

（3）剔除沉没成本。沉没成本是指过去已经发生的，不会因接受或拒绝某个项目而改变的成本。沉没成本与决策不相关。

（4）不要忽视机会成本。机会成本指由中选的最优方案负担的，按所放弃次优方案潜在收益计算的资源损失。可以从这几点来理解：①必须有投资方案做对比；②两个方案必须是互斥的；③它是丧失的收益，而非一般成本或费用；④建立机会成本概念是为了更好地分析投资项目。

（5）不要将筹资的实际成本（利息）作为现金流出。原因是：①全投资假设，就是说进行项目决策时不考虑资本来源的构成（无论是负债资本还是权益资本）。②项目评价时筹资与投资是分开考虑的，因为企业是统一筹资而非按项目筹资（或者说筹资的主体是企业法人）。如果计算净利润时扣除了利息费用，则需要将扣除的利息费用加回来。

（6）折旧模式的影响。在不考虑所得税时，折旧额变化对现金流量没有影响。但在考虑所得税时，折旧抵税作用会直接影响投资现金流量的大小。

【例 5-2】 天龙公司为生产车间购买设备，需一次性投入价款 65 万元，另需垫支流动资金 6 万元，均于建设起点一次性投入。设备使用寿命为 6 年，采用直线法计提折旧，预计净残值 5 万元。投产后每年的销售收入为 42 万元（假设均为现金收入），付现成本为 20 万元。企业所得税税率为 25%。要求：计算该项目每年的净现金流量。

$$NCF_0 = -\text{固定资产投资额} - \text{流动资金垫支} = -65 - 6 = -71(\text{万元})$$

$$\text{年折旧} = (65 - 5) \div 6 = 10(\text{万元})$$

$$\text{经营期 } NCF_{1\sim5} = (\text{营业收入} - \text{付现成本} - \text{非付现成本}) \times (1 - \text{所得税税率}) + \text{非付现成本}$$

$$= (42 - 20 - 10) \times (1 - 25\%) + 10 = 19(\text{万元})$$

$$\text{终结点 } NCF_6 = (\text{营业收入} - \text{付现成本} - \text{非付现成本}) \times (1 - \text{所得税税率}) + \text{非付现成本} + \text{回收额}$$

$$= (42 - 20 - 10) \times (1 - 25\%) + 10 + 5 + 6$$

$$= 30(\text{万元})$$

5.2 即测即评

5.3 投资决策指标——厚此薄彼

5.3.1 决策指标分类

投资项目决策评价时可以使用多种指标，这些指标具有不同的特征。下面就这些指标进行一些基本的分类。

5.3.1.1 按是否贴现分类

按是否考虑货币时间价值分为非贴现（也称为非折现）指标和贴现（也称为折现）指标。非贴现指标是不考虑时间价值的指标，包括静态投资回收期（payback period，PP）、平均收益率（average rate of return，ARR）。贴现指标是考虑了时间价值的指标，包括动态投资回收期、净现值（net present value，NPV）、净现值率（net present value ratio，NPVR）、获利指数（profitability index，PI）、内含收益率（internal return rate，IRR）、年均净现值（annual net present value，ANPV）。

5.3.1.2 按指标性质分类

按指标性质不同分为正指标和反指标。正指标是越大越好，如 NPV、NPVR、PI、ARR、IRR、ANPV；反指标，又称负指标、逆指标，是越小越好，如 PP。

5.3.1.3 按指标重要性分类

按指标重要性分为主要指标、次要指标、辅助指标。主要指标包括 NPV、IRR；次要指标包括 NPVR、PI、ANPV、PP；辅助指标包括 ARR。

5.3.1.4 按指标的数量特征分类

按指标的数量特征分为绝对值指标和相对值指标。绝对值指标有 NPV、ANPV、PP；相对值指标有 ARR、NPVR、PI、IRR。

5.3.1.5 按指标的计算复杂程度分类

按指标的计算难易程度分为复杂指标和简单指标。复杂指标有 IRR；简单指标有 ARR、PP、NPV、NPVR、PI、ANPV。

5.3.2 非贴现类决策指标

5.3.2.1 投资回收期

（1）含义。投资回收期（PP）是指使投资项目的原始投资额通过未来现金净流量回收所需要的时间，即收回投资所需要的年限，亦即累计 NCF 等于

0所需要的时间。

（2）计算公式。回收期的计算方法如下：

$$\sum_{t=0}^{PP} NCF_t = 0 \quad (5-7)$$

此时的 PP 为静态投资回收期。

投资回收期的计算有两种情况：

一是假若项目每年经营净现金流量相等，则直接计算回收期即可，公式如下：

$$PP = C/NCF \quad (5-8)$$

式中，PP 为回收期；C 为初始投资额；NCF 为每年净现金流量。

二是如果项目每年净现金流量不相等，则需要逐年累加计算，运用插值法计算，其公式如下：

$$PP = (n-1) + \frac{\text{第}(n-1)\text{年末尚未收回的初始投资额}}{\text{第}n\text{年的营业现金净流量}} \quad (5-9)$$

式中，n 为累计净现金流量首次出现正值的年份

（3）决策规则。如果回收期（PP）<基准回收期，可接受该项目；反之则应放弃。那么如何确定项目的基准回收期呢？

在实务分析中：$PP \leqslant n$（项目寿命周期）/2，投资项目可行；$PP > n/2$，投资项目不可行。

如果决策是在互斥项目中进行选择，则以投资回收期最短的方案作为中选方案。

【例5-3】天龙公司目前有两个投资方案，两个方案的预计现金流量如表5-1所示，试计算两个方案的回收期，并比较优劣。

表5-1　两个方案的预计现金流量

项目	第0年	第1年	第2年	第3年	第4年	第5年
A方案每年NCF	-12 000	4 000	4 000	4 000	4 000	4 000
B方案每年NCF	-12 000	3 000	4 000	4 000	8 000	12 000

A方案营业期间每年现金流量相同，可以直接计算：

$$PP_A = 12\,000/4\,000 = 3(\text{年})$$

B方案营业期间每年现金流量不同，故需要采用原始公式通过插值法

计算。

先计算累计净现金流量，见表 5-2。

表 5-2 天龙公司 B 方案投资回收期计算

项目	第 0 年	第 1 年	第 2 年	第 3 年	第 4 年	第 5 年
B 方案每年 NCF	-12 000	3 000	4 000	4 000	8 000	12 000
年末尚未收回的投资额	-12 000	-9 000	-5 000	-1 000	7 000	19 000

从表 5-2 中可以看出，B 方案的投资回收期处于第 3 年至第 4 年之间，可以通过插值法计算得到：

$$PP_B = 3 + 1\ 000/8\ 000 = 3.125(\text{年})$$

故从投资回收期来判断，A 方案更优。

（4）优缺点。具体如下：

优点：方法简单，反映直观，应用广泛。

缺点：没有考虑货币的时间价值和投资的风险价值；忽略了回收期以后的现金流量。

（5）折现投资回收期。在例 5-3 中，投资回收期 A 方案优于 B 方案，但由于投资回收期忽略了回收期后的现金流量，实际上 B 方案是明显优于 A 方案的。

为了克服投资回收期法忽视货币时间价值的缺陷，人们提出了动态回收期法（折现回收期法），即在考虑货币时间价值的情况下来计算回收期。

动态回收期是指按投资项目行业基准收益率或设定折现率计算的折现经营净现金流量补偿原始投资所需要的全部时间。

$$\sum_{t=0}^{PP} \frac{NCF_t}{(1+i)^t} = 0 \tag{5-10}$$

动态回收期的优点包括：考虑了货币的时间价值与风险价值；直接利用回收期之前的现金净流量信息；正确反映了投资方式的不同对项目的影响。但也存在计算相对复杂、仍然忽略回收期以后的现金流量等缺点。

【例 5-4】 仍以例 5-3 中的投资项目为例来说明动态回收期法的使用。假定折现率为 10%，两个方案动态回收期的计算如表 5-3 所示。

表 5-3　两个方案的折现回收期的现金流量计算

项目		第 0 年	第 1 年	第 2 年	第 3 年	第 4 年	第 5 年
A 方案	每年 NCF	-12 000	4 000	4 000	4 000	4 000	4 000
	折现系数	1	0. 909	0. 826	0. 751	0. 683	0. 621
	折现后 NCF	-12 000	3 636	3304	3 004	2 732	2 484
	累计折现后 NCF	-12 000	-8 364	-5 060	-2 056	676	3 160
B 方案	每年 NCF	-12 000	3 000	4 000	4 000	8 000	12 000
	折现系数	1	0. 909	0. 826	0. 751	0. 683	0. 621
	折现后 NCF	-12 000	2 727	3 304	3 004	5 464	7 452
	累计折现后 NCF	-12 000	-9 273	-5 969	-2 965	2 499	9 951

根据表 5-3 数据，在考虑货币时间价值后，

A 方案的动态回收期 = 3+2 056/2 732 = 3. 75（年）

B 方案的动态回收期 = 3+2 965/5 464 = 3. 54（年）

根据动态回收期，可以判断得出 B 方案优于 A 方案。

5. 3. 2. 2　平均收益率

（1）含义。平均收益率，也称为平均报酬率，是投资项目寿命期内平均的年投资报酬率，即经营期（含终结点）年平均净现金流量与该项目初始投资额的比率。

（2）计算公式。平均收益率的计算公式有多种，投资决策中最常用的计算公式为：

$$ARR = \overline{NCF}/C \times 100\% \tag{5-11}$$

式中，*ARR* 为平均收益率；$\overline{NCF}$ 为经营期年平均净现金流量；*C* 为初始投资额。经营期年平均净现金流量是项目投产后各年净现金流量的简单算术平均值。

（3）决策规则。

如果该项目的 ARR≥企业要求的最低 ARR，应接受该方案。

如果该项目的 ARR<企业要求的最低 ARR，应放弃该方案。

如果投资决策属于多个互斥方案决策，应选择 ARR 最高的项目。企业要求的最低 ARR 通常由公司自行确定或根据行业标准确定。

（4）优缺点。具体如下：

优点：简明、易懂、易算。

缺点：没有考虑货币时间价值和投资风险价值；企业要求的最低 ARR 的确定具有很大的主观性。

5.3.3 贴现类决策指标

5.3.3.1 净现值

（1）含义。净现值（NPV）是指在整个建设和生产服务期内，项目未来各期现金流入的现值减去各期现金流出量的现值的差额（或项目各年净现金流量按一定的折现率计算的现值之和）。

（2）计算公式。具体如下：

$$NPV = \text{各年净现金流量现值之和} = \text{未来现金流入的现值之和} - \text{未来现金流出的现值之和} \tag{5-12}$$

第一，建设期瞬时完成时，公式为：

$$NPV = \sum_{t=0}^{n} \frac{NCF_t}{(1+i)^t} = \sum_{t=1}^{n} \frac{NCF_t}{(1+i)^t} - C \tag{5-13}$$

第二，建设期为 s 期，项目计算期为 n 期时，公式为：

$$NPV = \sum_{t=0}^{n} \frac{NCF_t}{(1+i)^t} = \sum_{t=0}^{s} \frac{NCF_t}{(1+i)^t} + \sum_{t=s+1}^{n} \frac{NCF_t}{(1+i)^t} \tag{5-14}$$

式中，C 为初始投资额。i 为折现率。

从上面的计算公式中可以看到，影响净现值的因素有以下三个：

一是项目净现金流量。在前面已经学习过，不再赘述。

二是折现率（i）。折现率通常采用项目资本成本（或项目必要收益率）。在确定折现率时，一定要注意：现金流量与折现率要相互匹配，即名义现金流量对应名义折现率，扣除通货膨胀因素后的实际现金流量对应实际折现率。

三是项目周期（n）。项目周期的确定，一般可考虑三种情况：一是按照项目使用的主要设备平均物理寿命计算；二是按照项目产品的市场寿命（项目经济寿命）计算；三是根据项目现金流量预测的期限确定。

（3）计算步骤。在实务中，运用净现值决策的步骤包括：

第一，计算确定项目各年的净现金流量。

第二，确定折现率。

第三，对项目的现金流量进行折现。一般分为两种情况：若每年现金净流量相等，按年金折现；若每年现金净流量不等：按复利折现。

第四，计算项目净现值，并评价项目是否可行。

（4）决策规则。$NPV \geqslant 0$ 时，项目可行；$NPV<0$ 时，项目不可行。

当一个投资项目有多种方案可选择时，应选择净现值大的方案，或是按净现值大小进行项目排队，对净现值大的项目应优先考虑。

【例 5-5】由于其产品有良好的市场前景，天龙公司决定投资 15 500 元购入一台设备，扩大其现有产品的生产规模。该设备预计残值为 500 元，可使用 3 年，折旧按直线法计算。设备投产后每年销售收入增加额分别为 10 000 元、20 000 元和 15 000 元，除折旧外的成本增加额分别为 4 000 元、12 000 元和 5 000 元。公司适用的所得税税率为 25%，折现率为 10%。要求计算该投资方案每年的现金流量和净现值，并据以作出投资决策。

净现值大于 0，方案可行。

（1）折旧额计算如下：

每年折旧额 =（15 500−500）÷3 = 5 000（元）

第 0 年现金流量 = −15 500（元）

第 1 年现金流量 =（10 000−4 000−5 000）×（1−25%）+5 000 = 5 750（元）

第 2 年现金流量 =（20 000−12 000−5 000）×（1−25%）+5 000 = 7 250（元）

第 3 年现金流量 =（15 000−5 000−5 000）×（1−25%）+5 000+500 = 9 250（元）

（2）净现值计算如下：

净现值 = 5 750×0.909 1+7 250×0.826 4+9 250×0.751 3−15 500 = 2 668.25（元）

（5）优缺点。具体如下：

优点：考虑了整个项目计算期的全部净现金流量、货币时间价值及风险价值的影响，反映了投资项目的可获收益。

缺点：现金流量和相应的资本成本有赖于人为的估计；无法直接反映投资项目的实际收益率水平。

5.3.3.2 净现值率

（1）含义。净现值率（NPVR）是指项目净现值占原始投资额现值的百分比，也表示为投资 1 元钱所能产生的净现值。净现值率越小，单位投资产生的净现值越低；净现值率越大，单位投资产生的净现值越高。

（2）计算公式。具体如下：

$$NPVR = NPV / |C| \tag{5-15}$$

式中，$NPVR$ 为净现值率；NPV 为净现值；C 为初始投资额现值。

当建设期瞬时完成时，

$$NPVR = \frac{\sum_{t=0}^{n} \frac{NCF_t}{(1+i)^t}}{|C|} \tag{5-16}$$

当建设期为 s 期时，

$$NPVR=\frac{\sum_{t=0}^{n}\frac{NCF_t}{(1+i)^t}}{\left|\sum_{t=0}^{s}\frac{NCF_t}{(1+i)^t}\right|}=\frac{\sum_{t=0}^{s}\frac{NCF_t}{(1+i)^t}+\sum_{t=s+1}^{n}\frac{NCF_t}{(1+i)^t}}{\left|\sum_{t=0}^{s}\frac{NCF_t}{(1+i)^t}\right|} \tag{5-17}$$

式中，C 为初始投资额；i 为折现率；n 为项目计算期；s 为建设期。

（3）决策规则。单个方案，NPVR≥0，方案可行；多个互斥方案，NPVR最高的为最佳方案。

NPVR 适用于比较原始投资额不相等的方案。

【例 5-6】 仍以例 5-5 的资料为例来说明净现值率的计算。

NPV 为 2 668.25 元，初始投资额 C 为 15 500 元，故 *NPVR* = 2 668.25/15 500 = 17.21%，*NPVR* 大于 0，方案可行。

（4）优缺点 。具体如下：

优点：考虑了资金时间价值；能够真实反映项目投资效率；可以动态反映项目投资的资金投入与产出之间的关系，有利于在初始投资额不同的投资方案之间进行比较。

缺点：无法直接反映投资项目的实际收益率；在资本决策过程中可能导致片面追求较高的净现值率，由此降低企业投资利润总额。

5.3.3.3 现值指数

（1）含义。现值指数（PI），又称获利指数、利润指数，是指投资项目未来报酬的总现值与初始投资额的现值之比，即经营期和终结点的现金净流量现值与建设期的现金净流量现值之比。

（2）计算公式。

当建设期瞬时完成时，计算公式如下：

$$PI=\frac{\sum_{t=1}^{n}\frac{NCF_t}{(1+i)^t}}{|C|} \tag{5-18}$$

当建设期为 s 期时，计算公式如下：

$$PI=\frac{\sum_{t=s+1}^{n}\frac{NCF_t}{(1+i)^t}}{\left|\sum_{t=0}^{s}\frac{NCF_t}{(1+i)^t}\right|} \tag{5-19}$$

式中，C 为初始投资额；i 为折现率；n 为项目计算期；s 为建设期。

现值指数与净现值率之间的关系为：

$$PI = NPVR + 1 \tag{5-20}$$

（3）决策规则。单个方案，$PI \geqslant 1$，可采纳；两个以上的互斥方案，选择 PI 最大的投资项目。

PI 适用于比较原始投资额不相等的方案。

【例 5-7】 天龙公司有 A、B、C 三个投资方案可供选择，A 方案需要原始投资 18 000 元，B 方案需要原始投资 12 000 元，C 方案需要原始投资 9 000 元，假定贴现率为 10%，其他有关数据如表 5-4 所示。试比较三个投资方案的优劣。

表 5-4　天龙公司投资方案情况　　单位：元

时间	A 方案现金净流量	B 方案现金净流量	C 方案现金净流量
1	6 500	5 500	1 400
2	7 000	5 500	6 000
3	7 500	5 500	6 000
4	6 500	—	—
合计	27 500	16 500	13 400

（1）现值指数。

$$\begin{aligned} PI_A &= [6\,500 \times (P/F, 10\%, 1) + 7\,000 \times (P/F, 10\%, 2) + 7\,500 \times (P/F, 10\%, 3) + \\ &\quad 6\,500 \times (P/F, 10\%, 4)]/18\,000 \\ &= 21\,768.2/18\,000 = 1.21 \end{aligned}$$

$$PI_B = 5\,500 \times (P/A, 10\%, 3)/12\,000 = 1.14$$

$$\begin{aligned} PI_C &= [1\,400 \times (P/F, 10\%, 1) + 6\,000 \times (P/F, 10\%, 2) + \\ &\quad 6\,000 \times (P/F, 10\%, 3)]/9\,000 \\ &= 10\,738.94/9\,000 = 1.19 \end{aligned}$$

结论：三个方案的现值指数都大于 1，A 方案的现值指数最大，故 A 方案最优。

（2）净现值。

$$\begin{aligned} NPV_A &= 6\,500 \times (P/F, 10\%, 1) + 7\,000 \times (P/F, 10\%, 2) + \\ &\quad 7\,500 \times (P/F, 10\%, 3) + 6\,500 \times (P/F, 10\%, 4) - 18\,000 \\ &= 21\,768.2 - 18\,000 = 3\,768.2(\text{元}) \end{aligned}$$

$$NPV_B = 5\,500 \times (P/A, 10\%, 3) - 12\,000 = 1\,677.95(\text{元})$$

$$\begin{aligned} NPV_C &= 1\,400 \times (P/F, 10\%, 1) + 6\,000 \times (P/F, 10\%, 2) + \\ &\quad 6\,000 \times (P/F, 10\%, 3) - 9\,000 \\ &= 10\,738.94 - 9\,000 = 1\,738.94(\text{元}) \end{aligned}$$

A 方案的净现值最大，现值指数得出的结论与净现值法一致。那么是不是现值指数和净现值结果始终都是一致的呢?

【例 5-8】有两个独立投资方案，有关资料如表 5-5 所示。

表 5-5　两个独立投资方案情况　　　　单位：元

项目	方案 A	方案 B
原始投资额现值	30 000	3 000
未来现金净流量现值	31 500	4 200
净现值	1 500	1 200

解析：

$$A方案的现值指数 = 31\ 500/30\ 000 = 1.05$$

$$B方案的现值指数 = 4\ 200/3\ 000 = 1.40$$

计算结果表明，两方案的现值指数（PI）都大于 1，方案 B 的现值指数大于方案 A，结论和净现值法不一样，按照现值指数法应当选择方案 B。

总结：

(1) 净现值和现值指数两者的一致不是绝对的。

(2) 在评价独立项目和同等规模下的互斥项目时，两者结论是一致的。

(3) 在评价不同规模下的互斥项目时，两者结论有可能不一样。资金不受限制时，以净现值为主；若资金有限，应考虑选择投资组合最大的方案。

现值指数是净现值的辅助方法，当原始投资额相同时，实质上现值指数就是净现值。

(4) 优缺点。具体如下：

优点：考虑了资金时间价值；能够真实反映项目投资效率；由于用相对数表示，所以有利于在初始投资额不同的投资方案之间进行比较。

缺点：获利指数这一概念不便于理解；无法直接反映投资项目的实际收益率；现值指数只代表获得收益的能力而不代表实际可能获得的财富，它忽略了互斥项目之间投资规模上的差异，所以在多个互斥项目的选择中，可能会得到错误答案。

5.3.3.4　内含报酬率

(1) 含义。内含报酬率（IRR），又称内部报酬率、内含收益率、内部收益率，是指使净现值等于零时的折现率，即使得项目的现金流入量现值与现金流出量现值相等时的折现率。该指标实际上反映了投资项目的真实报酬率，目前越来越多的企业使用该指标来对投资项目进行决策评价。

（2）计算公式。具体如下：

$$NPV = \sum_{t=0}^{n} \frac{NCF_t}{(1 + IRR)^t} = 0 \tag{5-21}$$

式中，NPV 为净现值；NCF_t 为第 t 年的净现金流量；IRR 为内含报酬率；n 为项目计算期。

注意：IRR 是根据项目本身的现金流量计算的，与项目决策使用的资本成本无关，资本成本是投资者进行项目投资要求的最低收益（报酬）率。

（3）计算步骤。

其一，若每年净现金流量相等，可采用年金法，步骤为：

第一步，计算年金现值系数（P/A，IRR，n）。

第二步，查年金现值系数表，找到位于年金现值系数上下两点的年金现值系数（P/A，i_1，n）和（P/A，i_2，n）对应的利率值 i_1 和 i_2。

第三步，采用插值法计算项目的 IRR。

$$\text{根据}(IRR - i_1)/(i_2 - i_1) = [(P/A, IRR, n) - (P/A, i_1, n)]/[(P/A, i_2, n) - (P/A, i_1, n)]$$

求出 IRR 值。

【例 5-9】 某项目原始投资额为 60 万元，项目计算期为 6 年，建设期为 0，经营期各年净现金流量 15 万元，计算该项目的内含报酬率。

第一步：令净现值 $NPV=0$，即 $15 \times (P/A, IRR, 6) - 60 = 0$，$(P/A, IRR, 6) = 4$

第二步：查年金现值系数表，当 $n=6$ 时，可知，$12\%<IRR<13\%$

$$i = 12\%,\ (P/A, 12\%, 6) = 4.1114$$

$$i = 13\%,\ (P/A, 13\%, 6) = 3.9975$$

第三步：运用插值法求出内含报酬率

$$(IRR - 12\%)/(13\% - 12\%) = (4 - 4.1114)/(3.9975 - 4.1114)$$

求得 $IRR=12.98\%$。

其二，若每年净现金流量不等，采用估计插值法，其步骤为：

第一步，首先估计一个折现率，计算项目的净现值。假若 NPV 大于零，说明估计的折现率偏低；提高折现率继续测试，直到找出净现值首次出现负值为止的折现率。反之，计算原理是一样的。

第二步，经过不断测算，找出最邻近的上下两个折现率 i_1 和 i_2。较大的折现率，计算出的 NPV_1 小于零；较小的折现率，计算出的 NPV_2 大于零。

第三步，采用插值法计算项目的 *IRR*。

$$根据(IRR - i_1)/(i_2 - i_1) = (0 - NPV_1)/(NPV_2 - NPV_1)$$

求出 *IRR* 值。

（4）决策规则。

其一，独立方案：*IRR*≥项目资本成本或投资最低收益率，则项目可行；*IRR*<项目资本成本或投资要求的最低报酬率，项目不可行。

其二，互斥方案：①原始投资额相等，选用 *IRR* 最大的方案。②原始投资额不等，选用“投资额×（内含报酬率-资本成本）”最大的方案。

【例 5-10】天龙公司一次性投资 98 万元购买一套设备，使用年限为 5 年，银行贷款利率为 10%，每年现金净流量如表 5-6 所示，试分析该投资方案是否可行。

表 5-6　投资方案现金流量情况　　　　单位：万元

年份	每年 NCF	$i=12\%$		$i=14\%$	
		现值系数	现值	现值系数	现值
1	15	0. 892 9	13. 394	0. 877 2	13. 158
2	30	0. 797 2	23. 916	0. 769 5	23. 085
3	30	0. 711 8	21. 354	0. 675 0	20. 250
4	35	0. 635 5	22. 243	0. 592 1	20. 724
5	35	0. 567 4	19. 859	0. 519 4	18. 179
未来报酬现值		100. 766		95. 396	
原始投资额		98		98	
净现值		2. 766		-2. 604	

$$\begin{aligned}内含报酬率 &= i_1 + (NPV_1 - 0)/(NPV_1 - NPV_2) \times (i_2 - i_1)\\ &= 12\% + 2.766/[2.766 - (-2.604)] \times (14\% - 12\%)\\ &= 13.03\% > 10\%\end{aligned}$$

说明该方案可行。

（5）优缺点。具体如下：

优点：不受资本市场利率的影响，完全取决于项目本身的现金流量，能够从动态的角度正确反映投资项目的实际收益水平。

5. 3 即测即评

缺点：计算过程十分麻烦；对互斥项目进行决策时，IRR 与 NPV 在结论上可能不一致。

5.4 决策指标比较与方案选择——挑肥拣瘦

5.4.1 投资决策指标比较

折现现金流量指标是科学的投资决策指标。折现现金流量指标中有各种方法，如净现值法、内含报酬率法和获利指数法，哪一种更好呢？

5.4.1.1 净现值法与内含报酬率法的比较

NPV 法和 IRR 法都是考虑货币时间价值因素的动态决策方法，前者反映投资项目获得的财富多少，后者反映投资项目的收益率高低。然而，有时候，我们进行项目评价时，分别采用这两种方法得出的结果可能不一致。为什么两种方法会产生矛盾冲突？

产生矛盾的原因主要有两个：一是项目投资规模不同；二是项目现金流量模式不同。

（1）项目投资规模不同。举例如下：

【例 5-11】 假设 M 公司现有两个投资项目 A 和 B，其有关资料如表 5-7 所示。

表 5-7 投资项目 A 和 B 现金流量情况 单位：万元

项目	NCF_0	NCF_1	NCF_2	NCF_3	NCF_4	*IRR*（%）	*NPV*（12%）
A	-26 900	10 000	10 000	10 000	10 000	18	3 473
B	-55 960	20 000	20 000	20 000	20 000	16	4 786

图 5-2 展示了两个项目的净现值曲线（描绘项目净现值与折现率之间关系的曲线）。

由图 5-2 可知：当折现率为 14.14%时，两个项目的净现值是相等的。折现率低于 14.14%时，B 项目的净现值大于 A 项目；折现率高于 14.14%时，A 项目的净现值大于 B 项目。

那么，到底哪种方法的结论是正确的呢？解决矛盾的方法是采用增量现金流量法，即计算项目 A 与 B 的增量现金流量。假定我们用 B-A，过程如

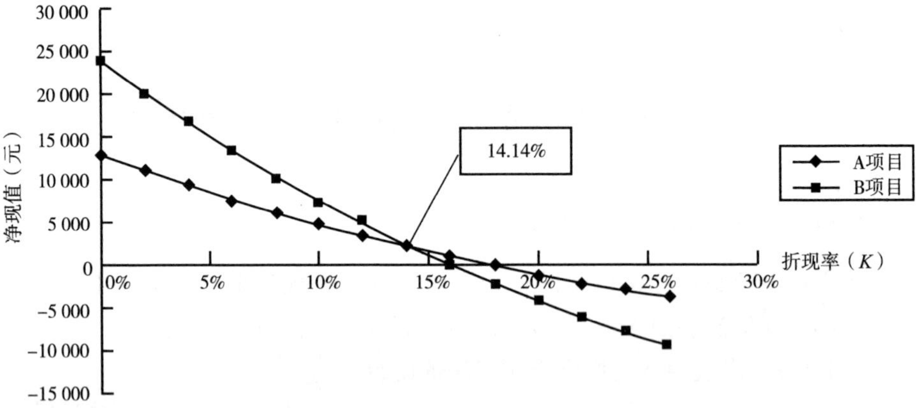

图 5-2 A、B 两个项目的净现值曲线

表 5-8 所示。

表 5-8 B-A 项目差量现金流量 单位：万元

项目	NCF_0	NCF_1	NCF_2	NCF_3	NCF_4	*IRR*（%）	*NPV*（12%）
B-A	-29 060	10 000	10 000	10 000	10 000	14. 14	1 313

$$IRR = 14.14\% > \text{资本成本 } 12\%,\ NPV = 1\,313 > 0$$

在条件许可的情况下，投资者在接受项目 A 后，还应再接受项目 B-A，即选择项目 A+（B-A）= B。

结论：当 NPV 与 IRR 两种标准排序发生矛盾时，应以 NPV 标准为准。

（2）项目现金流量模式不同。举例如下：

【例 5-12】 假设 M 公司现在有 E、F 两个投资项目，现金流量如表 5-9 所示。

表 5-9 E、F 项目投资现金流量情况 单位：万元

项目	NCF_0	NCF_1	NCF_2	NCF_3	*IRR*（%）	*NPV*（8%）
E	-10 000	8 000	4 000	960	20%	1 599
F	-10 000	1 000	4 544	9 676	18%	2 503

图 5-3 展示了两个投资项目的净现值曲线。

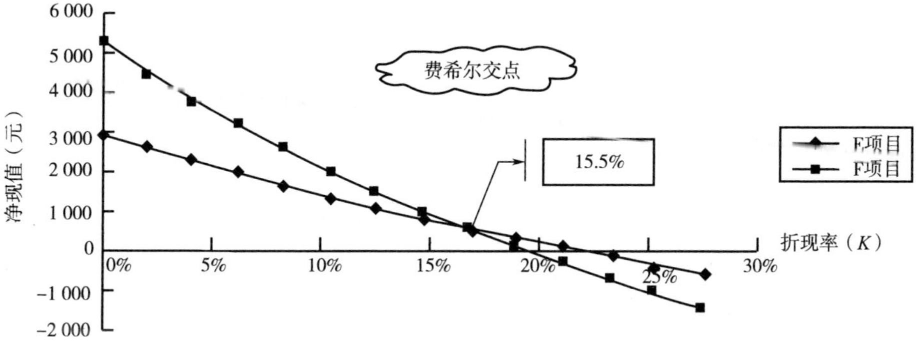

图 5-3 E、F 两个项目的净现值曲线

我们仍然采用增量现金流量法进行比较。

进一步考虑项目 E 与 F 的增量现金流量，即 F-E，如表 5-10 所示。

表 5-10 F-E 项目现金流量 单位：万元

项目	NCF_0	NCF_1	NCF_2	NCF_3	IRR（%）	NPV（8%）
F-E	0	-7 000	544	8 716	15. 5	904

$$IRR = 15.5\% > \text{资本成本 } 8\%,\ NPV = 904 > 0$$

在条件许可的情况下，投资者在接受项目 E 后，还应再接受项目 F-E，即选择项目 E+（F-E）= F。

结论：当 NPV 与 IRR 两种标准排序发生矛盾时，应以 NPV 标准为准。

（3）NPV 与 IRR 排序矛盾的理论分析。矛盾产生的根本原因：两种方法隐含的再投资利率不同。计算 IRR 隐含假设：再投资的利率 i 是项目本身的 IRR。计算 NPV 隐含假设：再投资的利率 i 是公司资本成本（或投资者要求的收益率）。

5. 4. 1. 2 净现值法与现值指数法的比较

由于净现值法和现值指数法使用的是相同的信息，在评价投资项目的优劣时，它们常常是一致的，但有时也会产生分歧。下面再来看例 5-11 中的项目 A 和项目 B（这两个项目的初始投资不一致），在资本成本率为 12%时，项目 A 有净现值 3 473 元，现值指数为 1.13；项目 B 有净现值 4 786 元，现值指数为 1.09。如果采用净现值法，则应选择项目 B；如果采用现值指数法，则应选择项目 A。

只有当初始投资不同时，净现值和现值指数才会产生差异。其原因在于：净现值是用各期现金流量现值减初始投资得到的，是一个绝对数，表示投资的效益或者说给公司带来的财富；而现值指数是用现金流量现值除以初始投资，是一个相对数，表示投资的效率。

最高的净现值符合企业的最大利益，也就是说，净现值越高，企业的收益越大；而现值指数只反映投资回收的程度，不反映投资回收的多少。在没有资金量限制情况下的互斥选择决策中，应选用净现值较大的投资项目。也就是说，当现值指数法与净现值法得出不同结论时，应以净现值法为准。

总之，在没有资金量限制的情况下，利用净现值法在所有的投资评价中都能作出正确的决策，而利用内含报酬率法和现值指数法在独立项目评价中也能作出正确的决策，但在互斥选择决策或非常规项目中有时会得到错误的结论。因此，在这 3 种评价方法中，净现值法仍然是最好的评价方法。

5.4.2 独立投资项目决策

5.4.2.1 独立投资方案可行性决策

在投资决策中，将一组相互分离、互不排斥的方案称为独立方案。采纳方案组中的某一方案，并不排斥这组方案中的其他方案。独立方案财务可行性评价就是判断某一个方案是否具备财务可行性，从而做出接受或拒绝该项目决策的过程。

（1）完全可行。若主要指标（NPV，IRR）结论可行，而且次要指标或辅助指标（PI，NPVR，PP，ARR）结论也可行，则完全具备财务可行性。

（2）基本可行。若主要指标结论可行，而次要指标或辅助指标结论不可行，则基本具备财务可行性。

（3）基本不可行。若主要指标结论不可行，而次要指标或辅助指标结论可行，则基本不具备财务可行性。

（4）完全不可行。若主要指标结论不可行，次要指标或辅助指标结论也不可行，则完全不具备财务可行性。

5.4.2.2 独立投资方案排序决策

净现值的可比性受原始投资额的影响；现值指数、净现值率的可比性受项目期限的影响；内含报酬率为最佳指标。各独立方案之间评价方案的优先次序一般采用内含报酬率法进行比较决策。

【例 5-13】在资金充足的情况下，京东商城在 2016 年准备对永辉超市、易车、饿了么 3 个独立投资项目进行投资。假如准备对永辉超市（A 项目）投资 10 000 万元，期限为 5 年；易车（B 项目）原始投资额为 18 000 万元，期限为 5 年；饿了么（C 项目）原始投资额为 18 000 万元，期限为 8 年。贴现率为 10%。假如你是刘强东，你该如何选择？

通过计算得到如表 5-11 所示资料。

表 5-11　独立投资方案的可行性指标　　单位：万元

项目	A 项目	B 项目	C 项目
原始投资额	(10 000)	(18 000)	(18 000)
每年 NCF	4 000	6 500	5 000
期限	5 年	5 年	8 年
未来现金净流量的现值	15 163. 2	24 640. 2	26 674. 5
净现值（NPV）	+5 163. 2	+6 640. 2	+8 674. 5
现值指数（PI）	1. 52	1. 37	1. 48
内含报酬率（IRR）	28. 68%	23. 61%	22. 28%

将上述 3 个方案的各种决策指标加以对比：

净现值（NPV）：C>B>A。

现值指数（PI）：A>C>B。

内含报酬率（IRR）：A>B>C。

根据内含报酬率的大小，应该按 A、B、C 顺序实施投资。

5. 4. 3　互斥投资项目决策

互斥项目是指各个方案彼此可以相互代替，采纳某方案，就会自动排斥其他方案。多个互斥方案的比较决策是指在每一个入选方案已具备财务可行性的前提下，利用评价指标从各个备选方案中最终选出一个最优方案的过程。根据不同情况，可以采用净现值法、差额内含报酬率法或年均净现值法进行选优决策。

5. 4. 3. 1　原始投资额相同，项目计算期相同

在项目计算期相同、原始投资额相同时，采用净现值法、净现值率法、

内含报酬率法计算的结果判断选择一般是相同的，如果存在矛盾，一般选择净现值大的方案作为最优方案。

【例 5-14】 某个固定资产投资项目需要原始投资 1 000 万元，有 A、B、C、D 四个相互排斥的备选方案可供选择，各方案的净现值指标分别为 238.91 万元、127.19 万元、216.62 万元和 162.65 万元。按净现值法进行比较决策如下：

这四个备选方案的 *NPV* 均大于零，因此均具有财务可行性。但 238.91>216.62>162.65>127.19，可见：A 方案最优，其次为 C 方案，再次为 D 方案，B 方案最差。

5.4.3.2 原始投资额不相同，项目计算期相同

在项目计算期相同，而原始投资额不相同时，可以采用净现值率法或差额内含报酬率（ΔIRR）法比较判断决策。

采用净现值率法判断时，选择净现值率大于 0 且最大的投资方案。选择差额内含报酬率法判断时，若差额内含报酬率大于或等于基准报酬率或设定的贴现率，则原始投资额大的方案较优；反之，则原始投资额小的方案为优。

ΔIRR 的计算过程同 *IRR* 一样，只是所依据的是 ΔNCF。该方法还经常被用于更新改造项目的投资决策中，当该项目的 ΔIRR 大于或等于基准报酬率或设定的贴现率时，应当进行更新改造；否则，就不应当进行此项更新改造。

【例 5-15】 某项固定资产如果在 2013 年 1 月 1 日投入 100 000 元用于更新改造，在 2013—2017 年连续 5 年年末将增加现金净流入 26 700 元。要求就以下两种不相关的情况作出是否更新改造的决策：①该企业的行业基准贴现率为 9%；②该企业的行业基准贴现率为 12%。

ΔIRR 的求解方法如下：

$$(P/A,\ \Delta IRR,\ 5) = 100\ 000/26\ 700 = 3.745\ 3$$

$$(P/A,\ 10\%,\ 5) = 3.604\ 7 < 3.745\ 3$$

$$(P/A,\ 12\%,\ 5) = 3.790\ 8 > 3.745\ 3$$

可见，$10\% < \Delta IRR < 12\%$，应用内插法得：$\Delta IRR \approx 10.49\%$。

在①的情况下，$\Delta IRR = 10.49\% > 9\%$，应当更新改造。

在②的情况下，$\Delta IRR = 10.49\% < 12\%$，不应该进行更新改造。

5.4.3.3 原始投资额不相同，项目计算期不相同

在项目计算期不相同，原始投资额相同或不相同时，可采用最小公倍数

法或年均净现值（年等额净回收额）法来判断。

（1）最小公倍数法。如果两个互斥项目不仅投资额不同，而且项目期限也不同，则其净现值没有可比性。最小公倍数法是假设投资项目可以在终止时进行重置，通过重置使其达到相同的年限（最小公倍数确定），然后比较其调整后的净现值，选择净现值最大的方案。最小公倍数法直观，易于理解；但是预计现金流的工作很困难，由最小公倍数推算出的共同计算期往往很长。

（2）年均净现值法。年均净现值法，也称年等额净回收额法，是通过比较所有投资方案的年均净现值（ANPV）的大小来选择最优方案的决策方法。用公式表达为：

$$ANPV = NPV/(P/A,\ i,\ n) \tag{5-22}$$

式中，$ANPV$ 为年均净现值；NPV 为净现值；$(P/A,\ i,\ n)$ 为年金现值系数。

年均净现值法应用简单，但不便于理解。

【例 5-16】 天龙公司现准备购置一条生产线，所要求的最低投资报酬率为 10%。现有两个购置方案，甲方案投资额 10 000 元，可用 2 年，无残值，每年产生 8 000 元现金净流量。乙方案投资额 20 000 元，可用 3 年，无残值，每年产生 10 000 元现金净流量。两方案的相关评价指标如表 5-12 所示。应该选择哪个投资方案？

表 5-12　互斥投资方案的选优决策

项目	甲方案	乙方案
净现值（NPV）（元）	3 888	4 870
内含报酬率（IRR）	38%	23.39%

（1）最小公倍数法。甲、乙两个方案的最小公倍寿命为 6 年，即甲方案 6 年内周转 3 次，乙方案 6 年内周转 2 次。

甲方案在最小公倍寿命内重复投资的净现值为：

$$\begin{aligned} NPV_{甲} &= 8\,000 \times (P/A,\ 10\%,\ 6) - 10\,000 \times (P/F,\ 10\%,\ 4) - \\ &\quad 10\,000 \times (P/F,\ 10\%,\ 2) - 10\,000 \\ &= 8\,000 \times 4.355\,3 - 10\,000 \times 0.683\,0 - 10\,000 \times 0.826\,4 - 10\,000 \\ &= 9\,748.4(元) \end{aligned}$$

乙方案在最小公倍寿命内重复投资的净现值为：

$$NPV_{乙} = 10\,000 \times (P/A,\ 10\%,\ 6) - 20\,000 \times (P/F,\ 10\%,\ 3) - 20\,000$$

$$= 10\ 000 \times 4.355\ 3 - 20\ 000 \times 0.751\ 3 - 20\ 000$$
$$= 8\ 527(\text{元})$$

调整后甲方案的净现值大于乙方案的净现值，故甲方案优于乙方案。

(2) 年均净现值法。

$$ANPV_{甲} = 3\ 888 \div (P/A,\ 10\%,\ 2) = 3\ 888 \div 1.735\ 5 = 2\ 240.28(\text{元})$$
$$ANPV_{乙} = 4\ 870 \div (P/A,\ 10\%,\ 3) = 4\ 870 \div 2.486\ 9 = 1\ 958.26(\text{元})$$

甲方案的年均净流量大于乙方案的年均净流量，故甲方案优于乙方案。

【例 5-17】 某企业拟投资新建一条生产线，现有三个方案可供选择：甲方案的原始投资为 125 万元，项目计算期为 11 年，净现值为 95.87 万元；乙方案的原始投资为 110 万元，项目计算期为 10 年，净现值为 92 万元；丙方案的原始投资为 100 万元，项目计算期为 9 年，净现值为-2.68 万元。行业基准贴现率为 10%。哪种方案最优？

按年均净现值法进行投资评价如下：

甲方案和乙方案的净现值均大于零，这两个方案具有财务可行性；丙方案的净现值小于零，因此该方案不具有财务可行性。

甲方案的年均净现值：

$$ANPV_{甲} = NPV_{甲} \times [1/(P/A,\ 10\%,\ 11)] = 95.87 \times [1/6.495\ 2] \approx 14.76(\text{万元})$$

乙方案的年均净现值：

$$ANPV_{乙} = NPV_{乙} \times [1/(P/A,\ 10\%,\ 10)] = 92 \times [1/6.144\ 5] \approx 14.97(\text{万元})$$

$ANPV_{乙} > ANPV_{甲}$，因此乙方案优于甲方案。

5.4.4 多方案组合投资

多方案组合投资是指一组方案中属于相互独立，又不相互排斥，而是可以实现任意组合或排队的方案。在组合方案决策中，首先评价所有方案的财务可行性，淘汰不具备财务可行性的方案，再决策不同组合条件下的有关指标大小。

5.4.4.1 资金总量不受限制

在资金总量不受限制的情况下，所有具备财务可行性的项目均为入选项目，不需要进行投资组合，按每一项目的净现值大小排序，确定优先考虑项目的顺序。

【例 5-18】 天龙公司现有 A、B、C、D、E 五个相互独立的方案，有关资料如表 5-13 所示。

表 5-13　五个独立投资方案的情况

项目	A	B	C	D	E
投资额（万元）	20	18	40	11	10
净现值（万元）	7.5	8.4	10	3.4	1.21
获利指数	1.375	1.467	1.25	1.309	1.121

从表 5-13 中可以看出，不管是从净现值还是获利指数来看，五个投资方案都是可行的，均可入选。按投资项目 NPV 大小排序，优先顺序是：C>B>A>D>E。

5.4.4.2　资金总量受到限制

当资金总量受到限制时，无法投资于所有可接受的项目，这种情况在现实中非常常见。在资本限额情况下，为了使企业获得最大利益，应该选择那些能使净现值最大的投资组合。可以采用的方法有两种：现值指数最大法和净现值最大法。

（1）使用现值指数法的步骤。具体如下：

第一步，先计算出所有项目的现值指数，并列出每个项目的初始投资额。

第二步，接受所有 $PI \geqslant 1$ 的项目。如果资本限额能够满足所有可接受的项目，则决策选择完成。

第三步，如果资本限额不能满足所有 $PI \geqslant 1$ 的项目，就需要对所有项目在资本限额内进行各种可能的组合，然后计算出各种可能组合的加权平均现值指数。

第四步，接受加权平均现值指数最大的投资组合为最优组合方案。

（2）使用净现值法的步骤。具体如下：

第一步，先计算出所有项目的净现值，并列出每个项目的初始投资额。

第二步，接受所有 NPV≥0 的项目。如果资本限额能够满足所有可接受的项目，则决策选择完成。

第三步，如果资本限额不能满足所有 NPV≥0 的项目，那么对所有项目在资本限额内进行各种可能的组合，然后计算出各种可能组合的净现值合计数。

第四步，接受净现值合计数最大的投资组合为最优组合方案。

（3）资本限额投资决策举例。

【例 5-19】仍沿用例 5-18 的案例，假设天龙公司资本最大限量为 50 万元。

在资本限额下，为了选出最优的项目组合，可以用穷举法列出 5 个项目的所有投资组合（n 个相互独立的投资项目的可能组合共有 2^n-1 种），在其中寻找满足资本限额要求的各种组合，并计算它们的加权平均现值指数和合计净现值，从中选择最优组合方案。5 个项目的所有投资组合共有 31 种，但满足初始投资限额为 50 万元条件的有 16 种，将这 16 种组合列于表 5-14 中，并分别计算各个组合的加权平均现值指数和合计净现值。

需要注意的是，如果投资项目组合中的资金没有用完，在计算加权平均现值指数时，可以假设这些剩余资金没有再投资而作为现金持有，那么这部分剩余资金的现值指数就是 1（其余项目组合也如此），则组合 ABE 的加权平均现值指数可按以下方法计算：

$$PI_{ABE} = (20 \times 1.375 + 18 \times 1.467 + 10 \times 1.121 + 2 \times 1)/50$$
$$= 1.342$$

5.4 即测即评

从表 5-14 中可以看出，用现值指数法和净现值法得到的结论一致：项目 ABD 是最优投资组合，其净现值为 19.3 万元。

表 5-14　天龙公司的投资组合

序号	项目组合	初始投资额（万元）	加权平均现值指数	合计净现值（万元）	优先级排序
1	A	20	1.150	7.50	13
2	B	18	1.168	8.40	12
3	C	40	1.200	10.00	9
4	D	11	1.068	3.40	15
5	E	10	1.024	1.21	16
6	AB	38	1.318	15.90	3
7	AD	31	1.218	10.90	8
8	AE	30	1.174	8.71	11
9	BD	29	1.236	11.80	6
10	BE	28	1.192	9.61	10
11	CE	50	1.224	11.21	7

续表

序号	项目组合	初始投资额（万元）	加权平均现值指数	合计净现值（万元）	优先级排序
12	DE	21	1.092	4.61	14
13	ABD	49	1.386	19.30	1
14	ABE	48	1.342	17.11	2
15	ADE	41	1.242	12.11	5
16	BDE	39	1.260	13.01	4

思考与练习题

1. 如何估算企业项目投资的现金流量？

2. 企业投资评价指标主要有哪些？不同投资评价指标有哪些优缺点？

3. 企业购买机器 30 000 元，预计该机器可使用 4 年，每年可生产产品 6 000 件，该产品售价 6 元，单位变动成本为 4 元，均为现金交易。此外，公司付现的固定成本为 500 元，非付现成本仅有折旧，折旧采用直线法，无残值。该企业折现率为 12%，企业所得税税率为 25%。要求：

（1）估算该项目运营期间的年净现金流量。

（2）计算该方案的 ARR、PP，假定该企业要求的项目回收期短于 3 年，ARR 不低于 15%，据此对该投资方案作出评价。

（3）计算该方案的 NPV 和 IRR，并对该投资方案作出评价。

4. 天龙公司准备投资一个新的项目以扩充生产能力，预计该项目可以持续 5 年，固定资产投资 750 万元。固定资产采用直线法计提折旧，折旧年限为 5 年，估计净残值为 50 万元。预计每年付现固定成本为 100 万元；每件产品单价为 250 元，年销量为 3 万件，采购产品每件成本为 100 元，均为现金交易。预计期初需要垫支营运资本 250 万元。假设资本成本率为 10%，所得税税率为 25%。要求：

（1）计算项目营业净现金流量。

（2）计算项目净现值。

（3）计算项目的内含报酬率。

5. 假设天龙公司只能投资于项目 A 和项目 B 中的一个。公司的资本成本率为 10%，两个项目的期望未来现金流量如表 5-15 所示。

表 5-15　项目 A 和 B 各年现金流量　　单位：万元

项目	第 0 年	第 1 年	第 2 年	第 3 年	第 4 年	第 5 年
A	-250	100	100	100	80	80
B	-250	50	50	150	150	150

要求：分别计算两个项目的净现值和内含报酬率，并比较哪个项目更优。

6. 天龙公司需要在两个项目中选择一个进行投资：A 项目需要 100 000 元的初始投资，每年产生 50 000 元的现金净流量，项目的使用寿命为 4 年，4 年后必须更新且无残值；B 项目需要 150 000 元的初始投资，每年产生 60 000 元的现金净流量，项目的使用寿命为 6 年，6 年后必须更新且无残值。公司的资本成本率为 10%。

要求：计算两个项目的年均净现值，并据此判断公司应该投资哪个项目。

6 证券投资——雾里看花

学习目标

1. 了解证券投资的含义和分类。
2. 掌握债券及股票收益率的计算。
3. 掌握证券估值的含义及债券、股票的估值计算。

思维导图

引导案例

"股神"巴菲特

沃伦·巴菲特1930年8月30日生于美国内布拉斯加州的奥马哈市。他是全球著名的投资商，主要投资品种有股票、基金等。2024年，巴菲特以1 218亿美元财富位列"2024福布斯全球亿万富豪榜"第7位。

1987年，可口可乐股价低迷。巴菲特却在1988年买入了大量可口可乐的股票，并尽可能地增持。1989年，他对可口可乐的投资增至10.24亿美元，拥有可口可乐7%的股份，平均成本为每股42美元。直到1994年，巴菲特对可口可乐的总投资成本达到了13亿美元，此后一直维持不变。可口可乐公司起源于19世纪80年代，1919年在股票交易所上市，在当时可口可乐已经是一家家喻户晓的跨国企业。20世纪80年代，可口可乐正在经历与百事可乐的激烈竞争，但可口可乐当时在国际业务中不断扩张，并有很大的增长空间。巴菲特在分析了可口可乐的相关数据以后选择投资可口可乐，并且他认为可口可乐未来会更加成功。在巴菲特投资的10年之后，1998年底，巴菲特持有可口可乐股票的市值上涨到了134亿美元，相比较他对可口可乐的持股成本13亿美元，巴菲特的这一投资10年赚了10倍。到这为止，巴菲特对可口可乐的投资可谓是一项完美的证券投资项目。

1998 年底，可口可乐公司股价达到了 67 美元。不过，1998 年之后，受美国经济泡沫的影响，可口可乐股价一路下跌。随着经济的波动，2008 年底，可口可乐股票收盘价为 45.3 美元，相较于 10 年以前，可口可乐的股价不仅没涨，还跌了不少。有不少人说，巴菲特没有在可口可乐股价高点卖出股票是投资失误。你认同吗？这 10 年巴菲特对可口可乐的投资还有盈利吗？

巴菲特在 2010 年的致股东信里说过："1995 年我们从可口可乐公司获得了 8 800 万美元股利。自那时起的每一年，可口可乐都在提高分红。2011 年，我们几乎肯定能获得可口可乐的 3.76 亿美元分红，比去年高了 2 400 万美元。我预期 10 年内这个分红数字将翻倍。"所以，虽然可口可乐公司的股价下跌，但巴菲特的这项投资依然可以给他带来大量收益，因为股东投资股票的收益不仅来源于买卖差价，还来源于股东分红。

思考：

1. 评价巴菲特的投资理念。
2. 在股票投资中，你觉得应看重什么？

企业的投资不仅包括项目投资，还包括对金融资产的投资。金融资产是以经济合约为基本存在形式的权利性资产。金融资产包括债券、股票等基础性金融工具和期货、期权等衍生金融工具。金融资产的特点是它能够给持有人带来一定的预期收益。金融资产价值的大小取决于它能为持有人带来多大的现金流以及持有人所要求的预期收益率。本章重点关注债券和股票等基础性金融工具的定价原理以及收益率的确定。

6.1　证券投资概述——本固枝荣

6.1.1　证券投资的含义与目的

6.1.1.1　证券的含义

证券是各类财产所有权和债权凭证的通称，是用来证明证券持有人有权依据券面所载内容取得相应权益的凭证。证券按其是否可以在证券市场自由转让，是否能给投资者带来收益，可以分为无价证券和有价证券。

无价证券包括证据证券和凭证证券。证据证券是一种证明凭证，如证明、信用证；凭证证券是证明持证人是某种私权的合法持有者，如存款单、借据等。有价证券是证券的主要形式。有价证券根据内容可分为货币证券、货物证券、资本证券。货币证券是指可以用来代替货币使用的有价证券，是商业信用工具，如汇票、本票、支票；货物证券是指对货物有提取权的证明，如提货单；资本证券是指把资本投入企业或贷给企业或国家的一种证书，主要包括股票、债券、投资基金证券及其他各种派生的金融工具。资本证券并非实际资本，而是虚拟资本，它虽然有价格，但自身没有价值，形成的价格只是资本化了的收入。资本证券是有价证券的主要形式，狭义的有价证券就是指资本证券，人们通常把狭义的有价证券直接称为有价证券乃至证券。资本证券是证券理论与实务研究的主要对象。

6.1.1.2 证券投资的含义

证券投资是指投资者将资金投资于股票、债券、基金等证券以及这些证券的衍生品，以获取收益的投资行为和投资过程，是投资的重要形式。

6.1.1.3 证券投资的目的

证券投资的目的包括：①充分利用闲置资金，获取一定收入。即作为一般的证券投资，获取利息或股利收入及债券或股票买卖差价。②满足企业未来的财务需求。③满足季节性对现金的需求。④获得对相关企业的控制权。即通过购买某一企业的大量股票达到控制该企业的目的。

6.1.2 证券投资的分类

6.1.2.1 按投资对象分类

证券投资按其投资对象不同，可分为以下几种：

（1）股票投资。股票投资是指投资者将资金投向股份公司发行的股票，以期获得股利和资本利得的行为。企业从事股票投资，尤其是投资于普通股股票，要承担较大风险，但高风险通常会有机会取得较高收益。

（2）债券投资。债券投资是指投资者购买债券以取得固定利息与资本利得的一种投资活动。根据发行主体不同，债券分为政府债券、金融债券和公司（企业）债券。企业可将资金投资于各类债券。与股票投资相比，债券投资收益稳定，风险较低。从投资风险来看，政府债券的风险最小，金融债券次之，公司（企业）债券的风险最大。一般来讲，债券的期限越长，风险越大，票面利率越高，这是因为投资者承担较高风险需发行人支付高利率加以补偿。

根据券面形态，债券还可分为记账式债券、凭证式债券。记账式债券是当前债券的主要存在形态，是以计算机方式记录债权，通过无纸化方式发行交易的债券。企业债券、金融债券、国债的一部分都以记账式形态出现。凭证式债券主要应用于国债，是以现金购买，以“凭证式国债收款凭证”记录债权的债券。

(3) 基金投资。基金投资是一种利益共享、分享共担的集合证券投资方式。即通过发行基金单位，集中投资者的资金，由基金托管人托管，由基金管理人管理和运用资金，从事股票、债券等金融工具投资，共担投资风险、分享收益。

与个人投资者直接参与证券买卖相比，投资基金具有以下特点：①集合性。投资基金将众多投资者大小不等的资金集中起来，根据投资组合原理进行专业化投资，可起到分散风险、降低成本、提高收益的效果。②专业性。投资基金由专业的基金管理人负责经营，投资者购买基金证券后，即可享受管理人的专业性服务。③组合性。为分散投资风险，投资基金多采取组合投资的策略。④利益共享、风险共担。

按基金的组织形式不同，分为契约型基金、公司型基金和合伙型基金，三者之间的区别见表 6-1。根据以基金是否可自由赎回分为封闭式基金和开放式基金。

表 6-1 契约型基金、公司型基金和合伙型基金的主要区别

基金特点	契约型基金	公司型基金	合伙型基金
法律主体地位	无法人资格	具有法人资格	无法人资格
法律依据	民法典、信托法	公司法	合伙企业法
资金的性质	资金是信托资产	资金是公司股本	资金是合伙企业资产
人数要求	不超过 200 人	有限公司不超过 50 人	2 人以上 50 人以下，至少一个普通合伙人
投资者地位	契约受益人	公司股东	多名有限合伙人，至少 1 名普通合伙人
经营管理依据	依据基金信托契约进行募集、经营管理	依据公司章程、委托管理契约和委托保管契约等	依据合伙企业约定
基金凭证	基金单位凭证	公司股票	基金单位凭证
融资渠道	发行基金单位筹资	发行股票、债券筹资，银行借款等	协议约定
缴税方式	基金不缴税，投资者自行纳税	先税后分，投资者再自行纳税（双重缴税）	先分后税，每个合伙人取得收益后分别纳税

（4）期货投资。期货投资是指投资者通过在期货交易所买卖期货合约规避未来现货价格风险或赚取买卖差价收益的一种投资方式。所谓期货合约，是指为了在将来一定时期以约定价格买卖一定数量和质量的商品而由期货交易所制定的统一的标准化合约。它是确定期货交易关系的一种契约，是期货市场的交易对象。期货投资可以分为商品期货投资和金融期货投资。

（5）期权投资。期权投资是指投资者为了实现标的商品盈利目的或规避标的商品未来价格变动风险而进行期权合约买卖的一种投资方式。期权交易也称选择性交易，是对未来可以以约定价格买进或卖出某种商品的权利而进行的交易。根据期权赋予投资者买进或卖出的权利划分，期权分为看涨期权（买入期权）、看跌期权（卖出期权）和双向期权；根据期权合约买卖的对象划分，期权又可分为商品期权、股票期权、债券期权、期货期权等。

6.1.2.2 按投资期限分类

（1）短期证券投资。短期证券投资是指期限在一年以内的投资。企业短期证券投资是利用日常经营中暂时闲置的多余资金购买股票等有价证券，以获取一定收益的行为。它作为现金的替代品，出于投机的目的，满足企业未来的财务需要。

6.1 即测即评

（2）长期证券投资。长期证券投资是指期限超过一年的投资。企业长期证券投资的目的在于未来获得较高的投资收益，或者取得对被投资企业的股权控制，以实现某种经营战略。

6.2 证券收益——落袋为安

6.2.1 债券收益

债券的投资收益包含两方面内容：一是债券的利息收入；二是资本利得，即债券买入价与卖出价之间的差额，当卖出价高于买入价时为资本收益，反之为资本损失。衡量债券收益水平的尺度为债券收益率，一般以债券在特定期间带来的收益额与买入价（或本金）的比率表示。影响债券收益率的因素主要有债券票面利率、期限、面值、持有时间、购买价格和出售价格。

债券收益率主要有票面收益率、本期收益率和持有期收益率 3 种。

6.2.1.1 票面收益率

票面收益率又称名义收益率或息票率，是印制在债券票面上的固定利率，通常是年利息收入与债券面额之比率。票面收益率反映了债券按面值购入，持有至到期所获得的收益水平，其计算公式为：

$$票面收益率 = 债券年利息 / 债券票面金额 \times 100\% \tag{6-1}$$

6.2.1.2 本期收益率

本期收益率又称直接收益率、当前收益率，指债券的年实际利息收入与买入债券的实际价格之比率，其计算公式为：

$$本期收益率 = 债券年利息 / 债券买入价 \times 100\% \tag{6-2}$$

本期收益率反映了购买债券的实际成本所带来的收益情况，但与票面收益率一样，不能反映债券的资本损益情况。

6.2.1.3 持有期收益率

持有期收益率指债券持有人在持有时间获得的收益率，能综合反映债券持有期限的利息收入情况和资本损益水平。其中债券的持有期是指从购入债券至售出债券或债券到期清偿之间的期间，通常以“年”为表示单位。根据债券持有期长短和计息方式不同，债券持有期收益率的计算公式存在差异。由于利息、收益率等指标多数以年利率的形式出现，债券持有期收益率可以根据具体情况换算为年均收益率。

（1）持有期较短（不超过1年）。持有期较短（不超过1年），可以不考虑货币时间价值，直接按债券持有期间的收益额除以买入价计算持有期收益率，常用的计算公式为：

$$持有期收益率 = \frac{卖出价 - 买入价 + 持有期利息收入}{买入价} \times 100\% \tag{6-3}$$

$$持有期年均收益率 = 持有期收益率 \div 持有年限 \tag{6-4}$$

$$持有年限 = 实际持有天数 \div 360 \tag{6-5}$$

【例6-1】 天龙公司于2024年1月1日以每张985元的价格购入了100张乙公司发行的面值为1 000元的债券，票面利率为8%，半年付息一次，期限为3年，2024年7月1日收到上半年的利息4 000元，2024年8月30日以每张995元的价格全部出售。要求：计算该债券的持有期收益率。

$$持有期收益率 = [(995 - 985) + 4\,000 \div 100] \div 985 = 5.08\%$$

$$持有期年均收益率 = 5.08\% \times 12 \div 8 = 7.61\%$$

（2）持有期较长（超过1年）。持有期较长（超过1年）的，应按每年复利一次计算持有期年均收益率，即计算使债券带来的现金流入量净现值为零的折现率，也称为内含报酬率（IRR）。

用公式表达为：

$$V = \sum_{t=1}^{n} \frac{I_t}{(1+k)^t} + \frac{F}{(1+k)^n} \tag{6-6}$$

式中，V 为债券市价（买价）；I_t 为第 t 年的利息收入；F 为债券售价（或到期面值）；n 为持有的期数；k 为持有期收益率。

求解出来的贴现率 k 即为债券持有期收益率。图 6-1 形象地描述了债券持有期收益率的计算过程。

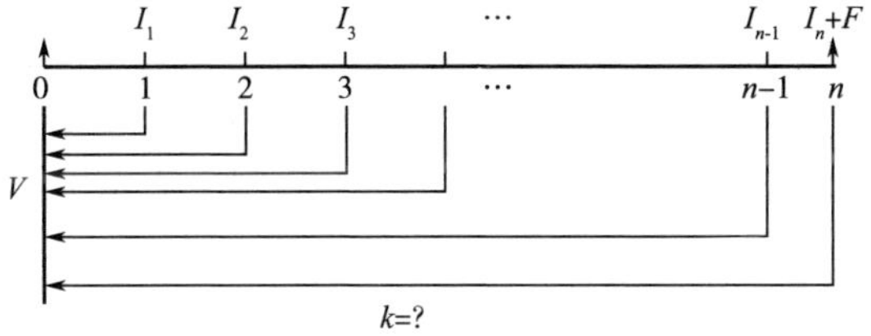

图 6-1 债券持有期收益率计算过程

具体包括以下两种情形：

一是到期一次还本付息的债券：

$$\text{持有至到期收益率} = \sqrt[t]{\frac{F}{V}} - 1 \tag{6-7}$$

式中，V 为债券买入价；F 为债券到期兑付的金额或者提前出售时的卖出价；t 为债券实际持有期限（年），等于债券买入交割日至到期兑付日或卖出价格日之间的实际天数除以 360。

【例 6-2】 天龙公司 2024 年 7 月 1 日购入 A 公司当日发行的两年期到期一次还本付息的债券，面值为 1 000 元，票面利率为 8%，买入价为 950 元。要求：计算债券持有至到期收益率。

$$\text{持有至到期收益率} = \sqrt[2]{\frac{1\ 000 + 1\ 000 \times 8\% \times 2}{950}} - 1 = 10.5\%$$

二是分期支付利息、到期还本的债券：

$$V = \sum_{t=1}^{n} \frac{I}{(1+k)^t} + \frac{F}{(1+k)^n} = I(P/A,\ k,\ n) + F(P/F,\ k,\ n) \tag{6-8}$$

式中，V 为债券买入价；I 为债券每期利息；F 为债券售价（或到期面值）；n 为持有的期数；k 为债券持有期收益率。

【例 6-3】天龙公司购买一款 5 年期债券并持有至到期日。债券面值为 100 元，票面利率为 8%，每年付息一次，到期归还本金。当买价分别为 100 元和 105 元时，其到期收益率分别是多少？如果公司要求的必要报酬率为 7%，该款债券在这两个买价下是否有投资价值？

(1) 买价为 100 元时：

$$100 = 100 \times 8\% \times (P/A,\ k,\ 5) + 100 \times (P/F,\ k,\ 5)$$

假设折现率为 8%，则：

$$100 \times 8\% \times (P/A,\ 8\%,\ 5) + 100 \times (P/F,\ 8\%,\ 5) = 100(\text{元})$$

所以，债券到期收益率=8%。债券到期收益率 8%大于公司要求的收益率 7%，债券具有投资价值。

结论：当债券买价等于其面值时，债券到期收益率等于其票面利率。

(2) 买价为 105 元时：

$$105 = 100 \times 8\% \times (P/A,\ k,\ 5) + 100 \times (P/F,\ k,\ 5)$$

假定折现率为 6%：

$$\begin{aligned}\text{等式右边} &= 100 \times 8\% \times (P/A,\ 6\%,\ 5) + 100 \times (P/F,\ 6\%,\ 5)\\ &= 108.43\end{aligned}$$

假定折现率为 7%：

$$\begin{aligned}\text{等式右边} &= 100 \times 8\% \times (P/A,\ 7\%,\ 5) + 100 \times (P/F,\ 7\%,\ 5)\\ &= 104.10\end{aligned}$$

所以，可以用插值法计算出：

$$\begin{aligned}\text{债券到期收益率} &= 6\% + (108.45 - 105)/(108.45 - 104.10)\\ &= 6\% + 0.79\% = 6.79\%\end{aligned}$$

债券到期收益率 6.79%小于公司要求的收益率 7%，债券没有投资价值。

结论：当债券买价大于其面值时，债券到期收益率小于其票面利率。反之，当债券买价小于其面值时，债券到期收益率大于其票面利率。

市场利率的上升会导致债券价值下降，市场利率的下降会导致债券价值上升。长期债券对市场利率的敏感性大于短期债券。在市场利率较低时，长期债券的价值远高于短期债券。在市场利率较高时，长期债券的价值远低于短期债券。

6.2.2 股票收益

股票收益是指投资者从购入股票开始到出售股票为止整个持有期间的收入，由股息和资本利得两个方面组成。股票收益率包括股票本期收益率和股票持有期收益率两种。

6.2.2.1 本期收益率

本期收益率是指股份公司以现金派发的股利与本期股票价格的比率，用公式表示为：

$$本期收益率 = 年现金股利 / 本期股票价格 \times 100\% \quad (6-9)$$

式中，年现金股利是指发放的上年每股股利，本期股票价格是指该股票的当日证券市场收盘价。

6.2.2.2 持有期收益率

持有期收益率是指投资者买入股票持有一定时期后又卖出该股票，在投资者持有该股票期间的收益率，反映了股东持有股票期间的实际收益情况。

（1）持有期不超过 1 年。如投资者持有股票不超过 1 年，不用考虑货币时间价值。其持有期收益率可按如下公式计算：

$$持有期收益率 = (售价 - 买价 + 持有期的现金股息) / 买价 \times 100\% \quad (6-10)$$

$$持有期年均收益率 = 持有期收益率 / 持有年限 \quad (6-11)$$

（2）持有期超过 1 年。如投资者持有股票超过 1 年，需要考虑资金时间价值。令股票未来现金流入的现值=现金流出量的现值，求解出来的贴现率就是持有期收益率。用公式表达为：

$$V = \sum_{t=1}^{n} \frac{D_t}{(1+k)^t} + \frac{F}{(1+k)^n} \quad (6-12)$$

式中，V 为股票市价（买价）；D_t 为第 t 年股息；F 为股票售价；n 为持有期数；i 为年折现率。

求解出来的贴现率 k 即为股票持有期收益率。图 6-2 形象地描述了股票持有期收益率的计算过程。

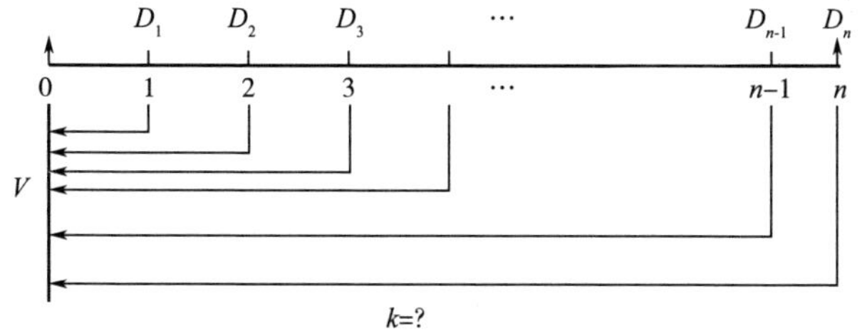

图 6-2 股票持有期收益率计算过程

第一，优先股。优先股一般每期股利固定，长期持有，相当于永续年金。

故式6-12可简化为$V=D/k$，从而得到优先股的持有期收益率：

$$k = D/V \tag{6-13}$$

式中，V为股票市价（买价）；D为每年股息。

【例6-4】 某公司的优先股每年的股利为2元/股，股票市价为20元/股。优先股的预期持有期收益率为：

$$k = D/V = 2/20 = 10\%$$

第二，股利稳定、长期持有的普通股。当股利稳定、长期持有时，普通股就类似于优先股，普通股持有期收益率计算公式同优先股，为：

$$k = D/V \tag{6-14}$$

式中，V为股票市价（买价）；D为每年股息。

第三，股利稳定增长的普通股。假定普通股股利保持固定的年增长率，增长率为g，假设$k>g$，则有：$V = D_1/(k - g)$，得到：

$$k = D_1/V + g \tag{6-15}$$

式中，V为股票估值（或股票市价）；D_1为第1年股利；k为股票持有期收益率；g为股利年增长率。

6.2 即测即评

【例6-5】 某上市公司刚刚支付的去年股利为2元/股，股利年增长率为5%，股票市价为14元/股，普通股的预期持有期收益率为多少？

$$k = D_1/V + g = 2 \times (1 + 5\%)/14 + 5\% = 20\%$$

6.3 证券估值——七上八下

6.3.1 证券估值的含义

债券和股票是两种最常见的金融证券。当企业发行债券或股票时，无论筹资者还是投资者，都会对该种证券进行估值，决定以何种价格发行或购买证券比较合理。因此，证券估值是财务管理中一个十分重要的基本理论问题。

证券估值是指对证券的内在价值进行估算和判断的过程，涉及对证券未来收益的预期和风险评估。证券的估值等于其预期未来现金流量的现值。根据现金流量的风险确定投资者所要求的收益率，即必要收益率（k）。每期现金流量以必要收益率为折现率进行折现，每期现金流量的现值之和即为证券的估值（V）。

$$V = \sum_{t=1}^{n} \frac{CF_t}{(1+k)^t} \tag{6-16}$$

式中，V 为证券估值（或证券市价）；CF_t 为第 t 年现金流量；k 为折现率。

将证券的估值与其市场价格进行比较，如果证券的估值高于其市场价格，证券具有投资价值；反之，则不具有投资价值。

6.3.2 债券估值

债券估值，是指来自债券的预期未来现金流量以市场利率（或投资者要求的收益率）为折现率计算的现值之和。预期未来现金流量包括利息收入和到期归还的本金。

6.3.2.1 分期付息、到期还本债券的估值

债券分期支付利息、到期还本，其现金流量如图 6-3 所示。

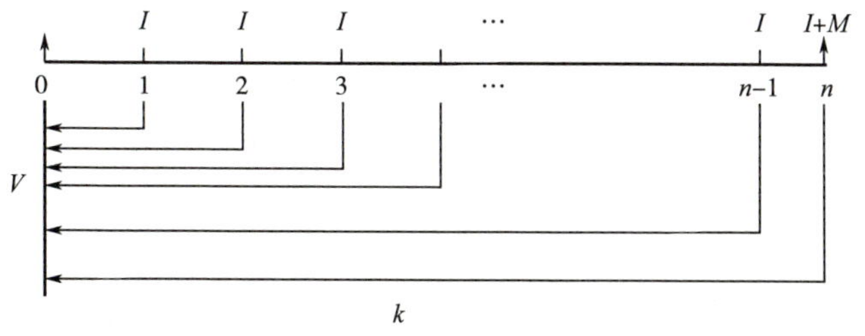

图 6-3 分期付息、到期还本债券估值计算过程

其估值计算公式如下：

$$\begin{aligned} V &= I \times (P/A,\ k,\ n) + M \times (P/F,\ k,\ n) \\ &= M \times i \times (P/A,\ k,\ n) + M \times (P/F,\ k,\ n) \end{aligned} \tag{6-17}$$

式中，V 为债券估值；i 为票面利率；k 为市场利率（或投资者要求的收益率）；M 为债券面值；I 为年利息；n 为期数。

【例 6-6】 某公司拟于 2024 年 1 月 1 日发行 5 年期债券，债券每张面值为 100 元，票面利率为 8%，每年 1 月 1 日计算并支付一次利息。如果发行时的市场利率为 8%、6%、10%，则债券的估值分别为多少？如果债券的发行价格为 105 元，该债券是否有投资价值？

（1）市场利率为8%时：

$$V=100\times8\%\times(P/A,\ 8\%,\ 5)+100\times(P/F,\ 8\%,\ 5)=100(\text{元})$$

债券价值100元小于发行价格105元，不具有投资价值。

结论：当市场利率和票面利率相同时，债券价值等于其面值，债券平价发行。

（2）市场利率为6%时：

$$V=100\times8\%\times(P/A,\ 6\%,\ 5)+100\times(P/F,\ 6\%,\ 5)=108.43(\text{元})$$

债券价值108.43元大于发行价格105元，具有投资价值。

结论：当市场利率小于票面利率时，债券价值高于其面值，债券以溢价发行。

（3）市场利率为10%：

$$V=100\times8\%\times(P/A,\ 10\%,\ 5)+100\times(P/F,\ 10\%,\ 5)=92.42(\text{元})$$

债券价值92.42元小于发行价格105元，不具有投资价值。

结论：当市场利率大于票面利率时，债券价值小于其面值，债券以折价发行。

6.3.2.2 到期一次还本付息债券的估值

到期一次还本付息债券的利息一般采用单利方式，其现金流量如图6-4所示。

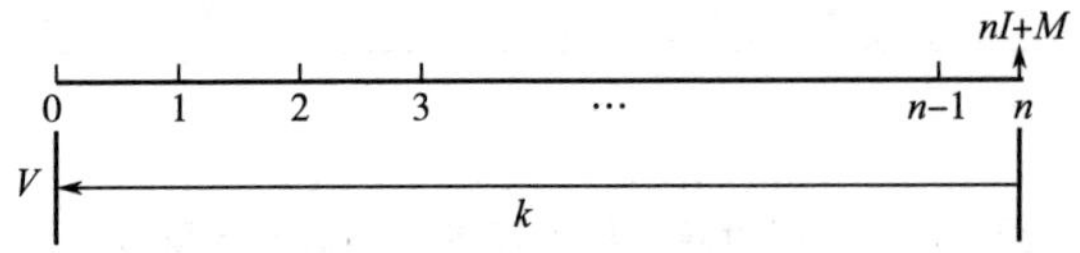

图6-4 到期一次还本付息债券估值计算过程

则债券估值为：

$$V=(M+M\times i\times n)\times(P/F,\ k,\ n)\tag{6-18}$$

式中，V为债券估值；i为票面利率；k为市场利率（或投资者要求的收益率）；M为债券面值；n为期数。

【例6-7】某公司拟于2024年1月1日发行5年期债券，债券面值为100元，票面利率为8%。债券为到期一次还本付息债券（单利计息），发行时的市场利率为6%，则债券的价值是多少？

$$V=(100+100\times8\%\times5)\times(P/F,\ 6\%,\ 5)=104.62(\text{元})$$

6.3.2.3 零息债券的估值

零息债券是指以贴现方式发行，不附息票，而于到期日时按面值一次性支付本金的债券。其估值计算过程如图 6-5 所示。

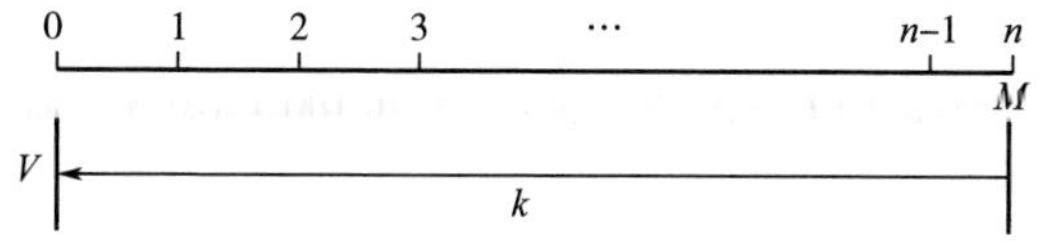

图 6-5 零息债券估值计算过程

零息债券估值为：

$$V = M \times (P/F,\ k,\ n) \tag{6-19}$$

式中，V 为债券估值；k 为市场利率（或投资者要求的收益率）；M 为债券面值（或售价）；n 为期数。

【例 6-8】 一张 5 年期零息债券，面值为 100 元，假定市场利率为 10%，其价值为：

$$V = 100 \times (P/F,\ 10\%,\ 5) = 62.09(\text{元})$$

6.3.2.4 付息期短于一年的债券估值

如果公司债券的付息期短于一年（如半年付息、季度付息等），根据前面介绍的一年计息多次的实际利率的计算原理，可得一年计息多次的债券的实际年必要收益率的计算公式如下：

$$k = (1 + i/m)^m - 1 \tag{6-20}$$

式中，k 为一年计息多次的债券的实际年必要收益率（或市场利率）；i 为一年计息多次的债券名义年必要收益率（或市场利率）；m 为每年的计息次数。

则一年付息 m 次的债券估值公式为：

$$V = M \times r/m \times (P/A,\ k/m,\ mn) + M \times (P/F,\ k/m,\ mn) \tag{6-21}$$

式中，V 为债券估值；M 为票面面值（或售价）；k 为一年计息多次的债券的实际年必要收益率；m 为每年的计息次数；n 为期数；r 为债券票面利率。

【例 6-9】 某公司拟于 2024 年 1 月 1 日发行 5 年期债券，债券每张面值为 100 元，票面利率为 8%，每年 1 月 1 日计算并支付一次利息。如果发行时的市场利率为 6%，则债券的价值为多少？如果债券每年 1 月 1 日和 7 月 1 日计算并付息两次，其价值为多少？

每年付息一次：

$$V = 100 \times 8\% \times (P/A, 6\%, 5) + 100 \times (P/F, 6\%, 5)$$
$$= 108.43(元)$$

每年付息两次：

$$V = 100 \times 8\%/2 \times (P/A, 6\%/2, 5 \times 2) + 100 \times (P/F, 6\%/2, 5 \times 2)$$
$$= 108.53(元)$$

6.3.3 普通股估值

股票估值是股票预期未来现金流量以股东要求的收益率（必要收益率）为折现率计算的现值之和。未来现金流量包括股利收入和出售股票时获得的收入。如果股票一直持有，则股票的价值仅取决于未来的股利收入，用公式表示为：

$$V = \sum_{t=1}^{\infty} \frac{D_t}{(1+k)^t} \tag{6-22}$$

式中，V 为普通股的估值；D_t 为普通股每期股息；k 为年折现率，一般采用资本成本率或投资的必要报酬率。

普通股估值计算过程如图 6-6 所示。

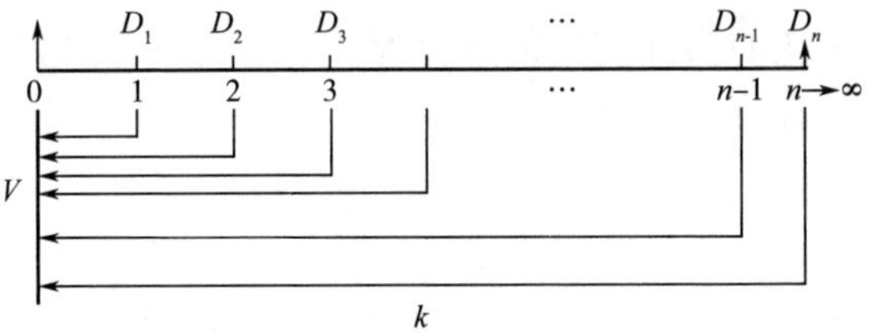

图 6-6 普通股估值计算过程

6.3.3.1 持有一段时间后准备出售的股票

持有一段时间后准备出售的股票，其估值为：

$$V = \frac{D_1}{1+k} + \frac{D_2}{(1+k)^2} + \frac{D_3}{(1+k)^3} + \cdots + \frac{D_n}{(1+k)^n} + \frac{M_n}{(1+k)^n}$$
$$= \sum_{t=1}^{n} D_t \times (P/F, k, t) + M \times (P/F, k, n) \tag{6-23}$$

式中，V 为股票估值；D_t 为第 t 年股息；k 为折现率；n 为期数；M_n 为股票售价。

【例 6-10】一只股票预期未来 3 年每年年末每股可获现金股利 2 元，3 年后该只股票的预期售价为每股 20 元，要求的回报率为 10%，则该股票目前的价值是多少？

$$V = 2/(1+10\%) + 2/(1+10\%)^2 + 2/(1+10\%)^3 + 20/(1+10\%)^3$$
$$= 19.994(\text{元})$$

或

$$V = 2 \times (P/A,\ 10\%,\ 3) + 20 \times (P/F,\ 10\%,\ 3) = 19.994(\text{元})$$

6.3.3.2 永久持有、股利稳定支付的股票

假设股票股利增长率为零，即每期发放相同的股利。此时股利可以看作是永续年金，则股票估值为：

$$V = D/k \qquad (6\text{-}24)$$

式中，D 为每年发放的股利；k 为股东要求的必要收益率。

【例 6-11】某上市公司采用固定股利政策，每年发放的普通股股利为每股 0.8 元，股东要求的收益率为 10%。则股票的价值为：

$$V = D/k = 0.8/10\% = 8(\text{元})$$

6.3.3.3 永久持有、股利固定增长的股票（戈登模型）

假定每期的股利始终以固定的比例 g 增长，则股票估值为：

$$V = D_1/(k-g) = D_0 \times (1+g)/(k-g)(\text{当 } k > g \text{ 时}) \qquad (6\text{-}25)$$

式中，D_0 为上一年（去年）的年股利；D_1 为第一年（今年）的年股利；k 为普通股股东的必要收益率；g 为股利年固定增长率。

【例 6-12】某上市公司去年支付的股利为 2 元/股，投资者要求的收益率为 10%，公司股利年增长率为 5%，该股票估值为多少？

$$V = D_0 \times (1+g)/(k-g)$$
$$= 2 \times (1+5\%)/(10\% - 5\%)$$
$$= 42(\text{元})$$

【例 6-13】甲公司持有 A 股票，A 股票当前每股市价为 20 元，上一年度派发每股 1.2 元的现金股利，预计股利每年将增长 5%，投资收益率为 10%。要求：利用股票估价模型分析当前出售 A 股票是否对甲公司有利。

$$A \text{股票价值 } V = 1.2(1+5\%)/(10\% - 5\%) = 25.2(\text{元})$$

A 股票的内在价值大于 A 股票的当前市价 20 元，所以甲公司当前出售 A 股票不利。

6.3.4 优先股估值

优先股一般没有到期日，其股东在确定的时间领取固定且金额相等的股息。所以，优先股的股利可以看作是永续年金，其估值为：

$$V = D/k \tag{6-26}$$

式中，V 为优先股估值；D 为每年发放的股利；k 为股东要求的必要收益率。

6.3 即测即评

【例 6-14】 某公司优先股约定的年股利为 2 元/股，优先股股东要求的收益率为 10%。公司优先股的价值为：

$$V = D/k = 2/10\% = 20(\text{元})$$

思考与练习题

1. 简述证券投资的含义及主要类型。

2. 某企业正处于快速成长期，其成长前 2 年股利增长率为 18%，第 3 年为 15%，第 4 年开始以后股利增长率转入正常，每年为 6%，该公司上一年股利为每股 1.15 元，投资者期望的收益率为 12%。目前股票市价为 20 元。要求：计算出股票价值，并作出决策。

3. C 公司在 2024 年 1 月 1 日发行 5 年期债券，面值为 1 000 元，票面利率为 10%，于每年 12 月 31 日付息，到期时一次还本。

（1）假定 2024 年 1 月 1 日金融市场利率为 9%，该债券的发行价应定为多少？

（2）假定 1 年后该债券的市场价格为 1 049.06 元，该债券于 2025 年 1 月 1 日的到期收益率是多少？

4. 甲欲长期投资股票，有 3 种股票 A、B、C 可供选择，其 β 系数分别为 1.2、1.6 和 0.8，已知国库券收益率为 4%，市场平均风险收益率为 5%，目前每股市价分别为 25 元、30 元和 40 元。A 股票实行固定股利，每年每股股利为 2 元。B 股票预计第 1 年每股股利 2 元，第 2 年每股股利 2.2 元，第 3 年开始固定为每股股利 3 元。C 股票预计第 1 年股利为每股 3 元，预计以后每年固定增长 5%。

（1）假设同时购买 A、B、C 三种股票各 100 股，计算投资组合的要求收益率。

（2）分别评价 A、B、C 三种股票是否具有投资价值。

5. 天龙公司计划利用一笔长期资金购买股票。现有 M 公司股票和 N 公司股票可供选择，天龙公司只准备投资一家公司的股票。已知 M 公司股票现行市价为每股 9 元，上年每股股利为 0.15 元，预计以后每年以 6%的增长率增长。N 公司股票现行市价为每股 7 元，上年每股股利为 0.60 元，股利分配政策一贯坚持固定股利政策。天龙公司要求的必要报酬率为 8%。要求：

（1）利用股票估价模型，分别计算 M、N 公司股票投资价值。

（2）代天龙公司作出股票投资的决策。

7

营运资本管理——唯快不破

学习目标

1. 了解营运资本的概念和特点。

2. 理解营运资本管理的内容。

3. 掌握现金的持有动机、持有成本以及最佳现金持有量的计算。

4. 掌握应收账款的作用、成本以及信用政策的构成与决策。

5. 掌握存货的功能、成本以及存货的控制方法。

思维导图

引导案例

沃尔玛的成功之道

沃尔玛百货有限公司（以下简称“沃尔玛”）作为世界上最大的商业零售企业，2024 年财报年度的全球销售额高达 6 481 亿美元，并连续多年荣登《财富》杂志“世界 500 强企业”和“最受尊敬企业”排行榜。其所属几千家商店和购物广场遍布美国、墨西哥、加拿大、巴西、阿根廷、南非、中国等地。它在短短几十年中有如此迅猛的发展，不得不说是零售业的一个奇迹。

沃尔玛提出“帮顾客节省每一分钱”的宗旨，实现了价格最便宜的承诺。顾客之所以能在沃尔玛以最低价格买到最优的产品，在很大程度上都依赖于其库存管理的效率。以中国为例，沃尔玛中国公司目前在深圳和天津一南一北分别建有两大配送中心，分别负责沃尔玛在南部和北部的商品配送工作。正是依靠两大配送中心的集中配送，沃尔玛有效控制了商品的成本、交货时间以及供应商的订单满足率。通过对供应链的有效整合，沃尔玛可以实现每个商店的现货最大化和多余库存最小化，从而加快了流通速度，降低了资金积压的额度。这种高效率的存货管理，使公司能迅速掌握销售情况和市场需求趋势，为顾客提供优质低廉的商品。而且这种低价策略，以薄利多销的方式加大了销售量，从而加快了现金回收速度，以较少的资金投入创造了更多的销售收入。

思考：

1. 沃尔玛的业务之所以能够迅速增长，最主要的原因是什么？
2. 营运资本管理包括哪些内容？

7.1 营运资本管理——血脉畅通

7.1.1 营运资本的概念及特点

7.1.1.1 营运资本的概念

营运资本有广义和狭义之分。广义的营运资本又称总（毛）营运资本，是指一个企业流动资产的总额。狭义的营运资本又称净营运资本，是指流动资产减流动负债后的余额。通常所说的营运资本多指狭义的。

7.1.1.2 营运资本的特点

（1）多样性。营运资本的占用形态从空间上看是各种各样的，其实物形态是经常变化的。以制造业企业为例，在循环周转过程中，要经过供、产、销 3 个阶段，其占用形态不断变化，即以现金购买原材料，然后将原材料生产成产成品，再由产成品销售转换成应收账款，最后收回应收账款又变回现金。

（2）周转快。营运资本周转的时间一般在一年之内或者是超过一年的一个营业周期以内。根据这一特点，营运资本一般可通过商业信用、银行存款、短期借款等短期筹资方式加以解决。

（3）易变现。营运资本在生产经营过程中虽需经历供产销循环周转过程，但这一过程时间较短，变现能力较强。营运资本中的现金、银行存款本身就可以随时用于支付和偿债，其他的短期金融资产、存货、应收账款等也能在较短时间内变现。

（4）继起性。营运资本在生产经营活动中的表现为相继转化。从货币资金开始依次转化为储备资金、生产资金、成品资金、结算资金，最后又回到货币资金。它的每一次转化都是一种形态的结束和另一种形态的开始。

（5）波动性。随着企业供产销条件的变化，流动资产的占用数量也会时高时低，起伏不定，波动很大。季节性企业如此，非季节性企业也是如此。随着流动资产数量的变动，流动负债的数量也会相应发生变动。

7.1.2 营运资本的类别

营运资本主要包含两大类：第一类是流动资产；第二类是流动负债。

7.1.2.1 流动资产

流动资产是指可以在一年或超过一年的一个营业周期内变现或者耗用的资产，包括货币资金、短期金融资产、应收预付款项、存货等。流动资产包括临时性流动资产、永久性流动资产。临时性流动资产就是由于生产的淡旺季等特殊情况所产生的一些资产。比如在生产旺季，生产多，应收账款就多，就属于临时性流动资产。永久性流动资产就是不管淡旺季都有一个相对固定的规模，如库存现金、银行存款，不论淡季还是旺季都必须有。

7.1.2.2 流动负债

流动负债是指必须在一年或超过一年的一个营业周期内偿还的债务，包括短期借款、应付票据、应付账款、预收账款、应付职工薪酬、应付股利、应交税金、其他暂收应付款、预提费用和一年内到期的长期借款等。流动负债按照用途可分为临时性流动负债、自发性流动负债。临时性流动负债是季节性原因所引起的一些负债。自发性流动负债是在正常情况下都会有的流动负债，如应付工资、应交税金等。尽管这些负债在一年内就要偿还，但它是供企业长期占有的，实际上它又形成了一种长期的资金来源。

7.1.3 营运资本管理的内容

营运资本管理就是对企业流动资产和流动负债的管理。企业既要保证有足够的资金满足生产经营的需要，又要保证能按时按量偿还各种到期债务。企业营运资本管理的主要内容如下：

（1）合理确定并控制流动资金的需要量。企业流动资金的需要量取决于生产经营规模和流动资金的周转速度，同时也受市场及供、产、销情况的影响。企业应综合考虑各种因素，合理确定流动资金的需要量，既要保证企业经营的需要，又不能因安排过量而浪费。平时也应控制流动资金的占用，使其纳入计划预算的良性范围内。

（2）合理确定流动资金的来源构成。企业应选择合适的筹资渠道及方式，力求以最小的代价谋取最大的经济利益，并使筹资与日后的偿债能力等合理配合。

（3）加快资金周转，提高资金效益。当企业的经营规模一定时，流动资产周转的速度与流动资金需要量成反方向变化。企业应加强内部责任管理，适度加速存货周转、缩短应收账款的收款周期、延长应付账款的付款周期，以改进资金的利用效果。

7.1.4 营运资本管理政策

对资产而言，流动性越强，报酬率越低，流动性越弱，报酬率越高。对负债来说，时间越短越要偿还的，它的利率就越低；时间越长，利率就会越高，权益性资本报酬率越高。这就出现了资产与负债及所有者权益的搭配问题。

如果企业把全部的短期借款都拿去买设备建厂房，将来可能出现流动负债偿还困难问题，导致财务困难。但是从报酬率这个角度来讲，把借来的钱用在买设备、建生产线上是为了获得较高的报酬。所以，两方面要有一个合理的搭配，搭配方式有 3 种：稳健型营运资本管理政策、激进型营运资本管理政策和适中型营运资本管理政策。

稳健型营运资本管理政策是指短期金融负债只融通部分波动性流动资产的资金需要，另一部分波动性流动资产和全部稳定性流动资产则由长期资金来源支持。这种管理政策的特点是强调低风险，因此会使用更多长期筹资，预期盈利能力较低。

激进型营运资本管理政策是指短期金融负债在企业全部资金来源中所占比重大于适中型筹资政策，长期占用的资金（包括稳定性流动资产投资）应由长期资金来源和部分短期资金来支持，短期占用的资金（只是临时性流动资产需求，不是全部流动资产）应由短期资金来源支持。这种管理政策是一种收益性和风险性均较高的营运资本筹资政策。

适中型营运资本管理政策是指长期占用的资金（包括稳定性流动资产投资）应由长期资金来源支持，短期占用的资金（只是临时性流动资产需求，不是全部流动资产）应由短期资金来源支持。这种管理政策是一种战略性的安排，而不是要求完全匹配。

7.1 即测即评

7.2 现金管理——现金为王

现金是指企业以各种货币形态占用的资产，包括库存现金、银行存款及其他货币资金。现金是流动性最强的资产，它可以用于购买商品、劳务或偿还债务。企业缺乏必要的现金，可能会导致丧失购买机会甚至难以购买原材料、支付职工工资而对生产经营造成损失，也可能会因为无力还债而使企业的信誉受损。但由于企业的库存现金没有收益，银行存款的利息率远远低于企业的资金利润率，因此现金结余过多也会降低企业的收益。现金管理的目的是在保证企业正常经营所需要的现金的同时又不使企业有过多的闲置现金，以避免现金不足和现金过量两个方面的威胁，从而使企业在现金的流动性和营利性之间作出抉择，最终获取最大的长期利润。

7.2.1 持有现金的动机

7.2.1.1 交易动机

交易动机是指满足日常业务的现金支付需要。一般企业都要持有一定量的现金用于日常的交易，如采购原材料、支付工人工资、向国家上缴税款等。尽管企业每天都会发生一定数量的现金收入和现金支出，但难以做到现金收付的数量平衡。如果不保持适当的现金余额，就会影响企业正常的交易活动。

7.2.1.2 补偿动机

银行为企业提供贷款服务时，往往需要企业在银行中保留存款余额来补偿服务费用。同时，银行贷给企业款项也需要企业在银行中留有存款以保证银行的资金安全。这种出于银行要求而保留在企业银行账户中的存款就是补偿动机要求的现金持有。

7.2.1.3 预防动机

企业为应付意外的、紧急的情况而需要置存货币资金，如生产事故、自然灾害、客户违约等打破原先的货币资金收支平衡。企业为预防性需要而置存货币资金的多少取决于两个因素：一是企业临时举债能力；二是企业其他流动资产的变现能力。

7.2.1.4 投机动机

投机动机是指企业为抓住瞬息即逝的市场机会，投机获利而持有的现金。比如，在证券价格发生波动时，将现金投资于有价证券，以便从有价证券价格的波动上赚取差价。获取较大的利益而准备的现金与企业在投资市场的投资机会及企业对待风险的态度有关。

注意：由于各种动机所需要的现金可以调节使用，企业持有的现金总额并不等于各种动机所需现金余额的简单相加，前者通常小于后者。

7.2.2 持有现金的成本

7.2.2.1 机会成本

现金的机会成本是指企业因保留一定现金余额而丧失的投资收益。譬如，未能将现金借给他人而丧失的利息收入，未能将现金注入某长期投资项目而丧失的投资收益。机会成本与现金持有量正相关，接近于变动成本，可用以下公式表示：

$$机会成本 = 平均现金持有量余额 \times 机会成本率 \tag{7-1}$$

7.2.2.2 管理成本

现金的管理成本是指企业因管理一定数额的现金而发生的有关成本。譬如，保管现金的设备费、安全保护费、管理人员工资等。在一般情况下，现金管理成本不受持有现金数量的变化而变化，接近于固定成本。

7.2.2.3 转换成本

转换成本，又称交易成本，是指现金同有价证券之间转换的成本，如现金购入有价证券以及转让有价证券换取现金时所支付的委托买卖佣金、手续费、证券过户费和实物交割手续费等。在一定时期内，现金的转换成本一般会随着转换次数的增加而增加，随着转换次数的减少而减少。转换次数与现金持有量负相关，现金持有量越大，越不需要将有价证券转换为现金。转换成本可用以下公式表示：

$$转换成本总额 = 转换次数 \times 每次的转换成本 \tag{7-2}$$

$$转换次数 = 现金需求总量 / 每次转换额 \tag{7-3}$$

7.2.2.4 短缺成本

短缺成本是指由于缺乏必要现金资产而不能应付必要开支，从而使企业蒙受的损失或为此付出的代价。具体包括：①丧失购买能力的成本；②信用损失；③放弃折扣的成本；④丧失偿债能力的成本。

现金持有量与持有成本之间的关系如图 7-1 所示。

7.2.3 最佳现金持有量确定

企业现金管理的目标就是在资产的流动性和盈利能力之间做出抉择，力求既保证企业交易所需资金，降低风险，又避免造成企业有过多的闲置资金。这就意味着要确定最佳现金持有量。当前应用较为广泛的现金持有量决策方法主要包括现金周转期模式、存货模式、成本分析模式和随机模式。

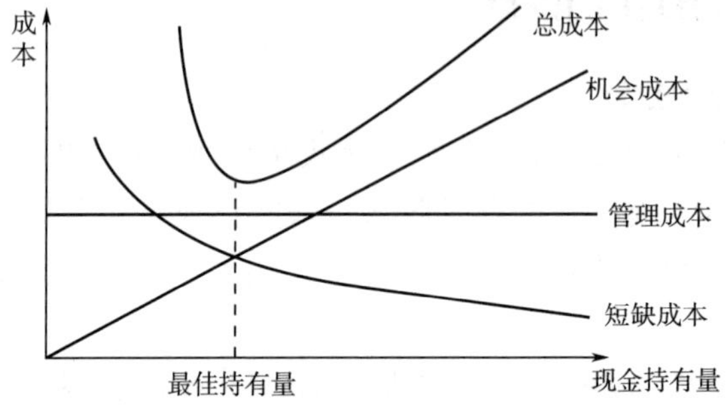

图 7-1　现金持有量与持有成本的关系

7.2.3.1　现金周转期模式

现金周转期是指从现金投入生产经营活动开始，经过供应、生产和销售等过程，最终又转化为现金所需要的时间。如图 7-2 所示，用公式表示为：

$$现金周转期 = 存货周转期 + 应收账款周转期 - 应付账款周转期 \tag{7-4}$$

$$现金周转率 = 365 \div 现金周转期 \tag{7-5}$$

$$最佳现金持有量 = 年现金需求总量 \div 现金周转率 \tag{7-6}$$

$$最佳现金余额 = (年现金需求总量 \div 365) \times 现金周转期 \tag{7-7}$$

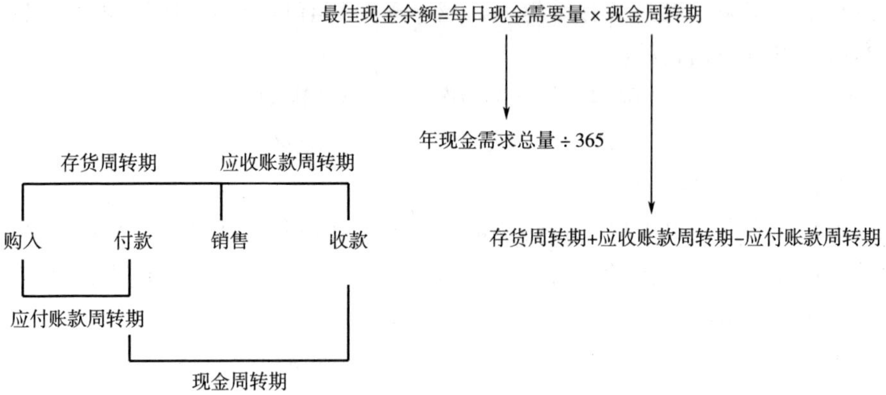

图 7-2　现金周转期模式的最佳现金余额示意图

这种方法需要满足三个假设：①能够根据往年的历史资料准确地测算出现金周转次数；②假定未来年度与历史年度的周转效率基本一致；③能够根据产销计划比较准确地预计未来年度的现金总需求量。

该方法的优点是简单明了，易于计算。缺点是要求企业的生产经营活动始终保持稳定，并且保持长期稳定的信用政策。否则，计算出的最佳现金余额是不准确的。

7.2.3.2 存货模式

存货模式来源于存货经济批量模型，由美国学者鲍默尔（W. J. Baumol）于 1952 年提出。采用这一模式的假设条件是企业的收入是每隔一段时间发生的，而支出则是在一定时期均匀发生的，并且可以通过销售有价证券取得现金收入，其每次有价证券的转换成本是固定的。图 7-3 形象地描述了这一过程。假定公司在一定时期内现金支出是稳定的，在最开始的时候企业原有 Q 元现金，当此笔现金在 t_1 点用掉时，出售 Q 元有价证券补充现金；随后当此笔现金到 t_2 时又使用完了，再出售 Q 元有价证券补充现金。以此不断重复。按照这种模式所发生的成本主要涉及现金持有成本和有价证券转换成本。由于现金持有成本与现金余额成正比，其属于变动成本，而有价证券转换成本是固定不变的，与现金持有量无关，只与转换的次数有关，因此存货模式的目的是求总成本最小的 Q 值。

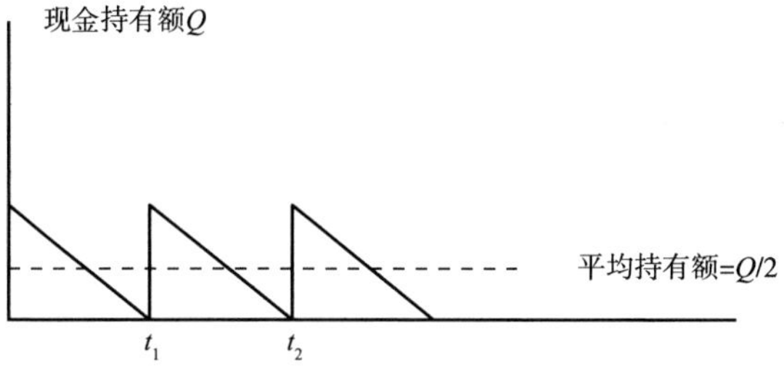

图 7-3 现金平均持有额

假设：①企业所需要的现金可通过有价证券变现取得，且证券变现的不确定性很小；②企业预算期内现金需要总量（T）可以预测；③现金的支出过程比较稳定、波动较小，而且每当现金余额降至零时，均可通过部分证券变现得以补足；④证券的利率或收益率（i）以及每次固定性交易费用（b）可以获悉。

最佳现金持有量是指能够使现金管理的机会成本与转换成本之和保持最低的现金持有量。在存货模式下，只需考虑机会成本和转换成本，不考虑管理成本和短缺成本。

假设 TC 表示存货模式下的相关总成本；T_1 表示持有成本；T_2 表示交易成本；C 表示一次交易资金量，也即企业最佳现金余额；i 表示有价证券收益率；T 表示一个周期内货币资金总需求量；b 表示有价证券一次交易固定成本。现金持有的总成本可以用下面的公式描述：

$$TC = T_1 + T_2 = \frac{C}{2} \times i + \frac{T}{C} \times b \tag{7-8}$$

对 TC 求一阶导数：

$$TC' = \frac{i}{2} - \frac{Tb}{C^2}$$

令 $TC'=0$，得：

$$C = \sqrt{\frac{2bT}{i}} \tag{7-9}$$

代回式（7-8）得：

$$TC = \sqrt{\frac{2bT}{i}} \cdot \frac{i}{2} + Tb \cdot \sqrt{\frac{i}{2bT}} = \sqrt{2bTi} \tag{7-10}$$

因此，当最佳现金持有量 $C^* = \sqrt{\frac{2bT}{i}}$ 时，相关总成本最小值 $TC^* = \sqrt{2bTi}$。

图 7-4 直观地描述了上述过程。

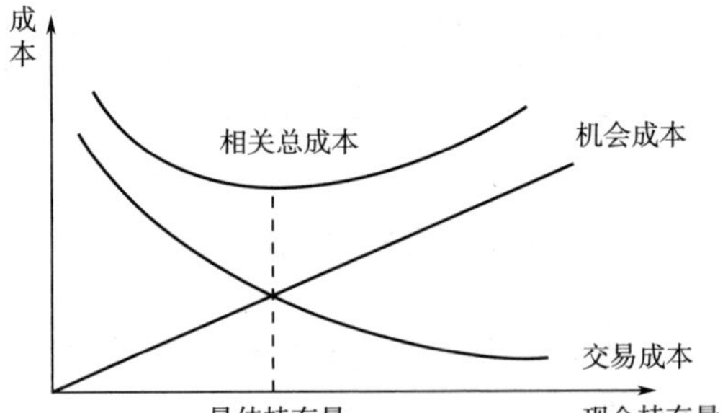

图 7-4　现金管理存货模式

存货模式的优点是可以精确地测算出最佳现金持有量和变现次数，表述了现金管理中基本的成本结构，便于公司分析现金管理成本。缺点是这种模式以假设货币支出均匀发生、现金持有成本和转换成本易于预测为前提条件。因此，只有在上述因素比较确定的情况下才能使用此种方法。

【例 7-1】 某企业预计 1 个经营周期所需货币资金约为 80 万元，准备用短期有价证券变现取得，证券每次交易的固定成本为 100 元，证券市场年利率为 12%。要求：计算最佳货币资金持有量及最小相关总成本。

最佳货币资金持有量：

$$C^* = \sqrt{\frac{2 \times 100 \times 800\ 000}{10\%}} = 40\ 000(\text{元})$$

最小相关总成本：

$$TC^* = \sqrt{2 \times 100 \times 800\ 000 \times 10\%} = 4\ 000(\text{元})$$

7.2.3.3 成本分析模式

成本分析模式是根据现金持有的相关成本，如管理成本、短缺成本与机会成本，分析、预测其总成本最低时现金持有量的一种方法。管理成本具有固定成本的性质，它与现金持有量不存在线性关系。机会成本与现金持有量成正比例变动。短缺成本同现金持有量呈负相关，现金持有量越大，现金短缺成本越小；反之，现金持有量越小，现金短缺成本越大。成本分析模式下的现金持有成本只考虑管理成本、机会成本和短缺成本，不考虑转换成本（如图 7-5 所示）。

$$\begin{aligned} \text{总成本} &= \text{机会成本} + \text{短缺成本} + \text{管理成本} \\ &= \text{现金持有量} \times \text{有价证券利率} + \text{短缺成本} + \text{管理成本} \end{aligned} \quad (7\text{-}11)$$

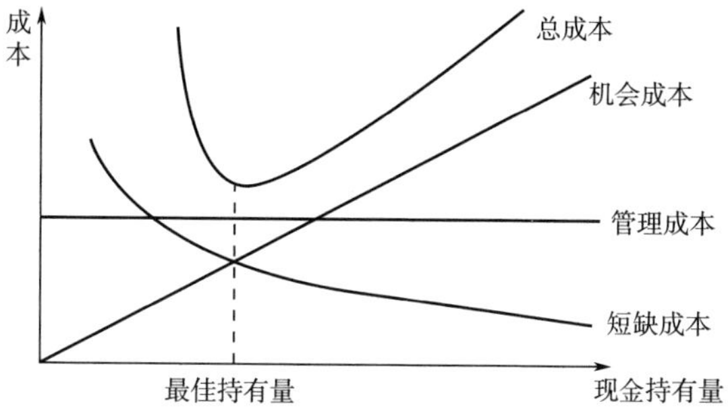

图 7-5 现金管理成本分析模式

成本分析模式不能列出所有的方案，有可能漏掉最优方案。

【例 7-2】 某企业现有甲、乙、丙、丁 4 个现金持有方案，每一方案下测算的各项现金持有成本资料以及成本分析如表 7-1 所示。

表 7-1 持有方案资料

计算项目	甲方案	乙方案	丙方案	丁方案
现金持有量（元）	10 000	20 000	30 000	40 000
现金的机会成本率	15%	15%	15%	15%
机会成本（元）	1 500	3 000	4 500	6 000
管理成本（元）	8 000	8 000	8 000	8 000
短缺成本（元）	6 000	4 000	2 000	—
总成本（元）	15 500	15 000	14 500	14 000
最优方案	丁方案			

通过分析比较各方案的总成本可知，丁方案的总成本为 14 000 元，在 4 个方案中最低，因此企业最佳现金持有量为 40 000 元。

7.2.3.4 随机模式

随机模式由美国经济学家默顿·米勒（Merton Miller）和丹尼尔·欧尔（Daniel Orr）创建，是在现金需求量难以预知的情况下，利用控制理论解决企业最佳现金持有量控制的一种方法。该方法的基本原则是制定一个现金控制区域，定出上限（H）和下限（L）两个极限以及最佳现金持有量（R）。当现金持有量达到上限时，将现金投资于有价证券；当现金持有量下降到下限时，将有价证券转换成现金；当现金持有量处于两个极限之间时，现金和有价证券都无须转换。并且假设每日现金净流量的变化是随机的，如图 7-6 所示。

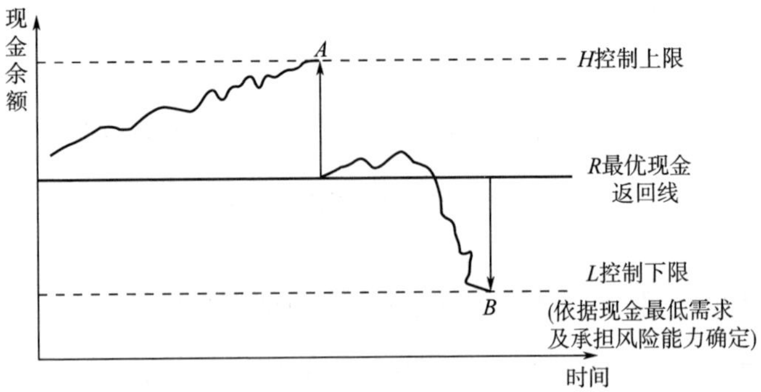

图 7-6 现金管理的随机模式

随机模式有两条控制线（持有上限和持有下限）和一条回归线（最优现金余额）。回归线 R 的计算如下：

$$R = \sqrt[3]{\frac{3b \times \delta^2}{4i}} + L \tag{7-12}$$

式中，b 为每次证券转换为现金或现金转换为证券的成本；δ 为企业每日现金流量变动的标准差；i 为以日为基础计算的现金机会成本。

最高控制线 H 的计算如下：

$$H = 3R - 2L \tag{7-13}$$

式中，L 是现金余额下限，取决于模型之外的因素，其数额是由现金管理部门在综合考虑短缺现金的风险程度、企业借款能力、企业日常周转所需资金、银行要求的补偿性余额等因素的基础上确定的。

【例 7－3】 设某企业有价证券的年利率为 9%，日利率为 9%/360 = 0.025%，每次证券转换为现金或现金转换为证券的成本 b=200 元，企业认为任何时候其银行活期存款及现金余额 L 值为 10 000 元，又根据以往经验估计企业每日现金流量波动标准差 δ 为 800 元。根据随机模型，可求得：

$$R = \sqrt[3]{\frac{3 \times 200 \times 800^2}{4 \times 0.000\ 25}} + 10\ 000 = 17\ 268.48(\text{元})$$

$$H = 3 \times 17\ 268.48 - 2 \times 10\ 000 = 31\ 805.44(\text{元})$$

该企业目标现金余额为 17，268.48 元。若现金持有额达到 31 805.44 元，则买进 14 536.96 元（31 805.44－17 268.48）的证券；若现金持有额降至 10 000 元，则卖出 7 268.48 元（17 268.48－10 000）的证券。

7.2.4 现金日常管理

现金日常管理主要包括现金回收管理、现金支出管理、现金浮游量使用管理、现金账户调节管理和闲置现金投资管理。

7.2.4.1 现金回收管理

企业账款收回的时间主要包括票据在途（邮寄、企业派人取回或客户派人送达等）时间、企业办理时间以及银行结算时间等。前两个阶段所需时间的长短与客户、企业与银行之间的距离有关，也与财务部门办理收款的效率有关；第三个阶段与票据类别、银行内部结算流程等有关。

在互联网时代，可以利用金融机构和企业之间的信息交换和价值转移的信息联网系统，把付款人的款项直接通过金融信息联网系统迅速划转过来。

7.2.4.2 现金支出管理

(1) 严格控制现金支出：一是力争现金流量同步；二是尽可能延缓现金支出的时间，当然这种延缓必须是合理合法的。

(2) 延缓现金支出：主要方式有放弃现金折扣、汇票代替支票等。

7.2.4.3 现金浮游量使用管理

现金的浮游量是指从企业开出支票，收票人收到支票并存入银行，到银行将款项划出企业账户，在这段时间里，企业账户上银行存款余额与银行账户上所示的存款余额之间的差额。

现金浮游量使用管理主要采取的方式是货款支票支付模式。因为企业虽已开出了支票，但持票人不一定全部马上去银行办理转账或取现手续，企业开出支票额可大于银行存款额。如果企业能够正确预测浮游量并加以利用，则可节约大量资金。但是，使用现金浮游量也存在一定的风险。首先，可能出现支付不及时的情况，从而破坏企业的信用关系；其次，可能出现银行存款透支现象。因此，企业在使用现金浮游量的时候，必须控制好使用的额度和使用的时间。

7.2.4.4 现金账户调节管理

现金账户调节管理主要是指企业利用银行存款账户，调剂现金余缺，从而增加现金“机动量”。例如使用零余额账户，即企业与银行合作，保持一个主账户和一系列子账户。企业只在主账户保持一定的存款储备，而在一系列子账户不需要保持存款储备。具体操作方式是：当从某个子账户签发的支票需要现金时，所需要的资金立即从主账户划拨过来，从而使更多的资金可以用于其他活动。企业还可开出透支支票，即开出支票的金额大于活期存款余额，它实际上是银行向企业提供的信用。信用卡透支也是企业利用银行信用的较好形式。

7.2.4.5 闲置现金投资管理

对暂时闲置的现金，企业可投资于流动性高、风险性低的短期有价证券，以获取利息收入或资本利得。在货币市场上，财务人员通常可选择国库券、短期融资券、可转让存单等进行投资。这样既能保证有较多的利息收入，又能增强企业的变现能力。因此，要合理地管理闲置现金，为企业创造更多的经济利益。

7.2.4.6 建立财务结算中心，提高使用效率

财务结算中心是由企业内部设立，办理内部各成员单位现金收付、往来结算业务等的管理机构。其主要职能包括：①内部资金调剂；②内部往来结算；③内部资金监控。

7.2 即测即评

思政元素

盲目攀比，挪用巨款

小出纳李思思是广西平果市凤梧镇人民政府原会计。2020年11月，因犯挪用公款罪，李思思被判处有期徒刑6年。2013年10月，李思思参加公务员考试成为一名乡镇干部，担任会计员，每天就是做账、管账。她看到以前的同学、身边的朋友穿戴比自己好，生活过得有声有色，感到自己的工作枯燥单调。她开始热衷网上购物，与别人比穿着、比消费、比娱乐……样样不甘人后。玩网络游戏是李思思工作之余消遣时光的"最佳"方式，她渐渐在虚拟的网络世界里迷失方向，有时一次就要花销上千元。事实上，李思思的工资收入根本无法满足她在网游和网购上的消费。她通过办理信用卡不停刷卡提现，拆东墙补西墙，最终入不敷出、负债累累。2014年1月至2017年7月期间，李思思利用会计职务之便，挪用公款157万余元，大部分被她用于网购、玩游戏等个人消费。2017年6月，单位委托会计公司整账，李思思挪用公款的问题浮出水面。2020年7月2日，李思思被采取留置措施。2020年7月30日，李思思被开除公职并移送司法机关。

这个案例告诫人们要廉洁自律，不要贪图不义之财，否则一定会被抓住。同时也提醒我们，精神空虚、意志消沉，世界观、人生观、价值观严重错位，是一些干部拒腐防变堤坝瓦解的根本原因。要杜绝此类事件的发生，应提升自身素养，强化制度建设与监督。

7.3 应收账款管理——颗粒归仓

应收账款是指企业对外赊销产品、材料，提供劳务等，应向购货或接受劳务的单位及其他单位收取的款项。当代经济中，商业信用的使用日趋增多，应收账款的数额也不断增大，成为营运资本管理中的重要项目。

7.3.1 应收账款的功能

7.3.1.1 扩大企业销售

企业销售产品有现销和赊销两种方式。在销售顺畅无阻的情况下，任何企业都喜欢采用现销的方式，这样既能及时收到款项，又能避免坏账损失。然而，在市场经济条件下，只要产品不是垄断的，就必然会面临同行的竞争。

除了产品质量、价格、售后服务等竞争外，势必也有销售方式的竞争。赊销除了向客户提供产品外，同时也提供了商业信用，即向客户提供了一笔在一定期限内无偿使用的资金。客户的财务实力是参差不齐的，如果企业否定赊销方式，那么必然会把一部分财务支付能力欠缺的客户拒之门外，这无疑会断送销路，缩小产品的市场份额，在同行竞争中处于劣势；反之，适时灵活地运用赊销方式能促进销售，增强企业的市场竞争能力。

7.3.1.2 减少企业存货

由于赊销方式能促进销售，因而能促成库存存货的减少，使存货转化成应收账款。减少存货能降低仓储、保险等管理费用支出，减少存货变质等损失，有利于加速资金周转。

7.3.2 应收账款的成本

企业持有应收账款有 4 项成本：机会成本、管理成本、坏账成本和折扣成本。

7.3.2.1 机会成本

应收账款的机会成本是指企业的资金被应收账款占用所丧失的潜在收益。它与应收账款的数额、应收账款占用时间及参照利率有关。参照利率可用两种方法确定。假定资金没被应收账款占用，即应收账款款项已经收讫，那么：①这些资金可用于投资，取得投资收益，参照利率就是投资收益率；②这些资金可扣减筹资数额，供企业经营中使用而降低筹资用资的资金成本，参照利率就是企业的平均资金成本率。机会成本的一般计算公式如下：

$$\text{机会成本} = \text{维持赊销业务所需资金} \times \text{资金成本率} \tag{7-14}$$

$$\text{维持赊销业务所需资金} = \text{应收账款平均余额} \times \text{变动成本率} \tag{7-15}$$

$$\text{应收账款平均余额} = \text{赊销收入净额} \div \text{应收账款周转率} \tag{7-16}$$

$$\text{应收账款周转率} = 360 \div \text{应收账款周转期} \tag{7-17}$$

$$\text{机会成本} = \text{赊销收入净额} \div 360 \times \text{应收账款周转期} \times \text{变动成本率} \times \text{资金成本率} \tag{7-18}$$

7.3.2.2 管理成本

应收账款的管理成本是指企业对应收账款进行管理而发生的开支。管理成本包括对客户的资信进行调查的机构人员成本、必要的设施支出、日常办公费用、信用调查费用、应收账款记录分析费用、催收账款费用等。在应收账款一定数额范围内，管理成本接近于固定成本。

7.3.2.3 坏账成本

坏账成本是指由于债务人破产、解散、财务状况恶化或其他原因而导致公司无法收回应收账款所产生的损失。只要存在应收账款，就难以避免坏账的发生。由于应收账款会给企业带来不稳定与风险，因此企业可按有关规定以应收账款余额的一定比例提取坏账准备。坏账成本一般与应收账款的数额大小和应收账款的拖欠时间有关。

坏账成本 = 预计赊销额 × 预计坏账损失率　　(7-19)

7.3.2.4 折扣成本

折扣成本是指由于鼓励客户提前付款而给予的现金折扣。用公式表示为：

折扣成本 = 预计赊销额 × 折扣收款所占比例 × 现金折扣率　　(7-20)

持有应收账款的总成本等于以上4项成本之和：

应收账款成本 = 机会成本 + 管理成本 + 坏账成本 + 折扣成本　　(7-21)

应收账款管理的基本目标是，在发挥应收账款强化竞争、扩大销售功能的同时，尽可能降低投资的机会成本、坏账损失与管理成本，最大限度地发挥应收账款投资的效益。因此，应使得增加的收益-增加的成本>0。

在应收账款管理中，最重要的就是正确衡量信用成本和信用风险，合理确定信用政策，及时收回账款。

7.3.3 信用政策

信用政策即应收账款的管理政策，是指企业对应收账款进行规划与控制而确立的基本原则与行为规范，主要包括信用标准、信用条件和收账政策3部分。

7.3.3.1 信用标准

（1）信用标准的含义。信用标准（credit standard）是客户获得企业商业信用所应具备的最低条件，通常以预期的坏账损失率表示。

预期坏账损失率较低，表明企业的信用标准较严，只对少数信用较好的客户提供赊账，会丧失销售收入，降低销售利润；反之，预期坏账损失率较高，表明企业的信用标准较松，信用较差的客户也能得到赊账，会提高销售收入，增加销售利润，但同时会提高违约风险，提高应收账款的信用成本。如果客户达不到企业的信用标准，便不能享受企业提供的商业信用。

（2）信用标准的确定方法。具体有以下几种。

一是“5C”评估法——定性分析。“5C”评估法是指重点分析影响信用的5个方面的一种方法。这5个方面包括：

- 品质（character）：客户履行债务的可能性。
- 能力（capacity）：客户的现金流量偿还债务的能力。

- 资本（capital）：客户拥有的资本金。
- 抵押品（collateral）：客户为获取商业信用提供的担保资产。
- 条件（conditions）：客户的一般经营环境对其偿债能力的影响。

二是信用评分法——定量分析。信用评分法是先对一系列财务比率和信用情况指标进行评分，然后进行加权平均，得到客户综合的信用分数，并据此进行信用评估的一种方法。基本步骤如下：

第一步，设定信用等级的评价标准，通常是一些关键的财务和非财务分析指标。

第二步，将客户的各项指标值与设定的标准指标值相比较，并赋予相应的权重，对客户的信用进行打分。

第三步，确定客户的信用等级分数，提供相应的商业信用。

例如，某公司的相关财务和非财务指标数据与信用分数如表 7-2 所示。

表 7-2　信用评分法示例

项目	财务比率和信用品质（1）	分数（0~100）（2）	权数（3）	加权平均数（4）=（2）×（3）
流动比率	1.8	90	0.2	18.00
资产负债率	60%	90	0.1	9.00
净资产收益率	10%	85	0.1	8.50
信用评估等级	AA	85	0.25	21.25
付款历史	尚好	75	0.25	18.75
企业未来预计	良好	75	0.05	3.75
其他因素	好	85	0.05	4.25
合计	—	—	1.00	83.50

7.3.3.2　信用条件

信用条件是企业要求客户支付赊销款项的条件，包括信用期限、现金折扣和折扣期限。信用期限是指企业允许客户从购货到支付货款的时间限定，即企业允许客户的最长付款时间。现金折扣是指企业为了鼓励客户提前付款而给予提前付款的客户在商品价款上的折扣优惠。折扣期限是企业为客户规定的可享受现金折扣的最长期限。

一旦企业决定给予客户信用优惠，就需要考虑具体的信用条件。例如，

"2/10，*N*/30"就是信用条件的基本表现方式，表示购货方的信用期限是30天，折扣期限是10天，如果在10天内付款，则可以享受2%的现金折扣。

（1）不同信用期限方案的评价。举例如下：

【例7–4】某企业年度赊销收入净额为1 200万元，信用期限为30天，坏账损失率为3%，收账费用为10万元，应收账款管理费用为10万元，变动成本率为60%，资金成本率（或有价证券利息率）为20%。目前企业尚有剩余生产能力，拟放宽信用条件促销。有甲、乙两个备选方案，其中，甲方案的信用期限为60天，预计销售收入增加400万元，坏账损失率为4%，应收账款管理费用为15万元，收账费用为20万元；乙方案的信用期限为90天，预计销售收入增加600万元，坏账损失率为5%，应收账款管理费用为20万元，收账费用为40万元。

计算分析选择过程如表7–3所示。

表7–3 不同信用期限方案计算 单位：万元

项目	原方案（n=30）	甲方案（n=60）	乙方案（n=90）
A 年赊销额	1 200	1 600	1 800
B 变动成本	A×60%＝720	A×60%＝960	A×60%＝1 080
C 信用成本前收益	A–B＝480	A–B＝640	A–B＝720
D 机会成本	B×30×20%/360＝12	B×60×20%/360＝32	B×90×20%/360＝54
E 管理费用	10	15	20
F 坏账损失	A×3%＝36	A×4%＝64	A×5%＝90
G 收账费用	10	20	40
H 信用成本	68	131	204
I 信用成本后收益	412	509	516

由表7–3可以看出，乙方案能够给企业带来最大利润，该企业应选用90天的信用期限。

（2）不同现金折扣方案的评价。举例如下：

【例7–5】接例7–4，如果企业选择了乙方案，但为了加速应收账款的收回，决定将赊销条件改为“2/10，1/20，N/90”（丙方案），假定销售收入不受影响，估计约有40%的客户（按赊销额计算）会利用2%的折扣；10%的客户将利用1%的折扣。坏账损失率降为2%，应收账款管理费用不变，收账费用降为10万元。

根据上述资料，有关指标可计算如下：

$$应收账款周转期 = 40\% \times 10 + 10\% \times 20 + 50\% \times 90 = 51(天)$$

$$应收账款周转率 = 360/51 = 7.06(次)$$

$$应收账款平均余额 = 1\ 800/7.06 = 254.96(万元)$$

$$维持赊销业务所需资金 = 254.96 \times 60\% = 152.98(万元)$$

$$应收账款机会成本 = 152.98 \times 20\% = 30.60(万元)$$

$$坏账损失 = 1\ 800 \times 2\% = 36(万元)$$

$$现金折扣 = 1\ 800 \times (2\% \times 40\% + 1\% \times 10\%) = 16.2(万元)$$

$$信用成本后收益 = 720 - (30.6 + 36 + 16.2 + 20 + 10) = 607.2(万元)$$

提供现金折扣条件的丙方案的信用成本后收益为607.2万元，高于未提供现金折扣的乙方案的信用成本后收益516万元，因此，丙方案优于乙方案。

7.3.3.3 收账政策

收账政策亦称收账方针，是指当客户违反信用条件，拖欠甚至拒付账款时，企业所采取的收账策略与措施。收账政策运用得当，可以缩短应收账款的回收期，减少坏账损失，但会增加收账成本；收账政策运用不力，将会增加坏账损失，但会降低收账成本。所以，企业在制订收账政策时，就是在增加的收账费用与降低的机会成本、坏账损失之间进行权衡。若前者小于后二者之和，则表明制定的收账政策可行；反之，则不可行。

【例7-6】湘华集团应收账款现行收账政策和拟改变的收账政策如表7-4所示。分别计算两种收账政策的收账总成本。

表7-4 收账政策相关数据

项目	现行收账政策	拟改变的收账政策
年收账费用（万元）	40	60
年平均收账天数（天）	60	30
年赊销额（万元）	3 600	3 600
坏账损失率（%）	3	2

续表

项目	现行收账政策	拟改变的收账政策
变动成本率（%）	60	60
资金成本率（%）	10	10

根据表7-4编制收账政策分析表，如表7-5所示。

表7-5　收账政策分析表

项目	现行收账政策	拟改变的收账政策
年赊销额（万元）	3 600	3 600
年平均收账天数（天）	60	30
应收账款平均余额（万元）	3 600÷360×60＝600	3 600÷360×30＝300
维持赊销业务所需资金（万元）	600×60%＝360	300×60%＝180
收账成本（万元）	—	—
机会成本（万元）	360×10%＝36	180×10%＝18
坏账损失	3 600×3%＝108	3 600×2%＝72
收账费用（万元）	40	60
收账总成本（万元）	184	150

由表7-5可知，拟改变的收账政策收账总成本150万元更低。

7.3.4　应收账款的日常管理

企业应加强对应收账款的日常管理工作，采取有力措施进行分析、控制，及时发现问题，采取相应对策。应收账款日常管理是一项复杂而细致的工作，以下为几项主要的管理措施。

7.3.4.1　信用调查

企业的信用调查，是指通过收集有关信息资料，对客户的偿债能力和主观愿望作出判断和估计，以便企业做出正确、合理的信用政策。信用调查方法主要包括直接调查和间接调查。直接调查是企业调查人员通过对客户当面采访、询问、观看、记录等方式获取信用资料的一种方法。间接调查是企业通过信用评估机构、商业银行的信用部门和财务咨询公司等取得信用资料，了解客户信用情况的一种调查方法。

调查后，应根据“5C”评估法，进行进一步的资信分析。

我国信用评估机构采用的评估等级主要有两种：一是采用三级制，即AAA，AA，A。其中AAA为最高等级，A为最低等级。二是采用三类九级制，即AAA，AA，A；BBB，BB，B；CCC，CC，C。其中AAA为最高等级，C为最低等级。

此外，企业获取客户信用信息资料的渠道还有银行、财税部门、工商管理部门、客户的上级主管部门、消费者协会等。

7.3.4.2 应收账款统计分析

对应收账款进行统计分析，主要包括：

（1）应收账款追踪分析法。分析重点是金额大或信用品质差的客户。

（2）应收账款账龄分析。应收账款的账龄分析，是指已经发生的各账龄应收账款的余额占应收账款总额的比重。账龄分析可使财务人员了解到下列事项：有多少客户在折扣期限内付款；有多少客户在信用期限内付款；有多少客户超过信用期限付款；有多少应收账款可能成为坏账。企业对于已经超过信用期限的应收账款要特别关注。企业应定期对应收账款账龄进行分析，密切注意应收账款的回收情况，以加强对应收账款的监督和控制。某公司的应收账款账龄分析表见表7-6。

表7-6 应收账款账龄分析表

应收账款账龄	账户数量	金额（万元）	比重（%）
信用期限内	100	80	42.11
超过信用期限1月内	50	40	21.05
超过信用期限2月内	40	30	15.79
超过信用期限3月内	30	20	10.53
超过信用期限半年内	20	10	5.26
超过信用期限1年内	10	5	2.63
超过信用期限1年以上	15	5	2.63
合计	265	190	100

从账龄分析表可以看到企业的应收账款在信用期限内及超过信用期限各时间档次的金额及比重，也即账龄结构。一般来说，逾期拖欠时间越长，收

回的难度越大，也越可能形成坏账。通过账龄结构分析，做好信用记录，可以研究与制定新的信用政策和收账政策。

7.3.4.3 应收账款回收

企业对不同拖欠时间的账款和不同信用品质的客户，应采用不同的收账方法，制定出经济可行的收账方案。一般来说，应从收账费用最小的方法开始，逐渐增加收账费用，即从信函通知、电讯催收、派员面谈直至诉诸法律。

企业对客户欠款的催收应做到有理、有利、有节。对超过信用期限不多的客户宜采用电话、发信息、微信等方式“提醒”对方付款。对久拖不还的欠款，应具体调查分析客户欠款不还的原因。如客户确因财务困难而无力支付，则应与客户相互协商沟通，寻求解决问题的较理想的办法，甚至对客户予以适当帮助、进行债务重整等。如客户欠款属恣意赖账、品质恶劣，则应逐渐加大催账力度，直至诉诸法律，并将该客户从信用名单中排除。应尽量避免对客户采取强硬措施，要珍惜与客户之间的友情，以有利于树立企业的良好形象。

收账费用与坏账损失之间的关系可以用图 7-7 来形象描述。

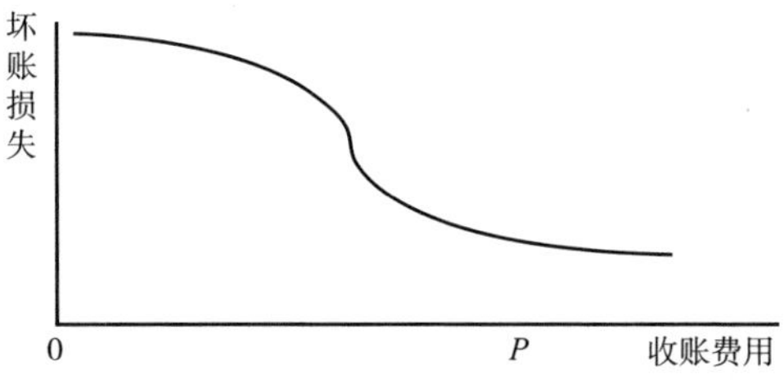

图 7-7 收账费用与坏账损失之间的关系

7.3.4.4 加强应收账款坏账准备金制度

在市场经济条件下，坏账损失难以避免。为使各会计年度合理负担坏账损失，降低企业的风险，企业应遵循谨慎性原则，建立应收账款坏账准备金制度。企业在年末可按应收账款余额的 3%~5%计提坏账准备金。

7.3 即测即评

确定坏账损失的标准主要有两条：①债务人破产或者死亡，以其破产财产或遗产清偿后仍不能收回应收账款。②债务人逾期未履行偿债义务，且有明显特征表明应收账款无法收回。

7.4 短期金融资产——见机行事

7.4.1 短期金融资产概念与持有动机

短期金融资产，是指能够随时变现并且持有时间不超过1年（含1年）的流动资产，包括股票、债券、基金等。企业持有短期金融资产的动机主要有以下两个方面：

（1）以短期投资作为现金的替代品。短期金融资产虽然不能直接用作支付手段，但它具有较高的流动性和较强的变现能力。通过持有不同的短期金融资产组合，可以丰富企业货币资金的持有形式。

（2）以短期投资取得一定的收益。单纯的现金没有收益或者收益很低，将一部分现金投资于短期金融资产，可以在保持较高流动性的同时获取高于现金资产的收益。所以，将持有的部分现金投资于短期金融资产是多数企业的做法。

7.4.2 短期金融资产管理的主要原则

短期金融资产管理是营运资本管理的一个重要内容。由于短期金融资产的内涵非常宽泛，既包含由银行发行的证券，又包含由企业或者政府发行的证券，既包含债权性质的证券，又包含股权性质的证券，因此公司不仅要确定短期金融资产在资产中所占的比例，还要合理确定短期金融资产的内部结构，即选择合适的短期金融工具，构造恰当的投资组合。短期金融资产管理主要遵循以下原则。

7.4.2.1 理智投资原则

持有短期金融资产的目标应该是安全与收益的最佳结合，所以投资时需要理智把握分寸，不能过分追求盈利而忽视了最基本的资金安全。

7.4.2.2 分散投资原则

短期金融资产虽然持有的期限短，而且比较容易变现，但为了降低风险，应该遵循多样化的分散投资原则，把风险控制在可接受的范围内。

7.4.2.3 安全性、流动性与营利性相均衡原则

持有短期金融资产的目的主要是使企业的现金持有形式多样化，在确保安全、流动的基础上争取相对多的收益。因此，应当综合考虑，平衡处理，争取达到一个最佳平衡点。

7.4.3 短期金融资产的种类

一般来说，短期金融资产主要有以下几种类型：大额可转让定期存单、货币市场基金、短期国库券、商业票据、证券化资产。

7.4.3.1 大额可转让定期存单

1961年，为了使存单更具流动性并使之对投资者更具吸引力，花旗银行（Citibank）发行了第一张大额（10万美元以上）可在二级市场上转卖的可转让的存单。我国自1980年以来，主要的国有商业银行吸收和仿效外国的经验，开始发行大额可转让定期存单以扩大存款业务。大额可转让定期存单期限一般为1个月、3个月、6个月、9个月、1年、18个月、2年、3年和5年共9个品种。

7.4.3.2 货币市场基金

货币市场基金是指投资于货币市场上的短期有价证券的一种基金。货币市场基金最早创建于1972年的美国。我国2004年8月颁布了《货币市场基金管理暂行规定》。货币市场基金可以投资于以下金融性资产：①现金；②1年以内（含1年）的银行定期存款、大额存单；③剩余期限在397天以内（含397天）的债券；④期限在1年以内（含1年）的债券回购；⑤期限在1年以内（含1年）的中央银行票据等。

7.4.3.3 短期国库券

短期国库券（treasury bills, T bills）是指政府发行的、期限在1年以下的债券。短期国库券期限一般在1年以下，多为3个月或6个月，也有1年期的。由于有国家或其他级别政府部门的权威和信誉作担保，短期国库券一般具有风险小、收益低的特点。

7.4.3.4 商业票据

商业票据（commercial paper, CP）是大型工商企业或金融企业为筹措短期资金而发行的无担保短期本票，是一种较为常见的企业短期筹资形式。这种筹资从另一个角度来看就是其他企业的投资。也就是说，商业票据既是一种筹资工具，也是一种投资工具。

7.4.3.5 证券化资产

证券化资产是指实施了资产证券化（asset securitization）的资产。资产证券化是一种对（金融）资产所有权和收益权进行分离的金融创新，其基本流程是：发起人把证券化资产出售给一家特设信托机构（special purpose vehicle, SPV），或者由SPV主动购买可以证券化的资产，然后将这些资产汇集成资产池（asset pool），并以该资产池所产生的现金流量为支撑在金融市场上发行有价证券。为了提高资产支持证券（asset-backed securitization）的等级，SPV常常会在发行之前聘请证券评级机构对资产支持证券进行信用评级，最后由证券承销商把有资产支持的证券销售给投资者。

我国于2005年12月1日开始实施的《金融机构信贷资产证券化试点监督管理办法》为我国资产证券化提供了法律依据。根据相关规定，我国资产证券化的发起人一般为银行或资产管理公司（如信达、长城、华融与东方等资产管理公司）。

7.4 即测即评

除了上面介绍的各类短期金融资产以外，企业还可以用暂时闲置的资金到证券市场购买股票和债券，在需要资金的时候再将这些短期金融资产出售变现。

7.5 存货管理——货畅其流

7.5.1 存货概述

7.5.1.1 存货的含义

存货是指企业拥有的、为了销售或者耗用而储备的商品和物资。它是企业流动资产的重要组成部分，主要包括原材料、在产品、产成品、半成品、商品及修理用备品备件等；企业代销、代管、代修、受托加工的存货，虽不归企业所有，也应纳入企业存货管理范畴。存货在企业的流动资产中占据很大比重，但它又是一种变现能力较差的流动资产项目。对存货的管理重点在于提高存货效益和力求降低存货资金的比重两个方面。

7.5.1.2 存货的分类

（1）按存货的经济内容分为商品、产成品、自制半成品、在产品、材料、包装物、低值易耗品。

（2）按存货取得来源分为外购存货、自制的存货、委托加工的存货、投资者投入的存货、接受捐赠的存货、接受抵债的存货、非货币性换入的存货和盘盈存货等。

（3）按存货的存放地点分为库存存货、在途存货、在制存货、寄存存货、委托外单位代销存货等。

7.5.1.3 存货的功能

存货的功能是指存货在生产经营过程中的作用，主要有以下几种：

（1）保险库存，保证生产正常进行，防止生产销售中断。连续生产的企业其产、供、销在数量和时间上难以保持绝对平衡，如果没有一定的存货，一旦某个环节出现问题，就会影响到企业的正常生产和销售。例如，材料供应商没有及时发货运输，途中出现了意外事故，所供货物数量、质量与需求不符等任何方面出现异常现象，企业便要停工待料。而有了保险库存，就有了应付意外情况的物资保证，可以避免停工待料，从而保证生产的连续进行。

（2）效益性库存，提高企业盈利水平。成批地购进原料既可以获得价格上的优惠，又可以减少采购和管理费用，降低采购成本，提高利润。

（3）投机性库存，获取意外收益。当市场上产品价格变化不定时，就会出现对价格涨落进行投机的机会，原材料方面一次偶然的大降价或季节性的临时跌价会使企业在购货时获得价差收益（与正常购买价格相比），当预计原材料价格会大幅度上涨时，企业提前购置这些材料可以获得价差收益。产品方面，某些产品的最终产品可能会有若干变化，在收到一个特殊的订单以后，可按其要求将所储存的半成品加工成产品，从而获得一部分利润。然而，正常的存货水平是不包括这类投机性存货的，生产企业通常也不会为投机而储存存货，但是管理部门还是应该考虑到价格的变动，并根据价格变动进行库存调整。

7.5.2 存货的成本

持有一定的存货，必然会发生一定的成本支出。存货成本主要包括取得成本、储存成本和缺货成本。

7.5.2.1 取得成本

存货取得成本主要有订货成本和购置成本，用 TC_a 来表示取得成本。

（1）订货成本是指企业为组织进货而开支的费用，包括为订购材料、商品等货品而发生的成本，分为变动性订货成本和固定性订货成本，用 TC_o 来表示订货成本。

有一部分订货成本与订货次数有关，如差旅费、邮资、电话电报费等费用与进货次数正相关，这类变动性进货费用属于决策的相关成本。变动性订货成本等于订货次数乘以每次订货成本（用 B 表示），订货次数等于存货年需要量 A 与每次进货量 Q 之商，则变动性订货成本可以用 $A/Q \times B$ 来表示。

另一部分订货成本与订货次数无关，如专设采购机构的基本开支等，这类固定性进货费用则属于决策的无关成本，用 F_1 来表示。

$$TC_o = F_1 + A/Q \times F \tag{7-22}$$

式中，F_1 为固定性订货成本；A 为全年存货需要量；Q 为每次订货数量；F 为每次变动性订货成本。

(2) 购置成本是指存货本身的成本，由买价、运杂费等构成。用 TC_g 来表示购置成本。

$$TC_g = A \times P \tag{7-23}$$

式中，TC_g 为购置成本；A 为全年存货需要量；P 为存货采购单价。

在一定时期进货总量既定、物价不变且无采购数量折扣的条件下，无论企业采购次数如何变化，存货的进价成本通常是保持相对稳定的，因而属于决策的无关成本。

7.5.2.2 储存成本

储存成本是指存货在储存过程中发生的成本，包括仓储费、搬运费、保险费、存货破损和变质损失、占用营运资金应支付的利息等，用 TC_c 表示。

储存成本中的仓库折旧费、仓库职工的固定月工资等属于固定性储存成本，固定性储存成本与储存数额的多少没有直接的联系，这类成本属于决策的无关成本。存货资金的应计利息、存货破损和变质损失、存货的保险费用等属于变动性储存成本。变动性储存成本随着存货储存数额的增减成比例变动，属于决策的相关成本。

若用 F_2 表示固定性储存成本，C 表示单位年变动性储存成本，则储存成本为：

$$TC_c = F_2 + C \times Q/2 \tag{7-24}$$

7.5.2.3 缺货成本

缺货成本是指因存货不足而给企业造成的损失，主要包括由于材料供应中断造成的停工损失，成品供应中断导致延误发货的信誉损失，丧失销售机会的损失。用 TC_s 表示。

缺货成本能否作为决策的相关成本，应视企业是否允许出现缺货而定。若允许出现缺货，缺货成本属于决策的相关成本；若不允许发生存货短缺，缺货成本为零。

7.5.2.4 总成本

存货的总成本 TC 由取得成本、储存成本以及缺货成本组成。用公式表达为：

$$TC = TC_a + TC_c + TC_s = F_1 + A/Q \times F + A \times P + F_2 + C \times Q/2 + TC_s \tag{7-25}$$

要使得公司存货最优化，就要使上式 TC 值最小。

7.5.3 存货经济批量模型

7.5.3.1 经济订货量基本模型

企业存货过多或不足，都会使企业遭受损失。对存货进行控制和管理，应该考虑如何将与存货有关的成本降到尽可能低的程度。也就是说，企业应保持一个适当的存货水平，既使企业的存货满足生产和销售的需要，又使企业的存货相关成本之和最低。

存货的相关成本主要有订货成本、储存成本和允许缺货时的缺货成本。在订货总量一定的情况下，储存成本与订货成本和缺货成本成反向变动。企业采购批量越大，储存成本越高，而订货成本和缺货成本越低。存货控制的目的就是找到存货总成本最小的订货量，这个订货量称为经济订货量。

（1）前提假设。具体如下：

一是企业一定时期的进货总量（A）可以较为准确地预测。

二是存货的购买价格不变，不存在数量折扣（商业折扣）。这说明购置成本属与决策的无关成本。

三是企业能够及时补充存货，集中到货，而不是陆续入库，存货的耗用或者销售比较均衡。

四是仓储条件及所需现金不受限制，不会因现金短缺或仓储不足而影响进货。

五是不允许出现缺货，没有缺货成本。

六是所需存货市场供应充足，不会因买不到需要的存货而影响生产经营。

（2）最佳经济订货量计算。在上述假设基础上，最佳经济订货量计算如下。

设存货年需用量为 A，每次订货的变动性订货成本为 F，全年订货 n 次，每次订货量为 Q，则：

$$TC_o = F \times n = F \times \frac{A}{Q} \tag{7-26}$$

设存货年平均单位变动性储存成本为 C，年平均储存量为 $\overline{Q}$，则：

$$TC_C = C \times \overline{Q} = C \times \frac{Q}{2} \tag{7-27}$$

存货的年相关总成本 TC 是 TC_o 与 TC_c 之和：

$$TC = TC_o + TC_c = F \times \frac{A}{Q} + C \times \frac{Q}{2} \tag{7-28}$$

存货控制就是要寻求最优的订货量 Q^*，使全年存货相关总成本达到最小值 TC^*。这个 Q^* 就是经济订货量，或称经济批量。

经济批量模型可以用微分学方法求解。

令总成本的一阶导数 $TC'=0$，可得。

$$Q^* = \sqrt{\frac{2FA}{C}} \tag{7-29}$$

$$TC = \sqrt{2FAC},\ n^* = A/Q^* \tag{7-30}$$

【例 7-7】 德博化工厂生产需 A 材料，年度采购总量为 180 000 千克，材料单价为 500 元，一次订货成本为 240 元，每千克材料的年平均储存成本为 0.60 元。根据上述资料，计算最佳经济订货量。

$$Q^* = \sqrt{\frac{2FA}{C}} = \sqrt{\frac{2 \times 240 \times 180000}{0.6}} = 12\ 000(\text{千克})$$

7.5.3.2 有数量折扣的经济批量模型

基本经济进货批量模型的假设之一为：存货的购买价格不变，不存在数量折扣（商业折扣）。数量折扣是指当顾客每次订货超过一定数量时，即予以价格上的优惠。相对于基本经济进货批量模型，存在数量折扣时，除了变动性订货成本与变动性储存成本属与决策的相关成本外，取得成本中的购置成本也是决策的相关成本。

购货企业接受数量折扣条件，有利有弊。其利在于降低存货的购买价格，可以降低购置成本，而且由于每次订货批量加大，减少订货次数，从而降低订货成本。其弊在于订货批量加大，平均存货增加，势必提高储存成本。由此可见，企业是否接受数量折扣，必须在购置成本和订货成本降低与储存成本上升之间进行权衡。企业是否接受数量折扣主要是计算经济批量下的相关总成本与折扣批量下的相关总成本，包括购置成本、变动性订货成本和变动性储存成本，通过比较，选择总成本最低的订货量为经济订货量。

假设 A 为存货的全年需求量，P 是单价，F 是每次订货成本，C 是单位储存成本，Q^* 是经济订货批量，$Q_{临}$ 是享受数量折扣的最低订货量。

比较以下两个成本：

$$TC_{Q^*} = A \times P + A/Q^* \times F + C \times Q^*/2 \tag{7-31}$$

$$TC_{Q_{临}} = A \times P \times (1 - \text{折扣率}) + A/Q_{临} \times F + C \times Q_{临}/2 \tag{7-32}$$

比较 TC_{Q^*} 与 $TC_{Q_{临}}$，选择值更小的订货量。

【例 7-8】 某公司每年耗用甲材料 3 000 吨，单价 4 000 元，每次订货成本为 6 000 元，每年单位存货的储存成本为 300 元。另外，假定供应商的价目表规定，每批购买量不足 500 吨的，按照标准价格计算；每批购买量 500 吨以上，800 吨以下的，价格优惠 2%；每批购买量 800 吨以上的，价格优惠 3%。计算最佳经济订货量。

计算出不考虑购货折扣的经济批量下的存货成本总额：

$$TC_{Q*} = \sqrt{2 \times 3\ 000 \times 6\ 000 \times 300} + 3\ 000 \times 4\ 000 = 12\ 103\ 923(\text{元})$$

接受数量折扣下的总成本：

（1）进货批量在 500~800 吨，

$$TC_{Q_{临}} = 3\ 000 \times 4\ 000(1 - 2\%) + 6\ 000 \times 3\ 000/500 + 300 \times 500/2 = 11\ 871\ 000(\text{元})$$

（2）进货批量在 800 吨以上

$$TC_{Q_{临}} = 3\ 000 \times 4\ 000(1 - 3\%) + 6\ 000 \times 3\ 000/800 + 300 \times 800/2 = 11\ 782\ 500(\text{元})$$

比较可知：具有折扣条件下的经济进货批量应该为 800 吨，这时总成本最低。

7.5.3.3 订货提前期

再订货点是指企业再次发出订单时的存货数量，即当存货降至此水平时应进行订货。即订货提前期是发出订货申请到存货到货的时间，反之，如果到存货耗用完再发出订货申请，存货就不能按时到货。因此，当一项存货因耗用或消耗而减少到某个数量时，存货相关部门就应向有关部门提出采购申请，以便存货耗用完时有新的存货使用。用公式表示为：

$$R = n \times t \tag{7-33}$$

式中，R 为再订货点；n 为每天存货消耗量；t 为存货从发出订单至入库所需要的时间。

再订货点可用图 7-8 来形象描述。

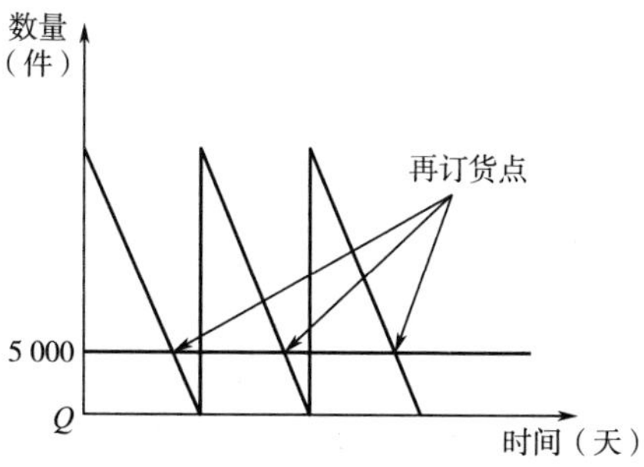

图 7-8　再订货点示意图

从图 7-8 中可以看出，当存货数量为 5 000 件时，企业应发出订购申请，5 000 件即为再订货点。

提前订货仅仅意味着在达到再订货点时发出订单，因此，存货的每次订货量、订货次数、交货期并不受再订货点的影响，即再订货点对经济订货量并无影响。

【例 7-9】 *若企业订货提前期为 10 天，原材料每日消耗量为 10 吨。求再订货点数量。*

$$再订货点\ R = 10 \times 10 = 100(吨)$$

7.5.3.4　保险储备

保险储备又称安全储备，是指在存货使用量突然增加或者交货期延误等不确定情况下，企业为了防止缺货而多储备的存货（如图 7-9 所示）。

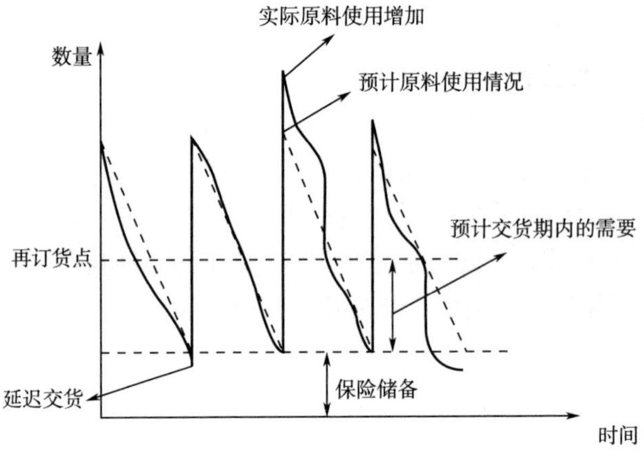

图 7-9　保险储备示意图

保险储备的计算公式为：

$$S = 1/2 \times (mr - nt) \tag{7-34}$$

式中，S 为保险储备量；m 为预计的最大日消耗量；r 为预计的最长收货时间；n 为每天存货正常消耗量；t 为存货从发出订单至入库正常所需要的时间。

保险储备的存在不会影响经济订货批量的计算，但会影响再订货点的确定。考虑保险储备情况下的再订货点的计算公式为：

$$R = n \times t + S \tag{7-35}$$

式中，R 为再订货点；n 为每天存货消耗量；t 为存货从发出订单至入库所需要的时间；S 为保险储备量。

【例 7-10】 若 A 企业订货提前期为 20 天，原材料每日正常消耗量为 10 件，预计每日存货最大消耗量为 12 件，预计最长收货时间为 25 天，计算 A 企业的保险储备和再订货点。

$$\text{保险储备 } S = 1/2 \times (12 \times 25 - 10 \times 20) = 50(\text{件})$$

$$\text{再订货点 } R = 10 \times 20 + 50 = 250(\text{件})$$

7.5.4 存货的日常管理

存货的日常管理是指在正常的生产经营过程中，按照事先制订的存货计划的要求，对存货的使用和周转情况进行组织、调控和监督。存货管理的内容主要有以下几个方面。

7.5.4.1 存货的归口分级管理

制定指标部门应参照历史数据，结合本期实际情况，分解存货资金计划指标给企业各有关职能部门进行管理。然后将各部门分管的指标层层分解下达到所属各级单位和个人，实行存货的分级管理。存货的归口分级管理是存货日常管理的一种基本方法，主要包括以下几项内容：

（1）实行存货资金的统一管理。在经理的领导下，财务部门作为存货管理的综合部门对存货资金实行统一管理，编制企业存货计划，促进供、产、销互相协调，实现资金使用的综合平衡，将存货资金管理指标分配到供应、生产和销售等各个归口部门。

（2）实行存货资金的归口管理。根据使用资金和管理资金相结合，物资管理和资金管理相结合的原则，每项资金由哪个部门使用，就归哪个部门管理。

（3）实行存货资金的分级管理。各归口部门要将分管的计划和定额按照具体情况进行分解，分配给所属单位，即车间、班组甚至个人等基层，实行存货的分级管理。

由财会部门统一组织企业存货的核算、检查与分析工作，评定各归口分级管理部门的职责履行情况，奖优罚劣，促进企业整体存货管理水平的提高。

7.5.4.2 存货的 ABC 分类法

企业存货品种繁多，尤其是大中型企业的存货往往多达上万种甚至数十万种。有的存货尽管品种数量很少，但金额巨大，如果管理不善，将给企业造成极大的损失。相反，有的存货虽然品种数量较多，但占用的金额小，即使管理当中出现一些问题，也不至于对企业产生较大影响。在实际工作中，对所有的存货实行全面管理与控制是没有必要的。因此，就要求对不同的存货采用不同的管理对策。ABC 分类法就是遵循“保证重点，照顾一般”的原则，采用科学的分析方法，把重点存货与一般存货加以划分，分别进行管理的一种有效管理方法。

(1) ABC 分类管理的含义 。ABC 分类法又称为帕累托控制法，是意大利经济学家维尔弗雷多·帕累托（Vilfredo Pareto）于 19 世纪首创的，后经不断发展和完善，现已广泛用于存货管理、成本管理和生产管理。该分析方法的核心思想是，在决定一个事物的众多因素中分清主次，识别出少数的但对事物起决定作用的关键因素和多数的但对事物影响较小的次要因素。存货 ABC 分类管理就是以某种存货数量占总存货数量的百分比和该种存货金额占总存货金额的百分比大小为标准，将存货划分为 A、B、C 三类。分类标准主要有两个：一是金额标准；二是品种数量标准。其中金额标准是最基本的，品种数量标准仅作为参考。

A 类存货品种少，单位价值大，占用资金多，对企业有重要影响；C 类存货种类很多，单位价值小，占用资金少；B 类存货介于 A 类存货和 C 类存货之间。对 A、B、C 三类存货分别实行分品种重点管理、分类别一般控制和按总额灵活掌握的存货管理方法。

(2) 存货 ABC 分类法的运用。运用 ABC 分类法控制存货资金，一般按如下几个步骤进行：

第一，列示全部存货，计算其金额百分比。

第二，按金额百分比排序（从高到低）。

第三，金额百分比累加到 70%左右，为 A 类存货；金额继续累加 20%左右，为 B 类存货；其余 10%左右为 C 类存货。

第四，分清主次，突出重点管理。对 A 类存货按品种、规格、数量、金额细化管理；对 B 类存货按类别管理；对 C 类存货一般按总金额控制管理。

(3) A、B、C 三类存货的特点与控制要求。具体如下：

A 类存货品种数量少，但占用资金多。企业应集中主要力量进行周密的规划和严格的管理，将 A 类存货列为控制重点。其控制措施有：一是计算确定其经济订货批量、最佳保险储备量和再订货点，严格控制存货数量；二是采用永续盘存制，对存货的收发结存进行严密监视，当存货数量达到再订货点时，应及时通知采购部门组织进货。

B 类存货品种、数量、占用资金均处于中间状态，不必像 A 类存货控制那样严格，但也不能过于宽松。其控制要求是：确定每种存货的经济订货批量、最佳保险储备量和再订货点，并采用永续盘存制对存货的收发结存情况进行反映和监督。

C 类存货品种多，数量大，但资金占用量很小。企业对此类存货不必花费太多的精力，可以采用总金额控制法，根据历史资料分析后，按经验适当增大订货批量，减少订货次数。

7.5.4.3 适时存货控制

适时生产系统是指通过合理规划企业的供产销过程，使从原材料采购到产成品销售的每个环节都能紧密衔接，从而实现企业利益最大化。这种适时生产系统通常称为 JIT，即 just-in-time system。适时存货控制是指企业在生产经营过程中努力实现经营需求与存货供应同步，存货传送与存货消耗同步，使存货库存最小化，消除浪费，降低成本。适时存货控制能有效地降低存货资金的占用，提高流动资金的使用效率。这种存货管理系统的运用要点在于以下两点：

（1）只有在使用之前才从供应商处进货，从而将原材料或配件的库存数量减少到最小。

（2）只有在出现需求或接到订单时才开始生产，从而避免产成品的库存，大大消除了浪费。

7.5 即测即评

思考与练习题

1. 企业为什么要持有现金？现金管理的内容包括哪些？

2. 应收账款的管理目标有哪些？应收账款政策包括哪些主要内容？

3. 已知：某公司现金收支稳定，预计全年（按 360 天计算）现金需要量为 100 万元，现金与有价证券的转换成本为每次 250 元，有价证券年利率为 5%。要求计算：

（1）最佳现金持有量。

（2）最低全年现金管理相关总成本以及其中的转换成本和持有机会成本。

（3）最佳现金持有量下的全年有价证券交易次数和有价证券交易间隔期。

4. 瑶湖股份公司按“2/10，*N*/30”条件购入一批商品，即企业如果在 10 天内付款，可享受 2% 的现金折扣，倘若企业放弃现金折扣，货款应在 30 天内付清。要求计算：

（1）企业放弃现金折扣的机会成本。

（2）若企业准备放弃折扣，将付款日推迟到第 50 天，计算放弃现金折扣的机会成本。

（3）若另一家供应商提供“1/20，*N*/30”的信用条件，计算放弃现金折扣的机会成本。

（4）若企业准备要折扣，应选择哪一家？

5. B 公司是一家制造类企业，产品的变动成本率为 60%，一直采用赊销方式销售产品，信用条件为 *N*/60。如果继续采用 *N*/60 的信用条件，预计 2011 年赊销收入净额为 1 000 万元，坏账损失为 20 万元，收账费用为 12 万元。为扩大产品的销售量，*B* 公司拟将信用条件变更为 *N*/90。在其他条件不变的情况下，预计 2011 年赊销收入净额为 1 100 万元，坏账损失为 25 万元，收账费用为 15 万元。假定等风险投资最低报酬率为 10%，一年按 360 天计算，所有客户均于信用期限届满付款。要求计算：

（1）信用条件改变后 B 公司收益的增加额。

（2）信用条件改变后 B 公司应收账款成本增加额。

（3）B 公司是否应改变信用条件？说明理由。

6. 某企业 2001 年 A 产品销售收入为 4 000 万元，总成本为 3 000 万元，其中固定成本为 600 万元。2002 年该企业有两种信用政策可供选用：

甲方案给予客户 60 天信用期限（*N*/60），预计销售收入为 5 000 万元，货款将于第 60 天收到，其信用成本为 140 万元；乙方案的信用政策为“2/10，1/20，*N*/90”，预计销售收入为 5 400 万元，将有 30%的货款于第 10 天收到，20%的货款于第 20 天收到，其余 50%的货款于第 90 天收到（前两部分货款不会产生坏账，后一部分货款的坏账损失率为该部分货款的 4%），收账费用为 50 万元。

该企业 A 产品销售额的相关范围为 3 000 万～6 000 万元，企业的资金成本率为 8%（为简化计算，不考虑增值税因素）。要求计算：

（1）该企业 2001 年的下列指标：①变动成本总额；②以销售收入为基础计算的变动成本率。

（2）乙方案的下列指标：①应收账款平均收账天数；②应收账款平均余额；③维持应收账款所需资金；④应收账款机会成本；⑤坏账成本；⑥采用乙方案的信用成本。

（3）其他指标：①甲方案的现金折扣；②乙方案的现金折扣；③甲乙两方案信用成本前收益之差；④甲乙两方案信用成本后收益之差。

（4）为该企业做出采取何种信用政策的决策，并说明理由。

7. C 公司是一家冰箱生产企业，全年需要压缩机 360 000 台，均衡耗用。全年生产时间为 360 天，每次的订货费用为 160 元，每台压缩机持有费率为 80 元，每台压缩机的进价为 900 元。根据经验，压缩机从发出订单到进入可使用状态一般需要 5 天，保险储备量为 2 000 台。要求计算：

（1）经济订货批量。

（2）全年最佳订货次数。

（3）最低存货成本。

（4）再订货点。

8. 天龙公司甲材料的年需要量为 3 600 千克。销售企业规定：客户每批购买量不足 900 千克的，单价按照 8 元/千克计算；每批购买量 900 千克以上，1 800 千克以下的，价格优惠 3%；每批购买量 1 800 千克以上的，价格优惠 5%。已知每批进货费用为 25 元，单位材料的年储存成本为 2 元。要求计算实行数量折扣时的最佳经济进货批量。

8 短期筹资管理——精打细算

学习目标

1. 了解短期筹资的概念、特点和分类。
2. 理解短期筹资政策的类型。
3. 掌握短期借款、商业信用的概念及相关成本计算。
4. 理解各种短期筹资方式的优缺点。

思维导图

引导案例

永琪美发扩张之路

预付款是商业交易中非常常见的交易模式，尤其在面向消费者的通信、餐饮、健身、美容美发等领域。“办张卡吧”几乎成为健身房和理发店小哥的口头禅，一方面消费者从中得到折扣实惠，另一方面商家也绑定了消费者，缓解了现金流压力。

永琪美容美发店凭什么能在全国开店2 000多家，年营业额破20亿元呢？当顾客去永琪消费时，首先会接触它的入门产品，就是花38元钱体验洗头+50分钟的肩颈头部按摩，这个项目肯定是不赚钱的，但是服务人员也会很用心地服务，因为他要在这50分钟内向顾客推荐会员卡，这就是体验式营销。顾客通过体验洗头和按摩，会觉得这家店服务和态度都不错，加之会员剪发、烫染做护理可享3.8折优惠，于是便会办理会员卡。永琪首先在前端用38元的爆品吸引海量顾客，然后再用会员卡把只消费38元的顾客变成消费成千上万元的会员，长期锁定客户的同时，提前把门店投资收回来。最后，再靠后端的那些美容、按摩、烫染来赚取利润。

思考：

1. 永琪美发扩张之路主要依靠的是什么？
2. 永琪美发办卡预存的款项对永琪来说，属于什么性质的款项？
3. 这种办卡预存的款项对于消费者来说，存在什么隐患？

8.1 短期筹资概述——借风使船

8.1.1 短期筹资的概念与特点

短期筹资是指筹集在一年内或者超过一年的一个营业周期内到期的资金，通常是指短期负债筹资。短期筹资通常具有以下特点：

（1）筹资速度快。由于短期筹资的期限较短，债权人承担的风险相对较小，往往顾虑较少，不需要像长期筹资那样对筹资方进行全面、复杂的财务调查，因此短期资金更容易取得。

（2）筹资成本低。一般来说，短期筹资的风险相对较小，因此筹集的资金使用成本也相对较低。

（3）灵活性强。进行短期债务筹资时，企业与债权人可以直接商定筹资的数额、时间、利率等要素；在贷款使用期间，企业如果遇到特殊情况，也可以与债权人进行协商，及时变更相关筹资条款，灵活性强。

（4）筹资风险大。短期筹资通常需要在短期内偿还，因而要求筹资方在短期内拿出足够的资金偿还债务。如果筹资企业在资金到期时不能及时归还款项，就有陷入财务危机的可能。

8.1.2 短期筹资的种类

8.1.2.1 按短期负债形成情况分类

按照短期负债的形成情况，分为自然性短期负债和临时性短期负债。

自然性短期负债是指在商业交易过程中自发形成的短期债务资金。例如：采购活动中形成的应付账款、应付票据；销售活动中形成的预收账款；生产经营过程中形成的应付职工薪酬、应交税费等。自然性短期负债不需要正式安排，产生于经营活动，只要交易双方达成协议即可，因此筹资灵活但不规范。

临时性短期负债是指为满足企业流动资产占用需要而从银行等其他金融机构借入的资金。临时性短期负债是通过人为刻意安排形成的，如短期借款、短期融资券。临时性短期负债需要通过借款合同等协议明确借款双方各自的责任与义务，因此借款方式规范。

8.1.2.2 按应付金额是否确定分类

按应付金额是否确定，分为应付金额确定的短期负债和应付金额不确定的短期负债。

应付金额确定的短期负债是指根据合同等规定，到期必须偿付，并有确定金额的短期负债，如短期借款、短期融资券、应付账款、应付票据、预收账款等。

应付金额不确定的短期负债是指要根据公司生产经营状况，到一定时期后才能确定金额的短期负债或应付金额需要估计的短期负债，如应交税费、应付职工薪酬、应付股利等。

8.1.3 短期筹资政策的类型

公司的短期筹资政策一般是针对不同类型的资产来说的。资产按照流动性可以分为短期资产和长期资产。短期资产按照用途又可以分为临时性短期资产和永久性短期资产。

公司的短期筹资政策也就是对临时性短期资产、永久性短期资产和固定资产的来源进行管理。通常有三种可供公司选择的筹资政策：配合型筹资政策、激进型筹资政策、稳健型筹资政策。

8.1.3.1 配合型筹资政策

配合型筹资政策是指公司的负债结构与公司资产的寿命周期相对应，其特点是：临时性短期资产所需资金用临时性短期负债筹集，永久性短期资产和固定资产所需资金用自发性短期负债和长期负债、股权资本筹集（见图 8-1）。配合型筹资政策的基本思想是：公司将资产和资金来源在期限和数额上相匹配，以降低公司不能偿还到期债务的风险。同时，采用较多的短期负债筹资也可以使资本成本保持较低水平。

8.1.3.2 激进型筹资政策

激进型筹资政策的特点是：临时性短期负债除了满足临时性短期资产的需要，还需要满足一部分永久性短期资产的需要，有时甚至全部短期资产都要由临时性短期负债支持（见图 8-2）。在该政策下，公司的资本成本低于配合型筹资政策。激进型筹资政策是一种报酬高、风险大的营运资本筹集政策。

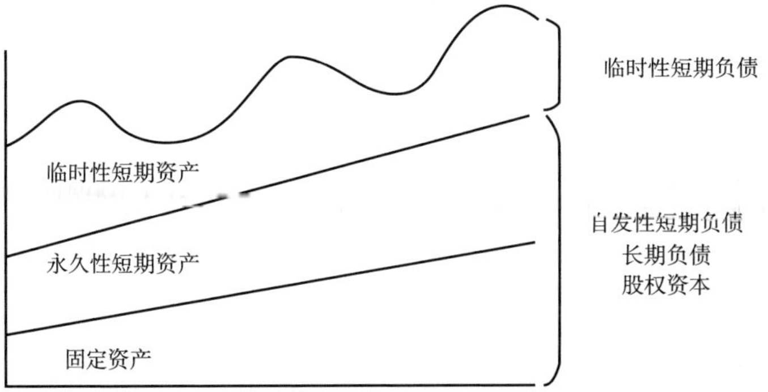

图 8-1　配合型筹资政策

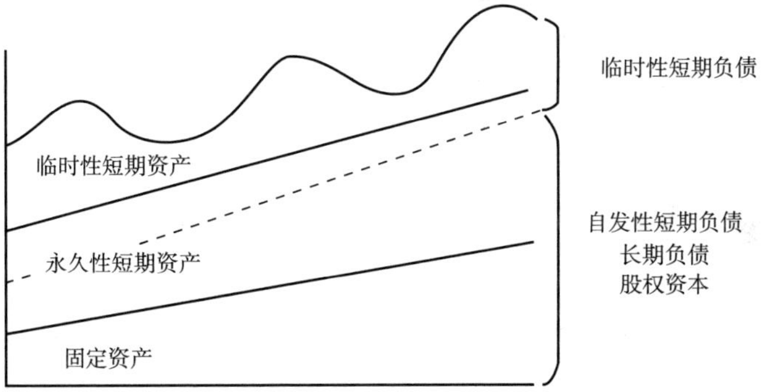

图 8-2　激进型筹资政策

8.1.3.3　稳健型筹资政策

稳健型筹资政策的特点是：临时性短期负债只满足部分临时性短期资产的需要，其他短期资产和长期资产用自发性短期负债、长期负债和股权资本筹集满足（见图 8-3）。在这种情况下，公司风险降低的同时也降低了收益。一般来说，如果公司对营运资本的使用能够达到游刃有余的程度，那么这种政策就是最有利的。

8.1 即测即评

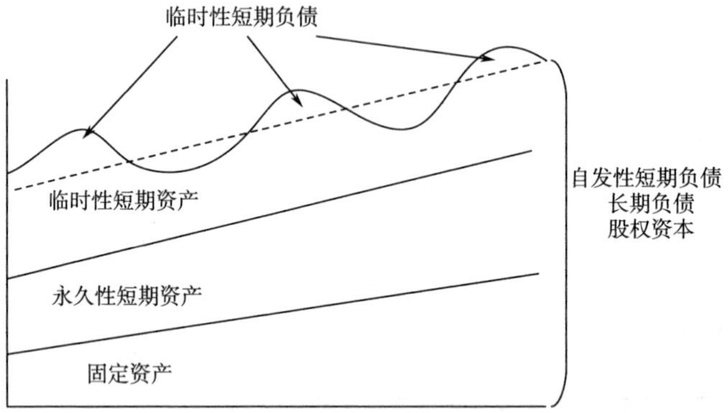

图 8-3 稳健型筹资政策

8.2 自然性筹资——顺势而为

自然性短期负债是指公司正常生产经营过程中产生的、由于结算程序的原因自然形成的短期负债，主要包括商业信用和应付费用。

8.2.1 商业信用

商业信用（commercial credit）是指商品交易中由于延期付款或预收货款所形成的企业间的借贷关系。它是公司间直接的信用行为。它产生于银行信用之前，银行信用出现之后，商业信用依然存在。利用商业信用筹资，主要有两种形式：赊销商品（形成应付账款、应付票据）、预收货款（预收账款）。

8.2.1.1 应付账款筹资

（1）应付账款的含义。应付账款是最常见的一类商业信用。买卖双方发生商品交易，买方收到商品后不立即付款，而是延迟一定时期后再付款。对卖方来讲，可用这种方式进行促销；而对买方来说，延期付款相当于向卖方借入资金购买其商品或劳务，可以满足短期资金需要。

（2）应付账款的成本。在一般情况下，应付账款在信用期限内是无成本的，但在特殊情况下，企业也可能会承担较高成本。如果企业超出信用期限付款，则会付出更大的代价。因此，使用应付账款筹资，必须进行合理分析，把握好付款时间。下面根据供应商提供的付款条件和购买方的付款日期，具体分析应付账款的成本及合适的付款时间。①付款条件中无现金折扣：信用期限内付款零成本。②付款条件中有现金折扣：折扣期限内付款零成本。③付款条件中有现金折扣，购买方超过折扣期限在信用期限内付款：购买方放弃使用现金折扣，而是使用了供应商提供的延期付款的商业信用，因而将承担信用成本。

放弃现金折扣的年资本成本率计算公式如下：

$$\text{放弃现金折扣的资本成本率} = \frac{CD}{1 - CD} \times \frac{360}{N} \tag{8-1}$$

式中，CD 为现金折扣率；N 为失去现金折扣后还能延期付款天数，等于信用期限-折扣期限。

公式中的折扣率/（1-折扣率）也就是每次放弃现金折扣的机会成本；360/N 也就是一年中放弃现金折扣的周转率。

放弃现金折扣的资本成本率与折扣率的大小、折扣期限的长短同方向变化，与信用期限的长短反方向变化。

【例 8-1】 某企业按“2/10，N/30”的条件购买一批商品，价值 100 000 元。如果企业在 10 天内付款，可获得 10 天的免费信用，免费信用额为 98 000 元。

如果企业在第 30 天付款，付款额为 100 000 元，它分为两部分：供应商提供的 10 天免费信用而应支付的 98 000 元，供应商提供的 20 天有代价信用而应支付的利息 2 000 元。

实际利率为 2 000/98 000＝2. 04%；换算成年利率为

$$2.04\% \times 360/20 = 36.72\%$$

直接套用公式计算：

$$2\%/（1-2\%）\times 360/（30-10）= 36.72\%$$

（3）购买方超过信用期限付款，会产生信用成本及其他信誉损失等。这些成本包括：①放弃现金折扣的成本；②延期付款的罚金和利息；③可能造成与供货方关系恶化、影响企业评级、损害未来取得信用的能力。

【例 8-2】 续上例，如果企业延至 60 天付款，其放弃现金折扣的资本成本率为：2%/（1-2%）×360/（60-10）＝14. 7%。

也就是说，企业在放弃享受折扣的情况下，推迟付款的时间越长，其放弃现金折扣的资本成本率越小。但要注意，超出信用期限仍未付款，则属于违约行为，可能造成关系恶化，信用等级降级，损害企业长远发展竞争力。

思政元素

一诺千金

西汉初年有一个叫季布的人，他为人正直，乐于助人，非常讲信义。只要是他答应过的事，无论有多么困难，他一定想方设法办到，所以在当时名声很好。季布曾经是项羽的部将，几次把刘邦打败。后来刘邦夺取天下，当上了皇帝，下令缉拿季布。幸好鲁地一户姓朱的人家，素以“任侠”闻名，此人很欣赏季布的侠义行为，尽力将季布保护起来。不仅如此，还专程到洛阳去找汝阴侯夏侯婴解救季布。夏侯婴从小与刘邦很亲近，后来跟刘邦起兵，为刘邦建立汉王朝立下了汗马功劳。他很同情季布的不幸处境，在刘邦面前为季布说情，终于使刘邦赦免了季布，还封他为郎中，不久又任命他为河东太守。当时，楚地有个名叫曹丘生的人，能言善辩，专爱结交权贵。季布和这个人是同乡，很瞧不起他。有次曹丘生登门拜访。季布一见曹丘生，就立刻露出厌恶的神情。曹丘生对此毫不在乎，先恭恭敬敬地向季布施礼，然后慢条斯理地说：“我们楚地有句俗语，叫作‘得黄金百两，不如得季布一诺’。您是怎样得到这么高的声誉的呢？您和我都是楚人，如今我在各处宣扬您的好名声，这难道不好吗？您又何必不愿见我呢？”季布觉得曹丘生说得很有道理，顿时不再讨厌他，并热情款待他。曹丘生确实也照自己说过的那样去做，每到一地，就宣扬季布如何礼贤下士，如何仗义疏财。这样，季布的名声越来越大。

(4) 利用现金折扣的决策。在附有信用条件的情况下，因为获得不同信用要付出不同的代价，企业要在利用哪种信用之间作出决策，即选择收益大或成本低的信用条件。

第一，如果能以低于放弃折扣的成本取得短期资金：企业应该通过其他渠道筹集成本较低的资金支付货款，享受现金折扣。

第二，如果在折扣期限内将应付账款用于短期投资，所得的投资收益率高于放弃折扣的隐含利息成本：则应放弃现金折扣而去追求更高的收益。

第三，如果企业因资金缺乏而欲延期付款：从前面的例子可以看出，企业在放弃折扣的情况下，推迟付款的时间越长，成本越小。但会增加其他延期付款的损失，如因企业信誉恶化而丧失供应商乃至其他贷款人的信用，或日后招致苛刻的信用条件。因此，需要在降低了的放弃折扣成本与延期付款带来的损失之间做出选择。

第四，如果面对两家以上提供不同信用条件的卖方：应通过衡量放弃折扣成本的大小，选择信用成本最小或所获利益最大的一家。

8.2.1.2 应付票据筹资

（1）商业票据的含义。商业票据是购销双方按购销合同进行商品交易，延期付款而签发的、反映债权债务关系的一种信用凭证。应付票据的期限一般为1~6个月，最长不超过9个月。

（2）商业票据的种类。具体如下：

一是按照承兑人不同分为商业承兑汇票与银行承兑汇票。商业承兑汇票是指收款人开出经付款人承兑，或由付款人开出并承兑的汇票。银行承兑汇票是指由在承兑银行开立存款账户的存款人签发，向开户银行申请并经银行审查同意承兑的，保证在指定日期无条件支付确定的金额给收款人或持票人的票据。

二是按照是否带息分为带息应付票据与不带息应付票据。带息应付票据是指在票面上注明利率的应付票据，当票据到期时，出票人（或指定付款人）除支付票面金额外，还需按票面利率支付利息。不带息应付票据则是指企业开出、承兑商业汇票或以承兑商业汇票抵付货款、应付账款等时，不需要支付利息。

（3）商业票据的贴现。商业票据贴现是指票据持有人将未到期票据转让给银行，银行从票据到期值中先扣除贴息，再将余额给付贴现企业。这样，票据持有人通过贴现方式就可获得短期融资的资金。商业票据贴现的贴息以及贴现实收金额的计算公式为：

$$贴现实收金额 = 汇票到期值 - 贴息 \quad (8-2)$$

$$贴息 = 汇票到期值 \times 月贴现率/30 \times 贴现天数 \quad (8-3)$$

$$贴现天数 = 票据期限 - 企业已持有票据期限$$
$$= 贴现日到票据到期日实际天数 - 1 \quad (8-4)$$

$$贴现年实际利率 = 贴息/贴现实收金额 \times 360/贴现期 \quad (8-5)$$

贴现天数一般按“算头不算尾”计算。

【例8-3】 2024年6月1日A厂向B厂购进材料一批，价款100 000元，合同约定甲方签发并由银行承兑、期限半年的不附息银行承兑汇票。B厂因急需资金，于2024年10月1日持票向银行申请贴现，贴现率按月息9‰计算，请计算贴息、贴现实收金额及B企业筹资成本。

$$贴息 = 汇票到期值 \times 月贴现率/30 \times 贴现期 = 100\,000 \times 9‰/30 \times (30 + 31)$$
$$= 1\,830(元)$$

$$贴现实收金额 = 汇票到期值 - 贴息 = 100\ 000 - 1\ 830 = 98\ 170(元)$$

$$\begin{aligned} B企业贴现资金成本率 &= 贴息/贴现实收金额 \times 360/贴现期 \\ &= 1\ 830/98\ 170 \times 360/61 = 11\% \end{aligned}$$

(4) 应付票据筹资的优缺点。具体如下：

优点：①成本低。这是商业票据筹资的最大优点。这不仅是因为商业票据的利息率低，还因为它不用支付协议费。②没有限制。企业如果以银行贷款方式筹集资金的话，银行的最大贷款额不能超过该企业资本或盈余的10%。而商业票据这一筹资方式没有这种限制，对于需要大量短期资金的企业来说，比较适用。

缺点：商业票据到期必须归还，到期不能归还就会出现严重后果。这要求企业在采用商业票据筹资的同时，一定要同银行保持良好的关系，最好留有一定的信用额度或周转贷款限额，以便在企业资金波动、不能及时偿还商业票据时求得银行的帮助。

8.2.1.3 商业信用筹资的优缺点

(1) 商业信用筹资的优点。具体如下：

一是容易取得。商业信用是伴随着商品交易自然产生的，对于多数企业而言，商业信用是一种自然的、持续的、无需正式办理筹资手续的信贷形式。

二是企业有较大的机动权。与银行借款相比，商业信用的限制条件较少，企业能够根据需要扩大或缩小筹资金额，即使期限内不能付款或交货，一般也可以通过与供应商或客户协商而得到时限上的通融。

三是企业一般不用提供担保。通常商业信用筹资不需要第三方担保，也不需要提供资产进行抵押或质押。这样在企业出现逾期付款或交货的情况时，可以避免资产被没收或处置的风险，进而影响企业的生产经营能力。

四是如果没有现金折扣或使用不带息票据，商业信用筹资通常不负担成本。

(2) 商业信用筹资的缺点。具体如下：

一是容易恶化企业的信用状况。商业信用的期限短，还款压力大，对企业现金流量管理的要求高，如果长期或经常性拖欠账款，会造成企业的信誉恶化。

二是受外部环境影响大。商业信用筹资受外部环境影响较大，稳定性较差，即使不考虑机会成本，也不能无限使用。比如，市场供不应求时，卖方可能停止提供信用。当市场资金供应紧张或有更好的投资机会时，商业信用筹资就可能遇到障碍。

三是对于应付账款而言，放弃现金折扣成本很高。

8.2.2 应付费用

8.2.2.1 应付费用的概念与特征

应付费用是指企业在生产经营过程中发生的应付而未付的费用，如应付职工薪酬、应交税费、应付股利等。这些应付费用一般是形成在先，支付在后，因此在支付之前可以为公司所利用。由于应付费用结算期往往比较固定，占用的数额也比较固定，因此通常又称为定额负债。应付费用的资本成本通常为零，但这种特殊的筹资方式并不能为企业自由利用，企业如果无限期地拖欠应付费用，极有可能产生较高的显性或隐性成本。

8.2.2.2 应付费用筹资额的计算

当前应付费用筹资额一般按照平均占用天数计算。平均占用天数是指从应付费用产生之日起到实际支付之日止，平均占用的天数。应付费用的筹资额可以利用平均每日发生额与平均占用天数相乘确定。用公式表示为：

应付费用筹资额 = 平均每日发生额 × 平均占用天数 (8-7)

随着公司经营业务的扩展，这些应付费用也会自动增长。而且，通过应付费用所筹集的资金不用支付任何代价，因而是一项免费的短期资金来源。企业在使用应付费用作为短期筹资方式时，必须注意加强对支付期的控制，以免因拖欠给公司带来损失。

8.2 即测即评

8.3 人为性筹资——借力打力

8.3.1 短期借款

8.3.1.1 短期借款的含义

短期借款筹资通常是指银行短期借款，又称银行流动资金借款，是企业为解决短期资金需求而向银行申请借入的款项，是筹集短期资金的重要方式。企业短期借款通常包括信用借款、担保借款和票据贴现三类。

信用借款、担保借款在本书第 3 章 3.3.1 节长期借款中已阐述，票据贴现在本章 8.2 节已阐述，故不再重复。

8.3.1.2 短期借款的分类

（1）按借款的原因，分为生产周转性资金借款、临时资金借款和结算资金借款等。

（2）按照有无担保，分为信用借款、担保借款和票据贴现。这些内容在前面内容已经阐述，不再重复。

（3）按提供贷款的机构，可分为政策性银行贷款、商业银行贷款和其他金融机构贷款。

8.3.1.3 短期借款的程序

企业利用银行借款筹集资金，必须按规定的程序办理。根据我国《贷款通则》，银行贷款的程序大致分为以下几个步骤：

（1）企业提出借款申请。企业要填写以借款用途、借款金额、偿还能力以及还款方式等为主要内容的借款申请书，并提供相关资料。

（2）贷款审批。贷款银行一般都建立了审贷分离、分级审批的贷款管理制度。银行按照有关政策和贷款条件，对借款企业进行信用审查，依据审批权限，核准公司申请的借款金额和用款计划。

（3）签订借款合同。借款申请获批准后，银行与企业进一步协商贷款的具体条件，签订正式的借款合同，规定贷款的数额、利率、期限和一些约束性条款。借款合同主要包括以下四个方面内容：

一是基本条款。主要强调双方的权利和义务，具体包括借款数额、借款方式、款项发放时间、还款期限、还款方式、利息支付方式、利息率等。

二是保证条款。包括借款按规定的用途使用、有关的物资保证、抵押财产、担保人及其责任等内容。

三是违约条款。

四是其他附属条款。

（4）企业取得借款。借款合同签订后，企业在核定的贷款指标范围内，根据用款计划和实际需要，将贷款转入公司的存款结算户，以便使用。

8.3.1.4 短期借款的信用条件

按照国际惯例，银行发放贷款时，往往涉及一些信用条件，主要包括授信额度、周转授信协议、补偿性余额。详细内容可以参看3.3.1节。

8.3.1.5 短期借款的利息支付方式

（1）利随本清法。利随本清法，又称收款法、一次性支付法，是借款企业在借款到期时向银行支付利息的方法。采用这种方法，借款的实际利率和名义利率一致。

【例8-4】 企业从银行借入利率为10%的短期借款100万元一年，采用收款法计算利息是多少？

$$利息 = 100 \times 10\% = 10(万元)；实际利率 = 名义利率 = 10\%$$

（2）分期付息法。分期付息法是借款企业在借款期间定期向银行支付利息，到期一次还本的方法。采用这种方法，借款的实际利率和名义利率一致。

【例 8-5】假定某公司向银行借入 5 年期借款 10 000 万元，年利率为 6%。每年付息为 10 000×6%＝600 万元，到期归还本金 10 000 万元。

（3）贴现法。贴现法是指银行在发放贷款时先从贷款中扣除利息，借款企业实际得到的金额是借款本金扣除利息后的余额，而还款时必须按借款的本金偿还。企业由此承担的实际利率大于名义利率。

$$实际利率 = 利息/(借款本金 - 利息)$$
$$= 名义利率/(1 - 名义利率) \times 100\%$$

【例 8-6】某企业从银行采用贴现法借款 10 000 元，年利率（名义利率）为 8%，则实际年利率为多少？

$$实际年利率 = 8\%/(1 - 8\%) \times 100\% = 8.7\%$$

（4）分期还本付息法。分期还本付息法是借款企业在借款期间定期向银行支付本金与利息的方法。又可分为等额还款与等本还款。

【例 8-7】假定某公司按附加利率的方式借入一笔名义利率为 12%的资金 600 000 元，并计划分 12 个月均衡偿还这一笔贷款。借款分期均衡偿还，其实际负担的利率为多少？

因为名义利率为 12%，故贷款利息为 72 000 元，公司需要分 12 个月支付 672 000 元的借款本息。由于借款分期偿还，公司只有在第 1 个月才能完全使用这 600 000 元的资金。公司支付 72 000 元的利息，却平均只使用了 300 000 元的资金。

$$实际利率 = 600\,000 \times 12\%/(600\,000 \div 2) = 24\%$$

8.3.1.6 短期借款筹资的优缺点

相较于长期借款或其他筹资方式，短期借款筹资有以下优缺点。

（1）优点。具体如下：

一是取得简便，筹资速度快。银行能随时为企业提供较多的短期贷款，从而使得企业获取银行借款的时间远远短于其他长期筹资方式。

二是弹性大。企业与银行可以随时通过面谈确定借款的金额、时间、利率、还款时间和方式等条件，可在资金需要增加时借入，在资金需要减少时还款。

三是成本较低。相对于股权筹资来说，银行借款利息可以税前抵扣，筹资成本相对较低。

四是具有财务杠杆作用。银行借款属于一种负债筹资方式，具有财务杠杆效应。

（2）缺点。具体如下：

一是财务风险较大。与商业信用和短期筹资券相比，银行短期借款成本较高，银行借款可能需要定期支付本息，具有固定的财务负担，财务风险较大。在经营不利的情况下，可能会产生不能偿付的风险，甚至会导致破产。

二是限制条件多。银行要对企业的经营和财务状况进行调查以后才能决定是否贷款。企业与银行签订的借款合同中，一般都有一些限制条款，这些条款可能会限制企业的经营活动。

三是筹资数额受限。相对于发行债券或发行股票来说，银行一般不愿意借出较大金额的短期借款，因而企业的筹资金额相对较低。

8.3.2 短期融资券

8.3.2.1 短期融资券的含义

短期融资券又称商业票据、短期债券，是由大型工商企业或金融企业发行的短期无担保本票。

短期融资券起源于商业票据。持有商业票据的公司如在约定的付款期之前需要现金，可以向商业银行或贴现公司贴现。一些大公司发现了商业票据的这一特点，便凭借自己的信誉，开始脱离商品交易过程来签发商业票据以筹措短期资金。20 世纪 20 年代，美国汽车制造业及其他高档耐用商品开始兴盛，公司开始大量发行商业票据筹集短期资金。20 世纪 60 年代以后，工商界普遍认为发行短期融资券向金融市场筹措资金比向银行借款方便，利率也低，且不受银行信贷干预，因此，短期融资券数额急剧增加。20 世纪 80 年代中后期，我国有些企业为解决流动资金的不足，开始采用短期融资券筹集资金。

8.3.2.2 短期融资券的种类

（1）按发行方式，分为经纪人代销的融资券和直接销售的融资券。经纪人代销的融资券又称间接销售融资券，是指先由发行人售卖给经纪人，再由经纪人售卖给投资者的融资券，其中经纪人主要包括银行、投资信托公司以及证券公司等。直接销售的融资券是指发行人直接销售给最终投资者的融资券。

（2）按发行人的不同，分为金融企业融资券和非金融企业融资券。金融企业融资券主要是指由各大公司所属的财务公司、各种投资信托公司、银行控股公司等发行的融资券。非金融企业融资券是指那些没有设立财务公司的工商企业所发行的融资券。

（3）按融资券的发行和流通范围，分为国内融资券和国际融资券。国内融资券是指一国发行者在国内金融市场上发行的融资券。国际融资券是指一国发行者在其本国以外的金融市场上发行的融资券。

8.3.2.3 短期融资券的发行程序

发行短期融资券一般需经过下列程序：

（1）公司做出发行短期融资券的决策。

（2）办理发行短期融资券的信用评级。

（3）向有关审批机构提出发行申请。

（4）审批机构对企业提出的申请进行审查和批准。

（5）获得批准后，正式发行短期融资券，取得资金。

8.3.2.4 短期融资券的评级

评级机构在分析、评定并形成短期融资券评级结论的过程中，主要会考虑以下因素：

（1）企业外部因素，如宏观经济状况、产业发展趋势、政策及监管环境等。

（2）企业自身因素，如经营状况、管理水平、财务状况等，尤其是企业自身的流动性水平是信用评级机构关注的重点。

（3）短期融资券自身的相关条款与保障措施，如发行规模、筹资期限、债务保障措施等。

8.3.2.5 短期融资券筹资的优缺点

（1）短期融资券筹资的优点。具体如下：

一是短期融资券的筹资成本较低。在西方国家，短期融资券的利率加上发行成本，通常要低于银行的同期贷款利率。

二是短期融资券筹资数额比较大。通常情况下，银行不会向企业发放巨额的短期贷款，所以，企业短期银行借款往往面临金额的限制，而发行短期融资券的数额往往较大，可以筹集更多的资金。

三是发行短期融资券可以提高企业信誉和知名度。由于能在货币市场上发行短期融资券的都是大型企业，因此，如果一个企业能够发行短期融资券，表明该企业具有良好的信誉。与此同时，随着发行公司的短期融资券被广泛地了解，其知名度也大大提高。

（2）短期融资券筹资的缺点。具体如下：

一是发行短期融资券的风险比较大。短期融资券到期必须归还，否则将会对企业的信誉等产生比较大的负面影响。

二是发行短期融资券的弹性比较小。一般情况下，只有当企业的资金需要达到一定数量时才能使用短期融资券，否则将会加大单位资金的筹资成本。另外，短期融资券一般不能提前偿还，即使企业的资金比较充裕，也要到期才能偿还。

三是发行短期融资券的条件比较严格。只有那些信誉好、实力强、效益高的企业才能发行短期融资券，而一些小企业或信誉不太好的企业则不可能利用短期融资券来筹集资金。

8.3 即测即评

思考与练习题

1. 短期筹资政策的主要类型包括哪些？短期筹资政策与短期资产持有政策之间应当保持怎样的配合关系？

2. 什么是自然性筹资？请举例说明。

3. 商业信用筹资和应付费用筹资应当考虑哪些成本？

4. 短期融资券应该遵循什么样的发行程序？

5. 试对比分析银行短期借款、商业信用、短期融资券的特征和优缺点。

6. 某公司按“2/20，*N*/40”的信用条件购入价值 30 000 元的原材料，并在第 40 天支付货款。要求：计算该公司的商业信用资本成本率。

7. 某公司以贴现方式借入 1 年期贷款 20 万元，名义利率为 10%。如果公司以分期付款方式借入这笔贷款，分 12 个月等额偿还。要求：分别计算贴现方式和分期付款方式下的实际利率。

9

利润分配管理——切糕艺术

学习目标

1. 了解企业利润分配的具体程序。
2. 理解股利相关理论。
3. 了解股利支付的基本程序。
4. 掌握基本股利政策的内容及其应用。
5. 掌握股票股利与股利分割的内容及应用。
6. 理解股票回购及其对股价的影响。

思维导图

引导案例

分还是不分

五粮液公司（股票代码：000858）是人们公认的绩优公司。自1998年上市以来，五粮液公司每股收益一直名列我国上市公司的前列，经营净现金流量非常可观，但其股利分配却令投资者大失所望。除了公司上市当年的股利政策是每10股派10元（含税），其他年度五粮液公司一直是不分配或低派现。例如，2000年，五粮液公司在每股收益高达1.60元，各项财务指标在沪、深两市位居前列的情况下，采取的却是不分配的政策。2001年，五粮液每股收益仍然高达0.93元，公司的分红方案却是每10股派0.25元（含税），扣税以后，股东实际分得的每股股利仅为0.02元。因此，五粮液公司被投资者称为“一毛不拔的铁公鸡”。

佛山照明（股票代码：000541）上市后历经配股、发行B股和增发A股等不断进行筹资。自1993年上市以来每年派发高额现金股利，公司一直维持高派现股利政策，是沪深两市唯一一家现金分红超过股票筹资的公司。公司的这种表现曾一度被媒体誉为“现金奶牛”。

2019 年 6 月 17 日，阿里巴巴提交给美国证券交易委员会的一份文件显示，公司提议将其股份 1 拆 8，计划将普通股数量从现在的 40 亿股扩大至 320 亿股。该计划将于 7 月 15 日在香港举行的年度股东大会上进行表决，如果获批，将在 2020 年 7 月 15 日前进行拆股。阿里巴巴称，拟议中的股票分割“将增加以较低每股价格发行的股票数量，董事会认为，这将增加公司未来筹资活动的灵活性，包括发行新股”。

2019 年 11 月 21 日，豫园股份发布公告称，公司回购并注销共计 31.99 万股，回购价格为人民币 3.61 元/股，回购总价款约为 115 万元。注销日期为 2019 年 11 月 26 日。

思考：

1. 公司实现的利润如何分配？
2. 佛山照明与五粮液在决定股利政策时分别看重的是什么？
3. 阿里巴巴为什么要将股票分割？其目的是什么？豫园股份为什么回购股份？其目的是什么？
4. 发放现金股利、分割、回购对股价、股东的影响分别是什么？

9.1 利润分配概述——和衷共济

9.1.1 利润的概念及其构成

根据我国《企业会计准则》，利润是指企业在一定会计期间的经营成果。它集中反映企业生产经营活动等各方面的效益，是企业最终的财务成果。企业利润由营业利润、利润总额和净利润组成，其计算公式为：

$$\text{营业利润} = \text{营业收入} - \text{营业成本} - \text{营业税金及附加} - \text{销售费用} - \text{管理费用} - \text{财务费用} - \text{资产减值损失} + \text{公允价值变动损益} + \text{投资收益} \tag{9-1}$$

$$\text{利润总额} = \text{营业利润} + \text{营业外收入} - \text{营业外支出} \tag{9-2}$$

$$\text{净利润} = \text{利润总额} - \text{所得税费用} \tag{9-3}$$

在企业财务管理活动中，企业利润按其构成不同，可以表达为 3 个层次：息税前利润、税前利润和净利润。

9.1.1.1 息税前利润

息税前利润是指企业支付利息和缴纳所得税之前的利润，其计算公式可以分别从其形成和分配两个角度表述。

从利润形成的角度表述，息税前利润=税前利润+利息费用；从利润分配的角度表述，息税前利润=净利润+所得税+利息费用。

由此可见，息税前利润是对应于企业总资产的利润，其中净利润归属于投资人，所得税归属于政府，而利息费用则归属于债权人。息税前利润体现了不同企业的不同资金结构和税率，反映了企业的经营效果和盈利水平，可以作为评价企业经营管理水平的重要依据。

9.1.1.2 税前利润

税前利润是指企业的息税前利润扣除利息费用之后的余额，是计算企业所得税的重要依据。从分配的角度看，税前利润是企业与投资人的投资和政府提供公共管理服务相对应的利润，其中净利润归属于投资人，所得税归属于政府。

9.1.1.3 净利润

净利润也称税后利润，它是与所有者权益相对应、归属于企业所有者的利润。

9.1.2 利润分配的含义

利润分配是指企业对一定时期实现的收益按照国家有关规定在企业和投资者以及其他各方之间进行的分配。利润分配包括利润分配的对象和参与利润分配的主体两个要素。也就是“分什么”和“给谁分”的问题。

分什么？利润分配的对象就是利润分配的客体，是指企业在生产经营活动中获得的成果，即实现的收益。利润分配的对象有狭义和广义之分。狭义的利润分配的对象是指企业的税后利润。广义的利润分配的对象是指企业在一定时期内实现的总收入在扣除必要的生产资料成本后的余额，即企业在生产经营活动中新创造的价值，也就是 $c+v+m$ 中的 $v+m$，我们称其为息税前利润。政治经济学中，c 指生产资料的转移，v 指活劳动的转移，m 指为社会新创造出来的贡献。本书中的利润分配的对象是指狭义的利润分配的对象。

给谁分？参与利润分配的主体应该为企业的生产经营活动提供相应的资源或服务。就广义而言，参与利润分配的主体主要包括：货币资本提供者——股东、债权人；人力资本提供者——员工；间接生产要素的提供者——国家。就狭义而言，参与利润分配的主体主要指股东。

9.1.3 利润分配原则

利润分配原则是利润分配活动中所必须遵循的行为规范，其目的是规范利润分配行为，协调股东、员工、债权人和政府之间的关系。

（1）依法分配原则。企业的利润分配必须依法进行，这是正确处理企业各项财务关系的关键。

（2）分配与积累并重原则。企业的利润分配应该有利于提高企业的发展能力，正确处理长期利益与近期利益之间的关系，坚持分配与积累并重。

（3）兼顾各方面利益原则。企业进行利润分配时，应当统筹兼顾，维护各利益相关团体的合法权益。

（4）投资与收益对等原则。企业利润分配应当体现“谁投资，谁收益”、收益大小与投资比例相适应，即投资与收益对等原则。这是正确处理企业与投资者利益关系的立足点。

（5）注重效率原则。在利润分配过程中，要充分调动出资者、企业管理者和一般员工的积极性。

9.1.4 利润分配程序

利润分配必须依据法定程序进行。按照《公司法》《企业财务通则》等法律法规的规定，利润分配应按照下列基本程序进行。

9.1.4.1 计算可供分配利润

除当年实现的净利润外，企业可供分配利润还包括以前年度实现的，截至上年末累计未分配的利润，以及其他转入。这里的其他转入主要指盈余公积转入。当企业本年度没有净利润，年初未分配利润又不足时，为了让股东对企业保持信心，企业会在遵守法规的前提下，将盈余公积转入参加利润分配。

$$\text{可供分配利润} = \text{净利润} + \text{年初未分配利润} + \text{其他转入} \tag{9-4}$$

9.1.4.2 弥补企业以前年度亏损

按照现行税法规定，企业亏损在一定年限内可用税前利润抵补，超过规定的年限（5 年），就只能用税后利润弥补。

9.1.4.3 计提法定公积金

按照本年净利润抵减年初累计亏损后的余额，计算法定公积金的提取数。在年初没有未弥补亏损的情况下，按本年净利润计算提取数。法定公积金计提比例为 10%。累计达到注册资本的 50%及以上时，可不再提取。

9.1.4.4 支付优先股股利

股份公司如果发行了优先股，应当在提取法定公积金后，优先于普通股股东向优先股股东按照固定的股息率支付股利。

9.1.4.5 提取任意公积金

从税后利润中提取法定公积金和支付优先股股利后，按照公司章程规定提取任意公积金；公司章程没有规定的，可以根据股东大会决议通过的比例提取。

9.1.4.6 向普通股股东分配利润

对于弥补亏损和提取盈余公积金后的税后利润，有限公司一般依照股东实缴的出资比例分配红利；股份公司一般按照股东持有的股份比例分配股利。

【例 9-1】 天龙公司 2018—2024 年度的盈亏情况如表 9-1 所示，计算 2024 年应纳企业所得税额及可向股东分配的利润（不考虑公积金）。

表 9-1 天龙公司 2018—2024 年盈亏情况 单位：万元

年度	2018	2019	2020	2021	2022	2023	2024
盈亏	-120	-50	10	30	30	40	90

$$2024\text{ 年税前利润弥补 5 年内亏损后的数值} = 90 - 50 = 40(\text{万元})$$

$$2024\text{ 年企业应缴纳所得税} = 40 \times 25\% = 10(\text{万元})$$

$$2024\text{ 年企业可向投资者分配利润} = 90 - 50 - 10 - 10 = 20(\text{万元})$$

50 万元是 5 年以内的 2019 年的亏损，第一个 10 为 2024 年的企业所得税，然后用税后利润再去弥补 5 年前的亏损，5 年前（2018 年）的亏损 120 万元已经由 2020 年、2021 年、2022 年、2023 年弥补了 110 万元，所以 2024 年只需弥补 2018 年的 10 万元亏损。

【例 9-2】 A 公司 2024 年度税前利润总额为 100 万元，5 年内未弥补的亏损为 15 万元，超过 5 年弥补期限的亏损额为 10 万元，所得税税率为 25%，法定盈余公积计提比率为 10%。根据以上资料，请分析：①A 公司当年应缴纳的所得税额；②应计提的法定盈余公积；③可供投资者分配的利润。

（1）弥补 5 年内的亏损后利润＝100－15＝85（万元）；缴纳所得税＝85×25%＝21.25（万元）。

（2）弥补超过 5 年的亏损后的净利润＝85－21.25－10＝53.75（万元）；应

计提的法定盈余公积=53.75×10%=5.375（万元）。

（3）可向股东分配的利润=53.75-5.375=48.735（万元）。

9.1.5 股利支付形式

股利支付形式主要有现金股利、股票股利、财产股利、负债股利。我国有关法律规定，股份公司只能采用现金股利和股票股利两种形式。

9.1.5.1 现金股利

现金股利也称派现，俗称“分红”，是以现金支付的股利，是股利支付的主要方式。支付现金股利除了要有累计盈余外，还要有足够的现金。现金股利形式会导致公司现金流出，缩小公司的资产和所有者权益规模，降低公司内部筹资的数量。所以，发放现金股利既影响所有者权益内部结构，又影响整体资本结构。

2006年以来，中国证监会出台了一系列的相关法规（见表9-2），要求上市公司重视现金股利支付，以保护广大中小股东的利益。

表9-2 上市公司分红监管政策

颁布时间	文件名称	关于分红政策的主要内容
2006年5月6日	《上市公司证券发行管理办法》	上市公司公开发行证券应符合最近3年以现金或股票方式累计分配的利润不少于最近3年实现的年均可分配利润的20%
2008年10月9日	《关于修改上市公司现金分红若干规定的决定》	上市公司公开发行证券应符合最近3年以现金方式累计分配的利润不少于最近3年实现的平均可分配利润的30%
2013年11月30日	《上市公司监管指引第3号——上市公司现金分红》	上市公司应提出差异化的现金分红政策：对于没有资本开支承诺的成熟型公司，最低分红比例应为80%；对于有资本开支承诺的成熟型公司，最低分红比例应为40%；对于有资本开支承诺的成长型公司，最低分红比例应为20%
2015年8月31日	《关于鼓励上市公司兼并重组、现金分红及回购股份的通知》	上市公司应健全现金分红制度，在公司章程中明确规定现金分红在利润分配方式中的优先地位，鼓励采用中期分红的方式

续表

颁布时间	文件名称	关于分红政策的主要内容
2018 年 11 月 9 日	《关于支持上市公司回购股份的意见》	上市公司通过要约收购或集中要约以现金回购股份来换取对价的行为，被视为上市公司的现金股利，并纳入相关现金股利比率的计算中
2020 年 6 月 12 日	《创业板上市公司持续监管办法（试行）》	上市公司应当积极回报股东，根据自身条件和发展阶段，制定并执行现金分红、股份回购等股东回报政策
2023 年 9 月 26 日	《关于进一步规范股份减持行为有关事项的通知》	如果上市公司股价或净资产亏损，或最近 3 年未进行现金分红，或累计现金分红金额低于最近 3 年年均净利润的 30%（统称分红不达标），控股股东和实际控制人不得通过二级市场减持公司股票
2023 年 12 月 15 日	《上市公司监管指引第 3 号——上市公司现金分红（2023 年修订）》	一是进一步明确鼓励现金分红导向，推动提高分红水平。二是简化中期分红程序，推动进一步优化分红方式和节奏。三是加强对异常高比例分红企业的约束，引导合理分红

资料来源：中国证券监督管理委员会网站。

发放现金股利的优点包括：能满足投资者的偏好；降低代理成本；传递公司的未来信息；操作简单；易于为股东接受；不会改变公司原有的股权结构。缺点包括：在除息日之后，股票价格会下降；增加公司财务风险；股东需要缴纳个人所得税。

思政元素

金股：佛山照明——“现金奶牛”

上市公司股利政策已成为我国资本市场的焦点问题之一，受到证券投资者的极大关注。上市公司高溢价发行，而在上市后少分红甚至长期不分红的现象已成为资本市场的痼疾，影响并打击了 A 股投资者对市场的预期与长期持有股票的信心。分红与否被认为是上市公司是否尊重投资者的重要市场诚信标志。而在股利政策的分红方式中，相对于股票股利（送股），能够真金白银对投资者进行现金分红是检验上市公司勤勉尽职、真心回报股东的“试金石”。在普遍不分红、少分红的市场背景下，佛山照明公司长期坚持以真金白银的现金分红方式大比例分红，成为我国资本市场的一大亮点。佛山照明公司上市以来年年连续分红，创造了我国股票市场长期、持续分红一个新的历史纪录，是沪深两市唯一一家现金分红超过股票融资的公司，有“现金奶牛”的美誉。多数投资者认为，该公司年均红利支付率在60%~80%，使一些稳健的投资者获利颇多，投资者通过现金分红可以稳定地获取长期远高于银行定期存款的收益率，这是中国资本市场价值投资的典型体现。不少投资者评选该公司为中国最诚信上市公司，为A股的典范。

9.1.5.2 财产股利

财产股利，又称实物股利，是指用现金以外的其他资产支付的股利，主要是以公司所拥有的其他公司的有价证券，如公司债券、公司股票等，作为股利发放给股东。具体包括：

（1）实物股利，即发给股东实物资产或实物产品。在现金支付能力不足的情况下，公司多用这种不增加货币资金支出的形式发放额外的股利。

（2）证券股利，即以其他公司的证券代替货币资金发放给股东。对企业来说，把证券作为股利发放给股东，既保留了对其他公司的控制权，又发放了股利，一举两得；对投资者来说，他们也愿意接受这种仅次于货币资金，流动性和安全性均较好的证券。

9.1.5.3 负债股利

负债股利是指公司以负债支付股利。具体有发放公司债券和本公司开出票据两种方法。债券和票据都是带息的，并有一定的到期日。对公司来说，增加了支付利息的财务压力；对股东来说，到期收到货币股利的时间要长，但可获得额外的利息收入。负债股利只是公司已宣布必须发放股息而货币资金不足时采用的一种权宜之计，股东也不青睐这种方式。

9.1.5.4 股票股利

股票股利，俗称“送股”，如“每10股送10股”，是公司以增发的股票作为股利的支付方式。股票股利并不是真正意义上的股利，因为它所派发的并不是现金，实质上是留存利润的凝固化、资本化。它不会引起公司资产的流出或负债的增加，也不会改变股东权益总额，仅涉及股东权益内部结构的调整，即将未分配利润转为股本（面值）或资本公积（超面值溢价）。

发放股票股利后，如果盈利总额不变，会由于普通股股数增加而引起每股盈余和每股市价的下降；但又由于股东所持有股份的比例不变，股东所持股票的价值总额没有变化。发放前后股票总市值理论上应相等：

$$N_0 \times P_0 = N_1 \times P_1 \quad (9-5)$$

式中，N_0 为发放前的股份数；P_0 为发放前的股价；N_1 为发放后的股份数；P_1 为发放后的股价。

【例 9-3】永信公司在发放股票股利前，股东权益情况如表 9-3 所示。

表 9-3 发放股票股利前的股东权益情况 单位：元

项目	金额
普通股股本（面值 1 元，已发行 200 000 股）	200 000
资本公积	400 000
盈余公积（含公益金）	400 000
未分配利润	2 000 000
股东权益合计	3 000 000

假定该企业宣布发放 10% 的股票股利，即发放 20 000 股普通股股票，现有股东每持 100 股可得 10 股新发股票。如该股票当时市价为 20 元，发放股票股利以市价计算。

则未分配利润划出的资金为：

$$20 \times 200\,000 \times 10\% = 400\,000 \text{（元）}$$

普通股股本增加为：

$$1 \times 200\,000 \times 10\% = 20\,000 \text{（元）}$$

资本公积增加为：

$$400\,000 - 20\,000 = 380\,000 \text{（元）}$$

发放股票股利后，企业股东权益各项目如表 9-4 所示。

表 9-4 发放股票股利后的股东权益情况 单位：元

项目	金额
普通股股本（面值 1 元，已发行 200 000 股）	220 000
资本公积	780 000
盈余公积（含公益金）	400 000
未分配利润	1 600 000
股东权益合计	3 000 000

值得说明的是，本例中以市价计算股票股利价格的做法，是很多西方国家所通行的；但我国股票股利价格是以股票面值计算的。

发放股票股利后，如果盈利总额不变，会由于股份数增加而引起每股市价下降；但股东所持股票的市价总额仍保持不变。发放股票股利后每股市价为20÷（1+10%）＝18.18元；发放股票股利前后股票市值相等，即200 000×20＝220 000×18.18。

股票股利的优点：从公司角度来看，无需分配现金，有利于公司长期发展；在收益和现金股利不变时，可降低每股市价，吸引投资者；增强投资者信心，稳定股价。从股东角度来看，如果企业在发放股票股利后同时发放现金股利，股东会因为持股数的增加而得到更多的现金；分享公司未来收益的增长，增加了股东的财富；在股东需要现金时，可以将分得的股票股利出售，从中获得纳税上的好处。

股票股利的缺点：发放股票股利会被视为企业现金短缺的象征。此外，会增加市场上流通的股票数量，导致企业股票价格下跌。

9.1.6 股利发放程序

公司股利的发放必须遵循法定的程序：

（1）股利预案通过日：由董事会提出分配预案的日期。

（2）股东大会通过日：提交股东大会决议通过的日期。

（3）股利宣告日：股东大会决议通过分配预案后，由董事会向股东宣布发放股利方案的日期。在宣布股利分配方案时，应明确股利分配的年度、范围、形式、分配的现金股利金额或股票股利的数量，并公布股权登记日、除息日和股利发放日。

（4）股权登记日：有权领取本期股利的股东资格登记截止日期。因为股票经常在流动，所以确定这个日期很有必要。在信息技术环境下，股权登记极其方便、快捷，一般在股权登记日交易结束的当天即可打印出股东名册。

（5）除息日（或称除权日）：领取股利的权利与股票相互分离的日期。除息日之前的股票价格包含本次股利，除息日之后的股票价格不再包含本次股利。因此，在除息日当天或以后购买股票，则不能领取本次股利。因此，除息日当日股票价格相比前一交易日价格会相应下降。目前先进的计算机登记结算系统为股票的交割过户提供了快捷的手段，股票买卖交易当天即可办理完交割过户手续。在这种交易结算条件下，除息日可确定为股权登记日的下一个工作日。

（6）股利发放日（也称股利支付日）：将股利正式发放给股东的日期。在这一天，公司可以通过证券登记结算系统将股利直接划入股东在证券公司开立的资金账户。

【例 9-4】 杭州海康威视数字技术股份有限公司 2023 年度 A 股权益分配实施公告如下：

（1）杭州海康威视数字技术股份有限公司（以下简称“海康威视”或“公司”）2023 年年度权益分派方案已获得 2024 年 5 月 10 日召开的 2023 年年度股东大会审议通过，同意以公司目前总股本 9 330 600 931 股为基数，向全体股东每 10 股派发现金红利 9.00 元（含税），不送红股，不以资本公积转增股本。上述方案共计派发现金红利 8 397 540 837.90 元，剩余未分配利润结转至下一年度。

（2）本次权益分派股权登记日为 2024 年 5 月 20 日，除权除息日为 2024 年 5 月 21 日。

（3）本公司此次委托中国结算深圳分公司代派的 A 股股东现金红利将于 2024 年 5 月 21 日通过股东托管证券公司（或其他托管机构）直接划入其资金账户。

杭州海康威视数字技术股份有限公司
董事会
2024 年 5 月 14 日

在本案例中，我们可以看出，本次利润分配采取派发现金股利方式，每 10 股派发现金红利 9.00 元（含税）；股权登记日为 2024 年 5 月 20 日；除息日为 2024 年 5 月 21 日；现金股利发放日为 2024 年 5 月 21 日。

9.1.7 除权除息股价计算

9.1.7.1 现金股利

$$除息价 = 股息登记日收盘价 - 每股分红额 \tag{9-6}$$

【例 9-5】 天龙公司股息登记日收盘价是 80 元，每股送红利 0.5 元，那么次日除息价=80-0.5=79.5（元）。

9.1.7.2 股票股利

$$股票股利的除权价 = 股权登记日的收盘价 /(1 + 每股送股股数) \tag{9-7}$$

【例 9-6】天龙公司现有总股本 1 000 万股，股权登记日收盘价是 80 元，股票股利每 10 股送 2 股，发放股票股利 200 万股。

那么，次日，股东账户上的股票数会以 10 股送 2 股的比例增加。次日一开盘显示的股票价格就是除权价 = 80/（1+0.2）= 66.67（元）。

9.1.7.3 配股的除权价

$$配股的除权价 = (股权登记日收盘价 + 配股价 \times 每股配股股数)/(1 + 每股配股数) \quad (9-8)$$

9.1 即测即评

【例 9-7】天龙公司股权登记日收盘价是 80 元，配股价是 50 元，每 10 股配 5 股，求次日的除权价。

次日一开市显示的股票价格就是除权价 =（80+50×0.5）/（1+0.5）= 70（元）。

9.2 股利分配政策——有福共享

9.2.1 股利理论

在股份公司的利润分配实践中，常常会面临这些问题：公司应当支付多少股利？公司发放股利是否会影响公司价值？股东态度是怎样的？长期以来，学者们对这些问题进行了大量的研究，从不同的角度提出了许多观点，从而形成了不同的股利理论。公司财务管理目标是实现股东财富最大化，股利分配也应服从这一目标，即如何分配股利、股利分配的数量和形式都应当以实现股东财富最大化为基本目标。股利理论（dividend theory）是研究股利分配与公司价值、股票价格之间的关系，探讨公司应当如何制定股利政策的基本理论。股利理论可分为两大派别：股利无关理论（dividend irrelevance theory）和股利相关理论（dividend relevance theory）。

9.2.1.1 股利无关理论

股利无关理论认为：投资者并不关心公司股利的分配；股利政策对公司市场价值没有影响。该理论是建立在完全市场理论之上的，又被称为完全市场理论。1961 年，美国财务学家米勒（Miller）和莫迪格莱尼（Modigliani）在他们的论文《股利政策、增长与股票价格》中首次提出这种理论，因此该理论也被称为 MM 理论。

（1）股利无关理论的基本假设。股利无关理论认为股利分配对公司的市场价值（或股票价格）不会产生影响。这一理论是建立在下列七个假设（完全市场）基础之上的：

一是没有妨碍潜在资本供应者和使用者进入市场的障碍。

二是有完全的竞争，市场有足够多的参与者，并且每个参与者都没有能力影响证券价格。

三是金融资产无限可分。

四是没有交易成本和破产成本，证券发行与交易都不存在交易成本，公司也无财务危机成本和破产成本。

五是没有信息成本，信息是对称的，每个参与者都可自由、充分、免费地获取所有存在的信息。

六是没有不对称税负，股票的现金股利和资本利得没有所得税差异。

七是交易中没有政府或其他限制，证券可以自由地交易。

总的来说，导致资本市场不完美的因素主要有 3 个：不对称税率；不对称信息；交易成本。

（2）股利无关理论的观点。具体如下：

一是投资者不会关心公司股利的分配情况。

二是公司的股票价格完全由公司投资方案和获利能力所决定，而并非取决于公司的股利政策。

三是当公司保留较多的盈余用于投资，并有较好的投资效益时，公司股价将会上涨，股东可通过出售所持股票取得资本收益。

四是如果公司发放较多现金股利，投资者可将其用于其他投资获利。

五是当公司有较好的投资机会，而又要支付较高的现金股利时，公司可通过发行新股等方法筹集资金。

9.2.1.2 股利相关理论

现实生活中，完全资本市场的条件通常无法满足，如果逐步放宽这些假设条件，就会发现股利政策变得十分重要，公司价值和股票价格都会受股利政策的影响，这就形成了各种股利相关理论。股利相关理论认为，在现实的市场环境下，公司的利润分配会影响公司价值和股票价格，因此，公司价值与股利政策是相关的，投资者也非常关注股利支付的多少。该理论的流派较多，主要有以下几种：

（1）“一鸟在手”理论。威廉姆斯（Williams，1938）、林特纳（Lintner，1956）、华特（Walter，1956）、麦伦·戈登（Gordon，1959）等是“一鸟在手”理论的主要代表人物。这一说法来源于英国一句格言，即“双鸟在林，不如一鸟在手”。该理论认为，投资者对股利收益和资本利得具有不同的偏好，发放的股利收入比股票价格上涨产生的资本利得更为可靠，股利可视为投资者的既得利益，好比在手之鸟，而股票价格的升降具有很大的不确定性，犹如林中之鸟，不一定能得到。股东更偏好发放的现金股利，获得现实到手的财富，而不是有可能增长的潜在财富。因此，投资者愿意以较高价格购买能支付较多股利的股票，股利政策将对股票价格产生实际的影响。

（2）信号传递理论。信息传递理论的主要模型有巴恰塔亚模型（Bhattacharya，1980）、米勒-罗克模型（Miller and Rock，1985）、约翰-威廉斯模型（John and Williams，1985）、约翰-朗模型（John and Lang，1991）等。该理论认为，在信息不对称的情况下，公司可以通过股利政策向市场传递有关公司未来盈利能力的信息。当公司股利支付水平发生变化时，传递给投资者的信息为公司未来的盈利水平将发生变化，则股票价格将发生变化。企业提高股利支付率，被认为是企业经理人员对企业发展前景做出良好预期的结果，表明企业未来业绩将大幅度增长，通过增加股利发放数量的方式向股东与投资者传递了这一信号，此时，随着股利支付率的提高，企业股票价格应该是上升的。企业如果降低股利支付率，股东与投资者会认为这是企业经理人员对未来发展前景做出无法避免衰退预期的结果。这样，随着股利支付率下降，企业股票价格应该是下降的。一般来说，预期未来盈利能力强的公司通常愿意通过较高的股利支付率，把自己同预期盈利能力差的公司区别开来，以吸引更多的投资者。

（3）税差理论。股利无关理论的一个重要假设是现金股利和资本利得没有所得税的差异。实际上，股利收入的所得税税率通常要高于资本利得的所得税税率。由于不对称税率的存在，股利政策会影响公司价值和股票价格。研究税率差异对公司价值及股利政策影响的股利理论称为税差理论，其代表人物主要有利森伯格（Lizenberger）和拉马斯瓦米（Ramaswamy）。

税差理论认为，由于股利收入的所得税税率通常都高于资本利得的所得税税率，这种差异会对股东财富产生不同影响。出于避税的考虑，投资者更偏爱低股利支付率政策，公司实行较低的股利支付率政策可以为股东带来税收利益，有利于增加股东财富，促进股票价格上涨，而高股利支付率政策将导致股票价格下跌。除了税率上的差异，股利收入和资本利得的纳税时间也不同，股利收入在收到股利时纳税，而资本利得只有在出售股票获取收益时才纳税，因此资本利得的所得税是延迟到将来才缴纳，股东可以获得货币时间价值的好处。但是，股东出售股票时会发生交易成本，这会抵消其税收利益。所以，对于那些希望定期获取现金股利和享受较低税率的投资者而言，高现金股利仍然是较好的选择。

（4）客户效应理论。客户效应理论认为，由于税收类别不同，投资者对公司股利政策的偏好也是不同的。边际税率较高的投资者（如富有的投资者）偏好低股利支付率的股票，偏好少分现金股利、多留存；边际税率较低的投资者（如养老基金的投资者）喜欢高股利支付率的股票。因此，公司在制定或调整股利政策时，必须考虑股东对股利政策的需求。公司应该根据投资者的不同需求，制定不同的股利政策：对低收入阶层和保守的投资者，公司应该实施高股利支付率的股利政策；对高收入阶层和风险偏好投资者，公司应该实施低股利支付率，甚至不分红的股利政策。

（5）代理理论。所有者将企业委托给经营者进行经营，产生委托-代理关系，引发代理成本。最早将代理成本应用于股利政策研究的是迈克尔·约瑟夫（Michael S. Rozeff，1982）。该理论认为，分配利润时：①公司内部人不愿将公司利润分配给外部投资者，更倾向于将其留在公司或投资于一些并不划算的项目，从中获得私人利益。②公司经理更偏好于把利润留存于公司而不是为股东分发现金股利。

代理理论认为，股利的支付能够有效地降低代理成本。首先，股利的支付削弱了管理者对自由现金流量的支配权，这在一定程度上可以抑制公司管理者的过度投资或在职消费行为，从而保护外部投资者的利益；其次，较多的现金股利发放，减少了留存收益和内部融资，使公司进入资本市场寻求外部融资，并接受资本市场上更多的、更严格的监督，这样便通过资本市场的监督降低了代理成本。因此，高水平的股利政策降低了企业的代理成本，但同时增加了外部融资成本，理想的股利政策应当兼顾代理成本和外部融资成本，使两种成本之和达到最小。

9.2.2 股利分配政策含义及评价指标

9.2.2.1 含义

股利分配政策是指在法律允许的范围内，企业管理当局就是否发放股利、发放多少股利以及何时发放股利所采取的方针策略。股利分配政策的核心问题是确定股利与留存利润之间的比例关系，即股利支付比率问题。支付给股东的股利与留在企业的留存利润，存在此消彼长的关系。企业应当确定适当的股利政策，并保持其连续性，以便股东据以判断其发展的趋势。

9.2.2.2 评价指标

股利政策的评价指标主要有股利支付率和股利报酬率。

(1) 股利支付率是公司年度现金股利总额与净利润总额的比率，或者是公司年度每股股利与每股利润的比率。股利支付率用来评价公司实现的净利润中有多少用于给股东分派红利。股利支付率反映了公司所采取的股利政策是高股利政策还是低股利政策。其计算公式如下：

$$P_d = D/E \times 100\% = DPS/EPS \times 100\% \tag{9-9}$$

式中，P_d 表示股利支付率；D 表示年度现金股利总额；E 表示年度净利润总额；DPS 表示年度每股股利；EPS 表示年度每股利润。

与股利支付率相关的另一个指标是留存比率，用来评价公司净利润用于再投资的比例。留存比率是公司留用利润与净利润的比率，等于 1 减去股利支付率。

(2) 股利报酬率也称股息收益率，在香港股票市场也称周息率，是指公司年度每股股利与每股价格的比率。股利报酬率反映了投资者进行股票投资所取得的红利收益，是投资者判断投资风险、衡量投资收益的重要标准之一。其计算公式如下：

$$K_d = DPS/P_0 \times 100\% \tag{9-10}$$

式中，K_d 表示股利报酬率；DPS 表示年度每股股利；P_0 表示每股市价。

9.2.3 影响股利分配的因素

虽然股利分配政策由公司管理当局决定，但是在决策股利政策时受许多因素的限制。概括地说，影响公司股利政策的因素主要有以下几方面：

9.2.3.1 法律制约因素

股份公司是通过向社会公开发行股票和债券来筹措经营资金的。为了保护债权人和股东的利益，国家有关法规对企业的利润分配做出了一定的硬性限制。

(1) 资本保全约束。企业股利分配不得损害资本完整，即不得因支付股利而减少法定资本总额。其目的在于防止企业任意降低资本结构中股东权益的比例，以维护债权人的利益。

(2) 资本积累约束。公司税后利润必须按比例提取法定盈余公积金，例如我国规定股份公司必须按税后利润的 10%提取法定公积金。另外规定“无利不分”，即公司本年度的利润必须先用来弥补以往年度的亏损，有盈余才能分配股利。

（3）偿债能力约束。当公司支付现金股利后会影响公司偿债能力和正常经营时，则公司发放现金股利的数额应受到限制。公司如果要发放股利，就必须保有充分的偿债能力。

（4）超额累积利润约束。由于股利收入的税率一般高于资本利得税率，因此许多企业通过积累利润使股价上涨方式来帮助股东避税。西方许多国家在法律上明确规定公司不得超额累积利润，一旦企业留存收益超过公司目前及未来的投资需要，将被加征额外税款。我国法律目前对此尚未做出规定。

9.2.3.2 公司自身因素

影响股利分配政策的公司因素主要包括现金流量、盈利稳定性、举债能力、投资机会、资本成本等。

（1）现金流量。企业税后可分配利润并不一定直接表现为迅速可流通的现金，所以，有时公司有可分配的利润表现在账面上，但缺少实际支付股利的现金。在该情况下，应考虑公司现金流量，确定发放股利的多少及支付方式。

（2）盈利稳定性。盈利是公司支付股利的前提。盈利稳定的公司选择股利政策时往往比较灵活，而盈利不稳定的公司一般只能采取低股利政策以降低股价大幅波动的风险。从长期来看，企业的股利政策应具有一定的稳定性，而稳定的股利政策要根据企业盈利的稳定性程度而定。

（3）举债能力。如果一个公司能够及时从资金市场上筹措到所需资金，举债能力强，可采取较宽松的股利政策；相反，应保有较多的盈余，采取较紧的股利政策。

（4）投资机会。股利政策与公司的资金需求密切相关，公司的投资项目要求有坚强的资金支持。若公司有较好的投资机会，需投入大量资金时，往往会采用低股利支付率政策，把大部分利润留存下来进行再投资，这种现象常见于成长型企业；如果公司暂时无较好的投资机会，很多企业倾向于向股东支付高股利。

（5）资本成本。维持和改善目标资本结构是企业制定股利政策必须考虑的重要因素。从资本成本考虑，当外源性融资成本较高时，运用企业内部留存收益进行再投资是比较经济的。

9.2.3.3 股东意愿

（1）稳定的收入。公司分配股利时要考虑公司全部投资的利润率，以及在环境不利时的股利分配水平。而投资者一般偏好于股利分配比较稳定的企业。

（2）避税考虑。政府不仅对公司征收企业所得税，还要对股东征收个人所得税。收入高的股东为了避税，希望公司发放较少的股利；而低收入的股东因税负较轻，希望公司多多分红。

(3) 控制权考虑。企业的股利支付率高，必然导致留存收益减少，将来发行新股的可能性加大，导致企业的控制权稀释。因此，企业的股东往往主张将盈余用于再投资以限制股利的支付，防止控制权旁落。

9.2.3.4 其他因素

影响股利政策的其他因素主要包括不属于法规规范的债务因素以及因通货膨胀带来的企业对重置实物资产的特殊考虑等。

9.2.4 股利分配政策基本类型

由前面的分析可知，公司在制定股利政策时会受到多种因素的影响，并且不同的股利政策也会对公司的股票价格产生不同的影响。因此，对于股份公司来说，制定合理的股利政策是非常重要的，股利政策的选择既要符合公司的经营状况和财务状况，又要符合股东的长远利益。在实践中，股份公司常用的股利政策主要有 5 种类型：剩余股利政策、固定股利政策、稳定增长股利政策、固定股利支付率政策和低正常股利加额外股利政策。

9.2.4.1 剩余股利政策

(1) 含义。剩余股利政策是指公司实现的净利润根据目标资本结构标准，先用于未来项目资本需要，在满足了投资项目资本需要之后，若有剩余，可将剩余部分作为股利发放给股东。可以用公式表达为：

$$Y = EAT - I \times b_1 \tag{9-11}$$

式中，Y 为可供分配的利润；EAT 为净利润(扣除超过 5 年未弥补亏损和提取法定盈余公积金后)；I 为未来的资本支出；b_1 为目标资本结构中股权所占的比重。

(2) 步骤。实行剩余股利政策，一般应按以下步骤来决定股利的分配额：

第一，根据选定的最佳投资方案，确定投资所需的资金数额。

第二，按照企业的目标资本结构，确定未来投资需要增加的权益资本数额。

第三，税后净利润满足投资需要增加的权益资本数额后，剩余的净利润用于向股东发放股利。

【例 9-8】 某公司提取公积金后现有净利润 150 万元，假设该公司的目标资本结构为 30%的负债和 70%的股东权益。根据公司边际资本成本和投资机会计划决定明年资本支出为 120 万元、200 万元和 300 万元。计算公司可以发放的股利额和股利支付率分别为多少?

投资支出水平为 120 万元时，所需权益资本额为 120×70%=84 万元；剩余可供分配的利润为 150-84=66 万元；最高支付率=66÷150=44%。

投资支出水平为 200 万元时，所需权益资本额为 200×70%=140 万元；剩余可供分配的利润为 150-140=10 万元；最高支付率=10÷150=6.67%。

投资支出水平为 300 万元时，所需权益资本额为 300×70%=210 万元，净利润无法满足全部的权益资本需求，需另外筹资；没有剩余可供分配的利润。

（3）优缺点。具体如下：

优点：可以保持理想的资本结构，使企业的加权平均资本成本最低，企业价值最大。

缺点：会导致股利波动较大，遵照剩余股利政策，将使股利发放额每年随投资机会和盈利水平的波动而波动；不利于投资者合理安排收入和支出，忽略了不同股东对资本利得与股利的不同偏好，损害了那些偏好现金股利的股东利益，从而有可能影响股东对企业的信心；不利于企业树立良好的形象。

剩余股利政策一般适用于公司初创阶段。

9.2.4.2 固定股利或稳定增长股利政策

（1）含义。固定股利或稳定增长股利政策是指将现金股利固定在某一水平或稳定增长水平上，并在较长的时期内保持不变，只有当公司认为未来盈利会显著地不可逆转地增长或下降时，才提高或降低年度的股利发放额。用公式表达为：

$$Y = a \times N \times (1 + g)^t \tag{9-12}$$

式中，Y 为可供分配的利润；a 为每股股利，常数；N 为股票股份数；g 为股利增长率，常数；t 为期数。

固定股利或稳定增长股利政策可用图 9-1 表示。

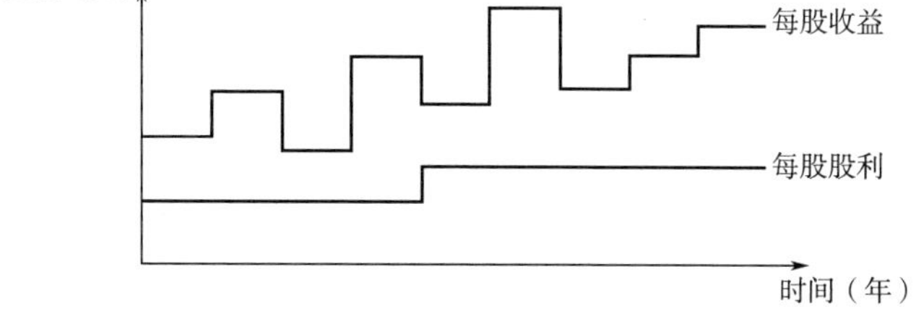

图 9-1 固定股利或稳定增长股利政策

(2) 优缺点。具体如下：

优点：稳定的股利向市场传递着公司正常发展的重要信息，有利于树立公司的良好形象，增强投资者对公司的信心，并且稳定股票的价格；稳定的股利额便于投资者安排股利收入和支出，对于那些打算进行长期投资并对股利有很高依赖性的股东有很强的吸引力。

缺点：股利的支付与企业的盈利相脱节，造成投资的风险与投资的收益不对称；当盈余较低时仍要支付固定的股利，这可能会导致企业资金紧缺，财务状况恶化，甚至侵蚀公司留存收益和公司资本；在企业无利可分的情况下，若依然分发固定股利，将违反《公司法》的规定。

因此，采用固定股利政策，要求公司对未来的盈利和支付能力能作出准确的判断。一般来说，为了避免公司陷入无力支付的被动局面，公司确定的固定股利额不宜太高。固定股利政策通常适用于经营比较稳定或正处于成长期的企业。

9.2.4.3 固定股利支付率政策

(1) 含义。固定股利支付率政策是指公司确定一个现金股利占净利润的固定比率，以后每年按此固定比率从净利润中支付现金股利。可以用公式表达为：

$$Y = EAT \times b_2 \tag{9-13}$$

式中，Y 为可供分配的利润；EAT 为净利润（扣除超过5年未弥补亏损和提取法定盈余公积金后）；b_2 为股利支付率，常数。固定股利支付率政策可用图9-2表示。

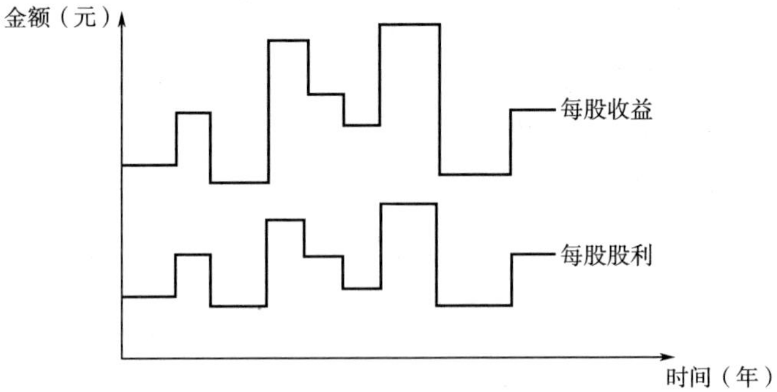

图 9-2 固定股利支付率政策

(2) 优缺点。具体如下：

优点：采用固定股利支付率政策，股利与公司盈余紧密地配合，体现了

“多盈多分、少盈少分、无盈不分”的股利分配原则。可避免企业在盈利大幅度降低的年份因支付较多的固定股利而陷入财务困境；保持股利与利润间一定的比例关系，体现了投资风险与投资收益的对称性。

缺点：由于大多数公司每年的盈利难以保持稳定，所以每年公司发放的股利额也会波动，这种股利波动的信息就会给投资者传递经营状况不稳定、投资风险较大的信号，成为公司的不利因素。公司实现的盈利越多，固定股利支付率下派发的股利就越多，但这不代表公司有足够的现金流用来支付较多的股利额；合理的固定股利支付率的确定难度比较大。

固定股利支付率政策比较适用于稳定发展且财务状况较稳定的公司。

9.2.4.4 低正常股利加额外股利政策

（1）含义。低正常股利加额外股利政策是指公司除每年按固定股利额向股东发放正常的现金股利外，还在公司盈利较高、资金较为充裕的年份向股东发放高于一般年度正常股利额的现金股利。在低正常股利加额外股利政策下，企业的股利分为正常股利和额外股利两部分。公司事先设定一个较低的正常股利额，不管企业经营状况如何，正常股利额每年固定发放，在公司盈利较高时，向股东发放高于一般年度的正常股利的额外股利。但额外股利并不固定化，不意味着公司永久地提高了股利支付率。可以用以下公式表示：

$$Y = a \times N + EAT \times b_2 \tag{9-14}$$

式中，Y 为可供分配的利润；a 为每股股利，常数；N 为股份数；EAT 为净利润；b_2 为股利支付率，常数。低正常股利加额外股利政策可用图 9-3 表示。

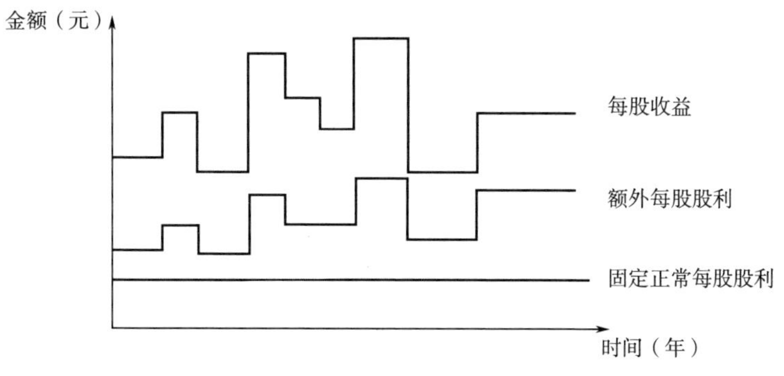

图 9-3 低正常股利加额外股利政策

【例 9-9】 天龙公司 2024 年提取了公积金、任意公积金后的税后净利润为 800 万元，2025 年的投资计划所需资金为 1 000 万元，公司的目标资本结构为权益资本占 60%。发行在外的普通股股数为 1 000 万股，则几种股利政策下发放股利的情况如表 9-5 所示。

表 9-5　不同股利政策下股利发放情况

股利政策类型	剩余股利政策	固定股利 （每股 0.2 元， 1 000 万股）	固定股利 支付率 （10%）	固定加额外股利 （每股 0.2，额外 0.05，1 000 万股）
股利	800−1 000×60% =200（万元）	0.2×1 000 =200（万元）	800×10% =80（万元）	0.25×1 000 =250（万元）

（2）优缺点。具体如下：

优点：公司具有很大的灵活性，在股利发放上留有余地，并具有较大的财务弹性；维持设定的较低但正常的股利，股东不会有股利下跌的感觉，增强他们对公司的信心。

缺点：波动的盈余导致波动的额外股利，容易给投资者收益不稳定的感觉；企业在较长时间一直发放额外股利后，一旦取消，会传递给股东公司财务状况恶化的信号，进而导致股价下跌。

相对来说，对于那些随着经济周期的变化盈利波动较大的公司或现金流量不稳定的公司，低正常股利加额外股利政策是一种合适的选择。

9.2.4.5　小结

上述各种股利政策各有利弊，且它们具有重要的信息传递作用，会对公司的股票价格和投资者产生大的影响，所以公司要结合自身的情况制定股利政策。根据公司的发展阶段和特点，所采用的股利政策一般可用表 9-6 来描述。

9.2 即测即评

表 9-6　股利分配政策的适用情况

公司发展阶段	特点	适用的股利政策
公司初创阶段	公司经营风险高，有投资需求且融资能力差	剩余股利政策

续表

公司发展阶段	特点	适用的股利政策
公司快速发展阶段	产品销售急剧上升，投资需求大	低正常股利加额外股利政策
公司稳定增长阶段	产品销售收入稳定增长，公司的市场竞争力增强，行业地位已经巩固，公司扩张的投资需求减少，净现金流入量稳步增长，每股净收益呈上升态势	固定股利政策
公司成熟阶段	盈利水平稳定，公司已积累了相当的盈余和资金	固定支付率股利政策
公司衰退阶段	产品销售收入锐减，公司获利能力和现金获得能力下降	剩余股利政策

9.3 股票分割、合并与回购——“变脸”戏法

9.3.1 股票分割

9.3.1.1 股票分割含义

股票分割，又称拆股，是指将面值较高的股票分割成面值较低的股票，例如将原来每股面值为4元的普通股分割为2股面值为2元的普通股。股票分割不属于股利支付方式，但其产生的效果与发放股票股利近似。

9.3.1.2 股票分割效应

从会计的角度，股票分割对公司的财务结构不会产生任何影响。发行在外的股数增加、每股面值降低，并由此使每股市价下跌。股东权益各账户的余额都保持不变，股东权益合计数也维持不变。理论上说，股票市值保持不变。

【例9-10】天龙公司原发行面额2元的股票100 000股，若按1股换成2股的比例进行股票分割，则股票分割前后的股东权益项目有何变化？

股票分割前后的A公司所有者权益项目见表9-7。

表 9-7　股票分割前后的股东权益情况　　单位：元

股票分割前的股东权益		股票分割后的股东权益	
普通股（面额 2 元，已发行 100 000 股）	200 000	普通股（面额 1 元，已发行 200 000 股）	200 000
资本公积	400 000	资本公积	400 000
未分配利润	2 000 000	未分配利润	2 000 000
股东权益合计	2 600 000	股东权益合计	260 0000

由表可知：A 公司股东权益各账户的余额都保持不变，股东权益合计数也维持不变。

9.3.1.3　股票分割动机

公司进行股票分割主要有以下几种动机：

（1）通过股票分割使股票价格降低，促进股票交易。有些公司股票价格过高，一些中小投资者由于资金量的限制不愿意购买高价股票，这样会使高价股的流动性受到影响。为了使股票价格下降，可以采用股票分割的办法。

（2）通过股票分割向投资者传递公司信息。一般来说，处于成长阶段的中小企业，由于业绩的快速增长，股价会不断上涨，此时公司进行股票分割，实际上表明公司未来的业绩仍然会保持良好的增长趋势。

（3）为新股发行做准备。公司股票价格太高，会使许多的潜在投资者力不从心而不敢轻易对公司的股票进行投资。在新股发行之前，利用股票分割降低股票价格，可以促进新股的发行。

（4）股票分割有利于公司并购政策的实施，增加对被并购方的吸引力。

9.3.1.4　股票股利与股票分割的比较

股票分割与股票股利都属于股本扩张政策，二者存在以下相同点和不同点。

（1）相同点。具体如下：

一是两者都没有增加企业的现金流量，不会增加公司的价值。但股票分割往往是成长中公司的行为，所以宣布股票分割后给人一种“公司正处于发展之中”的印象，这种利好的信号会使得短时期内起到对股价的提升作用。

二是都使普通股股数增加，进而起到对每股收益、每股市价的稀释作用。

三是都没有改变股东权益总额。

（2）不同点。具体如下：

一是股票股利不会改变股票面值；股票分割会使股票面值变小。

二是股票股利不会使得股东权益总额发生改变，但股东权益内部结构会发生变化（未分配利润减少，实收资本和资本公积增加）；而股票分割不会改变股东权益内部结构和总额。

三是股票股利属于股利支付方式，必须以当期或留存收益进行股利支付；股票分割不属于股利支付方式，即使公司没有留存收益，也可以进行股票分割。

【例 9-11】天龙公司目前股东权益状况如表 9-8 所示，公司准备实施每 10 股派送 10 股，或者实施股票分割政策，每股分割为 2 股，请分析两种政策对公司股东权益项目的影响。

两种政策对天龙公司股东权益的影响如表 9-8 所示。

表 9-8　股票分割前后的股东权益情况　　单位：万元

目前状态		股票股利（10 送 10）		股票分割（1 分 2）	
普通股（100 万股，每股 1 元）	100	普通股（200 万股，每股 1 元）	200	普通股（200 万股，每股 0.5 元）	100
资本公积	100	资本公积	100	资本公积	100
留存收益	500	留存收益	400	留存收益	500
股东权益合计	700	股东权益合计	700	股东权益合计	700

9.3.2　股票合并

9.3.2.1　股票合并含义

股票合并，又称反分割，是将数股面值较低的股票合并成为一股面值较高的股票。例如，2 股面额为 2 元的普通股合并为 1 股面额为 4 元的普通股。

9.3.2.2　股票合并效应

股票合并会减少流通股数，起到对每股收益、每股市价的反稀释作用。股票合并，使股价上涨，但会加大投资者门槛，向市场传递不利信息。

9.3.2.3　股票合并动机

公司合并股票通常有以下动机：

（1）提升公司市场形象。公司股票合并以后，股票的市场价格得到提高，在一定程度上可以起到维护、提升自身声誉的效果。

(2) 增加公司股票的流动性。公司的股票价格过低也会影响该股票的流通性和市场性。通过合股可以提高它的市场价格，将股票价格维持在一个最优的价格区间，这样就有利于改善它的流通性和市场性，从而有利于股东利益的最大化。

(3) 降低交易成本。当公司的股票市场价格过低时，股票的交易成本会相对提高。

9.3.3 股票回购

9.3.3.1 股票回购含义

股票回购是指上市公司出资将其发行的流通在外的股票以一定的价格购回，予以注销或作为库藏股的一种资本运作方式。公司在股票回购完成后，可以将所回购的股票注销或作为“库藏股”保留。

我国 2023 年发布的《上市公司股份回购规则》规定，上市公司因下列情形之一可以收购本公司股份：①减少公司注册资本。②将股份用于员工持股计划或者股权激励。③将股份用于转换上市公司发行的可转换为股票的公司债券。④为维护公司价值及股东权益所必需，这种情形应当符合以下条件之一：公司股票收盘价格低于最近一期每股净资产；连续 20 个交易日内公司股票收盘价格跌幅累计达到 20%；公司股票收盘价格低于最近一年股票最高收盘价格的 50%；中国证监会规定的其他条件。

9.3.3.2 股票回购方式

公司进行股票回购一般有以下几种方式：

(1) 公开市场回购。是指上市公司在证券市场上按照股票市场价格回购本公司的股票。这种方式的缺点是在公开市场上回购很容易推高股价，从而增加回购成本。另外，交易税和交易佣金也是不可忽视的成本。

(2) 要约回购。是指公司通过公开向股东发出回购股票的要约来实现股票回购计划。这种方式赋予所有股东向公司出售其所持股票的均等机会。与公开市场回购相比，要约回购通常被市场认为是更积极的信号，原因在于要约回购价格高出当前市场价格，但是溢价的存在也使得回购要约的执行成本较高。

(3) 协议回购。是指公司与特定的股东私下签订购买协议回购其持有的股票。协议价格一般低于当前的市场价格，尤其是在买方事先提出的情况下，但是有时公司也会以超常溢价向其认为有潜在威胁的非控股股东回购股票，显然这种过高的回购价格将损害继续持有股票的股东利益，公司有可能为此涉及法律诉讼。

（4）转换回购。是指公司用债券或者优先股代替现金回购普通股的股票回购方式。采用转换回购方式，公司不必支付大量的现金，对于现金流量并不充足的公司而言，是一种合适的回购方式，并且可以起到调整资本结构的作用。

9.3.3.3 股票回购效应

对公司而言，实施股票回购，易造成资金紧张，可能会削弱对债权人利益的保障，忽视公司长远的发展，导致公司操纵股价。对股东而言，实施股票回购使得公司流通在外的股份数减少，每股股利增加，从而导致股价上升，股东也能从股价上涨中得到资本利得，相当于得到现金股利。可以将股票回购看作一种现金股利的替代方式。采取购回行动前必须把购回股票的方案告知股东，购回的价格要合理，否则，股票购回后股价下降，会使因故未出售股票的股东发生损失。

9.3.3.4 股票回购动机

公司进行股票回购的主要动机在理论上有多种解释，信号理论、税差理论、代理理论和公司控制权市场理论等主流财务理论都对股票回购动机做出了各自的解释。

（1）现金股利的替代。当公司富余资金时，回购股东所持股票，就相当于将现金分配给股东，起到了现金股利的替代作用。

（2）提高每股收益。实施回购使得市场上的股份数减少，导致每股收益提高。

（3）改变公司的资本结构。回购股份需要大量资金，当需要降低权益资本在资本结构中所占比例时，进行股票回购，提高公司的财务杠杆水平，调整企业资本结构。

（4）传递公司的信息以稳定或提高公司的股价。由于信息不对称和预期差异，证券市场上的公司股票价格可能被低估。如果企业回购自己公司股票，会传递一种股票价值被低估的信号，从而吸引投资者。

（5）基于控制权的考虑。回购股票使流通在外的股份数变少，股价上升，防止敌意收购，控股股东的股份多了，也就掌握了控制权。

（6）满足企业兼并与收购的需要。企业实施股票回购后，将回购的股票用于股票互换来实施兼并与收购其他企业。

9.3 即测即评

9.3.3.5 股票回购与现金股利的异同

在不考虑税收与交易成本的情况下，股票回购与现金股利对股东财富的影响没有差异。股票回购可以看作是现金股利的替代方式。股票回购与现金股利对公司的影响比较如表9-9所示。

表9-9 股票回购与现金股利的异同点

内容	股票回购	现金股利
不同点	1. 股东得到的资本利得需缴资本利得税，税负低； 2. 股票回购对股东利益具有不稳定的影响； 3. 不属于股利支付方式； 4. 可配合公司资本运作需要	1. 发放现金股利后，股东需缴纳股息税，税负较高； 2. 稳定到手的收益； 3. 属于股利支付方式
相同点	1. 所有者权益减少； 2. 现金减少	

下面将本章讲述的各种股利支付形式、股票回购、分割、增发等对公司资产、负债、所有者权益、股票价格等的影响列示在表9-10中。

表9-10 现金股利、股票股利、股票回购、分割、合并、增发的影响

内容	股票回购	股票合并	股票分割	股票增发	现金股利	股票股利
股数	减少	大量减少	大量增加	增加	不影响	增加
每股市价	提高	提高	降低	不确定	降低	降低
每股收益	提高	提高	降低	降低	不变	降低
资产	减少	不影响	不影响	增加	减少	不影响
负债	不影响	不影响	不影响	不影响	不影响	不影响
所有者权益总额	减少	不影响	不影响	增加	减少	不影响
所有者权益内部结构	减少	不影响	不影响	增加	减少	一增一减
控制权	影响	不影响	不影响	影响	不影响	不影响

思考与练习题

1. 为什么在完全资本市场条件下，股利政策与股价无关？

2. 结合我国资本市场的实际情况，分析我国上市公司股利分配政策的特点，并分析股利分配与股票价格之间是否存在相关性。

3. 证监会为什么一直在作出鼓励现金分红的规定？现金分红的多少对公司和股东有什么影响？

4. 股份公司在选择采用股票股利进行股利分配时，应考虑哪些因素？这种股利分配形式对公司会产生怎样的影响？对股东有何影响？

5. 天龙公司本年实现税前利润 1 000 万元，没有纳税调整事项，所得税税率为 25%，按净利润的 15%计提法定盈余公积金和公益金，公司实行每股分配现金股利 0.1 元，流通在外的普通股总计 1 000 万股。要求计算：

（1）当年的净利润。

（2）应提取法定盈余公积金和公益金。

（3）当年应分配的现金股利。

（4）分配以后的未分配利润。

6. 某公司 20×4 年支付股利 255 万元，过去的 10 年间该公司盈利按固定的 10%速度持续增长，20×4 年税后利润为 870 万元。20×5 年预计盈利 1 381 万元，投资总额为 1 000 万元，预计 20×5 年以后仍会恢复 10%的增长率。公司如采用不同的股利政策，请分别计算 20×5 年的股利。

（1）股利按盈利的长期增长率稳定增长。

（2）维持 20×4 年的股利支付率。

（3）采用剩余股利政策（投资 1 000 万元中 30%以负债融资）。

（4）20×5 年的投资 30%用外部股权融资，30%用负债，40%用保留盈余，未投资的盈余用于发放股利。

7. 天龙公司 2024 年度税后利润为 1 000 万元，该年分配股利 500 万元，2026 年拟投资 1 000 万元引进一条生产线以扩大生产能力，该公司目标资本结构为自有资金占 80%，借入资金占 20%。该公司 2025 年度的税后利润为 1 200 万元。要求计算：

（1）如果该公司执行的是固定股利政策，并保持资金结构不变，则 2026 年度该公司为引进生产线需要从外部筹集多少自有资金？

（2）如果该公司执行的是固定股利支付率政策，并保持资金结构不变，则 2026 年度该公司为引进生产线需要从外部筹集多少自有资金？

（3）如果该公司执行的是剩余股利政策，则 2025 年度公司可以发放多少现金股利？

8. 正保公司年终进行利润分配前的股东权益情况如表 9-11 所示。

表 9-11　利润分配前的股东权益　　单位：万元

项目	金额
股本（面值 3 元，已发行 100 万股）	300
资本公积	300
未分配利润	600
股东权益合计	1200

要求回答下列互不关联的两个问题：

（1）如果公司宣布发放 10%的股票股利，若当时该股票市价为 5 元，股票股利的金额按照当时的市价计算，并按发放股票股利后的股数发放现金股利每股 0. 1 元。计算发放股票股利和现金股利后的股东权益各项目的数额。

（2）如果按照 1 股换 3 股的比例进行股票分割，计算进行股票分割后股东权益各项目的数额。

10

财务分析——见微知著

学习目标

1. 理解财务分析的含义、内容及其局限性。

2. 熟悉财务分析方法的种类、含义、原理及应注意的问题。

3. 掌握分析偿债能力、运营能力、获利能力和发展能力的指标与方法。

4. 熟悉财务综合指标分析的含义及特点。

5. 掌握杜邦财务分析体系的应用。

思维导图

引导案例

与“神话”较量的人

一、刘姝威与“蓝田神话”故事始末

在中国的债券市场，蓝田股份自上市以来，以5年间股本扩张360%的骄人业绩，创造了中国股市的神话，被誉为“中国农业第一股”。

2001年10月9日，刘姝威对上市公司中国蓝田总公司（以下简称“蓝田股份”）的财务报告进行分析后认为：蓝田股份短期偿债能力很弱，已经成为一个空壳，完全依靠银行贷款在维持生存，这是非常危险的。于是，刘姝威写了一篇600字的《应立即停止对蓝田股份发放贷款》报告发表在《金融内参》上，揭穿了蓝田股份连续5年的“业绩神话”。随后，蓝田股份起诉刘姝威，称“该文所述事实完全失实，属捏造事实。请求湖北省荆州市洪湖市人民法院判令刘姝威公开赔礼道歉、恢复名誉、消除影响、赔偿经济损失50万元，并承担全部诉讼费用”。从2002年1月10日开始，刘姝威陆续收到来历不明的4封恐吓信。在此期间，刘姝威出示了一份长达两万字的分析报告，该报告的标题为“蓝田之谜”。她在其中写道：“所有的分析过程都在里面，我所援引的论据全部来自蓝田公开的材料和数据，用的是国际通行的金融分析方法，我现在要把它公之于众。如果最后证明我的分析错误，我愿意公开向蓝田道歉并承担一切责任。”

2002年1月，因涉嫌提供虚假财务信息，蓝田股份相关10名公司管理人员被拘传。此前的中国蓝田总公司总裁也接受了有关部门的调查。调查发现，农业中的许多“新概念、新技术”都被蓝田股份用一个个“动人”的故事发挥到了极致。2002年1月21日、22日以及23日上午，蓝田股份被强制停牌，当天下午全线跌停。随着蓝田股份事件的继续深入，针对刘姝威的诉讼也被撤销。2003年12月31日，蓝田股份相关高级管理人员因提供虚假财务报告、虚假注册资金等罪名，被湖北省高级人民法院终审判处有期徒刑1年6个月至3年。

二、透过蓝田股份财务报表的分析，解析蓝田虚假财务数据

2000年蓝田股份的流动资产占资产百分比是同业平均值的约1/3，而存货占流动资产百分比高于同业平均值约3倍，固定资产占资产百分比高于同业平均值1倍多，在产品占存货百分比高于同业平均值1倍，存货占流动资产百分比高于同业平均值1倍，蓝田股份的在产品占存货百分比和固定资产占资产百分比异常高于同业平均水平，蓝田股份的在产品和固定资产的数据存在虚假。

2000年，蓝田股份的流动比率是0.77，速动比率是0.35，净营运资金是-1.3亿元，这说明蓝田股份将不能按时偿还1.3亿元的到期流动负债，蓝田股份的固定资产周转率和流动比率近3年均逐年下降，到2000年都小于1，说明蓝田股份的偿还短期债务能力越来越弱。

敢于同“蓝田神话”较量的刘姝威带给财务从业者很多启示。

思政元素

刘姝威，这个敢与神话较量的奇女子终将被载入史册。她对社会的关爱与坚持真理的风骨，正体现了社会学术工作者应有的独立、良知与韧性。社会需要这样有学术知识且正直的人，中国更需要这样有勇气与神话较量的人。与之形成鲜明对比的，则是蓝田股份的财务高管职业道德的缺失，责任意识的淡薄。不仅使得蓝田股份一败涂地，而且损害了债权人、投资者等广大相关者的利益，最后更为其财务造假行为付出了沉重代价。

思考：

1. 刘姝威600字报告基础来自什么？

2. 财务分析有什么作用？财务分析存在什么局限性？

3. 通过这个故事，思考财务从业者应有的职业道德底线。

10.1 财务分析概述——利析秋毫

10.1.1 财务分析的含义

财务分析是以企业的财务报告等会计资料为基础，采用专门方法，系统分析和评价企业的财务状况、经营成果和现金流量及其变动的一种方法。财务分析的基础是会计核算资料（主要是财务报告）；财务分析的结果是对企业的偿债能力、营运能力和获利能力等作出评价，或找出存在的问题；财务分析的最基本功能是将大量的报表数据转换成对特定决策有用的信息，降低决策的不确定性。

财务分析主要包括以下内容：谁分析？分析什么？目的是什么？用什么方法？如何评价（评价标准）？如图10-1所示。

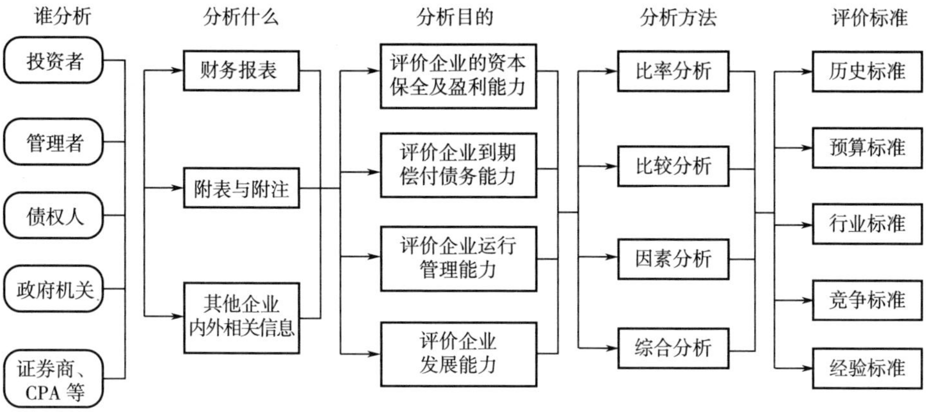

图10-1　财务分析逻辑体系

10.1.2 财务分析的基础

财务分析的资料基础主要来自企业的财务报告，也可包括企业内外部其他相关财务、非财务信息。财务报告包括财务报表、报表附注、财务情况说明书。

10.1.2.1 基本财务报表——四表

基本财务报表包括资产负债表、利润表、现金流量表、所有者权益（股东权益）变动表。

（1）资产负债表——底子。资产负债表是反映企业在某一特定日期（年末、季末、月末）全部资产、负债和所有者权益情况的会计报表。资产负债表是企业的底子。何谓底子？也就是家底，是说企业有多少财产。企业目前有多少资产，这些资产有多少是通过债务形成的，又有多少是通过所有者权益形成的，资产负债表把这些内容描述得一清二楚。

资产负债表是以“资产=负债+股东权益”这一会计等式为依据，按照一定的分类标准和次序，反映企业在某一特定日期资产、负债及股东权益的基本状况。

资产负债表是进行财务分析的一张重要的财务报表，它提供了企业的资产结构、资产流动性、资金来源状况、负债水平以及负债结构等财务信息。分析者通过对资产负债表的分析，可以了解企业的偿债能力、营运能力等财务能力，为债权人、投资者以及企业管理者提供决策依据。

从资产负债表的结构来看，资产负债表主要包括资产、负债与股东权益三大类项目。资产负债表的左方反映企业的资产状况，它说明了企业拥有或控制的资源（资产的规模及分布情况），资产按照流动性从大到小分项列示，资产按照流动性分为流动资产与非流动资产。资产负债表的右方反映企业的负债及股东权益状况，它说明了企业资金的来源。企业资金来源于债权人，形成了企业的负债，负债按照偿还期限的长短分为流动负债与非流动负债。企业资金来源于股东，形成了企业的股东权益。企业资产总计=负债总计+股东权益总计。

表 10-1 为 HH 公司 2023 年末的资产负债表。

表 10-1　资产负债表（简表）

编制单位：HH 公司　　　　2023 年 12 月 31 日　　　　单位：万元

资产	年末余额	年初余额	负债及股东权益	年末余额	年初余额
流动资产：			流动负债：		
货币资金	509 300	454 600	应付票据		

续表

资产	年末余额	年初余额	负债及股东权益	年末余额	年初余额
交易性金融资产	4 771	7 447	应付账款	95 260	79 850
应收票据			预收款项	911. 6	674. 8
应收账款	6 357	8 889	合同负债	6 331	6 034
预付款项	1 111	1 108	应付职工薪酬	7 571	10 350
其他应收款合计	845	749. 8	应交税费	9 063	6 436
存货	7 457	6 818	其他应付款合计	129 600	128 800
其他流动资产	3. 05	271. 3	其中：应付股利	54. 91	54. 91
流动资产合计	529 844. 05	479 883. 1	一年内到期的非流动负债	18 480	20 160
			其他流动负债	803. 8	740. 9
			流动负债合计	268 020. 4	253 045. 7
			非流动负债：		
非流动资产：			租赁负债	148 200	165 900
长期应收款	9 300	8 184	长期应付款	422. 2	410. 3
长期股权投资	70 830	69 420	递延收益	10. 75	23. 66
其他权益工具投资	20 480	20 580	递延所得税负债	5830	5 093
投资性房地产	3 470	3 638	非流动负债合计	154 462. 95	171 426. 96
固定资产	61 060	65 080	负债合计	422 483. 35	424 472. 66
在建工程	1 855	452	股东权益：		
使用权资产	169 100	194 900	股本	73 530	73 590
无形资产	1 451	1 577	资本公积	8 967	7 707
商誉	46. 92	46. 92	减：库存股	1 746	3 528
长期待摊费用	8 476	10 390	其他综合收益	10 160	10 160
递延所得税资产	4 781. 38	4 058. 22	盈余公积	25 000	23 050
其他非流动资产		42. 42	未分配利润	342 300	322 800
非流动资产合计	350 850. 3	378 368. 56	股东权益合计	458 211	433 779
资产总计	880 694. 35	858 251. 66	负债和股东权益总计	880 694. 35	858 251. 66

（2）利润表——面子。利润表也称损益表，是反映企业在一定期间的经营成果及分配情况的报表。利润表是企业的面子。企业的面子是什么？企业是一个营利组织，无论社会怎么发展，企业的核心目的是盈利。所以说，盈利是企业的面子。既然这样，企业要千方百计维护面子，目的是让企业有盈利。

利润表以“利润=收入-费用”这一会计等式为依据编制而成。通过利润表可以考核企业利润计划的完成情况，分析企业的盈利能力以及利润增减变化的原因，预测企业利润的发展趋势，为投资者及企业管理者等提供对决策有用的财务信息。在利润表中，通常按照利润的构成项目来分别列示。

企业的收入主要包括营业收入（销售收入）、公允价值变动收益、投资收益、资产处置收益、其他收益以及营业外收入。费用支出主要包括营业成本（销售成本）、销售费用、管理费用、财务费用、税金及附加、资产减值损失以及营业外支出等。总收入减去总费用就是利润总额。企业的利润因收入与费用的不同配比，可以分为 3 个层次：营业利润、利润总额（税前利润）和净利润。营业利润是营业收入减去营业成本，再扣除税金及附加、销售费用、管理费用、财务费用、资产减值损失，加上公允价值变动收益、投资净收益、资产处置收益、其他收益等得到的利润，营业利润主要反映企业的经营所得；营业利润加上营业外收支净额后就是利润总额，是计算所得税的基础；利润总额扣除所得税费用后的余额就是企业的净利润，这是企业所有者可以得到的收益。

表 10-2 为 HH 公司 2023 年度的利润表。

表 10-2　利润表（简表）

编制单位：HH 公司　　　　2023 年度　　　　单位：万元

项目	本年金额	上年金额
一、营业收入	202 700	198 800
减：营业成本	42 730	42 080
税金及附加	15 310	13 090
销售费用	40 490	39 530
管理费用	38 230	39 520
财务费用	8 611	9 375

续表

项目	本年金额	上年金额
其中：利息费用	8 611	9 375
加：公允价值变动收益	2 399	3 015
投资收益	6 535	6 593
其中：对联营企业和合营企业的投资收益	1 409	461
资产处置收益	3 567	3 722.6
资产减值损失		-1 941
信用减值损失	-19.46	-831.2
其他收益	171.8	903.9
二、营业利润	69 982.34	66 667.3
加：营业外收入	100.4	223.2
减：营业外支出	680.3	571.9
三、利润总额	69 402.44	66 318.6
减：所得税	19 890	19 860
四、净利润	49 512.44	46 458.6

（3）现金流量表——日子。现金流量表是反映一定时期内（如月度、季度或年度）企业经营活动、投资活动和筹资活动对其现金及现金等价物所产生影响的财务报表。现金流量表是企业的日子。何谓日子？过日子可不是靠面子来维持的。企业要过好日子，必须有充足的现金，要足够保持现金的流动性。因为“巧妇难为无米之炊”。没有充裕的现金流量，企业的日子是很难过的。

现金流量表是以现金及现金等价物为基础编制的财务状况变动表，是企业对外报送的一张重要财务报表。它为财务报表使用者提供企业一定会计期间现金和现金等价物流入和流出的信息，以便报表使用者了解和评价企业获取现金和现金等价物的能力，并据以预测企业未来的现金流量。

现金流量表将企业的现金流量划分为经营活动产生的现金流量、投资活动产生的现金流量和筹资活动产生的现金流量三类，按照收付实现制原则编制而成。为了正确地分析现金流量表，必须明确现金流量表中的几个重要概念：现金、现金等价物、现金流量。

现金流量表中的现金是指企业的库存现金以及可以随时用于支付的存款，包括库存现金、银行存款和其他货币资金。但是，银行存款和其他货币资金中不能随时用于支付的存款不属于现金，如不能随时支取的定期存款等。

现金等价物是指企业持有的期限短、流动性强、易于转换为已知金额现金、价值变动风险很小的投资。现金等价物虽然不是现金，但其支付能力与现金的差别不大，可以视为现金。一项投资被确认为现金等价物，必须同时具备四个条件：期限短、流动性强、易于转换为已知金额的现金、价值变动风险很小。其中，期限短一般是指从购买日起 3 个月内到期。现金等价物通常包括 3 个月内到期的债券投资等，股权投资变现的金额通常不确定，因而不属于现金等价物。

现金流量是企业一定时期内现金和现金等价物的流入和流出的数量，主要包括经营活动产生的现金流量、投资活动产生的现金流量和筹资活动产生的现金流量 3 类。经营活动是指企业投资活动和筹资活动以外的所有交易和事项，如销售商品、提供劳务、购买商品、接受劳务、支付税款等。投资活动是指企业长期资产的购建和不包括现金等价物范围内的投资及其处置活动，如购建或处置固定资产、对外长期投资或收回投资等。筹资活动是指导致企业资本及债务规模和结构发生变化的活动，如向银行借款或还款、发行债券、发行股票、支付利息或股利等。

表 10-3 为 HH 公司 2023 年度的现金流量表。

表 10-3　现金流量表（简表）

编制单位：HH 公司　　2023 年度　　单位：万元

项目	本年金额	上年金额
一、经营活动产生的现金流量		
销售商品、提供劳务收到的现金	1 136 000	1 090 000
收到的税收返还		1 459
收到其他与经营活动有关的现金	62 570	13 640
经营活动现金流入小计	1 198 570	1 105 099
购买商品、接受劳务支付的现金	933 300	911 200
支付给职工以及为职工支付的现金	35 290	30 100

续表

项目	本年金额	上年金额
支付的各项税费	51 010	67 860
支付其他与经营活动有关的现金	50 860	42 270
经营活动现金流出小计	1 070 460	1 051 430
经营活动产生的现金流量净额	128 110	53 669
二、投资活动产生的现金流量		
收回投资收到的现金	30. 92	13. 65
取得投资收益收到的现金	146. 7	97. 37
处置固定资产、无形资产和其他长期资产收回的现金净额	388. 3	3. 065
处置子公司及其他营业单位收到的现金	—	—
收到的其他与投资活动有关的现金	40 920	30 410
投资活动现金流入小计	41 485. 92	30 524. 085
购建固定资产、无形资产和其他长期资产支付的现金	3 975	3 148
投资支付的现金	—	330
支付其他与投资活动有关的现金	196 000	170
投资活动现金流出小计	199 975	3 648
投资活动产生的现金流量净额	-158 489. 08	26 876. 085
三、筹资活动产生的现金流量		
吸收投资收到的现金	250	—
其中：子公司吸收少数股东投资收到的现金	250	—
取得借款收到的现金	20 000	—
收到的其他与筹资活动有关的现金	906. 4	451. 9
筹资活动现金流入小计	21 406. 4	451. 9
偿还债务所支付的现金	20 000	—
分配股利、利润或偿付利息支付的现金	28 820	42 730

续表

项目	本年金额	上年金额
其中：子公司支付给少数股东的股利、利润	19 210	28 660
支付的其他与筹资活动有关的现金	29 900	29 340
筹资活动现金流出小计	97 930	100 730
筹资活动产生的现金流量净额	-76 523.6	-100 278.1

(4) 所有者权益变动表——份子。所有者权益变动表是反映公司本期(年度或中期)内至截至期末所有者权益变动情况的报表。所有者权益变动表是企业的份子。何谓份子？由于企业归股东所有，企业的所有者权益是如何变化的，直接涉及股东的利益。一个股东可以不看报表，或者说看不懂报表，但至少他非常关心他的权益是否受到伤害，或者是否有所增值。

10.1.2.2 财务报表附注——帖子

财务报表附注就是对会计报表的编制基础、编制原理和方法及主要项目等所做的解释和进一步说明，以便报表的使用者全面、正确地理解会计报表。主要包括“会计政策、会计估计和会计报表编制方法说明”“会计报表的项目注释”“关联方关系及交易”“或有事项”“承诺事项”“资产抵押说明”“资产负债表日后事项”“债务重组事项”和“其他事项”等。

附注是企业的帖子。何谓帖子？帖子更多的是说明性的、告示类的或者提醒性的。帖子让企业的财务数据生动形象起来。财务报表给我们提供了非常多的信息，但是这些信息还是表面的，甚至是模糊的，因为财务报表的数据是笼统的。这些笼统信息的具体细化就需要靠财务报表附注。财务报告中的附注是对财务报表中的项目进行文字描述或者明细说明，并且对财务报表中没有涉及的项目进行补充说明。如果说报表是一本正经的，那么附注则是活灵活现的，附注让报表变得有血有肉。因此，从一定程度上讲，要深入了解一家企业的财务状况、经营成果和现金流量，附注比报表重要得多。如果没有附注，四表中的数据将是空洞的，甚至是麻木的。

10.1.2.3 财务情况说明书

财务情况说明书是企业对一定时期（通常为一年）财务、成本等情况进行分析、总结所作的书面文字说明，是会计报表的补充，也是决算报告的组成部分。财务情况说明书是根据有关会计报表和财务资料，并通过调查研究后编写的。其主要内容有：财务、成本计划的执行情况及存在的问题，各种资金的使用情况及增减变化的原因，企业改善经营管理、提高经济效益等方面的具体措施等。

以上共同构成财务报告的全部内容。财务报告如同企业财务活动的透视镜。

10.1.3 财务分析的使用者

财务分析的使用者主要包括所有者、债权人、管理者、证券商、注册会计师、税务机关等。

所有者（含投资者）首要关注的是企业的盈利能力，同时还关注营运状况、权益结构以及偿债支付能力；债权人（含供应商）首要关注的是企业的偿债能力，同时也关注盈利能力；管理者首要关注的是盈利能力结果，也关注盈利形成的过程，如对偿债能力、运营能力、发展能力等进行综合分析，并关注企业的经营风险和财务风险。政府机关，兼具多重身份，对企业财务分析的关注点因所具身份不同而异，比如税务机关更关注企业纳税情况，证监会关注的是上市公司信息披露是否及时真实有效。

10.1.4 财务分析的内容

关于财务分析的内容，包括 3 个层面，财务报表项目分析、财务能力分析、财务综合分析。财务报表项目分析主要就 4 张报表的主要项目进行分析；财务能力分析主要就偿债能力、营运能力、盈利能力、发展能力等方面进行分析；财务综合分析是在综合上述单方面分析的基础上，就企业经济效益的优劣、企业整体状况做出准确的评价与判断的方法。除了上述方面外，还可以包括收益质量、成本费用结构、资本结构、现金流量、薪酬结构、价值评估等内容。

10.1.5 财务分析的目的

分析财务报表的主要作用是评价企业过去，把握现在以及预测未来。财务分析的目的就是通过财务报表提供的会计信息揭示数字背后的信息，正确评价企业过去的经营业绩，分析企业当前的生产经营财务状况和经营成果，揭示财务活动存在的问题，预测未来的发展趋势，为信息使用者进行经济决策提供依据。不同的财务分析主体在进行财务分析时，往往会出于不同的利益考虑，因而有各自不同的要求。因此，进行财务分析的目的各不相同。

（1）投资人。企业的投资者包括企业的所有者和潜在投资者。他们对企业投资的报酬率极为关注，他们进行财务分析的最根本目的是了解企业的盈利状况，关心企业的发展前景。对拥有控股权的大股东来说，除了关心企业提高股息、红利的发放，更关心如何增强企业竞争力、追求长期利益的持续稳定发展。

(2) 债权人。企业的债权人包括银行及其他金融机构。债权人特别关注其债权本金的安全性。一般来说，债权人不仅要求到期及时收回本金，而且要得到相应的收益。而这个收益的大小与其承担风险程度相适应，通常偿还期越长，其风险越大。因此，债权人在进行财务分析时，最关心的是企业的偿债能力，即关注企业的偿债资金来源，是否有足够的支付能力，以保证其债务本息能够及时足额地得以偿还。

(3) 经营决策者。企业经营决策者为改善财务决策、满足不同利益主体的需要而进行财务分析。他们进行财务分析的目的是综合的和多方面的，涉及的内容很广，几乎包括其他财务分析主体关注的各个方面。经营决策者通过分析财务报表，可以系统全面地了解企业的经营活动、经营成果、财务状况，并能及时发现管理中存在的问题和薄弱环节，迅速采取改进措施，以加强经营管理，不断提高企业经济效益。

(4) 供应商。供应商通过对企业资料的财务分析，主要是了解企业的诚信状况，从而决定是否与企业长期合作等。

(5) 政府。政府机构主要指工商、物价、财政、税务、统计以及审计等部门。政府兼具多重身份，既是宏观经济管理者，又是国有企业的所有人，还是重要的市场参与者。政府对企业财务分析的关注点因身份不同而异。对企业来说，最重要的政府部门是税务部门。税务部门主要通过财务分析了解企业纳税情况。

(6) 职工和工会。通过财务分析，判断企业盈利和职工收入、保险、福利之间是否相匹配。

(7) 中介机构等。注册会计师通过对企业财务报表的分析可以确定审计抽样调查的重点。证券分析师财务分析的目的是为各类报表使用人提供咨询建议。

10.1.6 财务分析的方法

10.1.6.1 比较分析法

比较分析法是将同一企业不同时期的财务状况或不同企业之间的财务状况进行比较，从而揭示企业财务状况存在差异的分析方法。按照比较的标准分类：

（1）与目标或计划比较。是与目标标准比较。目标标准是财务分析人员综合历史财务数据和现实经济状况提出的理想标准。主要指企业所制定的预算和计划等。

（2）与历史数据比较（纵向比较）。是与历史数据比较。历史数据是指本企业在过去某段时期该指标的实际值。根据需要，可以选择上期数、历史平均数、历史最好水平作为比较基准。

（3）与行业数据比较（横向比较）。是与行业基准比较。行业基准是行业内所有企业某个相同财务指标的平均水平，或者是较优水平。行业比较既可以了解企业在行业中的发展水平和地位，还可以了解竞争对手的情况。

10.1.6.2 比率分析法

比率分析法是通过计算各种比率指标来确定财务活动变动程度的方法。通过两个相关指标计算财务比率，反映它们之间的相互关系，揭示企业财务状况和经营成果。比率指标类型主要有构成比率、效率比率和相关比率。

（1）构成比率：这是在会计报表比较的基础上发展而来的。它是以会计报表中的某个总体指标作为100%，再计算出其各组成项目占该总体指标的百分比，从而比较各个项目百分比的增减变动，以此来判断有关财务活动的变化趋势。

$$\text{构成比率} = \frac{\text{某个组成部分数额}}{\text{总体数额}} \times 100\% \tag{10-1}$$

（2）效率比率：是某项财务活动中所费与所得的比例，反映投入与产出的关系。利用效率比率指标，可以进行得失比较，考察经营成果，评价经济效益。比如，将利润项目与销售成本、销售收入、资本金等项目加以对比，可计算出成本利润率、销售利润率及资本金利润率等指标，进而从不同层次观察比较企业获利能力的高低及其增减变化情况。

$$\text{效率比率} = \frac{\text{所得}}{\text{所费}} \times 100\% \tag{10-2}$$

（3）相关比率：是以某个项目和与其有关但又不同的项目加以对比所得的比率，反映有关经济活动的相互关系。利用相关比率指标，可以考察企业有联系的相关业务安排得是否合理，以保障运营活动顺利进行。比如，将流动资产与流动负债加以对比，计算出流动比率，据以判断企业的短期偿债能力。

$$\text{相关比率} = \frac{\text{某一指标}}{\text{另一相关指标}} \times 100\% \tag{10-3}$$

比率分析法的计算简便，计算结果也比较容易判断，而且可以使某些指标在不同规模的企业之间进行比较。采用比率分析法时应注意以下几点：

一是对比项目的相关性。计算比率的分子和分母必须具有相关性。在构成比率指标中，部分指标必须是总体指标这个大系统的一个小系统；在效率比率指标中，投入与产出必须有因果关系；在相关比率指标中，两个对比指标也要有内在联系，才能评价有关经济活动之间是否协调，安排是否合理。

二是对比口径的一致性。计算比率的分子和分母必须在计算时间、范围等方面保持口径一致。

三是衡量标准的科学性。要注意行业因素、生产经营情况差异性等因素。

10.1.6.3 趋势分析法

趋势分析法又称水平分析法，是通过对比两期或连续数期财务报告中的相同指标进行对比分析，确定其增减变动的方向、数额和幅度，来说明企业财务状况或经营成果的变动趋势的一种方法。

趋势分析法的具体运用主要采用的指标有：

（1）定基动态比率：将各期某一项目的金额与固定基期同一项目的金额进行对比。

$$\text{定基动态比率} = \text{分析期数额} \div \text{固定基期数额} \tag{10-4}$$

（2）环比动态比率：把各期某一项目金额与上期同一项目金额进行对比。

$$\text{环比动态比率} = \text{分析期数额} \div \text{上期数额} \tag{10-5}$$

10.1.6.4 因素分析法

因素分析法是指依据分析指标与其影响因素的关系，从数量上确定各因素对分析指标影响方向和影响程度的一种方法。因素分析法是将分析指标分解为各个可以计量的因素，并根据各个因素之间的依存关系，依次用各因素的比较值（通常即实际值）替代基准值（通常即标准值或计划值）据以测定各因素对分析指标的影响。

（1）确定对比的基数（过去、计划、标准）

$$F_0 = a_0 \times b_0 \times c_0 \quad ①$$

（2）替代因素 a 代入：

$$F_1 = a_1 \times b_0 \times c_0 \quad ②$$

（3）替代因素 b 代入：

$$F_2 = a_1 \times b_1 \times c_0 \quad ③$$

（4）替代因素 c 代入：

$$F_3 = a_1 \times b_1 \times c_1 \quad ④$$

$$a\text{因素变动对}F\text{的影响}\ \Delta F_a = F_1 - F_0 = \text{式②} - \text{式①}$$
$$= a_1 \times b_0 \times c_0 - a_0 \times b_0 \times c_0 \tag{10-6}$$

$$b\text{因素变动对}F\text{的影响}\Delta F_b = F_2 - F_1 = \text{式③} - \text{式②} = a_1 \times b_1 \times c_0 - a_1 \times b_0 \times c_0 \quad (10\text{-}7)$$

$$c\text{因素变动对}F\text{的影响程度}\Delta F_c = \text{式④} - \text{式③} = a_1 \times b_1 \times c_1 - a_1 \times b_1 \times c_0 \quad (10\text{-}8)$$

$$\text{总的影响程度} = \Delta F = F_3 - F_0 = \text{式④} - \text{式①} = a_1 \times b_1 \times c_1 - a_0 \times b_0 \times c_0 \quad (10\text{-}9)$$

汇总影响数，检验分析结果

$$\Delta F = \Delta F_a + \Delta F_b + \Delta F_c \quad (10\text{-}10)$$

【例 10-1】 某企业上期的毛利额为 47 999 万元，本期实际毛利额为 70 600 万元。其指标构成见表 10-4。

表 10-4 某企业主营业务收入及毛利变化情况

项目	上期实际	本期实际	差异
主营业务收入（万元）	616 000	826 600	+210 600
毛利率	7.792%	8.541%	+0.749%
毛利额（万元）	47 999	70 600	+22 601

按“毛利额=主营业务收入×毛利率”的关系，分析两个时期毛利额的差异 22 601 万元，受主营业务收入和毛利率两个因素变动影响的程度，其分析的方法如下：

上期实际：616 000 × 7.792% = 47 999(万元) ①

替换：826 600 × 7.792% = 64 409(万元) ②

本期实际：826 600 × 8.541% = 70 600(万元) ③

式② - 式① = 64 409 - 47 999 = 16 410(万元)

是由于主营业务收入的增加，影响毛利额增加。

式③ - 式② = 70 600 - 64 409 = 6 191(万元)

是由于毛利率的提高，影响毛利额增加。

16 410 + 6 191 = 22 601(万元)

是主营业务收入的增加和毛利率的提高，对毛利额的共同影响。

在应用这一方法时必须注意以下几个问题：①因素分解的关联性，即指标分解的各因素要有一定的经济意义；②因素替代的顺序性，即替换顺序不能颠倒；③顺序替代的连环性，即当替换某一因素时，在其前面（或已分析）的因素保持实际数，在其后面（或未分析）的因素保持基准数；④计算结果的假定性，假设各因素分别变化，不会同时变化。

10.1.7 财务分析的局限性

财务分析是企业财务管理中不可缺少的组成部分。通过财务分析，有利于优化企业经营管理，提高决策水平。但财务分析的结果不一定绝对准确，有时甚至与实际相去甚远，这是财务分析的局限性造成的。

10.1.7.1 资料来源的局限性

财务报表数据是财务分析的主要依据，而财务报表数据的局限性决定了财务分析的局限性。具体表现如下：

（1）会计处理方法的不同，会使不同企业的同类报表数据缺乏可比性，从而使财务分析结果有差异。例如，存货发出计价方法有先进先出法、加权平均法、个别计价法等多种方法，不同的方法对期末存货及销售成本水平有不同的影响。

（2）财务报表中的有些数据是通过估计得来的。例如，采用备抵法核销坏账，无形资产与开办费的摊销期限、固定资产的折旧年限、预计负债等，在不同的企业可能会有差异，每一种估计与企业损益都有直接关系，都会对企业损益产生影响，而损益尤其是净损益往往又是财务分析中最为关键的。

（3）通货膨胀会使报表中的各项数据发生严重扭曲。会计核算以货币计量为基本前提，而币值稳定是货币计量假设的内容之一。

（4）有时财务报告中的数据不全面，存在表外因素，如未做记录的或有负债、担保条款、承兑业务等因素的存在使得财务报表的数据不全面。

（5）外部分析人员很难认定报表是否存在虚假陈述，财务报表的可靠性问题主要依靠注册会计师审计、把关。但是，注册会计师不能保证财务报表没有任何错报和漏报，而且并非所有的注册会计师都是尽职尽责的。因此，分析人员必须自己关注财务报表的可靠性，对于可能存在的问题保持足够的警惕。

10.1.7.2 财务分析指标的局限性

（1）财务分析比较基础问题。在比较分析时，需要选择比较的参照标准，包括同业数据、本企业历史数据和计划预计数据。横向比较时需使用同业标准。同业平均数只有一般性的指导作用，不一定有代表性，不是合理性的标志。选同行业一组有代表性的企业求平均数作为同业标准，可能比整个行业的平均数更有意义。不少公司实现多种经营，没有明确的行业归属，同业比较更困难。趋势分析应以企

10.1 即测即评

业历史数据为比较基础。历史数据代表过去，并不代表合理性。会计规范的改变会使财务数据失去直接可比性，要恢复其可比性成本很大，甚至缺乏必要的信息。总之，要准确理解比较基础本身，并且要在限定意义上使用分析的结论，避免简单化和绝对化。

（2）现行财务分析指标常常是重“量”轻“质”。会计报表较难揭示翔实的资料。因此，会计报表使用者较难取得相关准确信息。

10.2 财务能力分析——望闻问切

财务分析的核心是财务效率（或财务能力）分析。财务能力分析是通过财务报表数据的相对关系来揭示企业经营管理的各方面问题，是最主要的财务分析方法。财务能力分析包括偿债能力分析、营运能力分析、盈利能力分析、发展能力分析 4 个方面。

10.2.1 偿债能力

企业的偿债能力是指企业用其资产偿还长期债务与短期债务的能力，包括偿还短期债务和长期债务的能力。企业偿债能力，静态地讲，就是用企业资产清偿企业债务的能力；动态地讲，就是用企业资产和经营过程中创造的收益偿还债务的能力。企业有无现金支付能力和偿债能力是企业能否健康发展的关键。企业偿债能力分析是企业财务分析的重要组成部分。

10.2.1.1 短期偿债能力

短期偿债能力是指企业偿付流动负债的能力。短期偿债能力取决于短期内产生现金的能力，即短期内转换为现金的流动资产有多少。因此，可以通过分析流动负债与流动资产之间的关系来判断短期偿债能力。

（1）营运资本。营运资本是指流动资产超过流动负债的差额部分，表明短期偿债能力的一项基本指标。其计算公式为：

$$营运资本 = 流动资产 - 流动负债 \tag{10-11}$$

用营运资本进行分析时，要与以前年度的数额进行对比，以确定其合理性。如果营运资本出现异常，需逐项分析流动资产和流动负债，找出异常的原因。营运资本是流动资产与流动负债差额的绝对数值，因此，该指标很难用于不同规模、不同企业之间的比较，在分析时必须结合其他指标，才能正确评价企业的短期偿债能力。

根据表 10-1 报表相关数据，HH 公司的营运资本为：

$$年初营运资本 = 479\ 883.1 - 253\ 045.7 = 226\ 837.4(万元)$$

$$年末营运资本 = 529\ 844.05 - 268\ 020.4 = 261\ 823.7(万元)$$

一般来说，营运资本越大，流动负债的偿还越有保障，短期偿债能力就越强。如果流动资产和流动负债相等，并不能够保证偿债，因为负债的到期与流动资产的现金生成并不一定同时进行。所以，企业必须保持流动资产大于流动负债，才有可能有效地偿还到期债务。

（2）流动比率。流动比率是流动资产与流动负债的比值，也称营运资本比率，计算公式为：

$$流动比率 = 流动资产 \div 流动负债 \tag{10-12}$$

流动资产主要包括货币资金、交易性金融资产、应收票据、应收及预付款项、其他应收款、存货、1 年内到期的非流动资产等。流动负债主要包括短期借款、以公允价值计量且其变动计入当期损益的金融负债、应付及预收款项、各种应交税费、1 年内到期的非流动负债等。根据表 10-1 报表相关数据，HH 公司的流动比率为：

$$年初流动比率 = 479\ 883.1 \div 253\ 045.7 = 1.896$$

$$年末流动比率 = 529\ 844.05 \div 268\ 020.4 = 1.977$$

HH 公司年末流动比率为 1.977，表明每 1 元流动负债有 1.977 元流动资产作为偿还保证。一般情况下，流动比率越高，反映企业短期偿债能力越强，债权人的权益越有保证。通常认为，流动比率的下限为 1；而流动比率等于 2 时较为适当，它表明企业财务状况稳定可靠，除了满足日常生产经营的流动资金需要外，还要有足够的财力偿付到期短期债务。如果流动比率过低，意味着企业可能捉襟见肘，难以如期偿还债务。一般情况下，营业周期、应收账款和存货的周转速度是影响流动比率的主要因素。

用流动比率进行分析时要注意：①流动比率并非越高越好。从企业经营角度看，过高的流动比率通常意味着企业持有过多的流动资产，或是货币资金闲置过多，或是企业信用政策过松导致应收账款占用过多资金，或是材料、产成品等存货积压严重，或有大量的待摊费用和预付款项，必然造成企业机会成本的增加和获利能力的降低。②流动比率高并不意味着短期偿债能力一定很强。各项流动资产的变现能力并不相同，且变现金额可能与账面金额存在较大差异，因此需进一步分析流动资产的构成项目。③流动比率是否合理，不同的企业以及同一企业不同时期的评价标准是不同的。④注意人为粉饰流动比率的状况。

（3）速动比率。速动比率也称酸性测试比率，是企业速动资产与流动负债的比值。用公式表示为：

速动比率 = 速动资产 ÷ 流动负债 =（流动资产 - 存货）/ 流动负债　（10-13）

速动资产是指那些不需变现或变现过程较短的流动资产，主要包括货币资金、交易性金融资产、应收票据、应收账款、其他应收款等。用流动资产扣除存货是一种粗略计算速动资产的方法。在计算速动比率时要扣除存货，因为：①存货在流动资产中的变现速度最慢；②部分存货可能已经损失报废但尚未处理；③部分存货可能已经作为抵押；④存货的成本和市价可能相差较大。

根据表 10-1 报表相关数据，HH 公司的速动比率为：

年初速动比率 =（479 883.1 - 6 818）÷ 253 045.7 = 1.869

年末速动比率 =（529 844.05 - 7 457）÷ 268 020.4 = 1.949

这表明 HH 公司每 1 元流动负债有 1.949 元速动资产作为偿还保证。通常速动比率越高，表明企业偿还流动负债的能力越强。一般认为，速动比率等于 1 时较为适当。如果速动比率小于 1，必使企业面临很大的偿债风险；如果速动比率大于 1，尽管债务偿还的安全性很高，但会因企业现金及应收账款资金占用过多而大大增加企业的机会成本。

严格来说，流动资产中除了存货变现能力最差外，还应将一些变现能力较差或不稳定的流动资产剔除，如预付款项、一年内到期的非流动资产及其他流动资产。这种情况，计算出来的速动资产与流动负债进行比较，更能准确、可靠地评价企业资产的流动性和短期偿债能力。速动资产计算公式：

速动资产 = 流动资产 - 存货 - 预付款项 - 一年内到期的非流动资产及其他流动资产

（10-14）

根据 HH 公司表 10-1 的报表相关数据，计算可得：

年初速动比率 =（479 883.1 - 1 108 - 6 818 - 271.3）÷ 253 045.7 = 1.864

年末速动比率 =（529 844.05 - 1 111 - 7 457 - 3.05）÷ 268 020.4 = 1.945

用速动比率进行分析时要注意：①尽管速动比率较之流动比率更能反映流动负债偿还的安全性和稳定性，但并不能认为速动比率较低的企业绝对不能偿还到期的流动负债。②企业所处的行业不同，速动比率会有很大差别，所以，速动比率一般没有统一的标准。③过高的速动比率可能影响企业的盈利能力。

（4）现金比率。速动比率已将存货等变现能力较差的流动资产予以剔除，但速动资产中的应收账款等有时也会因客户倒闭、抵押等情况使变现能力受影响，甚至出现坏账，最终减弱企业的短期偿债能力。尤其在企业面临财务危机的情况下，即使有较高的流动比率和速动比率，也无法满足债权人的要求。因此，最稳健或者说最保守的方法是采用现金比率来衡量企业的短期偿债能力与公司资产的流动性。

现金比率是企业现金以及现金等价物与流动负债的比值。用公式表达为：

$$现金比率 = (货币资金 + 交易性金融资产) / 流动负债 \tag{10-15}$$

现金及现金等价物包括货币资金和交易性金融资产等。根据表 10-1 数据，HH 公司的现金比率为：

$$年初现金比率 = (454\,600 + 7\,447) \div 253\,045.7 = 1.826$$

$$年末现金比率 = (509\,300 + 4\,771) \div 268\,020.4 = 1.918$$

该公司年末的现金比率是 1.918，表明 1 元的流动负债有 1.918 元的现金类资产作为偿还保障，说明该公司的支付能力很强。通常现金比率越大，支付能力越强。现金比率是对短期偿债能力要求最高的指标，主要适用于那些应收账款和存货的变现能力都存在问题的企业。但现金比率并非越高越好，该比率过高，意味着企业过多的资源占用在盈利能力最低的现金资产上，从而影响企业的盈利能力。

（5）现金流量比率。现金流量比率是经营活动产生的现金流量净额与流动负债的比值。反映经营活动产生的现金流量净额偿还到期债务的保障程度。用公式表达为：

$$现金流量比率 = 经营活动产生的现金流量净额 / 流动负债 \tag{10-16}$$

根据表 10-1 和表 10-3 报表相关数据，该公司 2023 年的现金流量比率为：

$$现金流量比率 = 128\,110 \div 268\,020.4 = 0.478$$

该公司的现金流量比率是 0.478，表明 1 元的流动负债有 0.478 元的经营现金流量作为偿还保障。现金流量比率越高，不仅说明企业支付到期债务的能力越强，而且也说明经营活动创造现金流量的能力较强，表明企业经营活动的效率与质量较高、财务状况良好。

上述 5 个指标中，前 4 个是静态指标，而现金流量比率是动态指标。在运用现金流量比率进行分析时应注意，其计算公式的分子是时期指标，而分母是时点指标，两者口径不一致。因此，将分母的流动负债这一时点指标改为时期指标平均流动负债更为合理。

10.2.1.2 长期偿债能力

长期偿债能力是指在较长的期间偿还债务的能力，不仅需要偿还流动负债（短期债务），还需要偿还非流动负债（长期债务）。因此，长期偿债能力衡量的是对企业所有负债的清偿能力。企业对所有负债的清偿能力取决于其总资产的多少。

（1）资产负债率。资产负债率也称负债比率、举债经营比率或财务杠杆比率，是企业负债总额与资产总额之比。用于衡量公司利用债权人提供的资金进行经营活动的能力，也反映债权人发放贷款的安全程度。其计算公式为：

$$资产负债率 = 负债总额 \div 资产总额 \times 100\% \qquad (10-17)$$

根据表10-1HH公司资产负债表上的相关数据，该公司的资产负债率为：

$$年初资产负债率 = 424\ 472.66 \div 858\ 251.66 \times 100\% = 49.46\%$$

$$年末资产负债率 = 422\ 483.35 \div 880\ 694.35 \times 100\% = 47.97\%$$

HH公司年初资产负债率为49.46%，年末的资产负债率为47.97%，略微下降。年末资产负债率47.97%，表明该公司的资产有47.97%来源于举债；或者说公司每47.97元的债务，就有100元的资产作为偿还债务的保障。

一般情况下，资产负债率越小，表明企业财务风险越小，长期偿债能力越强。但是，也并非说该指标对谁都是越小越好。该指标没有一个绝对的标准，不同行业、不同类型的企业差异较大。

不同的利益主体对该指标有不同的看法。①从债权人角度来说，他们最关心的是借出资本的安全性，该指标越小越好，这样企业偿债越有保证。②从股东角度来说，他们最关心的是投资报酬率的高低，如果总资产报酬率高于借入资金的利率，应扩大举债经营的比重，负债比率越大越好。③从经营者角度来说，他们更关注的是如何实现风险与收益的平衡，因此既要考虑企业债务资本带来的收益，同时也要顾及企业所能承受的财务风险问题。

（2）产权比率。产权比率又称资本负债率，是指企业负债总额与所有者权益总额之比。它反映了债权人提供的资本与股东提供的资本的比例关系，是企业财务结构健康与否的标志。其计算公式为：

$$产权比率 = 负债总额 \div 股东权益总额 \times 100\% \qquad (10-18)$$

根据表10-1的相关数据，该公司的产权比率为：

$$年初产权比率 = 424\ 472.66 \div 433\ 779 \times 100\% = 97.85\%$$

$$年末产权比率 = 422\ 483.35 \div 458\ 211 \times 100\% = 92.2\%$$

HH公司年初产权比率为97.85%，年末的产权比率为92.2%，有所下降。年末产权比率92.2%，可以理解为公司每92.2元的债务，就有100元的股东资本作为偿还债务的保障。

产权比率是衡量企业长期偿债能力的一个重要指标，它是资产负债率的另外一种表现形式。①产权比率指标反映的是债权人提供的债务资本与股东提供的权益资本之间的对比关系，用来反映企业基本财务结构是否稳定。②产权比率指标反映了普通股股东的权益资本对债权人的债务资本的保障程度。产权比率越低，对债权人利益的保障程度就越高。③资产负债率与产权比率具有共同的经济意义，两个指标可以相互补充。

一般情况下，产权比率越低，表明企业的长期偿债能力越强，债权人权益的保障程度越高，承担的风险越小，但企业不能充分地发挥负债的财务杠杆效应。

（3）权益乘数与股东权益比率。权益乘数是指资产总额相当于股东权益的倍数。权益乘数越大，说明股东投入的资本在资产总额中所占的比重越小。其计算公式为：

$$\begin{aligned}权益乘数 &= 资产总额 \div 股东权益总额 \\ &= 1 + 产权比率 = 1 \div (1 - 资产负债率) \qquad (10\text{-}19)\end{aligned}$$

根据表 10-1 的相关数据，该公司的权益乘数为：

$$年初权益乘数 = 858\ 251.66 \div 433\ 779 = 1.979$$

$$年末权益乘数 = 880\ 694.35 \div 458\ 211 = 1.922$$

权益乘数也可用来衡量公司的财务风险，它与资产负债率同方向变动，乘数越高，负债率越高，公司的财务风险就越大。

股东权益比率，是股东权益总额与资产总额之比，反映了企业的资产总额中有多大比例是所有者投入的。股东权益比率的倒数就是权益乘数。股东权益比率与资产负债率之和等于 1。

$$\begin{aligned}股东权益比率 &= 股东权益总额 \div 资产总额 \times 100\% \\ &= 1 \div 权益乘数 = 1 - 资产负债率 \qquad (10\text{-}20)\end{aligned}$$

根据表 10-1 的相关数据，HH 公司的股东权益比率为：

$$年初股东权益比率 = 433\ 779 \div 858\ 251.66 \times 100\% = 50.54\%$$

$$年末股东权益比率 = 458\ 211 \div 880694.35 \times 100\% = 52.03\%$$

或者：$年初股东权益比率 = 1 - 资产负债率 = 1 - 49.46\% = 50.54\%$

$$年末股东权益比率 = 1 - 资产负债率 = 1 - 47.97\% = 52.03\%$$

股东权益比率越大，资产负债率就越小，企业的财务风险也越小，偿还长期债务的能力就越强。

（4）利息保障倍数。利息保障倍数也称利息所得倍数或已获利息倍数，是息税前利润与利息费用之比。它是企业偿付借款利息的承担能力和保证程度的指标，反映获利能力对债务偿付的保证程度。其计算公式为：

$$利息保障倍数 = 息税前利润 / 利息费用 \qquad (10\text{-}21)$$

息税前利润是未扣除利息与所得税费用之前的利润，可以根据“净利润+所得税费用+利息费用”计算，也可根据“利润总额+利息费用”计算。“利息费用”不仅包括财务费用中的利息费用，还包括资产成本中的资本化利息。资本化利息虽然不在利润表中扣除，但仍然是要偿还的。

根据表10-2中的有关数据（假定HH公司固定资产成本中不含资本化利息），HH公司2023年的利息保障倍数为：

$$利息保障倍数 = (69\ 402.44 + 8\ 611) / 8\ 611 = 9.06$$

利息保障倍数反映了获利能力对偿还到期债务的保障程度。该指标用于衡量公司的当期收益能在多大程度上满足当期利息费用开支的需要。没有足够的息税前利润，利息的支付就会发生困难。若要维持正常偿债能力，从长期看，利息保障倍数至少应当大于1，且比值越高，企业长期偿债能力一般也越强。

利息保障倍数的评价标准要看行业水平或公司历史水平。最好比较本公司连续5年或5年以上的利息保障倍数，并选择最低指标年度的数据作为标准。公司在经营好的年份要偿债，在经营不好的年份也要偿还大约同量的债务。某一个年度利润很高，利息保障倍数也会很高，但不能年年如此。

10.2.1.3　影响企业偿债能力的其他因素

在评价与分析企业偿债能力时，除了通过上述指标，还要关注一些表外项目，这些信息隐藏在财务报表之外，应考虑这些因素对企业偿债能力的影响。

（1）或有负债。或有负债是企业过去的交易或者事项形成的潜在义务，其存在须通过未来不确定事项的发生与否予以证实。如企业未决诉讼可能败诉需赔偿的金额、应收票据贴现承担的连带清偿责任、产品保质期内的质量赔偿金等，这些或有负债，有可能转化成企业的债务，也可能不会转化为企业的债务，因此其结果具有不确定性。或有负债将来一旦转化为企业现实的负债，就会增加企业的财务风险，影响企业的偿债能力。因此，或有负债会增加企业潜在的偿债压力。

（2）担保责任。企业在经济活动中，经常会发生以本公司的资产为其他公司的债务提供担保的情况。如果被担保人不能按期偿还债务，担保企业承担连带清偿责任，这种担保责任就有可能会成为企业的负债，加大企业的偿债义务，增加企业的财务风险。

（3）租赁活动。企业在生产经营活动中，急需某些设备或资产而又缺乏资金时，可通过租赁方式来解决问题。租赁通常有两种形式：融资租赁和经营租赁。融资租赁涉及的租金已作为企业的长期负债入账，列示在资产负债表中，在前面计算相关财务比率时已经包含在内。但经营租赁涉及的租金并未包含在资产负债表的负债之中，如果企业的经营租赁业务量较大、期限较长或者具有经常性，则其租金虽然不包含在负债中，但对企业的偿债能力也会产生较大的影响。在进行财务分析时，也应考虑这一因素。

（4）可动用的银行授信额度。可动用的银行授信额度是指银行授予企业的贷款指标，该项信用额度已经得到银行批准，但企业尚未办理贷款手续。当企业存在可动用的授信额度时，尽管这些数据不反映在财务报表上，但企业可随时使用，因而能方便、快捷地取得银行借款，从而增加企业的支付能力，提高企业的偿债能力。

10.2.2 营运能力

营运能力是企业最基本的财务能力，营运能力的高低会直接影响企业的盈利能力、偿债能力和发展能力。

营运能力是指企业资产的利用效率与效益。资产利用效率通常取决于其资产周转速度的快慢，通常可以用资产周转率和资产周转天数两个指标反映资产周转速度。资产利用效益或效果通常用资产收入率反映。

资产运营效率是衡量企业资产管理效率的重要内容，在财务分析体系中具有重要地位。以资产周转率为代表的财务比率是考察企业资产运营效率的一项重要指标，体现企业经营期间全部资产从投入到产出的流转速度，反映企业全部资产的管理质量和利用效率。通过对有关指标的对比分析，能反映企业本年度以及以前年度资产的运营效率和变化，发现企业和同类企业在资产利用上的差距，促进企业挖掘潜力、积极创收、提高产品市场占有率和资产利用效率。一般情况下，企业资产周转率越高，意味着企业销售能力就越强，资产利用效果就越好。

10.2.2.1 应收账款周转率

评价应收账款周转快慢与效率的指标包括应收账款周转率和应收账款平均周转天数。

应收账款周转率即应收账款周转次数，是公司一定时期内赊销收入净额与应收账款平均余额的比率，是考核应收账款流动性（变现能力）的重要指标，它反映了应收账款在一个会计年度内的周转次数，可以用来分析应收账款的变现速度和管理效率。用公式表示为：

$$应收账款周转率 = 赊销收入净额 \div 应收账款平均余额 \tag{10-22}$$

式中，赊销收入净额一般根据销售收入净额扣除现销收入后的余额计算，若无法取得现销或赊销资料，可用利润表中的“营业收入”数据代替。“应收账款平均余额”根据资产负债表中的“期初应收账款”与“期末应收账款”的平均数计算，即：

应收账款平均余额 = (期初应收账款 + 期末应收账款)/2　　(10-23)

应收账款平均周转天数即平均收账期，是应收账款周转一次所需的天数，即从赊销产品到收回应收账款的平均天数。其计算公式为：

应收账款平均周转天数 = 360/应收账款周转率　　(10-24)

应收账款平均周转天数与应收账款周转率成反比例变动，应收账款周转率越大，表明应收账款收回速度越快，因而能够降低发生坏账损失的可能性，提高资产的流动性，增强短期偿债能力。

根据表10-1、表10-2中的有关数据，假定营业收入全是赊销收入，HH公司2023年的应收账款周转率、应收账款平均周转天数为：

应收账款周转率 = 202 700 ÷ [(6 357 + 8 889)/2] = 26.59(次)

应收账款平均周转天数 = 360/26.59 = 13.54(天)

分析应收账款周转率时应注意：①对应收账款周转率的分析必须考虑季节性经营、大量使用分期付款结算方式、大量使用现金结算、年末大量销售或年末销售大幅度下降。这些因素都会对该指标计算结果产生较大的影响。②应收账款的周转速度与企业采取的信用政策密切相关。

10.2.2.2　存货周转率

存货周转率即存货周转次数，是企业一定时期内销售成本与平均存货余额的比率，其用于衡量公司在一定时期内存货资产的周转次数，是反映公司购、产、销平衡效率的一种尺度。计算公式如下：

存货周转率 = 营业成本 ÷ 存货平均余额　　(10-25)

存货周转天数 = 360/存货周转率　　(10-26)

式中，“营业成本”来自利润表中的“营业成本”数据；“存货平均余额”根据资产负债表中的“期初存货”与“期末存货”的平均数计算，即：

存货平均余额 = (期初存货 + 期末存货)/2　　(10-27)

根据表10-1、表10-2中的有关数据，HH公司2023年的存货周转率、存货周转天数为：

存货周转率 = 42 730 ÷ [(7 457 + 6 818)/2] = 5.986(次)

存货周转天数 = 360/5.986 = 60.14(天)

存货周转率与存货周转天数成反比例变动。一般情况下，存货周转率越高（存货周转天数越短），说明存货周转速度越快，存货占用水平越低，流动性越强，存货转换成现金或应收账款的速度就越快，这样会增强企业的短期偿债能力及盈利能力。存货周转率过低，原因通常是销售不好、存货积压。存货周转速度的快慢，不仅反映出企业采购、生产、销售存货等各环节管理工作状况的好坏，而且对企业的偿债能力及获利能力产生决定性的影响。因此，对存货周转率应当结合企业的实际情况，具体问题具体分析。

分析存货周转率时要注意：①除了分析存货批量因素、季节性生产的变化等情况外，还应对存货结构以及影响存货周转速度的重要项目进行分析(必要时可计算原材料周转率、在产品周转率或某存货周转率)。②存货计价方法对存货周转率具有较大的影响，在分析企业不同时期或不同企业的存货周转率时，应注意存货计价方法的口径是否一致。③如果企业的经营具有较强的季节性，各月存货的变动幅度较大，根据期初存货和期末存货而简单平均计算得出的存货余额可能难以反映企业存货的真实周转状况，此时，应尽量使用各月或各季的数字进行平均。④存货周转率的周转额是营业成本而不是营业收入，这主要是因为存货是以成本计价的，为保持两者的口径一致，必须以营业成本作为计算基础。

10.2.2.3　流动资产周转率

流动资产周转率即流动资产周转次数，是营业收入与流动资产平均余额的比率，反映公司流动资产（短期资产）的周转速度和利用效率，用公式表示为：

$$\text{流动资产周转率} = \text{营业收入} \div \text{流动资产平均余额} \qquad (10\text{-}28)$$

$$\text{流动资产周转天数} = 360/\text{流动资产周转率} \qquad (10\text{-}29)$$

$$\text{流动资产平均余额} = (\text{期初流动资产} + \text{期末流动资产}) \div 2 \qquad (10\text{-}30)$$

根据表10-1、表10-2中的有关数据，HH公司2023年的流动资产周转率、流动资产周转天数为：

$$\text{流动资产周转率} = 202\ 700 \div [(529\ 844.05 + 479\ 883.1)/2] = 0.401(\text{次})$$

$$\text{流动资产周转天数} = 360/0.401 = 897.76(\text{天})$$

HH公司2023年的流动资产周转率只有0.401次，周转一次需要897.76天，说明该公司流动资产周转速度太慢，流动资产利用效率太低。通常，流动资产周转率越高，流动资产周转速度越快，周转次数越多，表明企业以相同的流动资产完成的周转额越大，说明企业流动资产的经营利用效果越好，企业的经营效率越高，进而使企业的偿债能力和盈利能力得到增强。反之，则表明企业利用流动资产进行经营活动的能力差，效率低。

10.2.2.4　固定资产周转率

固定资产周转率即固定资产周转次数，是营业收入与固定资产平均余额的比率，反映公司固定资产的利用效率，用公式表示为：

$$固定资产周转率 = 营业收入 \div 固定资产平均余额 \tag{10-31}$$

$$固定资产平均余额 = (期初固定资产 + 期末固定资产) \div 2 \tag{10-32}$$

$$固定资产周转天数 = 360/ 固定资产周转率 \tag{10-33}$$

根据表 10-1、表 10-2 中的有关数据，HH 公司 2023 年的固定资产周转率、固定资产周转天数为：

$$固定资产周转率 = 202\ 700 \div [(61\ 060 + 65\ 080)/2] = 3.214(次)$$

$$固定资产周转天数 = 360/ 3.214 = 112.01(天)$$

HH 公司 2023 年的固定资产周转率只有 3.214 次，周转一次需要 112.01 天。通常，固定资产周转率越高，说明企业固定资产的利用效果越高，资产经营的风险越小，也说明企业固定资产投资得当，固定资产结构分布合理；反之，固定资产周转率越低，周转期越长，则表明固定资产使用效率越低，固定资产营运能力越弱。

分析固定资产周转率时要注意：

（1）运用固定资产周转率时，既要考虑固定资产因计提折旧其净值不断降低和因更新重置其净值大幅度增加的影响，又要考虑因物价上涨或通货膨胀而导致营业收入虚增，固定资产周转率提高，但固定资产使用效果并未增加等情况。

（2）考虑同一企业不同时期或同一行业不同企业可能会采用不同的折旧方法。

（3）不同行业的企业，其资产状况会有较大的差别，故应注意结合流动资产投资规模、周转速度等来分析固定资产的利用效果，以免片面和偏激。

10.2.2.5 总资产周转率

总资产周转率即总资产周转次数，是营业收入与平均资产总额的比率，用来反映公司全部资产的利用效率，用公式表示为：

$$总资产周转率 = 营业收入 \div 总资产平均余额 \tag{10-34}$$

$$总资产平均余额 = (期初资产总额 + 期末资产总额) \div 2 \tag{10-35}$$

$$总资产周转天数 = 360/ 总资产周转率 \tag{10-36}$$

根据表 10-1、表 10-2 中的有关数据，HH 公司 2023 年的总资产周转率、总资产周转天数为：

$$总资产周转率 = 202\ 700 \div [(880\ 694.35 + 858\ 251.66)/2] = 0.233(次)$$

$$总资产周转天数 = 360/0.233 = 1\ 545.06(天)$$

HH 公司 2023 年的总资产周转率只有 0.233 次，周转一次需要 1 545.06 天，说明该公司总资产周转速度太慢，全部资产的综合利用效率太低。通常，总资产周转率越高，周转天数越少，表明企业总资产营运的效率越高，总资产营运能力越强，说明资产的管理水平越高，相应的企业的偿债能力和获利能力就越高；反之，如果该指标数值较低，则说明企业利用全部资产进行经营的效率较差，最终会影响企业的获利能力，企业就应该采取措施提高各项资产的利用程度，从而提高营运收入或处理多余资产。

10.2.3 盈利能力

盈利能力是指企业获取利润的能力，也称为企业的资金或资本增值能力。一般企业盈利能力分析衡量指标主要有销售毛利率、销售净利率、成本费用净利率、资产收益率、净资产收益率等。

10.2.3.1 销售毛利率

销售毛利率也称毛利率，是企业的销售毛利与营业收入的比率，是判断企业生产效率和产品市场定价能力的一个非常有用的指标。其计算公式为：

$$\text{销售毛利率} = \text{销售毛利} / \text{营业收入} \times 100\%$$
$$= (\text{营业收入} - \text{营业成本}) / \text{营业收入} \times 100\% \qquad (10\text{-}37)$$

销售毛利是企业营业收入与营业成本的差额，可以根据利润表计算得出。销售毛利率表示每1元销售收入带来的毛利是多少，反映企业营业收入扣除营业成本后的毛利能否补偿各项期间费用并形成盈利。销售毛利率是企业销售净利率的最初基础，没有足够大的毛利率便不能盈利。

根据表10-2中的有关数据，HH公司2023年的销售毛利率为：

$$\text{销售毛利率} = (202\ 700 - 42\ 730)/202\ 700 \times 100\% = 78.92\%$$

HH公司2023年的销售毛利率是78.92%，表示每100元销售收入能获得78.92元的毛利。通常，销售毛利率越高，说明企业营业成本在营业收入中所占的比重越小，在期间费用和其他业务利润一定的情况下，营业利润就越高，企业的盈利能力就越强；反之，企业的盈利能力就越弱。

10.2.3.2 销售净利率

销售净利率，是企业一定时期的净利润与营业收入的比率，反映企业在一定时期的销售收入获取净利润的能力，它是评价企业销售业绩的最重要的核心指标之一。其计算公式为：

$$\text{销售净利率} = \text{净利润} / \text{营业收入} \times 100\% \qquad (10\text{-}38)$$

根据表10-2中的有关数据，HH公司2023年的销售净利率为：

$$\text{销售净利率} = 49\ 512.44 / 202\ 700 \times 100\% = 24.43\%$$

HH公司2023年的销售净利率是24.43%，表示每100元销售收入能获得

24.43 元的净利润。通常，该比率越大，企业通过销售获取利润的能力越强。销售净利率与净利润成正比，与销售收入成反比。因此，企业在增加销售收入的同时，控制好成本费用，才能使销售净利率保持不变或有所提高。

评价企业的销售净利率时，应比较企业历年的指标，从而判断企业销售净利率的变化趋势。但是，销售净利率受行业特点影响较大，因此，还应该结合不同行业的具体情况进行分析。

10.2.3.3 成本费用净利率

成本费用净利率是企业净利润与成本费用总额的比率。它反映企业生产经营过程中发生的耗费与获得的报酬之间的关系。其计算公式为：

$$\text{成本费用净利率} = \text{净利润} / \text{成本费用总额} \times 100\% \tag{10-39}$$

式中，成本费用是企业为了获取利润而付出的代价，成本费用包括营业成本、税金及附加、销售费用、财务费用、管理费用、所得税费用等。

根据表 10-2 中的有关数据，HH 公司 2023 年的成本费用净利率为：

$$\text{成本费用净利率} = 49\ 512.44 / (42\ 730 + 15\ 310 + 40\ 490 + 38\ 230 + 8\ 611 + 19\ 890) \times 100\% = 29.96\%$$

HH 公司 2023 年的成本费用净利率是 29.96%，表示企业投入 100 元的成本费用能获得 29.96 元的净利润。成本费用净利率越高，表明企业付出代价获得的利润越高，或者表明为取得利润付出的代价越小，成本费用控制得越好，企业的盈利能力越强。通过该指标，不仅可以评价企业盈利能力的高低，还可以评价企业对成本费用的控制能力和经营管理水平。

10.2.3.4 资产收益率

资产收益率又称资产报酬率，是企业一定时期的利润与平均资产总额的比率。它反映企业总资产的综合利用效率，衡量企业利用资产获取利润的能力。实践中，利润可以分为息税前利润、利润总额和净利润。按照所采用的利润额不同，资产收益率可分为资产息税前利润率、资产利润率和资产净利率。

（1）资产息税前利润率，是指企业一定时期的息税前利润与资产平均总额的比率。其计算公式为：

$$\text{资产息税前利润率} = \text{息税前利润} / \text{平均资产总额} \times 100\% \tag{10-40}$$

式中，息税前利润是企业支付债务利息和所得税之前的利润总额，它可以根据“利润总额+利息费用”来计算，也可根据“净利润+所得税费用+利息费用”来计算。企业所实现的息税前利润首先要用于支付债务利息，然后才能缴纳所得税和向股东分配利润。

根据表 10-1、表 10-2 中的有关数据，假定无资本化利息费用，HH 公司 2023 年的资产息税前利润率为：

$$资产息税前利润率 = (69\ 402.44 + 8\ 611)/[(880\ 694.35 + 858\ 251.66) \div 2] \times 100\% = 8.97\%$$

HH 公司 2023 年的资产息税前利润率是 8.97%，表示每 100 元资产能获得 8.97 元的息税前利润。资产息税前利润率是反映企业资产综合利用效果的指标，是衡量企业全部资产获利能力的指标之一，也是衡量企业利用债权人和所有者权益总额所取得盈利的重要指标。

（2）资产利润率，是指企业一定时期的利润总额与资产平均总额的比率。资产利润率不仅能够综合评价企业的资产盈利能力，还可反映企业的资产配置能力。其计算公式为：

$$资产利润率 = 利润总额 / 平均资产总额 \times 100\% \tag{10-41}$$

式中，利润总额又称税前利润，反映了企业在扣除所得税费用之前的全部收益。它可以直接从利润表中得到，也可以通过以下公式计算：①利润总额=息税前利润-利息费用；②利润总额=净利润+所得税费用。

根据表 10-1、表 10-2 中的有关数据，HH 公司 2023 年的资产利润率为：

$$资产利润率 = 69\ 402.44 /[(880\ 694.35 + 858\ 251.66) \div 2] \times 100\% = 7.98\%$$

HH 公司 2023 年的资产利润率是 7.98%，表示每 100 元资产能获得 7.98 元的税前利润（即利润总额）。

（3）资产净利率，是指企业一定时期的净利润与资产平均总额的比率。资产净利率通常用于评价企业对股权投资的回报能力。其计算公式为：

$$资产净利率 = 净利润 / 平均资产总额 \times 100\% \tag{10-42}$$

$$资产净利率 = 销售净利率 \times 总资产周转率 \tag{10-43}$$

根据表 10-1、表 10-2 中的有关数据，HH 公司 2023 年的资产净利率为：

$$资产净利率 = 49\ 512.44 /[(880\ 694.35 + 858\ 251.66) \div 2] \times 100\% = 5.69\%$$

或

$$资产净利率 = 销售净利率 \times 总资产周转率 = 24.43\% \times 0.233 = 5.69\%$$

HH 公司 2023 年的资产净利率是 5.69%，表示每 100 元资产能获得 5.69 元的税后利润（即净利润）。资产净利率反映了企业全部资产或全部资本的总体获利能力，该指标越高，表明企业的资产利用效益越好，整个企业的获利能力越强。

资产收益率的高低没有一个绝对的评价标准。在分析该指标时，通常要与该企业的历史数据、同行业的平均数据进行对比。通过这种比较分析，可以评价企业的经营效率，发现其经营管理中存在的问题。如果企业的资产报酬率偏低，说明该企业经营效率较低，经营管理存在问题，应该调整经营方针，加强经营管理，提高资产的利用效率。

10.2.3.5 净资产收益率

净资产收益率，也称股东权益报酬率、所有者权益报酬率、权益净利率、权益报酬率，是企业一定时期的净利润与平均净资产的比率。用公式表示为：

$$净资产收益率 = 净利润 / 平均净资产 \times 100\% \quad (10-44)$$

$$平均净资产 = （期初净资产 + 期末净资产）\div 2 \quad (10-45)$$

$$净资产收益率 = 资产净利率 \times 平均权益乘数 \quad (10-46)$$

根据表 10-1、表 10-3 中的有关数据，HH 公司 2023 年的净资产收益率为：

$$净资产收益率 = 49\,512.44 / [(458\,211 + 433\,779) \div 2] \times 100\% = 11.1\%$$

$$平均权益乘数 = [(880\,694.35 + 858\,251.66) \div 2]/[(458\,211 + 433\,779) \div 2] = 1.95$$

$$净资产收益率 = 5.69\% \times 1.95 = 11.1\%$$

HH 公司 2023 年的净资产收益率是 11.1%，表示股东每投入 100 元资本能获得 11.1 元的税后利润（即净利润）。净资产收益率是评价企业盈利能力的核心指标，反映了股东投资的获利能力，是整个财务指标体系中综合性、代表性最强的指标。该指标数值越大，表明企业自有资本及其积累获利水平越高。通过对该指标的综合对比分析，可以看出企业获利能力在同行业中所处的地位，以及与同类企业的差异状况。

10.2.4 发展能力

发展能力是指企业未来生产经营活动的发展趋势和发展潜能。企业的发展能力除受企业的营运能力、盈利能力和偿债能力大小及其变化趋势影响外，主要取决于企业的增长能力，还受市场竞争能力和财务质量的影响。企业某方面的增长能力通常用相关的增长率衡量。但一般不是根据某一年的增长率简单判断其增长能力，而是计算连续 3~5 年的相关项目增长率，根据其平均值或者其变化趋势进行判断。评价企业发展能力的主要指标有营业收入增长率、利润增长率、总资产增长率、资本积累率等。

10.2.4.1 盈利增长能力分析

（1）营业收入增长率。营业收入增长率是指企业本年营业收入增长额与上年营业收入总额的比率。用公式表示为：

$$营业收入增长率 = 本年营业收入增长额 \div 上年营业收入 \times 100\% \quad (10-47)$$

根据表 10-2 中的有关数据，HH 公司 2023 年的营业收入增长率为：

$$营业收入增长率 = (202\ 700 - 198\ 800) \div 198\ 800 \times 100\% = 1.96\%$$

HH 公司 2023 年的营业收入增长率是 1.96%，营业收入与上年相比，略有增长。营业收入增长率是衡量企业经营状况和市场占有能力、预测企业经营业务拓展趋势的重要指标。营业收入增长率越高，表明企业营业收入增长速度越快，市场前景越好。分析时应结合企业上期的收入大小，不能简单地以增长率大小进行评价。根据需要，还可以深入计算分析企业的主要业务或主要产品收入增长率。

（2）利润增长率。利润增长率是指企业本年利润总额增长额与上年利润总额的比率。用公式表示为：

$$利润增长率 = (本年利润 - 上年利润) \div 上年利润 \times 100\% \quad (10-48)$$

根据需要，其中的利润可以是营业利润、经营利润、主营业务利润、利润总额或净利润等。

根据表 10-2 中的有关数据，假定以净利润为基础，HH 公司 2023 年的利润增长率为：

$$利润增长率 = (49\ 512.44 - 46\ 458.6) \div 46\ 458.6 \times 100\% = 6.57\%$$

HH 公司 2023 年的利润增长率是 6.57%。利润增长率越高，表明企业的盈利增长越快，可持续发展能力越强，企业发展潜力越大。分析时要注意阅读财务报表附注，了解企业采用的会计原则和会计处理方法，并观察该指标连续几期的数值，再进行评价。

10.2.4.2 资产增长能力分析

总资产能够反映企业规模和财务实力。对于重资产经营的企业，企业的资产规模与收入呈正相关关系，即资产规模越大、企业的产出能力越强、可供销售的产品销售收入越高。资产增长是企业发展的一个重要方面，反映了企业资产规模扩张情况。衡量资产增长能力的指标主要是总资产增长率。

总资产增长率是指企业本年总资产增长额与年初资产总额的比率。用公式表示为：

$$总资产增长率 = (年末总资产 - 年初总资产) \div 年初总资产 \times 100\% \quad (10-49)$$

根据表 10-1 中的有关数据，HH 公司 2023 年的总资产增长率为：

$$总资产增长率 = (880\ 694.35 - 858\ 251.66) \div 858\ 251.66 \times 100\% = 2.61\%$$

HH 公司 2023 年的总资产与上年相比，增长了 2.61%。资产增长率越高，表明企业资产规模扩张速度越快。该指标的大小应与企业资产的使用效率和效果结合起来分析，需要关注资产规模扩张的质和量的关系，以及企业后续发展能力，避免盲目扩张。如果资产规模快速扩大，而其使用效益却没有同步增长，说明企业可能存在盲目扩张现象。速度发展水平高的企业一般能够保持资产的稳定增长。

10.2.4.3 资本增长能力分析

资本增长是企业发展壮大的标志，是企业扩大再生产的源泉，是评价企业发展能力的重要方面。其衡量指标主要有资本积累率等。

资本积累率，也称净资产增长率或股权资本增长率，是指企业本年股东权益增长额与年初股东权益总额的比率，反映了企业股东权益的变动水平。用公式表示为：

$$资本积累率 = (年末净资产 - 期初净资产) \div 年初净资产 \times 100\% \qquad (10-50)$$

根据表 10-1 中的有关数据，HH 公司 2023 年的资本积累率为：

$$资本积累率 = (458\ 211 - 433\ 779) \div 433\ 779 \times 100\% = 5.63\%$$

HH 公司 2023 年的资本积累率是 5.63%。资本积累率体现了企业资本的积累情况，是企业发展强盛的标志，也是企业扩大再生产的源泉，展示了企业发展潜力。资本积累率反映了投资者投入企业的资本的保全性和增长性，该指标数值越高，表明企业的资本积累越多，企业资本保全性越强，应对风险、持续发展的能力越大。

为正确判断和预测企业股东权益规模的发展趋势和发展水平，应将企业不同时期的资本积累率进行比较。一个持续增长型企业，其股东权益应不断增长。如果股东权益时增时减，则反映企业发展不稳定，同时也说明企业并不具备良好的发展能力。

10.2.5 与上市公司相关的其他财务比率分析

10.2.5.1 每股收益

每股收益（earnings per share，EPS），又称每股利润或每股盈余，是企业净利润与发行在外普通股股数的比率。它是股份公司税后利润分析的一个重要指标，反映普通股股东每股所获得净利润，衡量普通股的获利水平。用公式表示为：

$$每股收益 = (净利润 - 优先股股利) / 普通股加权平均股数 \qquad (10-51)$$

式中，普通股加权平均数=期初发行在外普通股股数+当期新发行普通股股数×已发行时间/报告期时间−当期回购普通股股数×已回购时间/报告期时间。只有当股东权益总额发生变动时，才需要按照加权平均法计算普通股的平均股数，例如增发新股、配股。

【例 10-2】 HH 公司 2023 年度实现净利润 49 512.44 万元，2023 年末发行在外的普通股股数为 73 530 万股，假定无优先股，2023 年度未转股送股、未增发新股，计算该公司的每股收益。

HH 公司 2023 年度每股收益 = 49 512.44/ 73 530 = 0.67(元)

每股收益指标反映了股份公司获利能力的大小，是评价上市公司获利能力的基本和核心指标。表现在：①每股收益指标具有联结资产负债表和利润表的功能；②每股收益指标反映了企业的获利能力，决定了股东的收益数量；③每股收益还是确定企业股票价格的主要参考指标。

分析使用每股收益时要注意：①每股收益并不反映股票所含有的风险，换句话说，每股收益大小与风险高低不直接相关。②虽然每股利润可以很直观地反映股份公司的盈利能力和股东的报酬，但它是一个绝对数指标，股票仅是一个“份额”概念，也就是说不同公司的股票每一个“份额”在经济上并不相等，因此，需结合股东权益报酬率来分析每股利润和公司的盈利能力。③每股利润多少与每股股利之间无直接关系。或者说，每股利润多的公司，其股利分配不一定高，因为股利多少主要取决于公司股利分配政策。

10.2.5.2 市盈率

市盈率（price/earnings ratio，P/E），又称本益比，是指普通股每股市价与普通股每股收益的比率。用公式表示为：

市盈率 = 普通股每股市价 / 普通股每股收益 (10-52)

【例 10-3】 HH 公司 2023 年度每股收益为 0.67 元，股价为 7.07 元，计算该公司的市盈率。

市盈率 = 7.07/0.67 = 10.55(倍)

市盈率是反映公司市场价值与盈利能力之间关系的一个重要财务比率，是投资者衡量股票潜力、借以投资入市的重要指标。市盈率是市场对公司的共同期望指标，市盈率越高，表明市场对公司的未来越看好。在市价确定的情况下，每股收益越高，市盈率越低，投资风险越小。在每股收益确定的情况下，市价越高，市盈率越高，风险越大。仅从市盈率高低的横向比较看，高市盈率说明公司能够获得社会信赖，具有良好的前景。由于一般的期望收益率为 5%～10%，所以正常的市盈率为 10～20。但过高的市盈率，意味着该公司的投资风险过大。

运用市盈率时应注意：①市盈率适用于趋势分析，而不能用于不同行业的比较。例如，新兴产业与传统产业之间的市盈率高低无可比性。②市盈率高低受净利润影响，而净利润又受到可选择的会计政策影响。③市盈率高低受市价影响，而市价往往难以控制，且受多种因素影响。④观察长期市盈率变化，方可比较客观地评价股票的价值。

10.2.5.3 每股股利和股利支付率

每股股利是普通股分配的现金股利总额与发行在外的普通股股数之比。它反映了普通股获得的现金股利的多少。用公式表示为：

$$每股股利 = 现金股利总额 / 发行在外的普通股股数 \tag{10-53}$$

股利支付率，也称股利发放率，是普通股每股股利与每股收益的比率。它反映了股份公司的净收益中有多少用于股利的分派。用公式表示为：

$$股利支付率 = 每股股利 / 每股收益 \times 100\% \tag{10-54}$$

【例 10-4】 HH 公司 2023 年度每股收益为 0.67 元，2023 年度股利分配方案，按照 2023 年 12 月 31 日的总股本 73 530 万元为基数，每 10 股派现金 1.43 元（含税）。假定不考虑含税因素，计算该公司的每股股利和股利支付率。

$$每股股利 = 1.43/10 = 0.143(元)$$

$$股利支付率 = 0.143/0.67 \times 100\% = 21.34\%$$

每股股利和股利支付率反映了公司的股利分配政策和股利支付能力。每股股利的高低不仅取决于公司盈利能力的强弱，还取决于公司的股利政策和现金是否充裕。股利支付率的高低取决于企业的盈利能力、投资机会、资本结构和筹资能力等。

10.2.5.4 留存比率

留存盈利比率（留存比率）反映公司的净利润有多少用于保留盈余和扩展经营。留存比率反映了企业净利润留存的百分比，因此，它与股利支付率之和等于 1，即股利支付率+留存比率=1。用公式表示为：

$$留存盈利比率 = (净利润 - 全部股利) / 净利润 \times 100\% \tag{10-55}$$

【例 10-5】 根据例 10-4 中的资料，计算 HH 公司留存比率。

$$留存比率 = (0.67 - 0.143)/0.67 \times 100\% = 78.66\%$$

$$留存比率 = 1 - 股利支付率 = 1 - 21.34\% = 78.66\%$$

留存盈利比率的高低反映出企业的理财方针，即公司将主要盈利是用于未来投资项目、扩大生产经营，还是满足股东对现金股利的需求。

10.2.5.5 每股净资产

每股净资产又称为每股账面价值，是公司的净资产与流通在外的普通股股数之比。用公式表示为：

每股净资产 = 年末股东权益 / 普通股股数　　(10-56)

【例 10-6】HH 公司 2023 年 12 月 31 日股东权益合计 458 211 万元，2023 年末发行在外的普通股股数 73 530 万股，计算 HH 公司每股净资产。

每股净资产 = 458 211/73 530 = 6.23(元)

该指标反映发行在外的每股普通股的净资产账面价值。在公司性质相同、股票市价相近的条件下，某一公司股票的每股净资产越高，则公司发展潜力与其股票的投资价值越大，投资者所承担的投资风险就越小。

分析每股净资产时要注意：①由于该指标反映每股的账面权益（历史成本），既无法反映净资产的变现价值，也不能反映其产出能力，分析时要有限使用该指标。②每股净资产理论上提供了股票的最低价值。即若股价低于每股净资产，则企业已经无存续的必要。

10.2.5.6 市净率

市净率（price/book-value ratio，P/B），是普通股每股市价与普通股每股净资产的比值。计算公式如下：

市净率 = 每股市价 / 每股净资产　　(10-57)

【例 10-7】HH 公司 2023 年度每股净资产为 6.23 元，股价为 7.07 元，计算 HH 公司的市净率。

市净率 = 7.07/ 6.23 = 1.13(倍)

市净率反映了公司股票的市场价值与账面价值之间的关系，该比率越高，说明股票的市场价值越高。市净率指标主要用于投资分析。每股净资产体现的是股票的账面价值，是用成本计量的。每股市价是这些资产的现时价值，是目前证券交易的结果。市价大于账面价值，说明企业资产质量好，有较大的发展潜力；反之，企业资产质量差，市场前景不看好。

10.2 即测即评

10.3 财务综合分析——通观全局

单独分析任何一类财务指标，都不足以全面评价企业的财务状况和经营成果，只有对各种财务指标进行系统、综合的分析，才能对企业的财务状况作出全面合理的评价。

财务综合分析就是将企业盈利能力、偿债能力、营运能力、发展能力等各项财务指标有机地联系起来，通过建立各财务比率内在联系，形成一套完整的体系，系统、全面、综合地对企业财务状况和经营情况进行剖析，评价企业整体财务状况和效益的好坏。财务综合分析方法有很多，下面介绍两种常用的综合分析法：杜邦分析法和财务比率综合评分法。

10.3.1 杜邦分析法

10.3.1.1 杜邦分析法的含义

杜邦分析法是由美国杜邦公司1920年率先采用的一种方法，利用将若干个用以评价企业经营效率和财务状况的比率按其内在联系有机地结合起来，形成一个完整的指标体系，并最终通过净资产收益率（股东权益收益率）来综合反映。

10.3.1.2 杜邦分析法的主要财务指标

杜邦分析法以净资产收益率为核心，将其逐级分解为若干财务指标，通过分析各指标的变动对净资产收益率的影响来揭示企业获利能力及其变动的原因。杜邦分析体系框架（见图10-2）各主要指标之间的关系如下：

$$\text{净资产收益率} = \frac{\text{净利润}}{\text{平均净资产}} = \frac{\text{净利润}}{\text{平均总资产}} \times \frac{\text{平均总资产}}{\text{平均净资产}}$$

$$= \text{资产净利率} \times \text{权益乘数} \quad (10-58)$$

$$\text{资产净利率} = \frac{\text{净利润}}{\text{平均资产}} = \frac{\text{净利润}}{\text{营业收入}} \times \frac{\text{营业收入}}{\text{平均总资产}}$$

$$= \text{销售净利率} \times \text{总资产周转率} \quad (10-59)$$

$$\text{净资产收益率} = \text{销售净利率} \times \text{总资产周转率} \times \text{权益乘数} \quad (10-60)$$

（1）净资产收益率。净资产收益率是一个综合性最强的财务分析指标，是杜邦分析体系的起点。财务管理的目标是实现股东财富的最大化。净资产收益率反映了股东投入资本的盈利能力，说明了企业筹资、投资、资产营运等各项财务及其管理活动的效率，而不断提高净资产收益率是使所有者权益最大化的基本保证。净资产收益率高低的决定因素主要有3个，即销售净利率、总资产周转率和权益乘数。

（2）销售净利率。销售净利率反映了企业净利润与销售收入的关系，它主要说明公司在销售方面赚取的利润是多少。提高销售净利率，必须从两个方面着手：一是提高销售收入，从营销、产品或服务质量方面下功夫，开拓

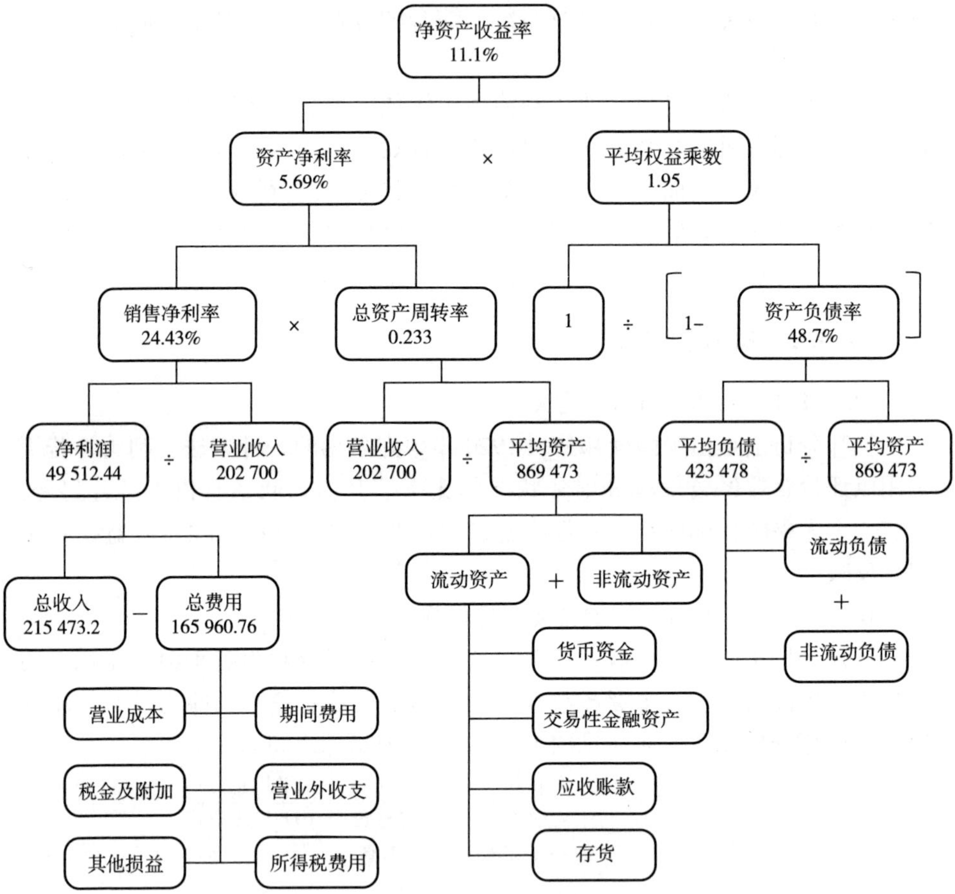

图 10-2　杜邦分析体系框架

市场，增加销售收入；二是控制或降低成本费用，分析成本费用结构是否合理，发现企业在成本费用管理方面存在的问题，加强成本费用控制，降低耗费，从而增加利润。

（3）总资产周转率。总资产周转率反映了企业资产总额实现营业收入的综合能力，体现了企业资产的利用效率和企业的经营管理水平。在资产方面，首先要分析资产的各构成部分是否合理，即资产结构（流动资产与非流动资产的比例）是否合理。资产结构反映了企业资产的流动性，直接影响资产的周转速度，它不仅关系企业的偿债能力，也会影响企业的盈利能力。其次，还需结合销售收入，将其周转情况与资金占用情况结合起来，通过对流动资产周转率、应收账款周转率、存货周转率、固定资产周转率等资产使用效率的指标进行分析，判断影响企业总资产周转的主要问题出在哪里。

(4) 权益乘数。权益乘数主要受资产负债率指标的影响。资产负债率越高，权益乘数就越高，说明企业的负债程度比较高，给企业带来了较多的杠杆利益和较大的财务风险。因此，企业既要合理使用全部资产，又要妥善安排资本结构（负债与股东权益的比例）。

杜邦分析体系的作用在于通过自上而下的分析，使财务比率分析的层次更清晰、条理更突出，便于了解公司财务状况的全貌及各项指标的内在联系，并找出影响财务状况变动的原因及存在问题。采用这一方法，一方面为报表分析者全面仔细地了解企业的经营和盈利状况提供了便利。另一方面为管理者提供了解决问题的思路，同时也为公司提供了财务目标的分解控制途径。杜邦分析体系基本框架如图 10-2 所示。

从上述指标之间的内在关系可以看出，影响净资产收益率高低的因素是资产净利率和权益乘数。资产净利率涉及企业的经营策略，要提高企业的资产净利率，可从两个方面着手：一是从销售方面着手，开拓市场，控制或降低费用，从而提高销售净利率；二是从资产管理方面着手，加强资产管理，加速资产周转，从而提高资产周转率。权益乘数涉及企业的筹资策略，反映了企业的负债程度，体现了财务风险的大小。财务杠杆既可能带来收益，也可能带来损失。

杜邦分析法的局限性在于：①计算总资产净利率的“总资产”与“净利润”不匹配。②没有区分经营活动和金融活动的损益。③没有区分金融负债与经营负债。

10.3.2 财务比率综合评分法

10.3.2.1 财务比率综合评分法的含义

财务比率综合评分法也称沃尔评分法，是指通过对选定的几项财务比率进行评分，然后计算出综合得分，并据此评价企业的综合财务状况的方法。因为最早采用这种方法的是亚历山大·沃尔，故称沃尔评分法。1928 年，亚历山大·沃尔在《信用晴雨表研究》和《财务报表比率分析》两本著作中，采用评分方法对企业的信用状况进行了综合评价，并提出了信用能力指数的概念。他选择了 7 个财务比率，包括流动比率、产权比率、固定资产比率、存货周转率、应收账款周转率、固定资产周转率和股权资本周转率，并且对各项财务比率分别赋以不同的权重，然后以行业平均数为基础确定各项财务比率的标准值，将各项财务比率的实际值与标准值进行比较，得出一个关系比率，将此关系比率与各项财务比率的权重相乘得出总评分，以此来评价企业的信用状况。在沃尔之后，这种方法不断发展，成为对企业进行财务综合分析的一种重要方法。

10.3.2.2　财务比率综合评分法的基本步骤

（1）选定评价企业财务状况的财务比率。选定财务比率时，需注意以下几点：①财务比率要有全面性，一般包括反映企业偿债能力、营运能力和盈利能力的财务比率。②财务比率要有代表性，选择的财务比率数量不一定很多，要选择能够说明问题的重要指标。③财务比率的变化方向要一致，当财务比率增大时，表示财务状况的改善；反之，当财务比率减小时，表示财务状况的恶化。

（2）确定各项财务比率标准评分值（指标权重）。根据各项财务比率的重要程度，确定其标准评分值（该比率在总评价中所占的比重），即重要性系数，总和应等于 100 分。

（3）确定各项财务比率的标准值。财务比率的标准值是指各项财务比率在本企业现时条件下最理想的数值，亦即最优值。财务比率的标准值通常可以参照企业历史最高水平、行业平均或历史水平，并经过调整后确定。

（4）计算各项财务比率的实际值。

（5）计算关系比率。计算财务比率实际值与标准值的比值，即关系比率或相对比率。关系比率反映了企业某一财务比率的实际值偏离标准值的程度。

（6）计算实际分数（综合指数）。各项财务比率的实际得分是关系比率和标准评分值的乘积，所有各项财务比率实际得分的合计数就是企业财务状况的综合得分。如果综合得分远远超过 100 分，则说明企业的财务状况很理想。如果综合得分等于或接近 100 分，说明企业的财务状况良好，达到了预先确定的标准；如果综合得分远远低于 100 分，则说明企业的财务状况较差，应当采取适当的措施加以改善。

【例 10-8】某企业 2023 年财务综合评分结果如表 10-5 所示。

表 10-5　沃尔评分法

财务比率	评分值（权重）①	标准值②	实际值③	相对值④=③÷②	实际分数（综合指数）⑤=①×④
流动比率	25	2	1.8	0.9	22.5

续表

财务比率	评分值（权重）①	标准值②	实际值③	相对值④=③÷②	实际分数（综合指数）⑤=①×④
产权比率	25	1.5	2.3	1.53	38.25
固定资产比率	15	2.5	2	0.8	12
存货周转率	10	8	9.8	1.23	12.3
应收账款周转率	10	6	9	1.5	15
固定资产周转率	10	4	3	0.75	7.5
股权资本周转率	5	3	1	0.33	1.65
合计	100	—	—	—	109.2

沃尔评分法从理论上讲，存在缺陷：它未能说明为什么要选择这 7 个指标，而不是更多或过少，或者选择其他财务比率；它未能证明各个财务比率所占比重的合理性，也未能说明比率的标准值是如何确定的。

尽管沃尔评分法存在上述缺陷，但它在实践中仍被广泛运用并得到不断的改进和发展。沃尔评分法解决了分析公司财务指标时如何评价指标的好坏及公司财务整体状况在同行业的地位等问题。在采用此方法进行评价时，应注意几个问题：①同行业的标准值必须准确无误；②标准值应根据指标的重要程度合理确定；③分析指标应尽可能全面，指标越多，分析结果越接近现实。一般认为，企业财务评价的内容首先是盈利能力，其次是偿债能力，最后是发展能力，它们之间大致可按照 5∶3∶2 的比重来分配。盈利能力的主要指标有资产收益率、销售净利率和净资产收益率，这 3 个指标可按 2∶2∶1 的比重来安排。偿债能力有 4 个常用指标：自有资本比率、流动比率、应收账款周转率、存货周转率。发展能力有 3 个常用指标：销售增长率、净利增长率、总资产增长率。

10.3 即测即评

思考与练习题

1. 如果你是银行信贷部门经理，在给企业发放贷款时，应当考虑哪些因素？

2. 企业的应收账款周转率偏低可能是由什么原因造成的？会给企业带来

什么影响？

3. 为什么说企业的营运能力可以反映其经营管理水平？企业应当如何提高营运能力？

4. 在评价股份公司的盈利能力时，哪个财务指标应当作为核心指标，为什么？

5. A 公司 2023 年有关财务数据资料如表 10-6 所示。

表 10-6　A 公司 2023 年有关财务数据　　单位：万元

项目	年初数	年末数	本年或平均数
货币资金	200	300	
交易性金融资产	300	500	
应收账款	500	600	
存货	1 000	1 200	
固定资产	2 000	2 400	
短期借款	500	300	
应付账款	1 000	800	
长期借款	1 000	1 000	
实收资本	2 000	2 000	
未分配利润	-500	900	
利息费用			1 500
税前利润			300

要求计算：

（1）年末速动资产、流动资产、总资产、流动负债、总负债和所有者权益的余额。

（2）年末流动比率、速动比率、现金比率、资产负债率、产权比率、权益乘数、利息保障倍数。

6. B 公司 2023 年有关财务数据资料如表 10-7 所示。

表 10-7　B 公司 2023 年有关财务数据　　单位：万元

项目	年初数	年末数	本年或平均数
货币资金			
应收账款	200	300	

续表

项目	年初数	年末数	本年或平均数
存货	400	600	
现金比率		0.7	
速动比率		1.2	
赊销收入			2 000
营业成本			1 500

假定一年按 360 天计算。要求计算：

（1）应收账款周转率和平均收账期。

（2）存货周转率和周转天数。

（3）年末流动负债、货币资金、速动资产、流动资产余额。

（4）年末流动比率。

7. C 公司 2023 年有关报表数据如表 10-8 所示。

表 10-8 C 公司 2023 年有关财务数据 单位：万元

项目	年初数	年末数	本年或平均数
资产	2 000		
负债		1 000	
所有者权益			
总资产周转率			100%
资产负债率			40%
营业收入			3 000
营业成本			1 500
利息费用			300
税前利润			600
税后利润			300

要求计算：

（1）年末资产负债率和权益乘数。

（2）本年销售毛利率、资产净利率、销售净利率、净资产收益率。

8. 鸿飞公司 2023 年资产负债表和利润表的有关数据如表 10-9 和表 10-10 所示。

表 10-9　鸿飞公司 2023 年度资产负债表　　单位：万元

资产	期初数	期末数	负债和股东权益	期初数	期末数
货币资金	200	300	短期借款	200	100
交易性金融资产	250	300	应付账款	400	500
应收账款	800	600	长期借款	1 000	600
存货	1 000	1 000	应付债券	500	500
固定资产	2 000	1 900	实收资本	2 000	2 000
无形资产	250	200	未分配利润	400	600
合计	4 500	4 300	合计	4 500	4 300

表 10-10　鸿飞公司 2023 年度利润表　　单位：万元

项目	本年数
一、营业收入	8 000
减：营业成本	4 000
税金及附加	1 000
销售费用	400
管理费用	600
财务费用	200
二、利润总额	1 800
减：所得税费用	450
三、净利润	1 350

要求：

（1）计算鸿飞公司 2023 年的销售净利率、总资产周转率、平均权益乘数和净资产收益率。

（2）同行业翔宇公司的净资产收益率为 45%，销售净利率为 2%、权益乘数为 2.5。用杜邦分析法分析两家公司的经营策略与筹资策略。

参考文献

［1］财政部会计财务评价中心. 财务管理（中级会计职称考试教材 2023）［M］. 北京：经济科学出版社，2023.

［2］陈燕，王允平. 财务管理实训［M］. 北京：首都经济贸易大学出版社，2011.

［3］罗斯. 财务管理（原书第 10 版）［M］. 张敦力，等，译. 北京：机械工业出版社，2021.

［4］布里格姆，休斯顿. 财务管理基础（第 14 版）［M］. 张敦力，等，译. 北京：机械工业出版社，2018.

［5］范霍恩，瓦霍维奇. 财务管理基础（第 13 版）［M］. 刘曙光，译. 北京：清华大学出版社，2009.

［6］蒋红芸，康玲. 财务管理［M］. 北京：人民邮电出版社，2015.

［7］刘静，陈永飞. 财务管理［M］. 上海：立信会计出版社，2016.

［8］刘淑莲. 财务管理［M］. 6 版. 大连：东北财经大学出版社，2022.

［9］陆正飞，辛宇，朱凯，等. 财务管理学：中国视角［M］. 北京：中国人民大学出版社，2022.

［10］马英华，王秋霞. 财务管理［M］. 北京：人民邮电出版社，2016.

［11］彭林君，陈玲. 财务管理［M］. 上海：同济大学出版社，2018.

［12］隋静. 财务管理实务教程［M］. 北京：清华大学出版社，2009.

［13］王化成，刘俊彦，廖冠民. 财务管理学［M］. 10 版. 北京：中国人民大学出版社，2024.

［14］王化成，佟岩. 财务管理［M］. 7 版. 北京：中国人民大学出版社，2024.

［15］王佩. 财务管理教程与案例［M］. 上海：立信会计出版社，2009.

［16］辛惠琴. 财务管理［M］. 郑州：郑州大学出版社，2011.

［17］杨慧辉. 财务管理［M］. 北京：中国人民大学出版社，2022.

[18] 杨冬云. 财务管理案例教程 [M]. 北京：科学出版社，2012.

[19] 布雷利，迈尔斯，马库思. 财务管理基础 [M]. 胡玉明，译. 10 版 . 北京：中国人民大学出版社，2023.

[20] 中国注册会计师协会. 财务成本管理 [M]. 北京：中国财政经济出版社，2024.

附 录

附表一 复利终值系数表

期数	1%	2%	3%	4%	5%	6%	7%	8%	9%	10%
1	1.010 0	1.020 0	1.030 0	1.040 0	1.050 0	1.060 0	1.070 0	1.080 0	1.090 0	1.100 0
2	1.020	1.040 4	1.060 9	1.081 6	1.102 5	1.123 6	1.144 9	1.166 4	1.188 1	1.210 0
3	1.030 3	1.061 2	1.092 7	1.124 9	1.157 6	1.191 0	1.225 0	1.259 7	1.295 0	1.331 0
4	1.040 6	1.082 4	1.125 5	1.169 9	1.215 5	1.262 5	1.310 8	1.360 5	1.411 6	1.464 1
5	1.051 0	1.104 1	1.159 3	1.216 7	1.276 3	1.338 2	1.402 6	1.469 3	1.538 6	1.610 5
6	1.061 5	1.126 2	1.194	1.265 3	1.340	1.418 5	1.500 7	1.586 9	1.677 1	1.771 6
7	1.072 1	1.148 7	1.229 9	1.315 9	1.407 1	1.503 6	1.605 8	1.713 8	1.828 0	1.948 7
8	1.082 9	1.171 7	1.266 8	1.368 6	1.477 5	1.593 8	1.718 2	1.850 9	1.992 6	2.143 6
9	1.093 7	1.195 1	1.304 8	1.423 3	1.551 3	1.689 5	1.838 5	1.999 0	2.171 9	2.357 9
10	1.104 6	1.219 0	1.343 9	1.480 2	1.628 9	1.790 8	1.967 2	2.158 9	2.367 4	2.593 7
11	1.115 7	1.243 4	1.384 2	1.539 5	1.710 3	1.898 3	2.104 9	2.331 6	2.580 4	2.853 1
12	1.126 8	1.268 2	1.425 8	1.601 0	1.795 9	2.012 2	2.252 2	2.518 2	2.812 7	3.138 4
13	1.138	1.293 6	1.468 5	1.665 1	1.885 6	2.132 9	2.409 8	2.719 6	3.065 8	3.452 3
14	1.149 5	1.319 5	1.512 6	1.731 7	1.979 9	2.260 9	2.578 5	2.937 2	3.341 7	3.797 5
15	1.161 0	1.345 9	1.558 0	1.800 9	2.078 9	2.396 6	2.759 0	3.172 2	3.642 5	4.177 2
16	1.172 6	1.372 8	1.604 7	1.873 0	2.182 9	2.540 4	2.952 2	3.425 9	3.970 3	4.595 0
17	1.184 3	1.400 2	1.652 8	1.947 9	2.292 0	2.692 8	3.158 8	3.700 0	4.327 6	5.054 5
18	1.196 1	1.428 2	1.702 4	2.025 8	2.406 6	2.854 3	3.379 9	3.996 0	4.717 1	5.559 9
19	1.208 1	1.456 8	1.753 5	2.106 8	2.527 0	3.025 6	3.616 5	4.315 7	5.141 7	6.115 9
20	1.220 2	1.485 9	1.806 1	2.191 1	2.653 3	3.207 1	3.869 7	4.661 0	5.604 4	6.727 5
21	1.232 4	1.515 7	1.860 3	2.278 8	2.786 0	3.399 6	4.140 6	5.033 8	6.108 8	7.400 2
22	1.244 7	1.546 0	1.916 1	2.369 9	2.925 3	3.603 5	4.430 4	5.436 5	6.658 6	8.140 3
23	1.257 2	1.576 9	1.973 6	2.464 7	3.071 5	3.819 7	4.740 5	5.871 5	7.257 9	8.954 3
24	1.269 7	1.608 4	2.032 8	2.563 3	3.225 1	4.048 9	5.072 4	6.341 2	7.911 1	9.849 7
25	1.282 4	1.640 6	2.093 8	2.665 8	3.386 4	4.291 9	5.427 4	6.848 5	8.623 1	10.835
26	1.295 3	1.673 4	2.156 6	2.772 5	3.555 7	4.549 4	5.807 4	7.396 4	9.399 2	11.918
27	1.308 2	1.706 9	2.221 3	2.883 4	3.733 5	4.822 3	6.213 9	7.988	10.245	13.110
28	1.321 3	1.741 0	2.287 9	2.998 7	3.920 1	5.111 7	6.648 8	8.627 1	11.167	14.421
29	1.334 5	1.775 8	2.356 6	3.118 7	4.116	5.418 4	7.114 3	9.317 3	12.172	15.863
30	1.347 8	1.811 4	2.427 3	3.243 4	4.321 9	5.743 5	7.612 3	10.063	13.268	17.449
40	1.488 9	2.208 0	3.262 0	4.801 0	7.040 0	10.286	14.794	21.725	31.408	45.259
50	1.644 6	2.691 6	4.383 9	7.106 7	11.467	18.420	29.457	46.902	74.358	117.39
60	1.816 7	3.281 0	5.891 6	10.520	18.679	32.988	57.946	101.26	176.03	304.48

续表

期数	12%	14%	15%	16%	18%	20%	24%	28%	32%	36%
1	1. 120 0	1. 140 0	1. 150 0	1. 160 0	1. 180 0	1. 200 0	1. 240 0	1. 280 0	1. 320 0	1. 360 0
2	1. 254 4	1. 299 6	1. 322 5	1. 345 6	1. 392 4	1. 440 0	1. 537 6	1. 638 4	1. 742 4	1. 849 6
3	1. 404 9	1. 481 5	1. 520 9	1. 560 9	1. 643 0	1. 728 0	1. 906 6	2. 097 2	2. 300 0	2. 515 5
4	1. 573 5	1. 689 0	1. 749 0	1. 810 6	1. 938 8	2. 073 6	2. 364 2	2. 684 4	3. 036 0	3. 421 0
5	1. 762 3	1. 925 4	2. 011 4	2. 100 3	2. 287 8	2. 488 3	2. 931 6	3. 436 0	4. 007 5	4. 652 6
6	1. 973 8	2. 195 0	2. 313 1	2. 436 4	2. 699 6	2. 986 0	3. 635 2	4. 398 0	5. 289 9	6. 327 5
7	2. 210 7	2. 502 3	2. 660 0	2. 826 2	3. 185 5	3. 583 2	4. 507 7	5. 629 5	6. 982 6	8. 605 4
8	2. 476 0	2. 852 6	3. 059 0	3. 278 4	3. 758 9	4. 299 8	5. 589 5	7. 205 8	9. 217 0	11. 703
9	2. 773 1	3. 251 9	3. 517 9	3. 803 0	4. 435 5	5. 159 8	6. 931 0	9. 223 4	12. 166	15. 917
10	3. 105 8	3. 707 2	4. 045 6	4. 411 4	5. 233 8	6. 191 7	8. 594 4	11. 806	16. 060	21. 647
11	3. 478 6	4. 226 2	4. 652 4	5. 117 3	6. 175 9	7. 430 1	10. 657	15. 112	21. 119	29. 439
12	3. 896 0	4. 817 9	5. 350 3	5. 936 0	7. 287 6	8. 916 1	13. 215	19. 343	27. 983	40. 037
13	4. 363 5	5. 492 4	6. 152 8	6. 885 8	8. 599 4	10. 699	16. 386	24. 759	36. 937	54. 451
14	4. 887 1	6. 261 3	7. 075 7	7. 987 5	10. 147	12. 839	20. 319	31. 691	48. 757	74. 053
15	5. 473 6	7. 137 9	8. 137 1	9. 265 5	11. 974	15. 407	25. 196	40. 565	64. 395	100. 71
16	6. 130 4	8. 137 2	9. 357 6	10. 748	14. 129	18. 488	31. 243	51. 923	84. 954	136. 97
17	6. 866 0	9. 276 5	10. 761	12. 468	16. 672	22. 186	38. 741	66. 461	112. 14	186. 28
18	7. 690 0	10. 575	12. 376	14. 463	19. 673	26. 623	48. 039	85. 071	148. 02	253. 34
19	8. 612 8	12. 056	14. 232	16. 777	23. 214	31. 948	59. 568	108. 89	195. 39	344. 54
20	9. 646 3	13. 744	16. 367	19. 461	27. 393	38. 338	73. 864	139. 38	257. 92	468. 57
21	10. 804	15. 668	18. 822	22. 575	32. 324	46. 005	91. 592	178. 41	340. 45	637. 26
22	12. 100	17. 861	21. 645	26. 186	38. 142	55. 206	113. 57	228. 36	449. 39	866. 67
23	13. 552	20. 362	24. 892	30. 376	45. 008	66. 247	140. 83	292. 30	593. 20	1 178. 7
24	15. 179	23. 212	28. 625	35. 236	53. 109	79. 497	174. 63	374. 14	783. 02	1 603. 0
25	17. 000	26. 462	32. 919	40. 874	62. 669	95. 396	216. 54	478. 90	1 033. 6	2 180. 1
26	19. 040	30. 167	37. 857	47. 414	73. 949	114. 48	268. 51	613. 00	1 364. 3	2 964. 9
27	21. 325	34. 390	43. 535	55. 000	87. 260	137. 37	332. 96	784. 64	1 800. 9	4 032. 3
28	23. 884	39. 205	50. 066	63. 800	102. 97	164. 84	412. 86	1 004. 3	2 377. 2	5 483. 9
29	26. 750	44. 693	57. 576	74. 009	121. 50	197. 81	511. 95	1 285. 6	3 137. 9	7 458. 1
30	29. 960	50. 950	66. 212	85. 850	143. 37	237. 38	634. 82	1 645. 5	4 142. 1	10 143
40	93. 051	188. 83	267. 86	378. 72	750. 38	1 469. 8	5 455. 9	19 427	66 521	*
50	289. 00	700. 23	1 083. 7	1 670. 7	3 927. 4	9 100. 4	46 890	*	*	*
60	897. 60	2 595. 9	4 384. 0	7 370. 2	20 555	56 348	*	*	*	*
	* >999 999									

附表二 复利现值系数表

期数	1%	2%	3%	4%	5%	6%	7%	8%	9%	10%
1	0.990 1	0.980 4	0.970 9	0.961 5	0.952 4	0.943 4	0.934 6	0.925 9	0.917 4	0.909 1
2	0.980 3	0.961 2	0.942 6	0.924 6	0.907 0	0.890 0	0.873 4	0.857 3	0.841 7	0.826 4
3	0.970 6	0.942 3	0.915 1	0.889 0	, 8638	0.839 6	0.816 3	0.793 8	0.772 2	0.751 3
4	0.961 0	0.923 8	0.888 5	0.854 8	0.822 7	0.792 1	0.762 9	0.735 0	0.708 4	0.683 0
5	0.951 5	0.905 7	0.862 6	0.821 9	0.783 5	0.747 3	0.713 0	0.680 6	0.649 9	0.620 9
6	0.942 0	0.888 0	0.837 5	0.790 3	0.746 2	0.705 0	0.666 3	0.630 2	0.596 3	0.564 5
7	0.932 7	0.870 6	0.813 1	0.759 9	0.710 7	0.665 1	0.622 7	0.583 5	0.547 0	0.513 2
8	0.923 5	0.853 5	0.789 4	0.730 7	0.676 8	0.627 4	0.582 0	0.540 3	0.501 9	0.466 5
9	0.914 3	0.836 8	0.766 4	0.702 6	0.644 6	0.591 9	0.543 9	0.500 2	0.460 4	0.424 1
10	0.905 3	0.820 3	0.744 1	0.675 6	0.613 9	0.558 4	0.508 3	0.463 2	0.422 4	0.385 5
11	0.896 3	0.804 3	0.722 4	0.649 6	0.584 7	0.526 8	0.475 1	0.428 9	0.387 5	0.350 5
12	0.887 4	0.788 5	0.701 4	0.624 6	0.556 8	0.497 0	0.444 0	0.397 1	0.355 5	0.318 6
13	0.878 7	0.773 0	0.681 0	0.600 6	0.530 3	0.468 8	0.415 0	0.367 7	0.326 2	0.289 7
14	0.870 0	0.757 9	0.661 1	0.577 5	0.505 1	0.442 3	0.387 8	0.340 5	0.299 2	0.263 3
15	0.861 3	0.743 0	0.641 9	0.555 3	0.481 0	0.417 3	0.362 4	0.315 2	0.274 5	0.239 4
16	0.852 8	0.728 4	0.623 2	0.533 9	0.458 1	0.393 6	0.338 7	0.291 9	0.251 9	0.217 6
17	0.844 4	0.714 2	0.605 0	0.513 4	0.436 3	0.371 4	0.316 6	0.270 3	0.231 1	0.197 8
18	0.836 0	0.700 2	0.587 4	0.493 6	0.415 5	0.350 3	0.295 9	0.250 2	0.212 0	0.179 9
19	0.827 7	0.686 4	0.570 3	0.474 6	0.395 7	0.330 5	0.276 5	0.231 7	0.194 5	0.163
20	0.819 5	0.673 0	0.553 7	0.456 4	0.376 9	0.311 8	0.258 4	0.214 5	0.178 4	0.148 6
21	0.811 4	0.659 8	0.537 5	0.438 8	0.358 9	0.294 2	0.241 5	0.198 7	0.163 7	0.135 1
22	0.803 4	0.646 8	0.521 9	0.422 0	0.341 8	0.277 5	0.225 7	0.183 9	0.150 2	0.122 8
23	0.795 4	0.634 2	0.506 7	0.405 7	0.325 6	0.261 8	0.210 9	0.170 3	0.137 8	0.111 7
24	0.787 6	0.621 7	0.491 9	0.390 1	0.310 1	0.247 0	0.197 1	0.157 7	0.126 4	0.101 5
25	0.779 8	0.609 5	0.477 6	0.375 1	0.295 3	0.233 0	0.184 2	0.146 0	0.116 0	0.092 3
26	0.772 0	0.597 6	0.463 7	0.360 7	0.281 2	0.219 8	1722	0.135 2	0.106 4	0.083 9
27	0.764 4	0.585 9	0.450 2	0.346 8	0.267 8	0.207 4	0.160 9	0.125 2	0.097 6	0.076 3
28	0.756 8	0.574 4	0.437 1	0.333 5	0.255 1	0.195 6	0.150 4	0.115 9	0.089 5	0.069 3
29	0.749 3	0.563 1	0.424 3	0.320 7	0.242 9	0.184 6	0.140 6	0.107 3	0.082 2	0.063 0
30	0.741 9	0.552 1	0.412 0	0.308 3	0.231 4	0.174 1	0.131 4	0.099 4	0.075 4	0.057 3
35	0.705 9	0.500 0	0.355 4	0.253 4	0.181 3	0.130 1	0.093 7	0.067 6	0.049 0	0.035 6
40	0.671 7	0.452 9	0.306 6	0.208 3	0.142 0	0.097 2	0.066 8	0.046 0	0.031 8	0.022 1
45	0.639 1	0.410 2	0.264 4	0.171 2	0.111 3	0.072 7	0.047 6	0.031 3	0.020 7	0.013 7
50	0.608 0	0.371 5	0.228 1	0.140 7	0.087 2	0.054 3	0.033 9	0.021 3	0.013 4	0.008 5
55	0.578 5	0.336 5	0.196 8	0.115 7	0.068 3	0.040 6	0.024 2	0.014 5	0.008 7	0.005 3

续表

期数	12%	14%	15%	16%	18%	20%	24%	28%	32%	36%
1	0. 892 9	0. 877 2	0. 869 6	0. 862 1	0. 847 5	0. 833 3	0. 806 5	0. 781 3	0. 757 6	0. 735 3
2	0. 797 2	0. 769 5	0. 756 1	0. 743 2	0. 718 2	0. 694 4	0. 650 4	0. 610 4	0. 573 9	0. 540 7
3	0. 711 8	0. 675 0	0. 657 5	0. 640 7	0. 608 6	0. 578 7	5245	0. 476 8	0. 434 8	0. 397 5
4	0. 635 5	0. 592 1	0. 571 8	0. 552 3	0. 515 8	0. 482 3	0. 423 0	0. 372 5	0. 329 4	0. 292 3
5	0. 567 4	0. 519 4	. 497 2	0. 476 1	0. 437 1	0. 401 9	0. 341 1	0. 291 0	0. 249 5	0. 214 9
6	0. 506 6	0. 455 6	0. 432 3	0. 410 4	0. 370 4	0. 334 9	0. 275 1	0. 227 4	0. 189 0	0. 158 0
7	0. 452 3	0. 399 6	0. 375 9	0. 353 8	0. 313 9	0. 279 1	0. 221 8	0. 177 6	0. 143 2	0. 116 2
8	0. 403 9	0. 350 6	0. 326 9	0. 305 0	0. 266 0	0. 232 6	0. 178 9	0. 138 8	0. 108 5	0. 085 4
9	0. 360 6	0. 307 5	0. 284 3	0. 263 0	0. 225 5	0. 193 8	0. 144 3	0. 108 4	0. 082 2	0. 062 8
10	0. 322 0	0. 269 7	0. 247 2	0. 226 7	0. 191 1	0. 161 5	0. 116 4	0. 084 7	0. 062 3	0. 046 2
11	0. 287 5	0. 236 6	0. 214 9	0. 195 4	0. 161 9	0. 134 6	0. 093 8	0. 066 2	0. 047 2	0. 034 0
12	0. 256 7	0. 207 6	0. 186 9	0. 168 5	0. 137 2	0. 112 2	0. 075 7	0. 051 7	0. 035 7	0. 025 0
13	0. 229 2	0. 182 1	0. 162 5	0. 145 2	0. 116 3	0. 093 5	0. 061 0	0. 040 4	0. 027 1	0. 018 4
14	0. 204 6	0. 159 7	0. 141 3	0. 125 2	0. 098 5	0. 077 9	0. 049 2	0. 031 6	0. 020 5	0. 013 5
15	0. 182 7	0. 140 1	0. 122 9	0. 107 9	0. 083 5	0. 064 9	0. 039 7	0. 024 7	0. 015 5	0. 009 9
16	0. 163 1	0. 122 9	0. 106 9	0. 093 0	0. 070 8	0. 054 1	0. 032 0	0. 019 3	0. 011 8	0. 007 3
17	0. 145 6	0. 107 8	0. 092 9	0. 080 2	0. 060 0	0. 045 1	0. 025 8	0. 015 0	0. 008 9	0. 005 4
18	0. 130 0	0. 094 6	0. 080 8	0. 069 1	0. 050 8	0. 037 6	0. 020 8	0. 011 8	0. 006 8	0. 003 9
19	0. 116 1	0. 082 9	0. 070 3	0. 059 6	0. 043 1	0. 031 3	0. 016 8	0. 009 2	0. 005 1	0. 002 9
20	0. 103 7	0. 072 8	0. 061 1	0. 051 4	0. 036 5	0. 026 1	0. 013 5	0. 007 2	0. 003 9	0. 002 1
21	0. 092 6	0. 063 8	0. 053 1	0. 044 3	0. 030 9	0. 021 7	0. 010 9	0. 005 6	0. 002 9	0. 001 6
22	0. 082 6	0. 056 0	0. 046 2	0. 038 2	0. 026 2	0. 018 1	0. 008 8	0. 004 4	0. 002 2	0. 001 2
23	0. 073 8	0. 049 1	0. 040 2	0. 032 9	0. 022 2	0. 015 1	0. 007 1	0. 003 4	0. 001 7	0. 000 8
24	0. 065 9	0. 0 431	0. 034 9	0. 028 4	0. 018 8	0. 012 6	0. 005 7	0. 002 7	0. 001 3	0. 000 6
25	0. 058 8	0. 037 8	0. 030 4	0. 024 5	0. 016 0	0. 010 5	0. 004 6	0. 002 1	0. 001 0	0. 000 5
26	0. 052 5	0. 033 1	0. 026 4	0. 021 1	0. 013 5	0. 008 7	0. 003 7	0. 001 6	0. 000 7	0. 000 3
27	0. 046 9	0. 029 1	0. 023 0	0. 018 2	0. 011 5	0. 007 3	0. 003 0	0. 001 3	0. 000 6	0. 000 2
28	0. 041 9	0. 025 5	0. 020 0	0. 015 7	0. 009 7	0. 006 1	0. 002 4	0. 001 0	0. 000 4	0. 000 2
29	0. 037 4	0. 022 4	0. 017 4	0. 013 5	0. 008 2	0. 005 1	0. 002 0	0. 000 8	0. 000 3	0. 000 1
30	0. 033 4	0. 019 6	0. 015 1	0. 011 6	0. 007 0	0. 004 2	0. 001 6	0. 000 6	0. 000 2	0. 000 1
35	0. 018 9	0. 010 2	0. 007 5	0. 005 5	0. 003 0	0. 001 7	0. 000 5	0. 000 2	0. 000 1	*
40	0. 010 7	0. 005 3	0. 003 7	0. 002 6	0. 001 3	0. 000 7	0. 000 2	0. 000 1	*	*
45	0. 006 1	0. 002 7	0. 001 9	0. 001 3	0. 000 6	0. 000 3	0. 000 1	0. 000 0	*	*
50	0. 003 5	0. 001 4	0. 000 9	0. 000 6	0. 000 3	0. 000 1	*	*	*	*
55	0. 002 0	0. 000 7	0. 000 5	0. 000 3	0. 000 1	*	*	*	*	*
	* <0. 000 1									

附表三　年金终值系数表

期数	1%	2%	3%	4%	5%	6%	7%	8%	9%	10%
1	1.000 0	1.000 0	1.000 0	1.000 0	1.000 0	1.000 0	1.000 0	1.000 0	1.000 0	1.000 0
2	2.010 0	2.020 0	2.030 0	2.040 0	2.050 0	2.060 0	2.070 0	2.080 0	2.090 0	2.100 0
3	3.030 1	3.060 4	3.090 9	3.121 6	3.152 5	3.183 6	3.214 9	3.246 4	3.278 1	3.310 0
4	4.060 4	4.121 6	4.183 6	4.246 5	4.310 1	4.374 6	4.439 9	4.506 1	4.573 1	4.641 0
5	5.101 0	5.204 0	5.309 1	5.416 3	5.525 6	5.637 1	5.750 7	5.866 6	5.984 7	6.105 1
6	6.152 0	6.308 1	6.468 4	6.633 0	6.801 9	6.975 3	7.153 3	7.335 9	7.523 3	7.715 6
7	7.213 5	7.434 3	7.662 5	7.898 3	8.142 0	8.393 8	8.654 0	8.922 8	9.200 4	9.487 2
8	8.285 7	8.583 0	8.892 3	9.214 2	9.549 1	9.897 5	10.260	10.637	11.028	11.436
9	9.368 5	9.754 6	10.159	10.583	11.027	11.491	11.978	12.488	13.021	13.579
10	10.462	10.950	11.464	12.006	12.578	13.181	13.816	14.487	15.913	15.937
11	11.567	12.169	12.808	13.486	14.207	14.972	15.784	16.645	17.560	18.531
12	12.683	13.412	14.192	15.026	16.917	16.870	17.888	18.977	20.141	21.384
13	13.809	14.680	15.618	16.627	17.713	18.882	20.141	21.495	22.953	24.523
14	14.947	15.974	17.086	18.292	19.599	21.015	22.550	24.214	26.019	27.975
15	16.097	17.293	18.599	20.024	21.579	23.276	25.129	27.152	29.361	31.772
16	17.258	18.639	20.157	21.825	23.657	25.673	27.888	30.324	33.003	35.950
17	18.430	20.012	21.762	23.698	25.840	28.213	30.840	33.750	36.974	40.545
18	19.615	21.412	23.414	25.645	28.132	30.906	33.999	37.450	41.301	45.599
19	20.811	22.841	25.117	27.671	30.539	33.760	37.379	41.446	46.018	51.159
20	22.019	24.297	26.870	29.778	33.066	36.786	40.995	45.762	51.160	57.275
21	23.239	25.783	28.677	31.969	35.719	39.993	44.865	50.423	56.765	64.003
22	24.472	27.299	30.537	34.248	38.505	43.392	49.006	55.457	62.873	71.403
23	25.716	28.845	32.453	36.618	41.431	46.996	53.436	60.893	69.532	79.543
24	26.974	30.422	34.427	39.083	44.502	50.816	58.177	66.765	76.790	88.497
25	28.243	32.030	36.459	41.646	47.727	54.865	63.249	73.106	84.701	98.347
26	29.526	33.671	38.553	44.312	51.114	59.156	68.677	79.954	93.324	109.18
27	30.821	35.344	40.710	47.084	54.669	63.706	74.484	87.351	102.72	121.10
28	32.129	37.051	42.931	49.968	58.403	68.528	80.698	95.339	112.97	134.21
29	33.450	38.792	45.219	52.966	62.323	73.640	87.347	103.97	124.14	148.63
30	34.785	40.568	47.575	56.085	66.439	79.058	94.461	113.28	136.31	164.49
40	48.886	60.402	75.401	95.026	120.80	154.76	199.64	259.06	337.88	442.59
50	64.463	84.579	112.80	152.67	209.35	290.34	406.53	573.77	815.08	1 163.9
60	81.670	114.05	163.05	237.99	353.58	533.13	813.52	1253.2	1 944.80	3 034.8

续表

期数	12%	14%	15%	16%	18%	20%	24%	28%	32%	36%
1	1. 000 0	1. 000 0	1. 000 0	1. 000 0	1. 000 0	1. 000 0	1. 000 0	1. 000 0	1. 000 0	1. 000 0
2	2. 120 0	2. 140 0	2. 150 0	2. 160 0	2. 180 0	2. 200 0	2. 240 0	2. 280 0	2. 320 0	2. 360 0
3	3. 374 4	3. 439 6	3. 472 5	3. 505 6	3. 572 4	3. 640 0	3. 777 6	3. 918 4	3. 062 4	3. 209 6
4	4. 779 3	4. 921 1	4. 993 4	5. 066 5	5. 215 4	5. 368 0	5. 684 2	6. 015 6	6. 362 4	6. 725 1
5	6. 352 8	6. 610	6. 742 4	6. 877 1	7. 154 2	7. 441 6	8. 048 4	8. 699 9	9. 398 3	10. 146
6	8. 115 2	8. 535 5	8. 753 7	8. 977 5	9. 442 0	9. 929 9	10. 980	12. 136	13. 406	14. 799
7	10. 089	10. 730	11. 067	11. 414	12. 142	12. 916	14. 615	16. 534	18. 696	21. 126
8	12. 300	13. 233	13. 727	14. 240	15. 327	16. 499	19. 123	22. 163	25. 678	29. 732
9	14. 776	16. 085	16. 786	17. 519	19. 086	20. 799	24. 712	29. 369	34. 895	41. 435
10	17. 549	19. 337	20. 304	21. 321	23. 521	25. 959	31. 643	38. 593	47. 062	57. 352
11	20. 655	23. 045	24. 349	25. 733	28. 755	32. 150	40. 238	50. 398	63. 122	78. 988
12	24. 133	27. 271	29. 002	30. 850	34. 931	39. 581	50. 895	65. 510	84. 320	108. 44
13	28. 029	32. 089	34. 352	36. 786	42. 219	48. 497	64. 110	84. 853	112. 3	148. 47
14	32. 393	37. 581	40. 505	43. 672	50. 818	59. 196	80. 496	109. 61	149. 24	202. 93
15	37. 280	43. 842	47. 580	51. 660	60. 965	72. 035	100. 82	141. 30	198. 00	276. 98
16	42. 753	50. 980	55. 717	60. 925	72. 939	87. 442	126. 01	181. 87	262. 36	377. 69
17	48. 884	59. 118	65. 075	71. 673	87. 068	105. 93	157. 25	233. 79	347. 31	514. 66
18	55. 750	68. 394	75. 836	84. 141	103. 74	128. 12	195. 99	300. 25	459. 45	770. 94
19	63. 440	79. 969	88. 212	98. 603	123. 41	154. 74	244. 03	385. 32	607. 47	954. 28
20	72. 052	91. 025	120. 44	115. 38	146. 63	186. 69	303. 60	494. 21	802. 86	1 298. 8
21	81. 699	104. 768	118. 81	134. 84	174. 02	225. 03	377. 46	633. 59	1 060. 8	1 767. 4
22	92. 503	120. 436	137. 63	157. 42	206. 34	271. 03	469. 06	812. 00	1 401. 2	2 404. 7
23	104. 603	138. 297	159. 28	183. 60	244. 49	326. 24	582. 63	1 040. 4	1 850. 6	3 271. 3
24	118. 16	158. 659	184. 17	213. 98	289. 49	392. 48	723. 46	1 332. 66	2 443. 8	4 450. 0
25	133. 33	181. 871	212. 79	249. 21	342. 60	471. 98	898. 09	1 706. 80	3 226. 8	6 053. 0
26	150. 33	208. 33	245. 71	290. 09	405. 27	567. 38	1 114. 6	2 185. 7	4 260. 4	8 233. 1
27	169. 37	238. 50	283. 57	337. 50	479. 22	681. 85	1 383. 1	2 798. 7	5 624. 8	11 198. 0
28	190. 70	272. 89	327. 10	392. 50	566. 48	819. 22	1 716. 1	3 583. 3	7 425. 7	15 230. 3
29	214. 58	312. 09	377. 17	456. 30	669. 45	984. 07	2 129. 0	4 587. 7	9 802. 9	20 714. 2
30	241. 33	356. 79	434. 75	530. 31	790. 95	1 181. 9	2 640. 9	5 873. 2	12 941	28 172. 3
40	767. 09	1 342. 0	1 779. 1	2 360. 8	4 163. 2	7 343. 2	27 290	69 377	*	*
50	2 400. 0	4 994. 5	7 217. 7	10 436	21 813	45 497	*	*	*	*
60	7 471. 6	18 535	29 220	46 058	*	*	*	*	*	*
	* >99 999									

附表四 年金现值系数表

期数	1%	2%	3%	4%	5%	6%	7%	8%	9%	10%
1	0. 990 1	0. 980 4	0. 970 9	0. 961 5	0. 952 4	0. 943 4	0. 934 6	0. 925 9	0. 917 4	0. 909 1
2	1. 970 4	1. 941 6	1. 913 5	1. 886 1	1. 859 4	1. 833 4	1. 808	1. 783 3	1. 759 1	1. 735 5
3	2. 941	2. 883 9	2. 828 6	2. 775 1	2. 723 2	2. 673	2. 624 3	2. 577 1	2. 531 3	2. 486 9
4	3. 902	3. 807 7	3. 717 1	3. 629 9	3. 546	3. 465	3. 387 2	3. 312 1	3. 239 7	3. 169 9
5	4. 853 4	4. 713 5	4. 579 7	4. 451 8	4. 329 5	4. 212 4	4. 100 2	3. 992 7	3. 009 7	3. 790 8
6	5. 795 5	5. 601 4	5. 417 2	5. 242 1	5. 075 7	4. 917 3	4. 766 5	4. 622 9	4. 485 9	4. 355 3
7	6. 728 2	6. 472	6. 230 3	6. 002 1	5. 786 4	5. 582 4	5. 389 3	5. 206 4	5. 033	4. 868 4
8	7. 651 7	7. 325 5	7. 019 7	6. 732 7	6. 463 2	6. 209 8	5. 971 3	5. 746 6	5. 534 8	5. 334 9
9	8. 566	8. 162 2	7. 786 1	7. 435 3	7. 107 8	6. 801 7	6. 515 2	6. 246 9	5. 995 2	5. 759
10	9. 471 3	8. 982 6	8. 530 2	8. 110 9	7. 721 7	7. 360 1	7. 023 6	6. 710 1	6. 417	6. 144 6
11	10. 367 6	9. 786 8	9. 252 6	8. 760 5	8. 306 4	7. 886 9	7. 498 7	7. 139	6. 805 2	6. 495 1
12	11. 255 1	10. 575 3	9. 954	9. 385 1	8. 863 3	8. 383 8	7. 942 7	7. 536 1	7. 160 7	6. 813 7
13	12. 133 7	11. 348 4	10. 635	9. 985 6	9. 393 6	8. 852 7	8. 357 7	7. 903 8	7. 486 9	7. 103 4
14	13. 003 7	12. 106 2	11. 296 1	10. 563 1	9. 898 6	9. 295	8. 745 5	8. 244 2	7. 786 2	7. 366 7
15	13. 865 1	12. 849 3	11. 937 9	11. 118 4	10. 379 7	9. 712 2	9. 107 9	8. 559 5	8. 060 7	7. 606 1
16	14. 717 9	13. 577 7	12. 561 1	11. 652 3	10. 837 8	10. 105 9	9. 446 6	8. 851 4	8. 312 6	7. 823 7
17	15. 562 3	14. 291 9	13. 166 1	12. 165 7	11. 274 1	10. 477 3	9. 763 2	9. 121 6	8. 543 6	8. 021 6
18	16. 398 3	14. 992	13. 753 5	12. 659 6	11. 689 6	10. 827 6	10. 059 1	9. 371 9	8. 755 6	8. 201 4
19	17. 226	15. 678 5	14. 323 8	13. 133 9	12. 085 3	11. 158 1	10. 335 6	9. 603 6	8. 960 1	8. 364 9
20	18. 045 6	16. 351 4	14. 877 5	13. 590 3	12. 462 2	11. 469 9	10. 594	9. 818 1	9. 128 5	8. 513 6
21	18. 857	17. 011 2	15. 415	14. 029 2	12. 821 2	11. 764 1	10. 835 5	10. 016 8	9. 292 2	8. 648 7
22	19. 660 4	17. 658	15. 936 9	14. 451 1	13. 488 6	12. 303 4	11. 061 2	10. 200 7	9. 442 6	8. 771 5
23	20. 455 8	18. 292 2	16. 443 6	14. 856 8	13. 488 6	12. 303 4	11. 272 2	10. 371 1	9. 580 2	8. 883 2
24	21. 243 4	18. 913 9	16. 935 5	15. 247	13. 798 6	12. 550 4	11. 469 3	10. 528 8	9. 706 6	8. 984 7
25	22. 023 2	19. 523 5	17. 413 1	15. 622 1	14. 093 9	12. 783 4	11. 653 6	10. 674 8	9. 822 6	9. 077
26	22. 795 2	20. 121	17. 876 8	15. 982 8	14. 375 2	13. 003 2	11. 825 8	10. 81	9. 929	9. 160 9
27	23. 559 6	20. 705 9	18. 327	16. 329 6	14. 643 2	13. 210 5	11. 986 7	10. 935 2	10. 026 6	9. 237 2
28	24. 316 4	21. 281 3	18. 764 1	16. 663 1	14. 898 1	13. 406 2	12. 137 1	11. 051 1	10. 116 1	9. 306 6
29	25. 065 8	21. 844 4	19. 188 5	16. 983 7	15. 141 1	13. 590 7	12. 277 7	11. 158 4	10. 198 3	9. 369 6
30	25. 807 7	22. 396 5	19. 600 4	17. 292	15. 372 5	13. 764 8	12. 409	11. 257 8	10. 273 7	9. 426 9
35	29. 408 6	24. 998 6	21. 487 2	18. 664 6	16. 374 2	14. 498 2	12. 947 7	11. 654 6	10. 566 8	9. 644 2
40	32. 834 7	27. 355 5	23. 114 8	19. 792 8	17. 159 1	15. 046 3	13. 337	11. 924 6	10. 757 4	9. 779 1
45	36. 094 5	29. 490 2	24. 518 77	207200	17. 774 1	15. 455 8	13. 605 5	12. 108 4	10. 881 2	9. 862 8
50	39. 196 1	31. 423 6	25. 729 8	21. 482 2	18. 255 9	15. 761 9	13. 800 7	12. 233 5	10. 961 7	9. 914 8
55	42. 147 2	33. 174 8	26. 774 4	22. 108 6	18. 633 5	15. 990 5	13. 939 9	12. 318 6	11. 014	9. 947 1

续表

期数	12%	14%	15%	16%	18%	20%	24%	28%	32%
1	0. 892 9	0. 877 2	0. 869 6	0. 862 1	0. 847 5	0. 833 3	0. 806 5	0. 781 3	0. 757 6
2	1. 690 1	1. 646 7	1. 625 7	1. 605 2	1. 565 6	1. 527 8	1. 456 8	1. 391 6	1. 331 5
3	2. 401 8	2. 321 6	2. 283 2	2. 245 9	2. 174 3	2. 106 5	1. 981 3	1. 868 4	1. 766 3
4	3. 037 3	2. 913 7	2. 855	2. 798 2	2. 690 1	2. 588 7	2. 404 3	2. 241	2. 095 7
5	3. 604 8	3. 433 1	3. 352 2	3. 274 3	3. 127 2	2. 990 6	2. 745 4	2. 532	2. 345 2
6	4. 111 4	3. 888 7	3. 784 5	3. 684 7	3. 497 6	3. 325 5	3. 020 5	2. 759 4	2. 534 2
7	4. 563 8	4. 288 2	4. 160 4	4. 038 6	3. 811 5	3. 604 6	3. 242 3	2. 937	2. 677 5
8	4. 967 6	4. 638 9	4. 487 3	4. 343 6	4. 077 6	3. 837 2	3. 421 2	3. 075 8	2. 786
9	5. 328 2	4. 946 4	4. 771 6	4. 606 5	4. 303	4. 031	3. 565 5	3. 184 2	2. 868 1
10	5. 650 2	5. 216 1	5. 018 8	4. 833 2	4. 494 1	4. 192 5	3. 681 9	3. 268 9	2. 930 4
11	5. 937 7	5. 452 7	5. 233 7	5. 028 4	4. 656	4. 327 1	3. 775 7	3. 335 1	2. 977 6
12	6. 194 4	5. 660 3	5. 420 6	5. 197 1	4. 793 2	4. 439 2	3. 851 4	3. 386 8	3. 013 3
13	6. 423 5	5. 842 4	5. 583 1	5. 342 3	4. 909 5	4. 532 7	3. 912 4	3. 427 2	3. 040 4
14	6. 628 2	6. 002 1	5. 724 5	5. 467 5	5. 008 1	4. 610 6	3. 961 6	3. 458 7	3. 060 9
15	6. 810 9	6. 142 2	5. 847 4	5. 575 5	5. 091 6	4. 675 5	4. 001 3	3. 483 4	3. 076 4
16	6. 974	6. 265 1	5. 954 2	5. 668 5	5. 162 4	4. 729 6	4. 033 3	3. 502 6	3. 088 2
17	7. 119 6	6. 372 9	6. 047 2	5. 748 7	5. 222 3	4. 774 6	4. 059 1	3. 517 7	3. 097 1
18	7. 249 7	6. 467 4	6. 128	5. 817 8	5. 273 2	4. 812 2	4. 079 9	3. 529 4	3. 103 9
19	7. 365 8	6. 550 4	6. 198 2	5. 877 5	5. 316 2	4. 843 5	4. 096 7	3. 538 6	3. 109
20	7. 469 4	6. 623 1	6. 259 3	5. 928 8	5. 352 7	4. 869 6	4. 110 3	3. 545 8	3. 112 9
21	7. 562	6. 687	6. 312 5	5. 973 1	5. 383 7	4. 891 3	4. 121 2	3. 551 4	3. 115 8
22	7. 644 6	6. 742 9	6. 358 7	6. 011 3	5. 409 9	4. 909 4	4. 13	3. 555 8	3. 118
23	7. 718 4	6. 792 1	6. 398 8	6. 044 2	5. 432 1	4. 924 5	4. 137 1	3. 559 2	3. 119 7
24	7. 784 3	6. 835 1	6. 433 8	6. 072 6	5. 450 9	4. 937 1	4. 142 8	3. 561 9	3. 121
25	7. 843 1	6. 872 9	6. 464 1	6. 097 1	5. 466 9	4. 947 6	4. 147 4	3. 564	3. 122
26	7. 895 7	6. 906 1	6. 490 6	6. 118 2	5. 480 4	4. 956 3	4. 151 1	3. 565 6	3. 122 7
27	7. 942 6	6. 935 2	6. 513 5	6. 136 4	5. 491 9	4. 963 6	4. 154 2	3. 566 9	3. 123 3
28	7. 984 4	6. 960 7	6. 533 5	6. 152	5. 501 6	4. 969 7	4. 156 6	3. 567 9	3. 123 7
29	8. 021 8	6. 983	6. 550 9	6. 165 6	5. 509 8	4. 974 7	4. 158 5	3. 568 7	3. 124
30	8. 055 2	7. 002 7	6. 566	6. 177 2	5. 516 8	4. 978 9	4. 160 1	3. 569 3	3. 124 2
35	8. 175 5	7. 07	6. 616 6	6. 215 3	5. 538 6	4. 991 5	1. 164 4	3. 570 8	3. 124 8
40	8. 243 8	7. 105	6. 641 8	6. 233 5	5. 548 2	4. 165 9	4. 165 9	3. 571 2	3. 125
45	8. 282 5	7. 123 2	6. 654 3	6. 242 1	5. 552 3	4. 998 6	4. 166 4	3. 571 4	3. 125
50	8. 304 5	7. 132 7	6. 660 5	6. 246 3	5. 554 1	4. 999 5	4. 166 6	3. 571 4	3. 125
55	8. 317	7. 137 6	6. 663 6	6. 248 2	5. 554 9	4. 999 8	4. 166 6	3. 571 4	3. 125